让 我 们 一 起 追 寻

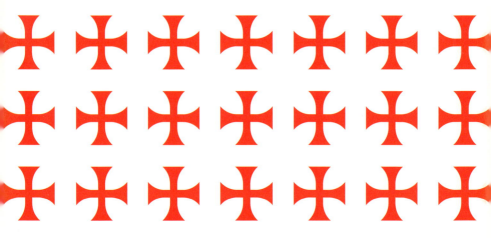

# DAN JONES

[英]丹·琼斯 著

陆大鹏 刘晓晖 译

# 圣殿骑士团

## THE
## TEMPLARS

### 崛 起 与 陨 落

## THE RISE AND FALL OF
## GOD'S HOLY WARRIORS

社会科学文献出版社
SOCIAL SCIENCES ACADEMIC PRESS (CHINA)

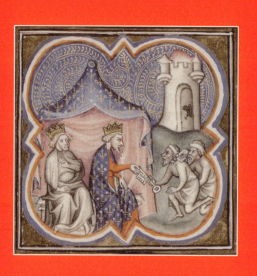

献给乔治娜

# 目　录

示意图列表 ……………………………………………… I

作者按 …………………………………………………… I

序　章 ………………………………………………… 001

## 第一部　朝圣者，约 1102—1144

一　"盛满蝎子的金盆" ……………………………… 013

二　"保卫耶路撒冷" ………………………………… 030

三　"新的骑士" ……………………………………… 044

四　"各样美善的恩赐" ……………………………… 061

## 第二部　战士，1144—1187

五　"天堂与地狱的角斗" …………………………… 081

六　"战争的磨坊" …………………………………… 098

七　"该死的塔楼" …………………………………… 109

八　"权力与财富" …………………………………… 122

九　"两片土地的困境" ……………………………… 135

十　"烈火之泪" ……………………………………… 149

十一　"大祸临头了，耶路撒冷！" ………………… 170

# 第三部　银行家，1189—1260

十二　"追寻财富" ································· 199

十三　"在各地都繁荣昌盛" ··············· 223

十四　"达米埃塔！" ··························· 238

十五　"敌意与憎恨" ·························· 261

十六　"展开并升起我们的旗帜！" ········· 280

# 第四部　异端，1260—1314

十七　"咽喉里的肿块" ······················ 303

十八　"这座城市必然陷落" ················· 323

十九　"在魔鬼的唆使下" ··················· 338

二十　"异端的邪恶" ·························· 361

二十一　"上帝会为我们的死复仇" ········· 379

尾声：圣杯 ···································· 410


附录一　主要人物 ···························· 420

附录二　历代教宗在任年份，1099—1334 ··· 429

附录三　耶路撒冷国王与女王在位年份 ····· 431

附录四　圣殿骑士团历任大团长在任年份 ··· 433


注　　释 ···································· 435

参考文献 ···································· 474

译名对照表 ································· 489

# 示意图列表

1 欧洲与圣地，约 1119 年 ………………………… IV

2 圣地，约 1119 年 ……………………………… VI

3 西伍尔夫的旅行，约 1102 年 ………………… 016

4 第二次十字军东征期间圣殿骑士团在西欧的地产，

约 1147 年 ……………………………………… 073

5 第二次十字军东征，1148—1149 年 ………… 089

6 圣殿骑士团在拉丁东方的城堡 ……………… 130

7 萨拉丁的征服，1190 年之前 ………………… 163

8 达米埃塔与第五次十字军东征 ……………… 247

9 蒙古人和马穆鲁克王朝，约 1260—1291 年 ………… 314

# 作者按

　　圣殿骑士团的故事涉及广阔的空间与漫长的时段，也牵涉多种文化，其中有些已为西方读者所熟悉，有些还很陌生。在本书涉及的时段，人们使用英语、法语、德语、西班牙语、意大利语、拉丁语、希腊语、阿拉伯语和土耳其语等语言，而这些语言不仅在人名地名的命名习惯上千差万别，原始文献里的专名拼写也往往前后不一致。

　　将阿拉伯语和土耳其语名字转写为英文很困难，因为不存在统一的、得到普遍认同的转写规则。就连穆罕默德这样重要的名字，在英语里也有很多种拼法，而且每一种拼法都有争议，更不要说那些知名度较低的人名了。撰写本书的时候我经常需要做选择，并且往往是很主观的选择。

　　例如，对于埃及与叙利亚的伟大苏丹、圣殿骑士团的不共戴天之敌、库尔德人萨拉赫·丁·优素福·伊本·阿尤布，绝大多数英美读者知道的名字是十字军给他取的不够严谨的绰号——"萨拉丁"。今天人们觉得萨拉赫·丁是更合适的简写，但读者也许会搞不清楚这究竟指的是谁，所以我还是把他称为萨拉丁。但我把他那知名度较低的弟弟同时也是他的继任者称为阿迪勒，而不是萨法丁。也就是说，此处我遵循现代学术的习惯，而不是中世纪基督教编年史的说法。

　　但并不是所有的专名都可以这样轻松地确定。比如，来自

草原的突厥民族于 1055 年攻入巴格达之后建立的那个帝国
（几十年后十字军抵达时，它控制着圣地的大部分），应当叫
什么名字？我们可以音译阿拉伯语的名字为 Saljuq，或者用土
耳其语的名字 Selcük，还有其他一些常见的写法，如 Seljuk 和
Seljuq。遇到这种情况，有多个说得通的选择但很难说哪个最
好时，我就参考《伊斯兰新大百科全书》（*The New
Encyclopedia of Islam*），其中的写法是 Seljuq（塞尔柱）。我还
曾请教保罗·M. 科布教授的意见，他像往常一样给了我很好
的建议，我对他很感激。本书中的专名若有错误，均由我本人
负责。

将阿拉伯文转写成拉丁字母时往往要用注音符号，但我决
定不用，理由是本书不纯粹是学术参考书，这些符号不但对普
通读者的帮助不大，而且会干扰读者的注意力。我始终把绝大
多数人名翻译成标准的英语形式，所以用 James of Molay 而不
是 Jacques de Molay。① 这也是关于本历史时段的绝大多数现代
英语著作的做法。

在很多地方，为一目了然，我采用现代地名。比如，第一
章里的约帕变成了雅法（不过这个定居点位于今天的特拉维
夫－雅法市）。十字军将开罗称为"巴比伦"，但我用"开
罗"。不过有的地方不适合用现代地名，所以我选择"君士坦
丁堡"而不是"伊斯坦布尔"。

说到圣地的十字军定居点，同一个地方的名字往往有三种
甚至更多写法。阿卡以南的那座圣殿骑士团大型要塞被建造它

---

① 根据中文习惯，本书将此人的名字按照法语读音译为雅克·德·莫莱。
文中脚注除另行标明外，皆为译者注。

的人们称为 Castel Pèlerin，现代学者则称之为 'Atlit 或 Athlit。而我选择将它的法语名字改为现代拼写，即 Chateau Pèlerin，并在它第一次出现时加一个括号，标注 'Atlit；此后再出现时也偶尔加注释。我没有将它的名字完全翻译为英文 Castle Pilgrim，即"朝圣者城堡"①。

以上的做法没有系统性，是因为我更倾向于可读性而不是系统性。有的地方我可能两方面都没兼顾好，只能恳求读者的耐心和理解了。

---

① 根据中文世界的习惯，本书将其统一译为"朝圣者城堡"。

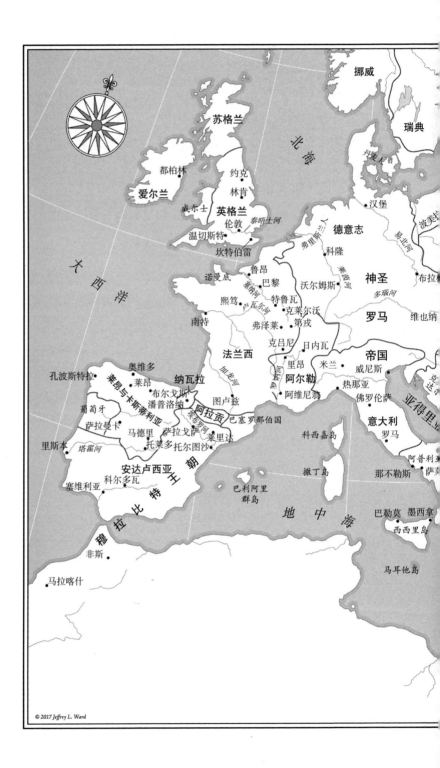

挪威

瑞典

苏格兰

北海

丹麦人

爱尔兰

都柏林

约克

林肯

汉堡

波美

威尔士

英格兰

泰晤士河

伦敦

德意志

易北河

温切斯特

弗里斯兰人

科隆

莱茵河

神圣

布拉

坎特伯雷

鲁昂

多瑙河

维也纳

诺曼底

巴黎

沃尔姆斯

罗马

塞纳河

特鲁瓦

大西洋

卢瓦尔河

熙笃

克莱尔沃

帝国

威尼斯

南特

弗泽莱

第戎

克吕尼

日内瓦

里昂

米兰

法兰西

阿尔勒

热那亚

奥维多

加龙河

孔波斯特拉

莱昂

纳瓦拉

图卢兹

阿维尼翁

佛罗伦萨

莱昂与卡斯蒂利亚

布尔戈斯

阿塞罗那伯国

意大利

葡萄牙

潘普洛纳

图卢兹

阿拉贡

科西嘉岛

罗马

萨拉曼卡

马德里

萨拉戈萨

莱里达

阿普利

里斯本

塔霍河

托莱多

托尔图沙

阿尔

王朝

安达卢西亚

撒丁岛

那不勒斯

萨

比

科尔多瓦

塞维利亚

巴利阿里群岛

地中海

巴勒莫

墨西拿

特

西西里岛

穆

拉

非斯

马耳他岛

马拉喀什

© 2017 Jeffrey L. Ward

欧洲与圣地，约1119年

爱沙尼亚人

立陶宛人

普鲁士人

罗斯

波兰

布达佩斯

匈牙利

摩尔多瓦

贝尔格莱德

罗马尼亚

塞尔维亚人

多瑙河

0 英里 400
0 千米 400

黑海

迪西

保加利亚人

君士坦丁堡

拜占庭帝国

鲁姆的塞尔柱人

萨洛尼卡

尼西亚

埃德萨伯国

亚美尼亚人

摩苏尔

孚岛

多里莱乌姆

士麦那

以弗所

大数

埃德萨

底格里斯河

幼发拉底河

雅典

罗德岛

安条克

安条克亲王国

塞尔柱帝国

巴格达

法马古斯塔
尼科西亚
塞浦路斯

的黎波里
的黎波里伯国

贝鲁特
西顿
推罗
阿卡
恺撒利亚
雅法
亚实基伦
达米埃塔

克里特岛

大马士革

加利利海

约旦河

耶路撒冷

死海

地中海

加沙

耶路撒冷王国

亚历山大港

开罗

法蒂玛哈里发国

尼罗河

红海

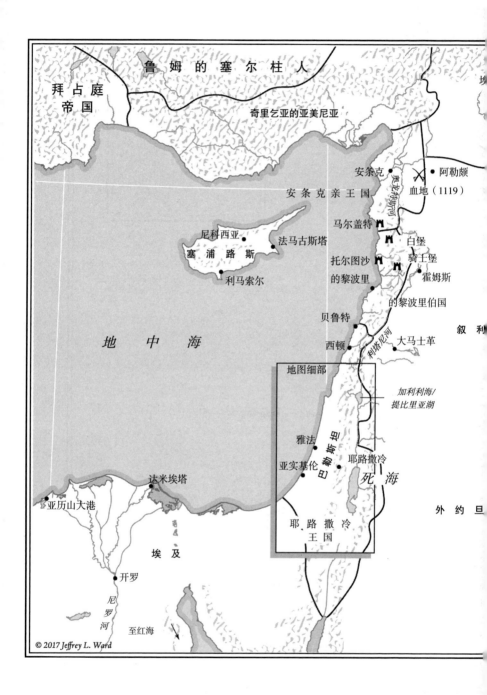

鲁姆的塞尔柱人

拜占庭
帝国

奇里乞亚的亚美尼亚

安条克

阿勒颇

血地（1119）

安条克亲王国

奥龙特斯河

尼科西亚

法马古斯塔

马尔盖特

塞浦路斯

托尔图沙

白堡

的黎波里

骑士堡

利马索尔

霍姆斯

的黎波里伯国

贝鲁特

地 中 海

西顿

大马士革

叙利

利塔尼河

地图细部

加利利海/
提比里亚湖

雅法

巴勒斯坦

亚实基伦

耶路撒冷

死 海

达米埃塔

亚历山大港

外约旦

耶 路 撒 冷
王 国

埃 及

开罗

尼
罗
河

至红海

© 2017 Jeffrey L. Ward

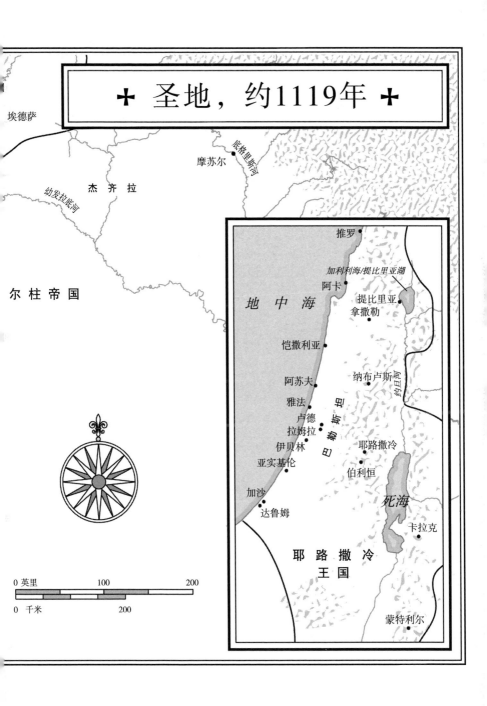

# 圣地，约1119年

埃德萨

摩苏尔

辰格里斯河

杰齐拉

幼发拉底河

尔柱帝国

推罗

加利利海/提比里亚湖

阿卡

地中海

提比里亚

拿撒勒

恺撒利亚

阿苏夫

纳布卢斯河

约旦河

雅法

巴勒斯坦

卢德

拉姆拉

伊贝林

耶路撒冷

亚实基伦

伯利恒

加沙

死海

达鲁姆

卡拉克

耶路撒冷
王国

蒙特利尔

0 英里    100    200

0 千米    200

你们不要想我来，是叫地上太平。我来并不是叫地上太平，乃是叫地上动刀兵。

——《马太福音》10：34

# 序　章

圣殿骑士是神圣的战士。他们是信徒，是军人；是朝圣者，是武士；是穷人，也是银行家。他们的制服饰有红色十字架，象征着基督为人类流的血，以及他们自己时刻准备着为侍奉上帝而流血。11—14 世纪，中世纪欧洲和圣地涌现出一大批宗教修会，圣殿骑士团只是其中之一，却是最著名也最有争议的。

他们的修会是十字军东征（十字军东侵）的产物。十字军东征是中世纪基督教会煽动的战争，对象主要是（但不限于）巴勒斯坦、叙利亚、小亚细亚、埃及、非洲西北部和西班牙南部的伊斯兰统治者。所以，圣殿骑士团的活动范围是广袤的地中海世界，乃至更远的地方：近东的战场和欧洲各地的城镇村庄。他们在欧洲各地经营的大量地产，为军事冒险提供了资金。"圣殿骑士团"（全名是圣殿的贫苦骑士团，或者耶路撒冷基督和所罗门圣殿的贫苦骑士团，后面这种说法较少见）这个词，宣扬了他们的发源地，即位于基督教世界最神圣城市的圣殿山。然而，几乎所有地方都能感受到他们的存在。即便在他们自己的时代，圣殿骑士也是半传奇式的人物，出现在民间故事、艺术作品、歌谣和史书中。他们也是十字军东征思想世界的一部分，至今仍然占据着这样的位置。

圣殿骑士团始建于 1119 年，原则是守贞、服从和清贫。

大团长官印的图案是两名骑士团成员骑乘一匹马，这是为了纪念骑士团的清贫原则。但骑士团很快就变得富可敌国，具有极强的影响力。在圣地和西方，圣殿骑士团的高官与国王、王子、王后、伯爵夫人、宗主教和教宗结交或者为敌。骑士团帮助世俗统治者筹措军费，借钱给政府从而支付国王的赎金，承包王国政府的财政管理工作，征税，修建城堡，管理城市，招募军队，干预贸易冲突，与其他军事修会厮杀，执行政治暗杀，甚至拥立和扶植帝王。从卑微的开端，圣殿骑士团逐渐崛起，成为中世纪后半期特别强大的机构。

或许令人感到奇怪的是，圣殿骑士团对民众也有吸引力。对很多人来说，圣殿骑士不是遥远的精英，而是本地的英雄。骑士团的众多非战斗人员在全欧洲的教会机构做的祷告，与骑士和军士在沙场上的牺牲同样重要。这两方面对全体基督徒追寻天堂的救赎都意义非凡。骑士团的财富一半来自虔诚贵族的资助，另一半来自普通百姓的小额捐赠。民众向骑士团在当地的分支机构提供力所能及的捐献，比如一件上衣或一片菜园，这些东西聚沙成塔，为骑士团在东方的军事使命提供经费。

当然也有不喜欢他们的人。在某些观察者看来，圣殿骑士团不受任何约束，这很危险，并且骑士团腐蚀了基督教（所谓的）爱好和平的原则。圣殿骑士团有时遭到猛烈抨击，尤其来自学者和嫉妒骑士团特权地位的僧侣，因为骑士团得到教宗权威的庇护，并且不像其他宗教群体那样需要遵守特定的规矩并纳税。克莱尔沃的伯纳德有点像骑士团的教父，他赞颂圣殿骑士团是"新的骑士群体"。但一个世纪之后，另一位博学的法兰西僧人却谴责骑士团是"新的怪物"。

不管怎么说，骑士团于 14 世纪初突然被解散，大批成员遭受逮捕、迫害、刑讯、作秀审判和集体火刑，骑士团的所有财产被没收，这让基督教世界都为之震惊。几年后，骑士团被彻底关闭、停止运营和解散，其成员遭到一连串罪状的指控。骑士团的敌人之所以选择这些罪名，是刻意要激起人民对骑士团的愤慨和憎恶。圣殿骑士团的末日来得如此之快又如此暴烈，更是给它增添了传奇色彩。七百多年后的今天，圣殿骑士团仍然是人们感兴趣、模仿和着迷的对象。

那么，圣殿骑士是什么样的人？有时真的很难说。圣殿骑士团出现在不计其数的小说、电视节目和电影里，被描绘为英雄、烈士、暴徒、恶棍、受害者、罪犯、变态、异端、堕落的颠覆分子、圣杯守护者、基督秘密血脉的保护者，甚至是搞国际阴谋的时间旅行者。在"通俗"历史的领域，有一个低端产业专门揭露"圣殿骑士团的奥秘"，暗示他们参与了永恒的阴谋，说他们负责藏匿基督教的一些丑恶秘密；暗示中世纪的圣殿骑士团至今仍然存在，躲在阴影里操控世界。类似的故事有的可谓引人入胜，但和真实的圣殿骑士团没什么关系。

本书旨在描摹圣殿骑士团的本来面目，而不是后世传奇中的圣殿骑士团。我的目标不是探讨，更不是批驳那些关于圣殿骑士团的格外荒诞不经的神话，而是向读者展示：与圣殿骑士团灭亡之后经久不衰且五花八门的浪漫传奇、半真半假的故事和胡编乱造的所谓历史相比，他们的真实事迹甚至更为惊人。我还相信，"圣殿骑士团"这个主题在今天仍然有着强大的影响力。本书描写了巴勒斯坦、叙利亚和埃及发生的似乎永无止境的战争，逊尼派和什叶派穆斯林的各种派系与来自西方的好战基督徒的碰撞；解释了这个"全球化"的享有免税权的组织如何变得富可敌国；探讨了国际金融与地缘政治之间的关系；研究了宣传和炮制神话的力量；记述了人类的凶暴、奸诈、背叛与贪婪。

读过我关于金雀花王朝时代英格兰的书的读者，在看到本书是一部叙述史时，一定不会惊讶。本书从圣殿骑士团的创建讲到它的解体，探索了它不断变化的性质、它在近东和欧洲的扩张，以及它在中世纪基督徒军队和伊斯兰力量之间的战争中发挥的作用。我为正文提供了详细的注释和参考文献，以指引读者去了解更广泛的原始史料和学术研究成果，但我写作本书的宗旨仍然是既娱乐大众，也为其提供知识。

为了帮助读者更好地了解圣殿骑士团两个世纪的历史（从默默无闻的诞生到震惊世界的毁灭），我将本书分为四个部分。第一部"朝圣者"描写 12 世纪初圣殿骑士团的起源。法兰西骑士于格·德·帕英和（根据后来的说法）他的八名伙伴建立了这个基督教战士的修会。第一次十字军东征之后耶路撒冷陷入动荡，他们就在这里寻找自己的使命。这个小群体的最初使命是为西方朝圣者提供长期的安保服务，因为追寻基督足迹的朝圣者在前往圣地的途中经常会遇到危险。帕英等人这么做，部分是受到了一群医务志愿者的启发。这些医务人员于 1080 年前后在耶路撒冷创办了一家医院，他们就是后来的圣约翰骑士团，或者叫医院骑士团。得到耶路撒冷的基督徒国王的批准和罗马教宗的祝福之后，圣殿骑士团迅速巩固了自己的机构并发展壮大。他们在圣城的圣殿山（穆斯林称之为"崇高的圣所"）上的阿克萨清真寺建立总部，派遣使者去欧洲招募人员和筹集资金，并寻求名人的庇护。他们的精神导师是克莱尔沃的伯纳德，他帮助起草了骑士团的规章制度。骑士团早期的支持者包括当时一些重要的十字军战士，如金雀花王朝的祖先安茹伯爵富尔克五世，他在圣殿骑士团一定程度的帮助下成为耶路撒冷国王。几十年之后，圣殿骑士团就再也不是九名身无分文、寻找使命的穷骑士，而是一个雄心勃勃的组织，有明确的目标，也拥有达成目标所需的资源。

第二部"战士"描写圣殿骑士团如何从道路救援小组发展成十字军战争中最前沿的精锐军事力量。圣殿骑士团在第二次十字军东征中扮演了关键角色：他们引导的不是一小群朝圣者，而是法兰西国王指挥的整支军队。圣殿骑士团穿越小亚细亚的崇山峻岭，将法军安全带到圣地；解救财政破产的指挥官，然后在十字军的最前沿奋勇拼杀，力图征服伊斯兰世界最伟大的城市之一大马士革。从这时起，圣殿骑士团就成了基督教十字军国家（耶路撒冷王国、的黎波里伯国和安条克亲王国）政治与军事史的主角之一。第二部追踪了骑士团如何建立自己的城堡网络和军事策略体系，如何习得他们的使命所要求的体系化的专业技术。此外，该部分还描写了整个十字军东征历史上一些最非凡的人物：虔诚但运气不好的法兰西国王路易七世；无比傲慢且鲁莽的圣殿骑士团大团长热拉尔·德·雷德福尔，他是十字军在 1187 年闯入灾难性的哈丁战场的主要责任人之一；患有麻风病的耶路撒冷国王鲍德温四世；史上最著名的穆斯林苏丹萨拉丁，他以消灭十字军为自己的毕生使命，曾在一天之内就下令处决了数百名圣殿骑士。

第三部题为"银行家"，探讨圣殿骑士团如何从一支依赖西方捐赠的十字军辅助力量逐渐成熟，发展为一个发达的机构。它既有强大的军事力量，也有覆盖整个基督教世界的复杂而先进的财产与人员网络,并在十字军东征的热情开始消退之时,将基督教西方与东方战区联系起来。

圣殿骑士团的军事力量险些被萨拉丁全歼,后来于12世纪90年代在才华横溢、残酷无情而又闻名遐迩的英格兰国王狮心王理查一世的帮助下重建。他对圣殿骑士团高级官员的信任和仰赖,预示着骑士团在13世纪的发展方向。王室庇护骑士团,贵族和城市当局纷纷效仿,向骑士团伸出援手,于是圣殿骑士团得以扩张地产,积攒更多财富,并获得了给他们带来丰厚油水的减税优惠。他们变得富可敌国,掌握了先进的财政管理与金融技术,后来教宗和帝王也委托他们来管理账簿、守卫金库、组织战争,并在危机时期救市。

危机层出不穷,如第三部所述,圣殿骑士团仍然深陷于反对伊斯兰世界的战争。圣殿骑士团运用自己的金融技能,支援针对埃及尼罗河三角洲城市达米埃塔的两次大规模进攻。这两次进攻均以混乱和失败告终,骑士团的骑士和军士不得不拼死鏖战,在河水泛滥造成的瘟疫横行的沼泽地且战且退。圣殿骑士团发现,筹措和分配军费是一回事,在不熟悉的异邦与敌人作战却是另一回事,何况敌人对当地条件了如指掌。

圣殿骑士团为十字军国家的安全承担了越来越多的责任,所以他们与13世纪一些最令人难忘的人物发生接触,比如后来被封圣的法兰西国王路易九世,骑士团与他的关系很融洽;还有霍亨施陶芬皇朝的神圣罗马皇帝弗里德里希二世,他行事浮夸、思想自由,自立为耶路撒冷国王,旋即与负责保卫耶路撒冷的人们发生武装冲突。圣殿骑士团不得不与弗里德里希二世庇护的条顿骑士团竞争。条顿骑士团是诸多与圣殿骑士团有联系（有时是刻意模仿它）的军事修会之一。类似的军事修会还有圣拉撒路骑士团，它负责照料患有麻风病的朝圣者；西班牙诸王国的卡拉特拉瓦骑士团、圣地亚哥骑士团和阿尔坎塔拉骑士团；立窝尼亚的宝剑骑士团，它向波罗的海地区的异教徒开战；还有医院骑士团，它从一开始就和圣殿骑士团共存，双方在一些惊天动地的大战中并肩作战。在圣地，军事修会越来越重要和多样化。这加剧了派系斗争，圣殿骑士团也卷入了意大利商人和自私自利的贵族之间的混战。这最终严重损坏了十字军国家的政治基础，导致 13 世纪 60 年代出现新威胁时，圣殿骑士团和其他基督徒一样束手无策、无力抵抗。

第四部分题为"异端"。圣殿骑士团毁灭的根源可以追溯到 13 世纪 60 年代，此时身居东方的骑士团成员面对着十字军史上遇见过的两个最危险的敌人：成吉思汗的子孙率领的蒙古大军和一群被称为马穆鲁克的穆斯林奴隶军人。圣殿骑士团多次被马穆鲁克打败，导致其遭到比以往更普遍的激烈批评。他们拥有的丰富资源，以及他们与反伊斯兰教战争的密切联系，如今成了别人批评他们的口实。

骑士团受到的压力越来越大，也逐渐开始遭到政治攻击。1307 年，大祸突然临头，虔诚但无所不用其极的法兰西国王腓力四世骤然向圣殿骑士团发难。10 月 13 日，星期五，他下令逮捕法兰西境内的所有圣殿骑士，就这样开始镇压骑士团并没收其财产。他这个举措完全是自私自利的。教宗克雷芒五世向法王妥协，但有时也煽动或抵制他。腓力四世及其大臣把对圣殿骑士团财产的查抄升级为在整个基督教世界向骑士团开战。法王迫害骑士团的手段曾经用在其他一些脆弱目标身上，比如法兰西的犹太人。尽管法兰西历来是圣殿骑士团最有力的支持者，但腓力四世态度坚决地审判、刑讯和杀戮骑士团成员，而且是从骑士团的最高层开始，即最后一任大团长雅克·德·莫莱。他于1314年在巴黎被处以火刑，他的临终遗言是：上帝会为圣殿骑士团复仇。

腓力四世用司法审判和残暴镇压双管齐下，解散了圣殿骑士团。他的动机与骑士团成员的真实品格或行为几乎没有任何关系，无论是他们在反对伊斯兰教的战争前线的行为，还是他们在法兰西的行为（骑士团成员在法兰西的生活方式与僧侣类似）。腓力四世镇压骑士团的原因是他自己的政治考量，以及他那极端、残忍且麻木不仁的变态心理。但他镇压骑士团的时机，正逢它最容易受到攻击和诽谤的时候，并且那个时期公众对十字军东征的兴趣即便不能说已经消失，但肯定是很淡漠了。雅克·德·莫莱的惨死标志着圣殿骑士团作为一个组织的灭亡。从他们在耶路撒冷的卑微开端算起，圣殿骑士团一共存续了近两百年。但他们的传奇才刚刚开始。本书的尾声部分概括了圣殿骑士团进入大众想象的旅程，并探讨了骑士团在后世被浪漫化甚至复苏的情况。

一位卓越的学者曾说，写一部关于圣殿骑士团的叙述史太难，因为叙述史"具有误导性，它必然涉及骑士团崛起，然后衰落，受到的批评逐渐增加，特殊事件导致后来的发展"，仿佛这是个线性的过程。[1]这种说法既对也错。圣殿骑士团有长达两个世纪的历史，并且它的活跃范围非常广泛，足迹遍布耶路撒冷王国、伊比利亚半岛、法兰西、英格兰、意大利、波兰、德意志、匈牙利、塞浦路斯等地。要把如此丰富的内容囊括到按照时间顺序排布的框架里，几乎是不可能完成的任务。

圣殿骑士团成千上万的正式和非正式成员的经历，也不可能全部被包括到对骑士团最重要活动的连贯叙述里。不过，圣殿的贫苦骑士团当然有开端，有发展，有结局，而且这个过程遵循时间流逝的通常规律。圣殿骑士团的故事与更广泛的十字军东征紧密联系，把多个战区联结起来，涉及十几代人。经常有人不按照时间顺序，而以若干主题并置的形式来讲述圣殿骑士团的故事。这种写法很容易使故事变得散漫无章，甚至枯燥乏味。我选择用讲故事的传统方法来叙述，但这并不意味着我相信"从荣耀到腐败，到狂傲，到最终毁灭"这样一种道德历程，因为这种思维方式损害了历史悠久的以"圣殿骑士团"为主题的写作传统（该传统至少可以追溯到 17 世纪）。[2]我相信完全可以用遵循时间顺序的编年手法来叙述圣殿骑士团的历史，这样能满足那些喜欢编年体叙述史的读者。我希望自己如此处理的时候没有过多地倾向于目的论，也没有误读那些胸前配有红十字的人的生活和经历。我还希望本书会鼓励读者去探索关于军事修会，尤其是关于圣殿骑士团的卷帙浩繁的学术著作，比如以下这些才华横溢的著名学者的作品：Malcolm Barber、Helen Nicholson、Alan Forey、Joachim Burgtorf、Alain Demurger、Jonathan Riley-Smith、Judi Upton-Ward、Anthony Luttrel、Jonathan Phillips、Norman Housley、Jochen Schenk、Paul Crawford、Peter Edbury、Anne Gilmour-Bryson 等。我参考和引用了上述学者的著作，对他们十分景仰和感激。

圣殿骑士高举黑白两色的大旗冲向战场。骑行的时候，他们有时会唱一首赞美诗给自己鼓劲。我们不妨在故事开始的时候引用其中几句：

　　耶和华阿，荣耀不要归与我们，不要归与我们。要因你的慈爱和诚实归在你的名下。①

　　希望大家享受这段征程。

---

①　出自《旧约·诗篇》115：1。

# 第一部

# 朝圣者

## 约 1102—1144

为了你们灵魂得救，我恳求你们勇敢战斗！

——耶路撒冷国王鲍德温一世

# 一 "盛满蝎子的金盆"

　　一个天气恶劣的秋日上午，若干朝圣者刚走出雅法的教堂，就被一大群人裹挟着，身不由己地奔向大海。吸引人群的是一种令人胆寒的刺耳噪音：木料崩散的尖利声响；在狂风怒号与惊涛拍岸的巨响当中，几乎听不见魂飞魄散的男女挣扎求生的呼号。前一天就在酝酿的风暴在夜间终于爆发，雅法陡峭海岸附近停泊着的大约30艘船被山峰般的巨浪抛来抛去。最大也最坚固的船被刮断了锚缆，被扔向锋利的岩石、投向沙滩，直到所有船（用一位目击者的话说）"被暴风雨撕成碎片"。[1]

　　岸边的人们束手无策，眼睁睁看着风浪把甲板上的水手和乘客卷走。有些落水的人抓住破碎的桅杆和帆横杆，努力浮在水面上，但绝大多数人只有死路一条。"有些人抓着木板漂浮，却被自己船只的木板切成肉块，"一位观察者写道，"有些水性好的人主动投入波涛，其中很多人溺死。"[2]浪涛将死尸冲到岸边。最终清点的死者人数是1000人，只有7艘船在风暴中幸存。一位朝圣者写道："一天之内发生了如此多的惨剧。"这一天是1102年10月23日，星期一。

　　为我们留下上述史料的是英格兰朝圣者西伍尔夫。① 他于

① 西伍尔夫在描写圣地的拉丁文作品中没有提及自己的出生地。除了他朝圣日记中的内容，我们对他的生平几乎一无所知。但我们有理由推断他来自英格兰，因为他引用了诺森布里亚圣徒比德编纂的材料，而且西伍尔夫作品的唯一中世纪抄本后来存放在16世纪坎特伯雷大主教马修·帕克的图书馆。——作者注

7月13日从阿普利亚（现代意大利靴形版图的脚后跟部）沿海的莫诺波利出发，旅行了好几个月。他说7月13日正逢"埃及之时"，因为从法老时代人们就相信，根据星相学，不宜在这一天开始做重要的事情。[3]此话果然不假。西伍尔夫从英格兰去地中海东部的途中已经经历了一次海难，好在安然无恙。他途经科孚岛、凯法利尼亚和科林斯，走陆路取道底比斯抵达爱琴海，然后转向东南，通过基克拉泽斯群岛①和多德卡尼斯群岛②，来到罗德岛。之后他又坐了几天船，到达塞浦路斯岛的港口帕福斯，最后从这里抵达耶路撒冷王国的主要港口雅法。他的旅行一共耗时13周，行程约2000英里（约3220公里）。就在本章开头描写的致命风暴开始的几个小时前，他乘小船上了岸。

　　熬过了艰难险阻，体验了航海的恐怖风险，西伍尔夫在东进的旅程中大开眼界。他和其他旅行者每隔几天就下船上岸，到岛民那里借宿。他把这些岛民统称为希腊人。他亲眼见识了安德罗斯岛的丝绸作坊，参观了罗德岛上早已消失的巨像③的遗址。他拜访了古老的米拉城④，参观了那里美丽的半圆形剧场；他去过菲尼凯，这是一座海风习习的贸易港口，是腓尼基人建立的，当地人把那里称为"六十桨"，因为那里海况特别

---

① 基克拉泽斯群岛位于希腊本土东南方，在希腊本土与小亚细亚之间。
② "多德卡尼斯"的意思是"十二个岛"，这是一连串石灰岩岛，其中最大也最肥沃的是位于群岛东南端的罗德岛。群岛最北端是建有灰白色修道院的帕特摩斯岛，这是东正教的一处圣地，圣约翰在这里获得天启，写下了《新约》中的《启示录》。
③ 罗德岛太阳神铜像，建在罗德岛港口，约公元前280年竣工，是古典世界七大奇迹之一。它高约33米，毁于公元前226年的地震。
④ 米拉是土耳其历史上的古城，现名代姆雷，位于今土耳其西南部安塔利亚省境内。古罗马地理学家斯特拉波在其著作中最早提到米拉。米拉在公元初曾是小亚细亚的一座大城市。使徒圣保罗曾在该城的港口换乘船只。

恶劣。他到圣尼古拉墓前祷告，在塞浦路斯踏上圣彼得的足迹。然而，他的真正目标还在更远的地方。风平浪静之后，他将奔向世界上最重要的城市：东南方的耶路撒冷。他计划在圣子和全人类的救主耶稣基督的墓前祈祷。

西伍尔夫虔诚地自称"卑微的罪人"，对像他这样的基督徒来说，耶路撒冷之行是去往世界中心的救赎之旅。[4]在《旧约》中，上帝告诉先知以西结，他把耶路撒冷置于"列邦之中"。人们相信这并不只是比喻。[5]当时欧洲人绘制的地图将圣城描绘为一粒果核，人类的诸王国，无论是基督徒还是异教徒的王国，都围绕着耶路撒冷产生和发展。① 人们相信这是地理学事实，也是宇宙学真相。人们还相信，在耶路撒冷，天意会得到彰显，圣物和圣地会增强祈祷的力量。对耶路撒冷的体会不仅是视觉的，更是全面感知的。游人能亲身体验《圣经》故事的细节，比如《旧约》中帝王的事迹和基督的生平与受难。

从雅法到耶路撒冷，西伍尔夫会经过大卫之门，它是耶路撒冷厚厚的防御城墙上的一处戒备森严的大门，被一座大型石质要塞守卫，而这处要塞雄踞于希律王②建造的一座要塞的遗址

---

① 被保管在英格兰赫里福德城堡里的《世界地图》就是一个绝佳的例子。这幅地图绘制于约1300年，完美地展现了西伍尔夫时代的中世纪人对世界的理解，以及耶路撒冷在世界上的中心位置。很多旅行指南告诉游人，世界中心就在"各各他山以西十三英尺处"。——作者注

② 大希律王（约前74—前4），他是犹太国王，罗马的附庸。他以残暴著称，为了权位，曾下令杀害自己的家人与多位拉比。但他也是犹太历史上最著名的建设者，他扩建了耶路撒冷的第二圣殿（又称希律圣殿），修建了该撒利亚的港口，建立马萨达与希律宫的城墙。在《新约》中，他知道伯利恒有个君王诞生了，就派三智者先行，然后假意跟随朝拜。当三智者从另一方向离开后，他下令将伯利恒及其周围境内两岁及以下的所有婴孩杀死，而耶稣一家在其死后才回到拿撒勒。

意大利

亚得里亚海

罗马
从英格兰来

阿普利亚

巴里

莫诺波利

布林迪西

伊奥尼亚海

科孚岛

拜占

底比斯

安德罗斯海

凯法利尼亚

科林斯

西西里岛

基克拉泽斯群岛

克里特岛

地

0 英里　　　　100
0 千米　　　　　200

### 耶路撒冷

圣司提反门

客西马尼园

圣墓

金门
主的圣殿

大卫门
大卫塔

圣殿山

所罗门圣殿/
阿克萨清真寺

橄榄山

0 英里　　0.25　　0.50
0 千米　　　　　0.50

西伍尔夫的旅行，约1102年

去圣地的路线
返程

黑海
君士坦丁堡

鲁姆的塞尔柱人

安条克亲王国

幼发拉底河

菲尼凯
米拉

塞浦路斯

帕福斯

的黎波里伯国

阿卡
提比里亚

海法
拿撒勒

恺撒利亚
杰里科
阿苏夫

雅法
耶路撒冷

亚实基伦

伯利恒
死海

塞尔柱
帝国

达米埃塔
耶路撒冷王国

亚历山大港
开罗

埃及
（法蒂玛王朝）

© 2017 Jeffrey L. Ward

之上。根据《圣经》，希律王为了杀死婴儿耶稣，下令处死伯利恒的所有婴儿。西伍尔夫穿过城市，能看到圣殿山巍峨地耸立在城市的东南部，山顶可见圆顶清真寺（基督徒称之为主的圣殿）金光闪闪的圆顶。圆顶清真寺旁边是阿克萨清真寺，这是一座宽敞、低矮的矩形建筑，也有圆顶，建于7世纪，后被基督徒改为宫殿，供耶路撒冷国王鲍德温一世（原来是布洛涅的一个富裕贵族）使用。

在圣殿山的更远方，在耶路撒冷东墙的另一侧有一处墓地，更远处就是客西马尼园，即基督与其使徒祈祷的地方，也是他在被捕的当夜遭受犹大背叛的地点。再往东是橄榄山，耶稣在这里教诲世人数周之久，后来在此处升天。西伍尔夫在日记中写道，他登上了橄榄山，俯瞰耶路撒冷城，观察了罗马人统治时代的城墙与城市边界延伸到的地方。

最神圣的地点，也是每一位基督徒朝圣者的真正目的地，是耶路撒冷城内的圣墓教堂。西伍尔夫说它"比任何教堂都更受赞颂，并且理应如此，因为全世界所有关于我们的救主耶稣基督的预言和征兆都在这里成真"。[6]这是一座双层建筑，由若干互相连接的礼拜堂和庭院构成，其中很多地方为纪念耶稣受难的重要事件而建，或者被认为是耶稣受难事件的真实发生地。西伍尔夫列举了这些地点：耶稣遭背叛后被关押的牢房；真十字架的一个碎片被发现的地方；耶稣遭罗马士兵鞭笞的时候被捆绑的柱子和"他被迫穿上紫袍、戴上荆棘冠冕[①]的地

---

① 根据《圣经》，耶稣受难前，罗马士兵"给他脱了衣服，穿上一件朱红色袍子。用荆棘编作冠冕，戴在他头上，拿一根苇子放在他右手里。跪在他面前戏弄他说，恭喜犹太人的王阿"，以折磨和嘲讽他。

方";各各他山①,"始祖②亚伯拉罕在那里搭建了祭坛,听从上帝的指示,想要将他的儿子［以撒］作为祭品",基督也是在这里被钉上十字架的。西伍尔夫在这里观察了地上用来插十字架的坑,还有一块如《马太福音》中描述的裂成两半的石头。[7]这里还有专门供奉抹大拉的马利亚和使徒圣约翰的礼拜堂,也有圣母马利亚和圣雅各的礼拜堂。最重要也最令人肃然起敬的是教堂西端的圆形大厅。圣墓,也就是基督之墓,就在那里。耶稣受难之后被埋葬在这里的洞穴,后来复活。圣墓周围环绕着长明灯,地上铺着大理石板。这是一个宁静而香气扑鼻的地方,供人祈祷和膜拜。[8]对基督徒来说,世界上和历史上没有比这更神圣的地方了。西伍尔夫在回忆录的第一行写道:"我去耶路撒冷,就是为了到圣墓祈祷。"站到圣墓前,就来到了基督教的摇篮,所以像西伍尔夫这样的朝圣者为了来到这里不惜冒生命危险。

朝圣是 12 世纪初基督教生活的一个核心部分,这个传统到此时已有将近一千年的历史。人们为了拜访圣徒的圣龛和基督教著名事件的场所,甘愿长途跋涉,行程之遥远令人难以置信。他们朝圣是为了自己灵魂的福祉:有时是为了恳求上帝医治他们的疾病,有时是为了赎罪。有些人相信,在特定的圣地祈祷,当地的圣徒就会保佑他们安然渡往来世。所有人都相信上帝善待朝圣者,谦卑而忠实地前往世界中心的人一定能改善

---

① 各各他山,意译为"髑髅地",是罗马统治以色列时期耶路撒冷城郊的一座山。据《新约》中的四福音书记载,耶稣基督被钉在十字架上,这十字架就在各各他山上。多年来,"各各他山"这个名称与十字架,一直是耶稣基督受难的标志。

② 《圣经》里的"始祖"指的是亚伯拉罕、以撒和雅各(也叫以色列),或者亚当到亚伯拉罕之间的二十位男性始祖。

自己在上帝眼中的地位。

西伍尔夫这趟危险旅途不仅动机虔诚，而且时机很好。至少从 4 世纪开始就有基督徒去耶路撒冷朝圣，但耶路撒冷始终不是对基督徒完全友好的地方。在西伍尔夫时代之前七百年的大部分时间里，这座城市及其周边地区处于罗马皇帝、波斯国王、倭马亚王朝哈里发和塞尔柱统治者（被称为贝伊①或埃米尔②）的控制之下。7 世纪，阿拉伯军队从拜占庭基督徒统治者手中夺取耶路撒冷，一直到 11 世纪末它一直由穆斯林控制。对伊斯兰教信徒来说，耶路撒冷是全世界第三圣城，仅次于麦加和麦地那。穆斯林认为耶路撒冷是阿克萨清真寺（意为远寺）的所在地。根据《古兰经》，一个夜晚，天使吉卜利勒将先知穆罕默德从麦加带到圣殿山，然后从那里"夜行登霄"③。⁹

---

① 贝伊（Bey）是突厥语"首领"或"酋长"的意思，后为奥斯曼帝国及伊斯兰世界的一种头衔，有"部落首领""总督""老爷"等意。后来它成为官员和军官的衔级，次于帕夏。到 19 世纪末，现代土耳其语的 Bey 或"巴依"（Bay），已失去其原本的意思，变成对成年男性的尊称，译作"先生"。新疆阿凡提故事的"巴依老爷"也是此意。

② 埃米尔是阿拉伯国家的贵族头衔。其最初有军事统帅的意思，最早用于哈里发派驻在外的军事统帅及各地总督，亦作为最高级别的贵族称号。随着阿拉伯帝国的内乱，各地总督与哈里发的关系越发疏离，最后不少地方的埃米尔与哈里发之间的从属关系仅仅是象征性的，埃米尔遂在此权力交替中取得一地的军政大权，并成为当地的君主。

③ "夜行登霄"是《古兰经》记载的先知穆罕默德的一次神迹。621 年 7 月 27 日夜间，穆罕默德在天使吉卜利勒（基督教称之为加百列）的陪同下，乘坐神兽布拉克，瞬间来到耶路撒冷的远寺（一般被认为就是阿克萨清真寺）。随后，穆罕默德登上登霄石，从今日耶路撒冷的圆顶清真寺位置登上七重天。黎明时分，穆罕默德重返麦加。根据这一说法，耶路撒冷成为穆斯林继麦加和麦地那之后的第三圣城，而登霄节也成为伊斯兰教的纪念日。

但在近期，耶路撒冷局势发生了深刻变化。就在西伍尔夫朝圣的三年前，一次戏剧性的动荡撼动了耶路撒冷城以及更广泛的巴勒斯坦和叙利亚沿海地区。这从根本上改变了拉丁西方人朝圣的性质及其对民众的吸引力。1096—1099 年的持续鏖战之后，西方军队征服了圣地的大部分。这就是第一次十字军东征。

好几支由武士和朝圣者组成的大规模远征军从西欧前往圣地（他们有时称之为"海外"）。基督徒作家将这些朝圣者统称为"拉丁人"或"法兰克人"，穆斯林文献也称其为"法兰克人"。[10]拜占庭皇帝亚历克赛一世·科穆宁向西方请求军事援助，而热情如火的教宗乌尔班二世奋力鼓吹，于是这些朝圣者响应号召，先前往君士坦丁堡，然后去黎凡特①海岸，与主宰该地区的穆斯林交战。乌尔班二世给出了颇具诱惑力的承诺：参加十字军东征，可以替代教会强制要求的赎罪。也就是说，理论上只要一趟旅程就可以洗去一辈子的罪孽。起初这些武装朝圣者只不过是一群缺乏管教、凶狠残暴的乌合之众，由法兰西神父"隐士皮埃尔"那样的暴民鼓动者领导。皮埃尔煽动了追随者的狂热情绪，却无力为其提供恰当的给养，也控制不了他们的暴力冲动。随后几拨十字军由法兰西、诺曼底、英格兰、佛兰德、巴伐利亚、伦巴底和西西里的贵族领导。驱动他们的是一种由衷的正义感，他们认为基督徒的使命就是从穆斯林手里收复圣地。对十字军有利的是，耶路撒冷及其周边地区此时没有统一的政权，伊斯兰世界为数众多、互相敌对的派系

---

① 黎凡特（Levant）是历史上的地理名称，一般指的是中东、地中海东岸、阿拉伯沙漠以北的一大片地区。在中古法语中，"黎凡特"一词即"东方"的意思。黎凡特是中世纪东西方贸易的传统路线。

在这里割据混战。

伊斯兰世界各派系之间存在政治斗争、王朝争霸和教派冲突。其中一方是塞尔柱人，他们源自中亚，建立了一个从小亚细亚延伸到兴都库什山脉的帝国，融合了突厥和波斯文化，在宗教上效忠于巴格达的阿拔斯王朝哈里发，即伊斯兰教逊尼派的精神领袖。在 1092 年之前的二十年里，塞尔柱帝国的统治者是苏丹马立克沙一世，他死后帝国被他的四个儿子瓜分，他们之间冲突不断。

与塞尔柱人针锋相对的是法蒂玛王朝的哈里发国，它的核心地带在埃及，其统治者自称是穆罕默德的女儿法蒂玛的后代。从 10 世纪中叶开始，法蒂玛王朝统治着北非、叙利亚、巴勒斯坦以及汉志的大部分地区，甚至一度统治西西里。他们自己的什叶派哈里发以开罗为首都。11 世纪末，法蒂玛帝国也逐渐瓦解，丧失大片领土，影响力锐减，并收缩回到埃及的核心地带。塞尔柱人和法蒂玛王朝之间的宗教和政治竞争，以及塞尔柱帝国内部的冲突，导致伊斯兰世界在这个时期分裂状况格外严重。如一位伊斯兰编年史家所说，形形色色的统治者"之间矛盾重重"。[11]

因此，第一次十字军东征的基督徒屡战屡胜，取得了惊人的胜利。他们于 1099 年 7 月 15 日攻克耶路撒冷。这是了不起的军事业绩，但十字军对城内犹太人和穆斯林居民的烧杀抢掠，玷污了他们的胜利。街上随处可见无头死尸，很多死尸的腹部被剖开，因为基督徒征服者想要取走死者为了隐藏财物而吞下的金币。[12]耶路撒冷的希腊东正教神父遭到酷刑折磨，直到他们说出东正教会一些最精美的圣物的储藏地点，这些圣物中包括真十字架（耶稣基督被钉死的那个十字架）的一块碎木片，它被镶嵌在一个美丽的十字架形状的黄金圣物匣内。

十字军占领了北方的主要城市埃德萨和安条克，以及一些较小的城镇，如亚历山大勒塔、伯利恒、海法、提比里亚和具有战略意义的港口城市雅法。其他一些沿海城镇，如阿苏夫、阿卡、恺撒利亚和亚实基伦仍然在穆斯林手中，但同意向十字军纳贡以换取自治权。这些城镇后来也被新一代基督徒入侵者占领。地中海沿海建立起一系列新的基督教国家：北方有埃德萨伯国和安条克亲王国，它们的南面是的黎波里伯国和耶路撒冷王国，后者理论上是整个地区的封建宗主，不过它对其他国家的控制力非常弱。

基督教十字军抵达圣地的情况史无前例。他们距离家乡十分遥远，并且在炎热的气候条件下作战消耗极大，所以他们对这片土地的控制仍然不稳固。在西伍尔夫到耶路撒冷朝圣期间，从西方来的军队、舰船和圣人已经扩张了耶路撒冷首位十字军国王鲍德温一世统治的疆域。但基督徒人数不多，而且受到重重外部威胁，十字军内部又纷争不断。这些西方人可不是以精诚团结而闻名的。

1102 年夏季①，西伍尔夫抵达的是一个崭新、规模很小、时而遭到围攻但好斗的东方基督教王国。在建立耶路撒冷王国的狂热分子看来，王国的存在本身就意味着上帝"给了我们丰富的祝福与怜悯"。被赶走的穆斯林当然不会这么想。他们说这些新邻居是"真主之敌"带来的"灾难时代"的产物。[13]

在随后的六个月里，西伍尔夫探索了圣城及其周边的每一

---

① 原文如此，应为秋季。

寸土地，将他目睹的东西与《圣经》经文和前人对耶路撒冷的记述做比较。这样的一份记述是 8 世纪的英格兰僧人与神学家尊者比德①写下的。西伍尔夫惊叹地欣赏圣殿和圣墓教堂、橄榄山和客西马尼园。他去了圣十字修道院，游人在那里可以观察大祭坛之下的树桩，耶稣的十字架就是用那棵树做成的。如今树桩被装在白色的大理石箱子里，上面有一个小窗口供人瞻仰。他亲眼所见的光辉景象深深震撼了他。他这样描写圣殿："它比环绕在它周围的山丘更高，它的美丽和璀璨胜过其他所有的房屋与建筑。"[14]他对辉煌的雕塑和该城市强大的防御工事十分欣赏。在他眼里，耶路撒冷的一切都是对《圣经》活生生的展现：圣彼得治愈瘸子的地方，还有耶稣进入耶路撒冷的地方，他"骑着驴，孩子们喊着说，和散那②归于大卫的子孙"。[15]

不过，西伍尔夫经常觉得耶路撒冷周边的朝圣道路诡异且不安全。从雅法深入内陆到耶路撒冷的道路特别令人胆寒：沿着"崎岖难行的山路"要走很长时间，吃不少苦头。[16]十字军王国摇摇欲坠的迹象随处可见。穆斯林土匪（西伍尔夫称之为"撒拉森人"）在乡村游荡，以山洞为基地，令那些觉得"他们日夜不休，始终在寻找攻击目标"的朝圣者心惊胆战。

---

① 比德（672—735），英国盎格鲁 - 撒克逊时期的编年史家及神学家，亦为本笃会修士，著有《英吉利教会史》，被尊为"英国历史之父"。他的一生似乎都是在英格兰北部韦尔茅斯 - 雅罗的修道院中度过的。据盎格鲁 - 撒克逊人的文献记载，比德精通语言学，对天文学、地理学、神学甚至哲学都深有研究。传闻就是他发现地球是圆的这个事实，此事记载于他的作品《论计时》中。

② 和散（撒）那是犹太教和基督教用语，原为祈祷词，有"快来拯救我""上主，求你拯救""请赐给我们救援"之意，也经常被用作赞颂之语。

西伍尔夫和他的伙伴不时瞥见路前方有吓人的人影，这些人从远方威胁行人，然后又消失在视线之外。朝圣者旅行的时候始终战战兢兢，他们明白谁要是掉队落单，下场可能会很惨。

炎炎赤日之下随处可见腐烂的死尸。有时路中央就躺着死人，有的则躺在路边，还有一些尸体"被野兽撕得粉碎"（巴勒斯坦山区栖息着狐狸、胡狼和豹子）。这些死者都是被抛下的基督徒，同行伙伴没有让他们入土为安，因为在晒得滚烫的地面上无法挖掘墓穴。"那里土壤贫瘠，岩石也难以搬动，"西伍尔夫写道，"即便有土可挖，谁会蠢到离开伙伴，自己单独留下挖墓穴呢？这么做的人不是给教友挖掘坟墓，而是自掘坟墓。"[17]

耶路撒冷以南6英里（约10公里）处，他发现伯利恒"一片废墟"，只剩下规模不小的圣母马利亚修道院，那里保管着基督降生时"牛和驴站立处的食槽"，还有一张大理石桌子，据说圣母曾在那里与东方三博士①共进晚餐。[18]再往南是希伯伦，那里也"被撒拉森人毁掉了"。希伯伦是"神圣始祖亚伯拉罕、以撒和雅各"以及"亚当，上帝造的第一个人"的长眠之地。[19]在东方，西伍尔夫看到了死海，"那里约旦河的水比其他地方的水更白，更像牛奶"。[20]在北方，骑行三天的路程之外，他参观了拿撒勒、加利利海，以及提比里亚城——耶稣曾在那里行包括喂饱五千人的神迹。②

如此多的圣地聚集在很小的地理范围内，真是震撼人心。

---

① 原文为 Magi，典出《新约·马太福音》第 2 章第 1—12 节的记载，在耶稣基督出生时，有来自东方的"博士"、"国王"或"术士"朝拜初生的耶稣。Magi 指的很可能是来自帕提亚帝国的琐罗亚斯德教占星家。

② 可见于《新约·马太福音》14：13—21。

西伍尔夫对这一切做了详细记述，甚至回忆起他访问特别受欢迎的圣龛时长久留在他鼻孔里的"香脂和非常珍贵的香料的芬芳"。[21]但他始终明白，他的虔诚旅行通过的都是危险的地区。许多城镇和教堂已经坍塌毁坏，成为高高低低的石头废墟。修道院有数十名僧侣因为自己的信仰而惨遭屠戮。昔日和近期的恐怖事件交织在一起。在古时的此地，圣彼得在背叛了耶稣之后泪洒大地；在近期，有一座教堂被遗弃，因为人们害怕云集在约旦河彼岸的"异教徒"，他们生活在"阿拉伯半岛，那里的人非常敌视基督徒，憎恨所有礼拜上帝的人"。[22]

到 1103 年春末，西伍尔夫的足迹已经遍布他能去的所有地方，朝圣的目标充分完成了。他写道："我竭尽全力，寻访了耶路撒冷城及其附近各城市的每一处圣地，并礼拜它们。"他返回雅法，在一艘去西方的商船上搞到一个床位。即便此时，他的安全仍然得不到保障。通往塞浦路斯的海域有埃及法蒂玛王朝的舰船在巡逻。法蒂玛王朝控制了足够多的沿海城市，这能保证他们的舰队在海上相当活跃，并随时为舰队补充粮食和淡水。没有一艘基督徒船只敢于远离海岸长距离航行，每一个航海的基督徒都时刻担心遭到攻击。5月 17 日，西伍尔夫登上三艘结伴北上的德罗蒙船（一种大型船只）中的一艘。这三艘船紧贴着海岸线航行，在友好的港口停留，遇到不友好的港口则在风力允许和桨手能力范围之内尽快通过。

航行了 75 英里（约 120 公里）之后，三艘德罗蒙船接近了阿卡，这时二十六艘阿拉伯战船突然出现。它们是法蒂玛王朝的船只。基督徒的船上乱作一团。西伍尔夫看到另外两艘德罗蒙船上的人疯狂地划桨，逃往基督徒控制的城镇恺撒利亚。

他乘坐的船被抛弃在原地。敌舰在西伍尔夫的船的弩弓射程之外将它团团围住，穆斯林水手看到如此丰厚的战利品无不欢呼雀跃。朝圣者拿起武器，在甲板上摆开防御阵型，准备抵抗。西伍尔夫写道："我们的人做好了为基督而死的准备。"[23]

幸运的是，基督徒表现出的斗志足以促使法蒂玛舰队的指挥官三思。神经紧绷地斟酌了一个钟头之后，他决定到别处寻找更容易得手的猎物，于是放弃进攻，驶向远海。西伍尔夫和旅伴高声歌颂上帝，继续航行，八天后抵达塞浦路斯，然后前往小亚细亚海岸，再基本上按原路返回。最后他们转向北方，通过达达尼尔海峡，驶向伟大的都市君士坦丁堡，那里有更多圣物可供参观和欣赏。在旅途中，他们屡次受到海盗骚扰，遭遇风暴颠簸。等到他返回安全的家园之后再回想自己毕生的伟大旅行时，不禁相信唯一保护他的就是上帝的恩典。

西伍尔夫只是第一次十字军东征之后去圣地参拜的成千上万名朝圣者之一。朝圣者来自基督教世界的每一个角落：葡萄牙、佛兰德、德意志、俄国，甚至有冰岛的朝圣者留下了对基督教耶路撒冷王国的记述。这个王国在其历史的最初几十年里非常脆弱。圣地实际上是战区，所以很多人觉得那是个令人毛骨悚然的地方。编年史家沙特尔的富歇①在1101年写道，朝

① 沙特尔的富歇（约1055/1060—约1127），法兰西教士与史学家。他对1095年教宗乌尔班二世在法兰西克莱蒙会议上发动第一次十字军东征演讲的记载，是保存至今的关于这一重要事件的唯一文字记录。富歇后来追随布洛涅的鲍德温（后来的埃德萨第一任伯爵和耶路撒冷国王鲍德温一世），参加了第一次十字军东征。他撰写了关于东征和耶路撒冷王国的史书。

圣者访问耶路撒冷的时候，"非常怯懦……因为他们要面对充满敌意的海盗，要绕过撒拉森人的港口。只有上帝为他们指路"。[24] 一位被称为"修道院院长丹尼尔"的俄国作者于约 1106—1108 年从基辅出发去耶路撒冷朝圣，他也描写了雅法和耶路撒冷之间道路的糟糕状况，"撒拉森人会冲出来杀死旅行者"。他还抱怨有很多圣地"被异教徒摧毁了"。在去提比里亚湖的途中，他"躲过了在河流渡口剪径的凶暴异教徒"和"成群结队"在乡间游荡的狮子。丹尼尔在没有武装护卫的情况下徒步走过塔博尔山和拿撒勒之间高耸而狭窄的山口，不得不为自己的生命祈祷，因为有人警示过他，当地村民"会在那些可怕的山区杀害旅行者"。[25] 好在他得以幸存，带着基督圣墓的一小块石头返回基辅。这石块是圣墓的钥匙保管者偷偷敲下，作为圣物赠给他的。

在任何时代，朝圣者都不得不面临遭遇土匪和强盗的风险。但在羽翼初生的十字军国家及其周边地区生活的穆斯林对朝圣者的敌意，不仅仅是强盗对过路人的敌意。穆斯林认为自己在 1096 年法兰克人最初抵达圣地之后蒙受的失败是耻辱性的，也是难以理解的。军事失败说明真主对伊斯兰世界的分裂状态不满，也说明所有信徒应当拿起武器反击侵略者。叙利亚诗人伊本·哈亚特在 1109 年之前写道："山峦般的大军从法兰克人的土地，一次又一次杀来。多神教徒①的脑袋已经成熟了，那么我们去收割吧！"[26] 其他作者，如高瞻远瞩且睿智的阿里·伊本·塔希尔·苏

---

① 基督教和伊斯兰教都是一神教，不过基督教有圣父、圣子和圣灵三位一体的概念，所以很容易被误解为多神教。

拉米①，呼吁整个伊斯兰世界，不管是突厥人还是阿拉伯人，逊尼派还是什叶派，联合起来发动圣战，从而"收复［法兰克人］从伊斯兰国家夺走的土地，并展示他们心中的伊斯兰教"。[27]

苏拉米渴望的圣战反攻并没有发生，至少在基督教耶路撒冷王国建立之后的最初岁月里没有发生。伊斯兰世界仍然内讧不休，无法对基督徒占领军做出认真、持续和有效的军事回应。出于高层政治的考虑，法兰克人的诸侯打算在耶路撒冷长久待下去。但与此同时，对于拿自己的一切甚至生命去冒险，跋涉数千英里去东方朝圣的基督徒来说，在耶路撒冷这个圣地体验喜悦与遭受恐怖袭击如影随形，并且往往在同一天发生。一位穆斯林作家引用《托拉》②写道，耶路撒冷是"盛满蝎子的金盆"。[28]危险为朝圣增添了吸引力，因为人们相信，艰险与磨难是每一位追寻灵魂救赎和洗清罪孽的朝圣者所需要经历的。但是，朝圣者倒毙路边、喉管被割断、尸体被撕碎的惨状令人忍无可忍。随着基督教十字军在这个新王国扎下根来，他们清楚地感到需要加强安保。

圣殿骑士团的故事就是从这里萌芽的。

———————————

① 阿里·伊本·塔希尔·苏拉米（？—1106）是大马士革的法学家和语文学家，是第一次十字军东征之后第一个宣讲针对十字军开展圣战的穆斯林。他于1105年发表《圣战之书》，并在大马士革的大清真寺宣讲。不过当时大多数穆斯林没有理睬他。直到12世纪后半期努尔丁和萨拉丁的时代，圣战的理念才真正与军事行动结合起来。

② 《摩西五经》。"托拉"（Torah）是犹太教名词，指上帝向以色列人启示的真道。狭义上专指《旧约》的首五卷：《创世记》《出埃及记》《利未记》《民数记》《申命记》。传统上认为《托拉》由摩西所著，但研究《旧约》的学者认为它是在远晚于摩西的时期编写完成的，很有可能是在公元前9世纪到前5世纪。在犹太教中，"托拉"也常用来指整部希伯来《圣经》（基督教《旧约》）。从更广义上讲，这一术语也指犹太教的宗教文献和口头圣传。

# 二 "保卫耶路撒冷"

圣殿骑士团于 1119 年在耶路撒冷成立，正式得到认可的时间在 1120 年 1 月 14 日到 9 月 13 日。[1]之所以说不清楚具体日子，是因为当时几乎无人注意到它的诞生。圣殿骑士团并非应群众呼吁而产生，也不是新生的十字军诸邦和西方基督教世界的宗教权威高瞻远瞩谋划的产物。保存至今的编年史，无论是基督徒还是穆斯林写的，都没有提及骑士团最初的活动。几十年后，圣殿骑士团的起源故事才被付诸笔端，此时的故事已经受到当时骑士团的很大影响。[2]这不足为奇。1120 年，耶路撒冷的统治者和居民，以及圣地的历史学家和收集闲言碎语的人们，都有更重要的事情要忧心，顾不上留心圣殿骑士团的诞生。

留在圣地统治的十字军是外国侵略者，他们竭力将政权强加于混杂的居民之上。这里生活着逊尼派和什叶派穆斯林、犹太人、希腊东正教徒和叙利亚正教徒、撒马利亚人①以及来自欧洲各地的贫穷定居者。语言、宗教、文化和政治上的不同归属自然而然地割裂了这个社会，所有人都努力在这个环境里讨生活，但这里的环境似乎特别不利于定居。1113 年和 1114年，好几次地震撼动了叙利亚和巴勒斯坦，将整座城镇夷为平

---

① 撒马利亚人是生活在黎凡特的一个族群，在宗教和血缘上与犹太人接近。

地，很多人被压在坍塌的房屋底下窒息而死；几乎每年春天都爆发鼠灾和蝗灾，葡萄园和农田被毁，庄稼被糟蹋，树皮被啃光；时而发生的怪异月食把月亮和天空变成血红色。这些情况都对定居者的迷信心理产生了很大影响，仿佛这片土地想把十字军驱赶出去，仿佛天空要惩罚他们竟敢征服这片土地。[3]

安全和安保的问题与瘟疫和凶兆一样严重。在法兰克人征服耶路撒冷并建立四个十字军国家之后的二十多年里，他们为了在沿海地带站稳脚跟不得不拼死奋战。他们取得了一些重要的进展：占领了阿卡、贝鲁特和的黎波里[①]城。这部分要感谢定期从基督教西方过来的军队的帮助（包括一支来自斯堪的纳维亚的大规模远征军，由挪威国王西居尔一世指挥，他在1110年帮助鲍德温一世国王夺取西顿）。但这些令人瞩目的领土扩张行动并不能改变黎凡特海岸赤日之下那不可预测、险象环生的生活条件。

1118年，首任耶路撒冷国王鲍德温一世驾崩。三周后，王国的首席拉丁教士、耶路撒冷宗主教阿努尔夫也撒手人寰。经验丰富的十字军战士埃德萨伯爵继承王位，史称鲍德温二世[②]。出身法兰西北部显赫世家、活力四射的教士皮基尼的瓦尔蒙德成为新任耶路撒冷宗主教。这两位都是精明强干的角色。但就在传承大统的危急时刻，叙利亚东部的塞尔柱人和埃及法蒂玛王朝同时入侵，引发了新一轮的冲突和战争。保卫王国需要大量人力，也需要高昂的士气。但法兰克军队时常力不从心。编年史家沙特尔的富歇说："我们能在数百万［敌人］

---

① 注意不是利比亚城市的的黎波里，而是黎巴嫩的一座城市。
② 鲍德温二世是布永的戈弗雷和鲍德温一世的亲戚，但具体关系不详，有多种说法，他们的亲缘关系可能并不近。

当中生存，真是奇迹。"[4]

1119 年的局势依然严峻，因为发生了两桩严重的事情。第一件事情发生在 3 月 29 日，神圣星期六[①]，圣墓教堂的"天堂之火"神迹之后。这种仪式一年一次：基督圣墓的岩石旁边的一盏油灯会在复活节前夜自行点燃；善男信女聚集于此，观看神迹，随后用圣火点燃他们携带的蜡烛和油灯。不幸的是，1119 年的神迹结束之后，700 名欣喜若狂的朝圣者奔出教堂，冲向约旦河方向的沙漠，想要在约旦河里沐浴并感谢上帝。约旦河距离耶路撒冷东墙约 20 英里（约 32 公里），而这群朝圣者永远不能抵达这一目的地了。编年史家亚琛的阿尔伯特记载道，朝圣者从山上跑到约旦河附近"一个僻静的地方"之后，突然"从推罗和亚实基伦［这两座城市仍在穆斯林手中］冲出一大群全副武装、凶神恶煞的撒拉森人"，他们向朝圣者猛扑过去。这些朝圣者"几乎手无寸铁"，"在许多天的旅行之后身体羸弱，且刚刚为了耶稣之名而斋戒，显得越发虚弱"。这根本不是战斗。"邪恶的屠夫追击他们，杀死 300 人，俘虏 60 人。"阿尔伯特如此写道。[5]

鲍德温二世得知此次暴行后立刻率军从耶路撒冷紧急出动，以报仇雪恨。但他到得太迟，穆斯林已经安全返回自己的堡垒，清点俘虏，他们为此次突袭获得的战利品而喜上眉梢。

不到两个月后，北方传来了更恐怖的消息。1119 年 6 月 28 日，在叙利亚西北部的萨尔马达，一支盘踞于安条克的强

---

① 神圣星期六是耶稣受难日的隔天、复活节的前一天、圣周的最后一天。它纪念的是耶稣死后尸体被放入墓穴的那一天。

大基督徒军队与一支由一个名叫加齐的阿尔图格王朝①统治者指挥的军队交锋。加齐虽酗酒，却是难对付的敌手。他占领了附近的阿勒颇。据一位目击者说，此次战斗在劈头盖脸的沙尘暴中进行："旋风……如同陶工旋盘上的巨大陶罐，旋转上升，被硫黄火焰烘烤。"

数百名基督徒战死沙场。他们的指挥官萨莱诺的罗杰"被一名穆斯林骑士用剑从鼻梁一直刺入大脑"，当场死亡。周边乡村遍地是死人死马，尸首插满箭矢，形似豪猪。[6]阿拉伯历史学家伊本·阿迪姆②赞许地写道："基督徒的骑兵被全歼，步兵被剁成肉泥，随军人员和仆人被俘虏。"[7]这还不算完。战斗结束后，数百名基督徒俘虏脖子上套着绳索，被捆成一串，在押解下顶着烈日行进。他们可以看见一个水桶，但穆斯林士兵不准他们喝水。有的俘虏遭到殴打，有的被剥皮，有的被用乱石砸死，有的被斩首。[8]沙特尔的富歇估计一共有 7000 名基督徒丧命，而加齐那边只损失了 20 人。[9]富歇给出的数字可能有些夸张，但此次令人沮丧的惨败后来被法兰克人称为"血地之战"③。萨尔马达战役的失败不仅令安条克的基督徒毛骨悚然，对全体法兰克人来说也是如此。不过此事让人们产生了

① 阿尔图格王朝是一个逊尼派突厥部落的王朝，建立者是一位名叫阿尔图格·贝伊的军人，他曾是塞尔柱苏丹马立克沙一世麾下的将领。阿尔图格的后代在美索不达米亚北部、叙利亚北部和安纳托利亚东部打拼出了自己的独立领地。——作者注

② 伊本·阿迪姆（1192—1262）是出身阿勒颇的阿拉伯传记家和历史学家。他著有《阿勒颇名人传》、《阿勒颇史》和一本香水制造指南。他的作品是后世了解叙利亚阿萨辛派的重要史料。他还在阿尤布王朝担任外交官。

③ 这个名字也许是有意暗指《圣经》中的某块田地。加略人犹大自杀前将三十个银币退还给耶路撒冷长老，他们就用这笔钱买了一块地（《马太福音》27：6—8）。——作者注

一种想法，而这种想法就是圣殿骑士团意识形态的核心。

此役之后，为了防止在安条克蒙受更多损失，基督徒需要采取紧急措施。加齐正在准备直接攻打安条克。根据来自安条克的高级官僚"书记长戈蒂埃"（我们差不多可以确定他参加了"血地之战"，可能还被俘了）的说法，"安条克的法兰克军队几乎全军覆灭"。安条克基督徒向耶路撒冷王国紧急求援，但援兵抵达还需要时间。

危急关头，有一个人挽狂澜于既倒：安条克的拉丁宗主教瓦朗斯的贝尔纳。[10]贝尔纳是所有十字军国家里级别最高的教士之一。他从1100年开始担任安条克宗主教，那一年西方十字军征服了安条克，赶走了希腊东正教的宗主教，扶植自己的人在安条克当罗马天主教的宗主教。在那个时期，贝尔纳经常帮助基督徒军队在战前做宗教方面的准备：他向士兵布道，听取那些在作战期间杀过人的士兵告解。现在需要他拯救的不只是灵魂，还有他的城市。

书记长戈蒂埃写道："现在一切都仰仗教士们。"这话可不是说说而已。[11]加齐集结军队的同时，在安条克城内，宗主教接管了最高军事指挥权。他命令实施宵禁，并规定除了法兰克人，任何人不得在城内携带武器。然后他确保安条克防线上的每一座塔楼"都有僧侣和教士驻守"，并尽可能寻找基督徒俗士协助他们。贝尔纳安排大家不间断地"为基督徒人民的安全和防卫"而祈祷，同时他"不分昼夜……带着他的武装僧侣和骑士，按照军人的方式，不断巡视各城门、壁垒、塔楼和城墙"。[12]

这是贵族军人的作为，不是教士的常规活动。但他们取得了惊人的成功：加齐看到城市戒备森严，放弃了进攻。战事暂时停歇让鲍德温二世有时间召集军队并接管作战指挥权。安条克得救了。书记长戈蒂埃写道："教士们……睿智而精神抖擞地扮演军人的角色，无论在城内还是城外。在上帝的佑助下，他们保住了城市。"[13] 教士们初尝了当兵打仗的滋味。

神职人员可以披坚执锐上战场的理念并不新鲜。这体现了一千年来基督教思想核心的一种张力：基督生平作为榜样体现出的和平主义与基督教言辞和经文中的尚武精神之间存在矛盾。[14] 上述理念也与支撑整个十字军东征运动的思想浑然一体。

表面上看，基督教是植根于和平的宗教。耶稣告诫使徒，即便在受到最严重挑衅的时候也不能诉诸暴力。耶稣在客西马尼园被捕的时候还敦促使徒不要拔出武器，并说："凡动刀的，必死在刀下。"[15] 但在耶稣受难之后的最初几十年里，圣保罗曾劝以弗所人"用公义当作护心镜遮胸"，"戴上救恩的头盔"，"拿着圣灵的宝剑，就是神的道"武装自己。[16] 保罗鼓吹的是精神上的而非肉体的战争，但基督教意识形态的很多说法直接来自战争术语。基督教的存在就是一种宇宙的、精神的战争，是反对邪恶的战争，这种理念主宰了古典世界很多伟大基督教思想家的世界观，比如圣安波罗修和希波的圣奥古斯丁。这不奇怪，因为在基督教诞生之后的最初几个世纪里，基督徒经常被迫参与或忍受暴力活动，无论是在罗马人的斗兽场惨死还是殉道而死。殉道变成了一种值得敬仰的事情，也是圣徒理念的核心部分。

到了第一次十字军东征的时代，基督教战争的理念就不只是比喻意义的了。欧洲的基督教社会围绕着武士（骑士）阶层存在，教士有时也开始更直接地参与战争，不再满足于仅仅负责灵魂的斗争。维尔茨堡主教鲁道夫一世于 908 年死在抵抗马扎尔人的战场上。第一次十字军东征之前不久编纂的英格兰史书《阿宾顿编年史》描述了阿宾顿修道院院长如何指挥一群骑士。[17]但这并不是说基督徒普遍接受了圣战的做法。9 世纪，教宗尼古拉一世明确表示，对教士来说，自卫意味着遵循基督的榜样，"有人打你的右脸，连左脸也转过来由他打"。而传记作家拜占庭公主安娜·科穆宁娜在其著作中经常表示非常厌恶基督教教士参与将人打死打伤的任何活动。[18]

但在叙利亚和巴勒斯坦的白热化战争当中，限制所有类型的基督徒携带武器，变得越来越不切实际。首先，十字军东征运动背后的一个重要因素就是人们普遍接受基督教圣战的理念（世俗人士可以通过圣战获得精神报偿）。连续多位教宗把这种理念发展为基督教暴力的一种务实的哲学，第一次十字军东征就是很好的体现。根据这种哲学，在东方与穆斯林作战的俗士加入了"基督的骑士团"（militiae Christi），成为"福音的骑士"（evangelicam militiam）。[19]

由此很容易做出这样的推断：既然战士可以变得神圣，那么圣人也可以打仗。由于 12 世纪 20 年代十字军国家资源匮乏，即便从务实的角度也要承认，教士可以时不时地使用武器（就像宗主教贝尔纳在安条克做的那样），而不应受指责。几个月后，在耶路撒冷王国教会与世俗领袖的一次大会上，教士可以携带武器参战的理念首次得到确认。

1120 年 1 月 16 日，鲍德温二世国王和耶路撒冷拉丁宗主教瓦尔蒙德领导召开了纳布卢斯会议。圣地的许多高级教士到会，包括恺撒利亚大主教、拿撒勒主教、伯利恒主教和拉姆拉主教，以及圣墓修道院院长和耶路撒冷圣殿修道院院长。后来的事实证明，最后两位的参会具有重要意义。纳布卢斯是巴勒斯坦中部两座山峦之间谷地内的一座城镇，这里因生长大量橄榄树而闻名。此次会议的目标是确定一系列书面法律，从而妥善地治理王国，让上帝满意。[20]

纳布卢斯会议制定了二十五条法令，起初涉及的是世俗政府与宗教权威之间司法管辖权的分野，并且大多与性有关。[21]法令谴责了通奸、鸡奸、重婚、拉皮条、卖淫、盗窃以及与穆斯林发生性关系等罪行，相应的惩罚从赎罪到流放、阉割和割鼻不等。其中有一条对圣殿骑士团的起源和历史具有关键意义。那就是第二十条法令，它的第一行简单地宣布："如果教士为自卫而拿起武器，不算有罪。"其第二行暗示，这是一种临时性措施，只有在受到强制的情况下才可以放弃教士职责、转投军事生涯（永久性放弃教士身份而成为骑士或加入世俗社会的教士可能会受到宗主教和国王的惩戒）。不过，在1120年初的环境里，这样的法令已经具有非常重大的意义。纳布卢斯会议的与会者不只是制定了圣地的法律和道德规范，还为一种革命性的思想播下了种子。这种思想很快就会演化成一种理念，后来又发展为这样的事实：携带武器的教士可以成为十字军国家防御的中流砥柱。

"鲍德温二世在位初期，" 12世纪末的教士 "叙利亚的迈克尔"① 写道，"一个法兰西人从罗马来到耶路撒冷祷告。"[22]这个法兰西人的名字是于格·德·帕英。他出生于1070年之

---

① 叙利亚的迈克尔（1126—1199），叙利亚正教的牧首，著有鸿篇巨著《编年史》，在这部著作中，他从创世一直写到他自己的时代，其中包括十字军东征等史实。

前，出生地可能是特鲁瓦城附近的帕英村——在巴黎东南方约90英里（约145公里）处，属于香槟伯爵领地。我们对于于格·德·帕英的早年生活知之甚少，只知道他的地位足够高，有资格成为法兰西当地贵族获得特许状的见证人。如果叙利亚的迈克尔的说法正确，那么纳布卢斯会议于1120年召开的时候，于格·德·帕英已经在圣地待了大约20个月，鲍德温二世差不多也已经执政了20个月。于格一定已经参观了各处名胜，亲眼评估了该地区的危险局势，并且下定决心：他不会从海盗肆虐的地中海东部回国，而是作为耶路撒冷法兰克人社区的一分子，在圣地待上若干年。他计划先在国王军中服役，退伍之后脱离艰苦的前线生活，出家为僧。[23]

做这样决定的人不止于格一个，此时耶路撒冷城还有其他一些骑士阶层的人。他们开始聚集在游人最多、背景和民族五花八门的新来者都会去的地方——圣墓教堂。[24]

他们不是聚集在这里闲坐。在纳布卢斯会议之前的几个月里，似乎有一小群生活在耶路撒冷的外国骑士（后来的史料说，起初有9人到30人）组成了某种松散的兄弟会或社团组织，类似上个世纪在西方涌现的那种旨在保卫教堂与圣龛、抵抗土匪的社团。[25]这些人向圣墓教堂修道院院长热拉尔宣誓效忠。他们的日常生计也依赖热拉尔的庇护与款待。[26]严格来讲，这些人不是教士，而是身强力壮、有战斗力的朝圣武士。他们做出一个重大决定：要过近似修道士的生活，悔过、清贫、服从，并承担超过普通十字军战士誓言所要求的职责。

到1120年1月初时，人们感到这些有宗教倾向的军人没有得到用武之地。后世的一位作家说于格·德·帕英及其伙伴此时的日常生活是虚度光阴、无所事事、倍感挫折：在圣墓教

堂 "吃喝,浪费时间……什么都不做"。[27] 如果真的如此,那么的确是辜负了他们的才华。耶路撒冷圣约翰医院已经有了一群本笃会修士,他们致力于救死扶伤,照料患病和负伤的朝圣者。这个组织就是后来的医院骑士团,它于 1113 年获得教廷的正式承认,大本营距离圣墓教堂不远。此时的医院骑士团还不是军事组织(后来才变成军事组织的),但他们在耶路撒冷的工作和奉献已经有几十年历史了,备受尊崇。人们一定觉得,如果有一个新的骑士团来护送朝圣者,一定能减轻医院骑士团的负担,并进一步改善成千上万朝圣者通过该地区时的条件。

大约在纳布卢斯会议召开的时期,人们决定,在圣墓逗留的这一小群虔诚的骑士不附属于圣墓教堂,而应成为独立组织,获取衣食等资源,有神父带领他们在每天恰当的时间祈祷,并在耶路撒冷的重要区域之一获得自己的住宿地。王室会帮助维持他们的生计,但他们的主要使命对国王、宗主教和到圣地的其他基督徒访客同等重要。借用 1137 年一份特许状的措辞,他们的任务是 "保卫耶路撒冷,保护朝圣者"。[28] 这个小小的兄弟会一半是保镖,一半是贫民,致力于战斗和祈祷。从此,圣殿骑士团有了自己的使命。

数千年来,耶路撒冷东部一直有圣殿耸立。最初的圣殿是所罗门王兴建的庞大建筑。所罗门是《旧约》里无比富有、睿智和精明世故的君主,他在父亲大卫王死后统治着以色列的各支派。《列王纪》详细描述了所罗门圣殿的建造过程。它的建材是 "宝贵的石头",饰板是镶有黄金的精工雕刻的橄榄木、雪松木,不计其数的石柱支撑起整个结构;圣殿的中心位置隐藏着至圣所，这是一个神圣的房间，上帝之名在这里"居住"，约柜（存放写有十诫的石板）就储藏在这里。[29]

巴比伦国王尼布甲尼撒二世于公元前 586 年摧毁了所罗门圣殿，约柜销声匿迹。但几十年后圣殿得到重建。公元前 520 年，返回耶路撒冷的犹太流亡者建造了第二圣殿。差不多五百年后，大希律王大规模扩建了第二圣殿。它屹立于一座巨大的石质平台之上，覆盖了一座天然山丘，即圣殿山。第二圣殿是献祭、祈祷、礼拜、贸易、医疗和娱乐的场所，约公元前 10 年竣工。在耶稣传教的时代它是耶路撒冷犹太人生活的中心。和原初的所罗门圣殿一样，第二圣殿也毁于强大异邦的怒火。公元 70 年，后来成为罗马皇帝的提图斯镇压犹太人的起义，其间一场大火摧毁了第二圣殿。六十五年后，罗马人彻底清除了第二圣殿的残垣断壁，在原址竖立了罗马异教的雕像。

及至于格·德·帕英在耶路撒冷建立骑士团时期，圣殿山早已面目一新，但不是被犹太人或基督徒改造，而是被倭马亚王朝改造了。倭马亚王朝是强大的逊尼派哈里发政权，于 7 世纪末，也就是穆罕默德去世几十年后征服了耶路撒冷城。现在有两座非同寻常的建筑耸立在耶路撒冷的天际线。圆顶清真寺的庞大金色圆顶如火球般熠熠生辉，数英里之外都看得见。10 世纪的一位穆斯林旅行者和地理学家记载道："阳光照射到圆顶之后，它反射光线，这景象无比神奇。"[30]圣殿山建筑群的另一端坐落着另一座雄伟壮观的建筑：阿克萨清真寺，它最近一次被改建是在 11 世纪 30 年代。它被认为是阿拉伯半岛之外最重要也最美丽的清真寺，甚至比大马士革的大清真寺还辉煌。一位波斯旅行者在阿克萨清真寺的鼎盛时期到访此地，描述了自己的见闻：

两百八十根大理石石柱支撑着石制的拱形结构，石柱的柱体和柱头都有精美雕刻……清真寺到处铺着彩色大理石，其接缝用铅浇注……雄伟的穹顶巍然屹立，饰有珐琅。[31]

阿克萨清真寺周围居住着从俗世退隐、沉浸于宗教生活的人们。编年史家伊本·艾西尔[①]写道，在第一次十字军东征时期，常有"伊玛目[②]、乌理玛[③]、义人和苦行者到此。许多穆斯林离开家乡，到这个神圣的地方过圣洁的生活"。[32]

在十字军统治下，圆顶清真寺和阿克萨清真寺的伊斯兰神圣性被剥离：圆顶清真寺成为基督教的教堂，阿克萨清真寺成为耶路撒冷国王的宫殿。基督徒将圆顶清真寺称为"主的圣殿"，并认为阿克萨清真寺就是所罗门圣殿的历史原址。即便基督徒的统治取代了穆斯林统治，对于全世界希望拥抱精神生活的人来说，此地仍然具有磁石般的吸引力。1120 年圣殿骑士团组建之后，于格·德·帕英和他的一小群追随者被允许在

---

① 伊本·艾西尔（1160—1233）是阿拉伯或库尔德的历史学家、传记家，用阿拉伯文写作。他出身名门世家，曾参加萨拉丁领导的抗击十字军的穆斯林军队。他的代表作是《历史大全》。

② 伊玛目是伊斯兰教社会的重要人物。在逊尼派中，伊玛目等同于哈里发，是穆罕默德指定的政治继承人。逊尼派认为伊玛目也可能犯错误，但假如他坚持伊斯兰教的仪式，信徒仍要服从他。在什叶派中，伊玛目是拥有绝对宗教权力的人物，只有伊玛目才能明晓和解释《古兰经》的奥秘，他是真主选定的，不会犯错。这里指的是主持礼拜的德高望重的穆斯林，是一种荣誉称号。

③ 乌理玛的阿拉伯文原义为学者，是伊斯兰教学者的总称。任何一位了解《古兰经》注疏学、圣训学、教义学、教法学，以及掌握系统宗教知识的学者，都可被称为乌理玛。它被用来泛指伊斯兰社会中所有的知识分子，包括阿訇、毛拉和伊玛目等。

这里住宿。据作家艾尔努尔①的记载，这是耶路撒冷国王在城内"最光辉"的居所。[33]12世纪的大主教、编年史家推罗的纪尧姆解释道："因为……他们居住在主的圣殿隔壁的王宫内，因此被称为圣殿骑士团。"[34]

尽管住在这样的地方，圣殿骑士团的生活条件远远谈不上奢华。他们早年在圣墓教堂的时候就依赖于慈善救济，包括医院骑士团的施舍。医院骑士团成员会把自己的剩饭剩菜捐赠给圣殿骑士团。[35]圣殿骑士团得到官方认可以及定居于圣殿山，并没有大幅度提升他们的物质条件。根据威尔士廷臣、编年史家沃尔特·马普的记载，于格·德·帕英及其伙伴居住在那里，"服饰简朴，饮食清淡"，于格用"劝导、祈祷和他能想得到的一切办法"，劝说"所有身为武士的朝圣者，要么在当地投身于侍奉上帝的工作，要么至少在那里服务一段时间"。[36]鲍德温二世和宗主教瓦尔蒙德将耶路撒冷附近几个村庄的税收分配给圣殿骑士团，"以便为其提供衣食"，但在圣殿骑士团历史上第一个十年的大部分时间里，他们都只能依靠慈善救济勉强度日。数量不多的骑士团成员身穿二手旧衣，而不是后来那种特色鲜明的制服。[37]

其实他们的住所也不怎么样。编年史家沙特尔的富歇说，改变用途之后的阿克萨清真寺的基本结构"宽广而雄伟"，但鲍德温一世国王拆除并变卖了阿克萨清真寺屋顶的铅皮，后来屋顶也再没被修理过。富歇说："因为我们囊中羞涩，无力维护它。"[38]1099年基督徒征服耶路撒冷的时候，阿克萨清真寺是

---

① 艾尔努尔是12世纪末期一部记载耶路撒冷王国被萨拉丁消灭的编年史的作者。我们不知道他的姓名。他是伊贝林的贝里昂的随从，应当参加过哈丁战役。

屠杀穆斯林妇孺最恐怖的屠场之一，厅堂内死者所流的血足有人的脚踝那么深。一个在于格·德·帕英建立骑士团基地不久之后到访的朝圣者说，如今阿克萨清真寺是"守卫耶路撒冷的新骑士的住所"。[39]

若要成功地保卫耶路撒冷的基督徒居民、朝圣者和领土，抵抗四面八方虎视眈眈的敌人，这个新骑士团必须成长。他们需要招兵买马，获取资源和财富。同时，他们还需要一个身份。为了改善自己的状况，于格·德·帕英的部下必须将目光投向自己的小环境之外，重返将他们送到圣地的那个世界。他们必须直接向教宗求助。

# 三  "新的骑士"

十字军征服耶路撒冷几年前的一个圣诞节前夜，勃艮第丰坦讷的七岁男童伯纳德做了个梦：他梦见圣母马利亚怀抱婴儿基督，仿佛基督刚刚在他好奇的眼前诞生。伯纳德（后来被称为克莱尔沃的伯纳德，再后来被简单地称为圣伯纳德）最终成为他那个时代最伟大的教士之一。他是修道院改革的倡导者、著名学者、言辞慷慨激昂又不知疲倦的书信作者、才华横溢的布道者，也是圣殿骑士团的早期庇护者和元勋。[1]他的宗教觉醒改变了 12 世纪上半叶西方教会发展的轨道。

1126 年，于格·德·帕英从圣地动身前往法兰西的时候，伯纳德三十六岁。在过去的十二年里，他担任不久前在香槟伯爵领地建立的克莱尔沃（字面意思是"明谷"）修道院的院长。这家修道院位于奥布河畔偏僻的沼泽地带，两侧各有一座小山，一座种葡萄，一座种谷物。在这里，数十名身穿白衣的熙笃会僧侣遵照伯纳德的指示，坚守严格而简单的修道院规则。熙笃会于 1098 年成立，当时更有名的本笃会的一群僧侣在第戎附近的熙笃建立了一所新的修道院，在那里投身于形式更纯洁的宗教生活。熙笃会奉行的核心价值是简朴、苦修的生活，艰辛的体力劳动以及远离尘世的孤寂。熙笃会修士与典型的本笃会黑衣修士之间存在鲜明并且是有意为之的差异。本笃会修士热衷于享受美食，更喜欢吟唱赞美诗而不是体力劳动，并且喜欢在他们华美的修道院内收藏精美艺术品和手工艺品。与之相比，伯纳德领导下的熙笃会僧侣致力于服从、祈祷、学术和朴素的生活，并在修道院的磨坊、农田和鱼塘劳作不休。12世纪一位到访克莱尔沃的人写道："此处有很多东西赏心悦目，振奋精神，抚慰痛苦的心灵，并激起所有追寻上帝的人的虔诚。"[2]但这也是刻意制造的简朴而磨炼人的环境，因为熙笃会相信，生活的艰辛和微薄的生计能鼓励人们的精神发展，让人们更亲近上帝。这很适合伯纳德。

这也适合其他很多人。当时在努力重构修道生活的群体有很多，熙笃会只是其中之一。12世纪是整个中世纪基督教复兴运动最活跃的时代之一，修道生活大受欢迎、繁荣发展且多姿多彩，自基督教会的早期岁月以来还不曾这样多元化过。"哦，僧侣这一群体在上帝恩典之下，尤其在我们的时代，取得了多么蓬勃的发展，"一位修道院院长在12世纪30年代写道，"高卢［法兰西］的整个乡村以及各个城镇、城堡和要塞到处是僧侣。"[3]此言不虚：据估计，在11世纪中叶至12世纪中叶，欧洲很多地区的宗教机构的数量猛增了十倍。[4]

修道生活的迅猛发展让人们对新的生活方式更加感兴趣。这些新的生活方式大多建立在清贫、服从和冥想的基础上。除了熙笃会之外，还有多个修会于11世纪末和12世纪初建立：加尔都西会（圣勃路诺于1084年建立的隐士修会）；格朗蒙会（约1100年在利摩日附近建立的规矩特别严格的清贫修会）；蒂龙会（蒂龙的圣伯纳德于1109年建立的修道院，以他为榜样，成员穿灰色长袍，该修会尤其强调悔罪）；普利孟特瑞会（约 1120 年由圣诺贝特建立，以"受教规约束的神职人员"的身份向普通教民布道并为其服务）；还有其他许多修会，有的维持了很长时间，有的没多久就销声匿迹。其中很多修会，无论新旧，都接纳女性作为修女；也有越来越多的女性成为隐士或修道者，终生在条件朴素而偏僻的寒室生活。人们能通过参加修会来表达自己在宗教方面的冲动。修道生活主宰他们生活的方方面面，包括衣食住行和说话的方式，甚至能否说话也受到修会规矩的约束。

1126 年 10 月之前的某个时间，克莱尔沃的伯纳德收到了耶路撒冷国王鲍德温二世的一封信。[5]国王在信中说，战火频仍的东方土地上成立了一个新的宗教群体，其成员"受上帝激励"去保卫十字军国家。[6]这些人就是圣殿骑士团，他们最渴望得到教会认可，并获得一套能够指导他们生活的规章制度。所以他打算派遣两名圣殿骑士返回欧洲，"恳请教宗认可他们的骑士团"。他希望教宗能帮助骑士团募资和获取支持，从而更好地对抗"信仰之敌"。[7]鲍德温二世敦促伯纳德协助这个计划，鼓励欧洲各地的世俗统治者支持圣殿骑士团，并向教宗游说，请他认可这个新修会。

欧洲或许没人比伯纳德更适合扮演这个角色了。他是一位改革家及有影响力的思想家，也懂得是什么驱使人们在生活中寻找新使命。更重要的是，他特别擅长从达官贵人那里获取好处。他在漫长的一生中用辞藻华丽的拉丁文写了数百封信，有的信还特别长。在书信中，他恭维、恳求、欺辱或斥责所有人，从教宗、国王、大主教和修道院院长，到逃亡的新僧以及原本想当修女但对自己的人生选择产生怀疑的女子。他所鼓吹的有国际战争和教会分裂这样的大事，但他也愿意捍卫卑微和无权无势的小人物。在代表一群贫穷的熙笃会修士写给教宗英诺森二世的信中，伯纳德为打扰日理万机的教宗而道歉，然后教导他应当怎样当教宗："如果您忠于使徒圣座的职责与传统，您就不会不理睬穷人的怨言。"[8] 还有一次，他写信告诫一个名叫索菲娅的少女，不厌其烦地劝她保持贞洁，请她把自己与生性放荡、沉溺享乐、精神不纯净的女人做比较："她们身穿紫色的精美亚麻服装，但她们的灵魂衣衫褴褛；她们的身体珠光宝气，但她们的生活充满虚荣的恶臭。"[9] 伯纳德是修辞大师，也是有权有势的大人物的朋友。在任何时代，这两方面的组合都拥有强大的力量。

但让伯纳德成为卓越辩护者的，不仅仅是他的能言善辩。羽翼初生的圣殿骑士团与伯纳德年轻时便投身其中的熙笃会运动有相似之处。两者都是新的宗教组织，都强调清贫与服从，排斥世俗虚荣，主张用艰苦的体力劳动来侍奉上帝；而且，圣殿骑士团通过其最初的成员与香槟地区有了密切联系，而克莱尔沃修道院就在香槟，伯纳德成年之后的大部分时间就是在这里度过的。

1126 年，伯纳德收到鲍德温二世国王的求助信后，愿意伸出援手。次年，即 1127 年秋季，鲍德温二世承诺要派遣的使者抵达欧洲，[10] 其中最重要的就是圣殿骑士团的首任大团长于格·德·帕英。

于格·德·帕英此次西行的使命很明确：为东方的耶路撒冷王国争取援助。他不是单枪匹马去欧洲的，而是 1127—1129 年从圣地去欧洲的多名高级使者之一。这些使者的具体任务虽然各自独立，但目标都是加强拉丁基督教世界两大阵营之间的联系。使者之一是鲍德温二世国王的司厩长①比尔的纪尧姆，他的使命是让安茹伯爵富尔克五世与鲍德温二世国王的长女梅利桑德订立婚约。富尔克五世将借此成为鲍德温二世的王位继承人，因为国王没有儿子。安茹伯爵是未来国王的完美人选，他大约四十岁，是个富有的鳏夫，虔诚而坚忍不拔，并且是经验丰富的十字军战士，对东方事务一直兴趣盎然。据说他自掏腰包在耶路撒冷供养了一百名骑士，这笔开销肯定不小。12世纪20年代初，他在"海外"的时候见过圣殿骑士团的一些早期成员，此后就定期给骑士团一笔虽然不多但很有帮助的年金，"每年三十安茹里弗"。[11]

但要让他成为鲍德温二世的继承人，需要巧妙的政治运作。富尔克五世需要将自己的领地交给儿子，然后长途跋涉一千英里去见一个从未见过的女人并娶她为妻，还要接受基督教世界最具挑战性的军事岗位。为了争取对方同意，比尔的纪尧姆带上了一些珍贵的礼物，包括真十字架的一个碎片和一把装饰精美的剑，准备将其送到勒芒（富尔克五世领地的心脏）的大教堂。[12]

于格·德·帕英没有带来厚礼，但他的任务同样紧迫，并且更棘手。比尔的纪尧姆只需要哄骗一个人接受王冠，于格却需要鼓励成百上千人放弃自己的财产，甚至自己的生命，去换取充满了不确定性的报偿。

于格此行的任务是招募新兵，对此他有一个主要的目标。在耶路撒冷王国，鲍德温二世正在计划向大马士革发动一次大

---

① 司厩长（constable）的官职起源于罗马帝国，最初担任此职位的是管理马匹的官员，后来在中世纪欧洲演变成负责保管、维护国王军械的官员，再后来变为军队的重要指挥官。

规模进攻，准备把从 1125 年末开始的小规模袭击升级为全面
的征服战争。他希望从大马士革的统治者、突厥阿塔贝格①图
格特金手里夺取这座曾经是逊尼派哈里发国首都的大城市。<sup>13</sup>
用编年史家推罗的纪尧姆的话说，鲍德温二世推断，若要攻克
大马士革，需要投入"王国的全部军事力量"。<sup>14</sup>他预计需要西
方人的支援。于格的第一要务是招募骑士和有经验的指挥官来
加入国王的此次军事行动。

于格是圣殿骑士团大团长，这是国王挑选他执行如此重要
使命的关键因素。圣殿骑士团还很年轻，但已经享有"为十
字军国家效力的精锐军事组织"的名望。后来有一种传说，
声称圣殿骑士团在最初九年里只有九名成员。这种说法很浪
漫，数字也很吸引人，但不正确。<sup>15</sup>于格到欧洲的时候身边至
少有五名圣殿骑士：圣奥梅尔的戈弗雷、罗兰、蒙迪迪耶的帕
扬、若弗鲁瓦·比索尔和圣阿芒的阿尔尚博。<sup>16</sup>这个代表团显
然颇有声望，从他们受到了西北欧一些最强大的领主接见这点
就可以看出。

1127 年 10 月至 1129 年春季，于格·德·帕英及其伙伴
拜见了连续两任佛兰德伯爵、布卢瓦伯爵；拜访了安茹伯爵富
尔克五世，确保他承诺协助鲍德温二世在大马士革作战；甚至
还找到了英格兰国王即诺曼底公爵亨利一世，敦促他允许骑士
团在英吉利海峡彼岸筹措军费。《盎格鲁－撒克逊编年史》记
载了这次会面："圣殿骑士团的于格从耶路撒冷来到诺曼底，

① 四分五裂的塞尔柱帝国有好几套互相平行的政治和军事官职体系：苏丹
大致相当于国王；埃米尔的级别低于苏丹，可以掌控一座城市或一个特
定地区；阿塔贝格是类似于摄政者的总督，代表年幼或羸弱而无法亲政
的埃米尔来统治。——作者注

觐见国王；国王隆重接待他，赠给他大笔金银，并送他去英格兰。他在那里受到所有善良人士的欢迎。"编年史家显然认为此次会议很成功。他写道，于格"在英格兰募集到大量金钱，在苏格兰也是如此；他将全部由金银组成的财富送到了耶路撒冷"。[17]于格说服了许多人去东方作战，人数"比第一次十字军东征以来的任何时候都多"。[18]这是令人瞩目的成绩。1127—1129 年，于格·德·帕英和同行的圣殿骑士实际上在独立宣讲十字军东征。[19]他们这么做没有得到教宗的正式支持，同时代的人也没有写到他们像第一次十字军东征时期那样在公众集会上进行宣讲，但他们直接请求西方各国统治者提供兵员的做法非常成功。鲍德温二世最终于 1129 年发动进攻时，大马士革守军感觉到了很大的压力。阿拉伯编年史家伊本·开拉尼希①估计，基督徒军队有数万之众，包括大量从海外赶来的援军。[20]

　　于格·德·帕英在为大马士革攻势招兵买马的同时，也热切希望扩大圣殿骑士团的影响力，获得更多财富与人员。他借助家族网络和社会关系，尤其是在他的家乡香槟地区的人脉，获得了一些土地捐赠、地租收入、收缴封建费用的权利、金银，以及一些人会为骑士团效力的承诺——这或许是最重要的支持。数十人发誓会去圣地加入骑士团，或是有期限地效力，或是终身服役。

　　1127 年 10 月，圣殿骑士团在香槟西部的巴尔邦获得了一座房屋、一座农庄和一片草地。大约同一时期，他们获得了佛

---

①　伊本·开拉尼希（约 1071—1160）是大马士革的阿拉伯政治家和编年史家，曾任该市的市长。他的著作《大马士革编年史续编》是为数不多留存至今的撰写于第一次十字军东征时代的史书，因此是重要的史料。

兰德封建继承税①的一笔收入。1128 年春季，于格在安茹见证富尔克五世伯爵加入十字军的同时，圣殿骑士团在附近的普瓦图伯爵领地获得了一些土地。远至努瓦永（巴黎以北的一座教堂）和图卢兹（距离比利牛斯山脉只有一天骑马路程）的地方都有人向骑士团捐钱捐物。

值得注意的是，于格此时还没有试图为羽翼初生的骑士团建立一个西欧分支。他的军事使命在东方，他的主要目标是建立一个包含庇护、资本和私人利益的网络，打通从法兰西中部富裕庄园到叙利亚和巴勒斯坦险象环生的平原与山区之间2000 英里（约 3220 公里）的距离。[21]

于格此行的另一个目标是金钱或提供军事援助的承诺都不能满足的。如鲍德温二世国王在 1126 年的信中所说，圣殿骑士团最渴望的是让教宗认可骑士团的合法性，并获得正式的规章制度来指导他们的生活。1129 年 1 月，在香槟的特鲁瓦举行了一次大型宗教会议，而特鲁瓦就在奥布河畔的熙笃会修道院西北方仅 50 英里（约 80 公里）处。克莱尔沃的伯纳德在这座修道院祈祷，并越来越兴致盎然地观察着他的同胞的积极活动。

特鲁瓦会议的第一项正式议程于 1129 年 1 月 13 日（星期日）启动。与会者都是朋友和同僚，大多来自法兰西东北部。香槟伯爵的首府特鲁瓦是颇有威望的商业中心，那里的天际线

---

① 欧洲中世纪的封建继承税（feudal relief）有点像现代的遗产税。采邑领主去世后，他的继承人在向宗主缴纳一笔一次性费用后，才可以继承采邑和头衔。

上耸立着两座巨大的宗教建筑：罗马式风格①的圣彼得与圣保罗大教堂；圣卢修道院，这是奥斯定会修士的著名学术机构。特鲁瓦城是伟大的十字军领主香槟伯爵于格的家乡，克莱尔沃修道院所在的土地就是他捐赠的。香槟伯爵于格作为于格·德·帕英曾经的领主（两人可能还是亲戚），于1125年放弃了自己的头衔，在耶路撒冷加入圣殿骑士团。（克莱尔沃的伯纳德在他放弃头衔时写信赞赏他："您从伯爵变成了普通军人，从富人变成了穷人。"[22]）1129年特鲁瓦会议召开时，于格伯爵留在圣地，但正是他的人脉和财富把圣殿骑士团大团长和克莱尔沃修道院院长撮合到了一起。

教宗霍诺里乌斯二世的特使和代表阿尔巴诺主教马蒂厄主持会议。另有二十名教士参会：两位大主教、十一位主教和七位修道院院长。几乎所有与会者都来自香槟或其附近的勃艮第，包括香槟伯爵特奥巴尔德二世②和讷韦尔伯爵纪尧姆二世这两位最重要贵族。[23]大多数修道院院长属于熙笃会。

会议的两位主要发言人是于格·德·帕英和克莱尔沃的伯纳德。于格参会是希望圣殿骑士团得到教会的官方认可，并获得近似于僧侣修道会制度的团规。一位名叫让·米歇尔的书记

---

① 罗马式风格是中世纪欧洲的一种建筑风格，以半圆拱为特征，从12世纪开始逐渐过渡到以尖拱为特征的哥特式建筑。罗马式建筑的实例遍及欧洲大陆，是自古罗马建筑之后第一种风靡欧洲的建筑形式。在英格兰，这一风格在传统意义上更倾向于指诺曼式建筑。罗马式建筑兼有西罗马和拜占庭建筑的特色，并因其结实的质量、厚重的墙体、半圆形的拱券、坚固的墩柱、拱形的穹顶、巨大的塔楼以及富于装饰的连拱饰而知名，这些都使它显得雄浑而庄重。每座建筑有明确、清晰的形式，并且常常采用规则对称的平面，所以在与随后的哥特式建筑比较时，它总体上会给人一种质朴的印象。

② 他是香槟伯爵于格的侄子。

员做了会议记录，他概括了议程："我们在会议上……听取了大团长于格·德·帕英的发言；在我们理解力的局限之内，我们赞扬了我们觉得有益的、好的方面，回避了我们觉得错误的方面。"[24]

换句话说，这是个规章制度起草委员会，与会者正在听证、辩论和修改圣殿骑士团最初九年在耶路撒冷的行事规则。到会议结束时，让·米歇尔已经用拉丁文起草了 68 条圣殿骑士团的规章制度，这份规章制度后来被称为《原始规则》或《拉丁规则》。它详细规定了选拔和接纳骑士的程序，骑士祈祷的方式，应当庆祝哪些瞻礼日，什么是恰当的服饰和饮食，应当在何处睡觉，在公共场合的行为规范，以及可以（或不可以）与什么样的人交往。[25]

"就这样，该宗教修会得以繁荣发展，骑士团获得了新的蓬勃生机"，《原始规则》这样写道，并赞扬所有参加圣殿骑士团，愿意"为了我们的救赎和传播真正的信仰"而献身于上帝的人。圣殿骑士团代表一种新的骑士，不会恃强凌弱，而是致力于消灭邪恶。这种理念是克莱尔沃的伯纳德在特鲁瓦会议期间发展出来的，后来他对其做了详细阐述。《原始规则》很明显带有他的个人印记。他相信骑士制度可以改革，也应当改革；骑士制度应当被基督教化，应当铲除世俗的虚荣，演化出一种有尊严、恪尽职守并且侍奉上帝的使命。

《原始规则》首先处理了一个很实际的问题，即圣殿骑士如何将祈祷的僧侣生活与艰苦而危险的军人生活结合起来。骑士团成员很可能大部分时间在巡逻或作战，而不是在礼拜堂的十字架前祈祷，《原始规则》认可这一点，所以允许骑士团成员背诵规定次数的主祷文，来替代他们在执勤之日错过的礼拜。如果错过晨祷，可以念十三遍主祷文来弥补；错过晚祷，需要念九遍主祷文；错过一次时祷，需要念七遍主祷文。这种精简版的修道礼拜规程是未受过教育的俗士也可以做到的。所有人都熟记主祷文，即便是目不识丁的法兰西农民。通过将礼拜活动减少到最低限度（只要求重复念基督教世界最为人熟知的祈祷文），圣殿骑士团扩大了自己的招募范围，可以接纳任何有决心、有才干的人，不管他们的衔级，也不限于富人和受过良好教育的人。《原始规则》还明确规定，骑士团成员有两种：终身服役，"放弃自己意志"的人；愿意在"固定期限"服役的人。第二种情况可以让只受过最低限度宗教教育的人也能轻松地满足骑士团的宗教需求。

人们对世俗骑士的刻板印象是奢华而爱夸耀，特鲁瓦会议的讨论涉及了这方面。《原始规则》提倡简朴和平等。圣殿骑士应当穿全白色的僧衣①，因为"白色象征纯净和完全贞洁"。[26]衔级较低的军士和骑士侍从（这两种人是宣誓的骑士团成员，但前者没有正式的衔级，后者还没有获得骑士身份）则穿黑色或褐色僧衣。

这种朴素着装与 12 世纪典型骑士的仪表相去甚远。骑士一般会有意识地用光鲜的服装、华丽昂贵的织物和精美的饰品来凸显自己的身份。为了强调朴素，《原始规则》明确禁止了世俗骑士的很多常规打扮。"长袍不应有精美装饰，不应表现出傲慢，"《原始规则》写道，"如果某位兄弟出于自豪或骄傲而希望获得更好更精美的衣服，那么就发给他最差的。"规则

---

① 选择白袍是熙笃会对圣殿骑士团规则施加影响的最确切证据之一。圣殿骑士团的著名红十字是后来在 1139 年添加的。——作者注

还禁止穿皮毛大衣；允许穿亚麻衬衫和使用羊毛毯子，以抵抗东方极端的气候条件，但除此之外不准用任何外在的装饰。规则特别严厉地禁止圣殿骑士穿时髦的鞋子，因为 12 世纪初有的鞋子非常奢华浮夸。"禁止尖头鞋和鞋带，禁止任何兄弟穿这样的鞋子……因为众所周知，这些可憎的东西属于异教徒。"骑士的长枪上也不能有装饰。这种严格规定涉及骑术的方方面面："我们完全禁止任何兄弟用金银装饰马具，马镫和马刺上都不能有金银。"骑士用来装每日口粮的袋子应当是普通亚麻布或羊毛制品；被称为"袍服官"的官员负责确保兄弟们定期理发和剃须，"他们的身上不能有出格的地方"。①

圣殿骑士团机构之内的生活方式被设计成尽可能接近熙笃会修道院的生活方式。大家集体用餐，食不语，有人为大家朗读《圣经》。熙笃会僧侣吃饭时如果有需求可以用一种复杂的手势语来表达，但圣殿骑士团的新兵可能不懂这种手势语，所以《原始规则》允许他们"低声、谦卑而顺从地私下里索要自己吃饭所需的东西"。每位兄弟领到的是完全相同的饭菜和葡萄酒，剩饭剩菜则被送给穷人。骑士应当服从教会历法众多斋戒日的要求，但作战人员可以豁免。每周有三天可以吃肉：星期二、星期四和星期六。如果每年的斋戒打断了这种规律，那么斋戒期结束后会增发食物以弥补。

《原始规则》允许圣殿骑士杀人。《原始规则》写道："这些骑士可以杀死十字架之敌，这不算犯罪。"这巧妙地概括了一种试验了几个世纪的基督教哲学，即杀死"不信基督的异

---

① 即便如此，圣殿骑士的发型和胡须在不同时代还是有五花八门的风格：有些图像中他们蓄着络腮胡子；有的留着长长的鬈发；13 世纪雅克·德·维特里的记述里说圣殿骑士剃光头。——作者注

教徒"和"圣母马利亚之子的敌人"是善行，会得到上帝嘉许，而不是谴责。除此之外，圣殿骑士应当过虔诚克己的生活。

每位骑士最多可以拥有三匹马和一名侍从，"骑士不应殴打侍从"。鹰猎是基督教世界的武士最喜欢的消遣，但圣殿骑士被禁止参加鹰猎，也不可以用猎犬狩猎。圣殿骑士被允许杀戮的唯一野兽是圣地的山狮。圣殿骑士甚至被禁止与猎人为伍，因为"每一个信徒都应当言行庄重、谦逊、不苟言笑"。

圣殿骑士不可以与女性相伴。《原始规则》鄙夷地说：

> 这是危险的事情，因为古老的魔鬼用这种手段诱导人们偏离通往天堂的正道……你们应当始终保持贞洁……所以你们不可以亲吻女人，不管是寡妇、少女、母亲、姐妹、姑姨还是其他人……基督的骑士应当不惜一切代价回避女人的拥抱。很多人因与女人的纠葛而丧命。

已婚男子可以加入骑士团，但不能穿白袍，他们的妻子也不能到圣殿骑士团的驻地与丈夫团聚。

仿佛预见到了坚持要求守贞可能导致的某种后果，《原始规则》还规定，多名骑士出差需要在客栈住同一房间，同时，"他们睡觉的房间在夜间也应尽可能有照明，以免暗影中的敌人诱惑他们从事上帝禁止的邪恶之事"。

最后的规定是，大团长负责领导骑士团。由"大团长知道会给他良策和有益建议的兄弟"组成的议事会负责辅佐大团长。骑士团成员应无条件服从大团长的命令，一旦命令下达，要坚决执行，"仿佛这是基督本人的命令"。大团长有权审核和接纳新人进入骑士团，有权向兄弟们分配马匹和甲胄，有权惩罚作奸犯科者和违反规章制度者，有权自行决定如何执行规章制度。

后来，圣殿骑士团的规则被扩充为一整套管理法规，冗长而复杂，并且随着骑士团的发展和变革不断调整和修改。1129年1月，特鲁瓦会议拟定了《原始规则》并得到教宗特使批准后，于格·德·帕英访问欧洲的主要目标之一就达成了。他给自己初生的组织定好了组织架构和指导其生存的行为规范。他的下一个任务是让圣殿骑士团扬名立威，并让兄弟们相信，他们做的工作是为上帝效劳。

与于格·德·帕英参加特鲁瓦会议差不多同一时间，一个自称"罪人于格"的人给"耶路撒冷圣殿的基督战士"写了一封信。[27]我们不确定他的真实身份，但他也许就是于格·德·帕英本人。写信人表现出对圣殿骑士团的使命十分关心，这和于格·德·帕英很像。这封信的内容不是很专业，但激情洋溢。信中对《圣经》典故的引用有错误，有的典故甚至是捏造的。不过，罪人于格恳求他的受众去履行一项简单的使命：为耶稣基督而战斗并取胜。

他在信中写道，魔鬼始终在尝试引诱好人偏离善事。圣殿骑士的职责是抵制撒旦的奸计，坚守对骑士团的信念，不理睬尘世的诱惑。他们不应当"醉酒、通奸、争吵、诽谤"。这位写信人最担心的是，任务的艰巨会让圣殿骑士斗志消沉。"坚定不移地抵抗你们的敌人，因为他是狮子，是毒蛇，"罪人于格写道，"耐心等待上帝为你们安排的命运。"圣殿骑士的职责不是追寻永恒的个人声誉，而是为骑士团服务。

与此几乎同时还出现了一本较长的小册子，也是直接向圣殿骑士团发言的，阐述了它在世界上的特殊地位和它的使命的重大意义。该书的作者身份没有疑问，并且令人肃然起敬：不是别人，正是克莱尔沃的伯纳德。

《给圣殿骑士团书，赞美新的骑士》（*Liber ad milites templi de laude novae militia*），现在一般简称为《新骑士颂》（*De Laude*），写于骑士团建立到 1136 年之间的某个时间。从其内容来看，伯纳德是在 1129 年特鲁瓦会议前后开始撰写该书的。《新骑士颂》的形式是写给于格·德·帕英的书信。伯纳德称他为"我亲爱的于格"，并说于格"不是一两次，而是三次请我写点儿什么来劝诫你和与你志同道合的兄弟们"。[28]

"前不久，世间出现了一种新的骑士，"他这样开始道，"他们不知疲倦地坚持两面作战，既对抗有血有肉的敌人，也对抗天堂中邪恶的大军。"[29]以上帝之名作战并献身，是最终极的牺牲。伯纳德强调了杀人与消灭邪恶之间的深刻差别。上帝认为消灭邪恶是高尚的举动。有了这种巧妙的神学观点的支撑，圣殿骑士团就能肩负起最崇高的任务：不仅担任朝圣者的保镖，还能保卫圣地本身。"骑士们，满怀自信地进军吧，"伯纳德写道，"以坚定的心打退基督十字架之敌吧。"

圣殿骑士团的规则谴责了世俗骑士历来浮华的生活方式，浸淫于熙笃会价值观的《新骑士颂》也发出了类似的抨击。长发、有装饰的甲胄、有装饰图案的盾牌与马鞍、金马刺、宽松飘动的上衣、长袖、骰子、象棋、鹰猎，以及小丑、游吟诗人与魔术师提供的娱乐，全都遭到唾弃。"这些东西符合武士的身份吗？或者仅仅是女人的玩物？"[30]伯纳德赞美了圣殿骑士崭新、禁欲和虔诚的生活方式：他们纪律严明，贞洁，面庞满是尘土与日晒的痕迹，务实，奉行平均主义，能言善辩，生活忙碌而充实。这些人的唯一目标是消灭不信上帝的异教徒，将"邪恶的爪牙从上帝之城驱逐出去"。[31]他们静若处子、生活低调，但打起仗来如同雄狮。"他们打仗是为了胜利，而不是为了夸耀和展示"；他们骑的是强健迅捷的战马，而不是徒有虚表的花斑马；他们希望自己的形象"令人敬畏而不是卖弄炫耀"。伯纳德写道，这些新的骑士可以算得上耶路撒冷的拯救者；可以算得上忠于古代犹太马加比精神的军队（马加比人为了将圣城从外国占领军手中解放出来，曾勇敢地与优势敌人交战）。①"这是上帝给你们送来的援手！上帝精挑细选了这样的军队。"

《新骑士颂》的前四章都是对圣殿骑士团品格与使命的讴歌，其余九章是对圣殿骑士团致力保卫的圣地风景名胜的介绍。介绍部分首先讲的是圣殿本身，它"以兵器而非珠宝为装饰"；然后还有对伯利恒、拿撒勒、橄榄山、约旦河、圣墓、伯法其村②和伯大尼村③的精练描述，这些都是受欢迎的朝圣地点，距离耶路撒冷不到一天的骑马路程。伯纳德从来没有亲身到过耶路撒冷（对他来讲，克莱尔沃修道院是一切精神生活的真正的中心），所以他对圣地的描绘依赖于从旅行者

---

① 犹太人的马加比家族在公元前2世纪发动起义，驱逐当时统治犹太地区的希腊化塞琉古帝国，建立哈斯蒙王朝。

② 伯法其在阿拉伯语中的意思是"未成熟的无花果之屋"。根据《新约》，耶稣派遣门徒去伯法其村寻找一头驴和一头驴驹。村民允许耶稣的门徒牵走两头牲口。后来耶稣骑着驴胜利进入耶路撒冷。

③ 伯大尼在伯法其村附近，在《圣经》时代可能是救济穷人与病人的地方。《圣经》记载耶稣在此地受膏，伯大尼亦为马大、马利亚、拉撒路和麻风病人西蒙的居住地。

和朝圣者那里获得的信息。

《新骑士颂》的每一章实际上都是一篇短布道文。[32]若是在相应的神圣地点朗读或者背诵它，一定会为在场的人带来启迪、鼓舞和洞见。护送朝圣者去伯利恒的圣殿骑士若是听到这样的布道，一定会精神抖擞、勇气倍增。圣殿骑士能用足够专业的方式向与他同行的平民解释每一个神圣地点的意义。若是他因害怕敌人的伏击而战栗，就可以用伯纳德描述耶路撒冷的话来激励自己：这是"面包之屋"，而基督"是圣母所生的、来自天堂的活生生的面包"。[33]到了拿撒勒，圣殿骑士若是一时感到沮丧，可以回忆伯纳德的另一句警句来鼓舞自己，因为他行走的地方正是"婴儿耶稣……长大成人的地方，恰似果实在花朵内成熟"。[34]

于格·德·帕英请求伯纳德"写点儿什么来劝诫"，旨在鼓舞前线将士的斗志。伯纳德的任务是为新的骑士团提供"道义的，而非物质的支持"。[35]没有人比他更深刻地考量了圣殿骑士的奇特身份（既是僧侣，也是骑士），也没有人比他更适合用语言去表达这个强大的新修会的精神。然而，并非只有伯纳德一人对圣殿骑士团的前途做了严肃的思考。在远离圣地的地方，另一位恩主也在考虑如何帮助这个新成立的修会。他就是阿拉贡国王阿方索一世。他身处与伊斯兰世界斗争的最前线，不过他的敌人不是圣地的塞尔柱人和法蒂玛王朝，而是西班牙南部的摩尔人①。他参与的战争被称为"收复失地运动"。

---

① 在中世纪，北非、伊比利亚半岛、西西里岛和马耳他岛等地的穆斯林被欧洲基督徒称为"摩尔人"。摩尔人并非单一民族，而是包括阿拉伯人、柏柏尔人和皈依伊斯兰教的欧洲人等。"摩尔人"也被用来泛指穆斯林。

# 四　　"各样美善的恩赐"

1134 年 7 月，阿拉贡国王"战士"阿方索一世在弗拉加城外安营扎寨，然后命令仆人取来他的圣物。这样的圣物他收藏了不少。这位国王现年六十一岁，在他漫长而丰富多彩的一生中收藏了圣母马利亚、好几位使徒、一些早期基督教殉道者及其他圣徒的遗骸碎片或曾属于他们的物品。这些圣物被储藏在象牙匣子内，匣子饰有金银，镶嵌着宝石。他手中最高档的圣物是一小块碎木片，据说来自耶稣被钉死的十字架。这个碎木片被雕刻成袖珍十字架，装在由纯金打造、镶嵌着珠宝的盒子内。阿方索一世是在去圣地亚哥·德·孔波斯特拉朝圣的途中，从莱昂的一座修道院偷走这件圣物的。[1]

阿方索一世习惯将这些圣物带在身边。他成年之后的几乎全部时间都在南征北战——与邻国的基督教君主厮杀，也与占领了伊比利亚半岛南部大部分地区的穆斯林对抗——赢得了许多辉煌胜利。他的圣物也随他上过许多战场。在大部分时间里，圣物都在他的辎重当中，与作为移动礼拜堂的帐篷一起运输。现在神父取出了圣物。阿方索在这些珍贵的木片、骨骸和人皮面前发了一个毒誓。

弗拉加坐落在辛卡河两岸。这里是边境地带，基督教欧洲与安达卢西亚在这里接壤。倭马亚哈里发国的军队于 8 世纪渡过直布罗陀海峡之后占领了西班牙南部若干地区，在这里建起的伊斯兰国家被称为安达卢西亚。好几个世纪以来，基督徒和穆斯林人民在这里既有交流也有冲突。多个王国与埃米尔国组成的多民族格局风云变幻，两大阵营之间时而务实地共存，时而凶残地厮杀。但 10 世纪末以来，伊比利亚半岛的宗教分歧越来越严重，各王国之间的战争越来越具有宗教冲突的色彩，北方的基督徒统治者认为他们的共同职责是将伊斯兰势力驱赶到北非。1101 年，教宗帕斯卡二世祝福了西班牙基督徒统治者在这方面的努力，禁止西班牙基督徒参加东方的圣战，告诉他们应当"留在你们的国家里，全力以赴地与摩押人①和摩尔人作战"。[2]1123 年的第一次拉特兰会议期间，教宗重申了这道命令，并明确表示，在西班牙反对穆斯林的战争享有与圣地的战争同等的地位。人们开始谈论所谓"西班牙路线"，即基督徒可以先解放西班牙的各港口，最终通过海路去耶路撒冷，或甚至通过北非和埃及去耶路撒冷。蚕食安达卢西亚的作战被正式认可为广泛圣战的第二战场，最终目标是征服圣地。[3]阿方索一世热烈支持这种世界观。

此时弗拉加掌握在穆斯林手中。当地市民通过中间人请求阿方索一世停止围城、接受市民投降并允许他们安然离去。弗拉加市民警告阿方索一世，如果他不这么做，就会有一支强大的穆斯林解围军队赶来消灭他。这一警告却让他摩拳擦掌，更加渴望战斗。他在上帝和圣徒面前宣誓，绝不怜悯敌人。"他

---

① 摩押人是中东的一个古代民族，生活在今日约旦死海东岸的山区。根据《圣经》，他们的祖先摩押是亚伯拉罕的侄子罗得与两个女儿在逃离罪恶之城所多玛之后，与自己的长女乱伦而生下的儿子。古时的摩押人经常与他们的邻居以色列人发生摩擦。大卫王即有摩押血统。根据现存的历史资料，摩押在波斯帝国时代消失了。摩押人的领土随后被一拨拨来自北阿拉伯的部落占据。但是摩押人曾经的领土还是被称为"摩押地"。

打算占领这座城市，杀光摩尔人贵族。"一位基督徒编年史家写道，"他想俘虏他们的妻小，并……没收他们的全部财产。"4

1134 年 7 月 17 日星期二上午，200 头满载物资的骆驼摇摇摆摆地出现在辛卡河畔，阿拉贡国王看到这景象理应三思。这群庞大而动作迟缓的役畜以及驱赶它们的人，是穆尔西亚和巴伦西亚的埃米尔率领的穆斯林大军的一部分。这位埃米尔被誉为"勇敢的武士"，名叫叶海亚·伊本·加尼亚，但基督徒称他为阿本吉尼亚。5他的军队包括来自其他地区性的穆斯林要塞（如科尔多瓦和莱里达）的部队，北非的穆拉比特帝国也送来了大量援兵、牲口和给养。穆拉比特帝国是伊斯兰世界西部的真正中心，首都为马拉喀什①。对基督徒来说，穆拉比特王朝是充满异国情调而危险的敌人：他们的军事领导人因始终戴着沙漠面纱而闻名。这种面纱遮盖了他们的鼻子和嘴巴，只露出眼睛。根据一项估算，穆拉比特帝国向弗拉加派遣了 1 万人。即便考虑到这些数字有夸大的成分，阿方索一世面对的敌军也显然兵力雄厚。6

走近弗拉加城墙的骆驼队满载着救援物资，准备提供给被

---

① 穆拉比特王朝是 11 世纪由柏柏尔穆斯林领袖阿卜杜拉·伊本·雅辛建立的政权，鼎盛时期包括今天的马格里布西部和伊比利亚半岛南部。
1086 年，在卡斯蒂利亚国王阿方索六世的凌厉攻势下，伊比利亚半岛的穆斯林诸侯招架不住，邀请北非的穆拉比特王朝出兵相助。10 月 23 日，在萨拉卡战役中，卡斯蒂利亚军队大败，"收复失地运动"停滞了几十年，穆拉比特王朝得以扩张到西班牙和葡萄牙。穆拉比特王朝的统治阶级戴面纱，这成为他们的标志。
然而好景不长，在基督教"收复失地运动"和内乱的两面夹击之下，1147 年，都城马拉喀什被穆瓦希德军队攻破，穆拉比特王朝宣告灭亡，被穆瓦希德王朝取代。

围的市民。阿方索一世命令他的亲戚拉昂伯爵贝尔纳率军进
攻，掳回那些物资。贝尔纳不同意，建议采取更谨慎的策略。
阿方索一世大发雷霆，训斥贝尔纳，骂他是懦夫。但这是个致
命的错误。

阿拉贡军队去攻击穆斯林骆驼队的时候，骆驼和护送它们
的士兵惊慌逃跑。基督徒穷追不舍，结果落入陷阱。伊本·加
尼亚军队的其余人马兵分四路，冲上来包围了阿拉贡军队，并
立刻"开始用长矛、弓箭、石块和其他可作为武器的投掷物
进行攻击"。[7]与此同时，弗拉加市民涌出城门。"男女老少"
都冲向阿方索一世的营地。男人们屠杀了基督徒的非战斗人
员，弗拉加的妇女们则带头掳掠基督徒的营地，抢走营帐里的
食物、装备、武器和攻城器械。[8]最让基督徒丢面子的是，穆斯
林劫掠者还抢走了阿方索一世的移动礼拜堂，偷走了他的黄金
圣物匣，把神圣的帐篷"彻底拆毁"。[9]

基督徒溃不成军。好几位主教和修道院院长、数十位阿拉
贡的精英骑士以及军队的大部分指挥官不幸丧生。阿方索一世
内廷的全部成员几乎都被俘虏，他的 700 名近卫步兵也尽数阵
亡。阿方索一世戎马一生，从巴约讷打到格拉纳达，打过野战
也打过围城战，还从来没有遭受过这样毁灭性的惨败。他在战
场边缘奋勇拼杀，但无济于事，最终被人说服，带领一小群骑
士逃走。他们一起向西逃往萨拉戈萨，然后转向北方，逃向比
利牛斯山脉的山麓地带和美丽的罗马式风格的"峭壁圣约翰"
修道院。阿方索一世的父亲就在那里长眠。武士国王回家了。

1134 年 9 月 7 日，星期五，阿方索一世驾崩，很可能是
因为在弗拉加负伤而不治身亡，但基督徒和穆斯林编年史家都
说他死于悲痛。在收复伊比利亚半岛的战争中，基督徒失去了

最令人生畏也最精力充沛的领袖。不过，命运虽然夺走了一位领袖，但会带来新的一批战士，而他们将改变这场战争的轨迹。

阿方索一世生前是个严肃的人，全副精力集中在战争上。他每夜躺在盾牌上睡觉，并相信"战士应当与男人相处，不应近女色"，所以他没有留下一男半女。[10]国王在去世三年前立的遗嘱里指定三个以耶路撒冷为基地的修会为他的主要继承人：圣墓教堂的教士团体、医院骑士团和圣殿骑士团。他在遗嘱中描述最后一个为"主的圣殿骑士，他们努力捍卫基督教之名"。[11]阿方索一世在遗嘱中声明：

> 我向这三个群体捐赠……我的整个王国，我对王国的领主权，以及我对以下各色人等拥有的主权和权益：全体国民、教士、俗士、主教、修道院院长、僧侣、权贵、骑士、市民、农民、商人，无论男女，不分贵贱，包括犹太人和撒拉森人。

在特鲁瓦会议给予圣殿骑士团正式的规章制度仅仅五年后，圣殿骑士团获得了一个王国的三分之一。这的确非同小可，也为骑士团的未来发展规定了方向。首先，这意味着在随后两个世纪里，圣殿骑士团将在收复失地运动中发挥作用。其次，它体现了欧洲各地的人们对十字军东征和十字军战士无比的慷慨。若没有这种慷慨，军事修会的理念无以为继。

于格·德·帕英返回耶路撒冷时，他那新成立的修会的声望已经稳固。虽然他对骑士团的法兰西和英格兰恩主做过承诺，但并没有立刻让骑士团投入大规模军事行动。他在招兵买马的过程中不遗余力地鼓吹即将发动的对大马士革的攻势，但圣殿骑士团在1129年的大马士革攻势中表现得并不理想。根据一份记述，基督徒军队此次"十分鲁莽……逾越了军事纪律的界限"。[12]鲍德温二世的军队在秋季逼近大马士革，但不明智地兵分数路，不幸遭到伏击，队伍随后又因恶劣天气而七零八落，在浓雾和瓢泼大雨中遭到大马士革守军的屠戮。西方人对此次作战的评价非常严厉。《盎格鲁－撒克逊编年史》的作者说，渴望参加光荣的十字军东征的新兵"可怜兮兮地受骗了"。[13]

随后十年里，圣殿骑士团似乎仅仅参加过两次比较重要的军事行动。1137年，安茹的富尔克被敌人包围在蒙弗尔朗城堡（在的黎波里伯国的霍姆斯附近），他身边有十八名圣殿骑士。此时的富尔克已经是耶路撒冷国王，他在1131年鲍德温二世驾崩后继承王位。1139年，圣殿骑士团在耶路撒冷王国的希伯伦附近又遭遇了一次不光彩的战败。好几名圣殿骑士参加了一支基督徒军队，去讨伐一大群"邪恶的强盗和土匪"。在贸然发动的混战中，基督徒军队阵脚大乱，在乱石遍地、路径稀少的荒野平原上奔逃，伤亡惨重。"有些人被剑砍死，有些人被从悬崖上扔下去摔死。"编年史家推罗的纪尧姆写道。[14]

圣殿骑士团在最初的岁月里不会经常参加这样的军事行动，人们觉得骑士团顶多能胜任守卫城堡的任务。1136年，他们得到的任务是守卫可俯瞰阿玛努斯山口（在安条克附近）的各要塞。这是一项重要的战略任务：阿玛努斯山口是从小亚细亚进入叙利亚的关键要道，控制这些山口对埃德萨伯国和安条克亲王国的安全，以及从陆路去耶路撒冷的朝圣者的安全都至关重要。

1136 年 5 月 24 日，于格·德·帕英去世了。没有一位同时代的编年史家提及他去世的具体情况，我们能知道他去世的日期也仅仅是因为在后来的岁月里圣殿骑士团会正式纪念这个日子。最值得一提的是，他创建的骑士团在他身后安然延续，权力交接没有发生危机。特鲁瓦会议赋予骑士团的规章制度没有规定如何任命新的大团长，但后来的补充条例明确规定应由来自东西方的大部分资深圣殿骑士开会，选举产生新大团长。于格的继承者是罗贝尔·德·克拉翁（也叫罗贝尔·勃艮第奥），他是来自普瓦图的贵族，为人精明，与新任耶路撒冷国王富尔克关系密切。推罗的纪尧姆说罗贝尔是"卓越的骑士，勇武善战，英俊雄伟，品格高尚"。[15]于格去世的时候，罗贝尔担任骑士团的总管（seneschal），这个头衔源自王室宫廷，指具有广泛行政职责的管家。罗贝尔对骑士团忠贞不贰，于1125 年抛弃了未婚妻，专门赶到圣地作战。和于格一样，他经常在耶路撒冷和西方之间来往。担任大团长期间，他的大部分时间用于从法兰西南部的富裕恩主那里获取捐赠，并努力解决阿拉贡国王阿方索一世的遗嘱造成的长期法律争端。[16]罗贝尔还成功地在骑士团与罗马教廷之间建立了密切联系。

1139 年 3 月 29 日，罗贝尔·德·克拉翁访问法兰西和意大利期间，教宗英诺森二世颁布了一份诏书（盖有教宗的铅印，拉丁文称之为 bulla）给圣殿骑士团。与所有的教宗诏书一样，这份诏书也以正文的头几个词为题：《各样美善的恩赐》，这个说法引自《雅各书》。①

---

① 各样美善的恩赐，和各样全备的赏赐，都是从上头来的。从众光之父那里降下来的。在他并没有改变，也没有转动的影儿。（《雅各书》1：17）

《各样美善的恩赐》向圣殿骑士团授予了一系列不寻常的特权。教宗赞扬参加骑士团的骑士已"从愤怒的孩童"变成了放弃俗世荣华富贵与个人财产的倾听神谕者。[17]随后他确认圣殿骑士有权"胸前始终佩戴赋予生命的十字架的符号"。后来，带红十字的白披风成了圣殿骑士团标志性的制服。

英诺森二世支持圣殿骑士团是合情合理的。1130—1138年，克莱尔沃的伯纳德帮助他渡过了一场严重的政治危机：教廷发生分裂，伯纳德支持英诺森二世为教宗，与对立教宗阿纳克莱图斯二世分庭抗礼。最后危机解决，英诺森二世的地位得到巩固，所以他完全有理由报答伯纳德，给圣殿骑士团一些精神上的恩赐。但即便如此，《各样美善的恩赐》也算得上特别慷慨大方。

该诏书将圣殿骑士团置于"教廷的保护和监护之下，始终如一，直至永远"。罗贝尔·德·克拉翁及其继任者只对教宗一人负责：在整个基督教世界，圣殿骑士团大团长明确地独立于任何帝王、宗主教、诸侯和主教的权威；诏书还做了一揽子规定，"任何教会或世俗人士"都不得干预圣殿骑士团的自由。在特鲁瓦制定的规章制度得到确认，圣殿骑士团被确立为"天主教会的捍卫者，基督之敌的攻击者"。这种授权非常广泛，实际上无所不包。

诏书承诺，圣殿骑士团可以自己选举大团长，不仅不用缴纳什一税（教会从信徒那里定期收缴的赋税），还有权从生活在他们领地的人民那里收缴此税。这样的收入完全由骑士团自行支配。他们有权任命自己的私人神父来"授圣餐和圣职"，不必服从当地主教的权威；有权在圣殿骑士团所属的机构建造私人礼拜堂，并可以在那里掩埋骑士团成员的遗体。圣殿骑士团的神父听命于大团长。这是很不寻常的情况，因为大团长虽然要宣誓遵守规章制度，本人却不一定需要领圣职。

教宗的诏书赋予圣殿骑士团一大批令人羡慕的特权、独立性和自主权。与之相比，医院骑士团（最初只有医疗和宗教职责，约1120年有了军事职能）直到1153年才获得教宗对其规章制度的认可。不过医院骑士团也忙着在欧洲各地建立财产网络，以支持他们在圣地的使命。圣殿骑士团还得到了终极的教宗支持：任何骚扰他们的人将被绝罚，被禁止"领取我主耶稣基督最神圣的圣体与圣血"，并将在末日审判时"遭到严惩"。这是非常凌厉的威胁，因为根据古代教会经书，无信仰、不服从教会的罪人在世界末日受到的惩罚包括：被投入庞大的沥青与硫黄之坑，被烈火焚烧；被从眉毛吊着，悬挂在火湖①上空；被一大群扭曲蠕动的虫子咬穿腹部。[18]

圣殿骑士团与教廷极其融洽的关系一直维持到12世纪中叶。1143年秋季，英诺森二世去世。此后的六个月里担任教宗的是塞莱斯廷二世（他于次年3月去世）。他于1144年1月9日颁布了题为《圣殿骑士团》（*Milites Templi*）的诏书，授予圣殿骑士团所有成员对苦行赎罪的豁免权，并保证他们获得基督教葬礼。圣殿骑士团还被允许每年一次开启遭到"禁止圣事"处罚②的教堂，在那里做礼拜并募捐。最后，教宗尤金三世（原为熙笃会的修道院院长，是克莱尔沃的伯纳德的门客，1145年2月至1153年7月担任教宗）起草了第三份诏

---

① 火湖是基督教传统中惩罚罪人的场所，《启示录》中多次提及火湖。

② 禁止圣事是一种严酷的惩罚，就像人间的灵薄狱。它的形式是教堂被关闭。通常某位统治者与罗马教廷闹翻的时候，教廷会施加这样的惩罚。只有教宗或他的直接代表有权解除此惩罚。——作者注

书，题为《上帝的骑士团》（*Militia Dei*），确认圣殿骑士团有权任命自己的神父，有权建造自己的私人礼拜堂，这样他们就可以在那里做礼拜，而不必去公共的教堂，以避免可能"与人群混杂，遇见女人"。[19]这样看来，尤金三世的目的似乎是让圣殿骑士团避免与女人和肮脏的贫民混杂在一处。但上述措辞其实掩盖了宝贵的经济特权：圣殿骑士团的礼拜堂有权收缴什一税；民众若要在骑士团的礼拜堂埋葬死者，需向其缴费，即便这些礼拜堂处在其他教士的辖区内。此外，他们无须将自己收缴来的金钱上缴给当地的主教、大主教或修道院院长。这项特权表面上无关紧要，却让骑士团逐渐积攒了巨额财富。

圣殿骑士团用印章担保自己的特许状和文书的真实性。该印章是一个蜡制的圆盘，图案是两名骑士同乘一匹马，这象征着他们宣誓终身坚守清贫。很讽刺的是，圣殿骑士立志投身于清贫的生活，却越来越富有。在圣地保护朝圣者的使命、神圣暴力的哲学信条，再加上朴素的个人美德，让他们赢得了权贵的庇护。而基督教世界地位较低的人也纷纷向圣殿骑士团捐赠土地、财产、房屋、封建收入、服务和私人财物。

最虔诚且身体健康的人可以加入骑士团，宣誓，旅行到东方，亲身与伊斯兰世界的力量对抗，他们要么以骑士的身份作战，要么以随军神父、仆人或军士（宣过誓、穿深色袍子的骑士团成员，执行关键的非战斗任务）的身份支持骑士团的行动。

但并非每个人都有能力骑马在耶路撒冷和雅法之间的道路上巡逻。所以有的人选择用物质捐赠来支持骑士团。捐赠的可能仅仅是一箱柴禾、一件旧披风、一把剑或一套链甲，也可能是一座完整的庄园、一座教堂或一笔巨款。捐赠人往往是没有办法亲自参加圣战的人。1133—1134年，来自杜藏（位于比利牛斯山脉以北，在卡尔卡松和纳博讷之间）的妇人劳莱塔将自己的土地、封建权益和佃户的劳动力捐赠给圣殿骑士团，因为"他们为了信仰勇敢地与撒拉森人作战，而撒拉森人一直企图消灭上帝的律法和侍奉它的信徒"。[20]兰斯的一座圣殿骑士团教堂在几十年后开始撰写一本讣告书，书中列举了所有的个人捐赠，规定了骑士团成员应当在哪些日子纪念这些捐赠人。讣告书记录了"蒂埃里·斯特拉波的侄女西比拉：她将自己葡萄园的三分之一捐赠给本教堂"，以及"鲍德温·欧维，他的妻子庞蒂娅夫人将布商市场上的一个摊位捐赠给本教堂，请教士每年为他唱弥撒"。[21]

西方人慷慨解囊，捐赠金钱、马匹、衣服、武器等，支持圣殿骑士团在东方开展的行动。这些东西构成了拉丁语里所说的圣殿骑士团的 responsio（字面意思：回应）。圣殿骑士团每一家机构收益的三分之一被送往前线，那正是骑士团最需要资源的地方。

捐赠主要来自四个地区：卢瓦尔河以北的法兰西北部领土（奥依语地区）、普罗旺斯周边的法兰西南部各伯爵领地（奥克语地区）、英格兰和西班牙。为了管理骑士团获得的财产和馈赠，也为了协调将收益送往圣地的过程，骑士团在西欧各地设立了一些高级官员，让他们各自管理自己地区的骑士团事务。面积较小的土地被纳入较大的庄园，由一系列类似修道院的机构管理，它们叫作分团（preceptory）或分支（commandery）。①

---

① commandery 和 preceptory 这两个词的意思差不多，基本上可以互换使用，相关负责人的头衔 commander 和 preceptor 也可以互换使用。——作者注

骑士团的土地要么被租给佃户种植作物，要么被当作牧场，这取决于地点。庄园的部分收入用来维持庄园自身的运转，利润则上交给骑士团。很多这样的分团与常规的熙笃会修道院看上去很相似，即由少量军士负责管理，一些仆人从事体力劳动以支持他们。

有的分团有女人的身影，而且她们的作用不仅仅是仆人：有的夫妻以附属成员的身份加入骑士团，意思是他们遵从圣殿骑士团制度的某些方面，但没有宣誓守贫、守贞和服从。有的特别富裕的女性甚至会被任命为分团长，负责管理她们捐赠的庄园，不过我们不确定她们真的会从事这样的工作，还是任命男性副手代理她们，因为圣殿骑士团的制度对男女分隔以免产生诱惑有严格的规定。西班牙诸王国的圣殿骑士团机构经常倾向于对规矩做一些通融，允许女性以附属成员的身份加入骑士团甚至成为修女，这也许是因为西班牙女性处置自己财产的自由度比较大。[22]

与大多数修道院不同，圣殿骑士团的各机构等级森严，互相之间联系紧密，听命于区域性的指挥层。12 世纪 20 年代末，一个叫于格·德·里戈的人负责接受普罗旺斯、阿拉贡和图卢兹地区的人士向骑士团的捐赠。他的头衔是代理官（procurator），说明他的身份很像商业代理。[23]其他的早期代理官还有英格兰的阿让唐的于格和负责骑士团在法兰西北部活动的蒙迪迪耶的帕扬。

权贵有时不必直接参与圣战，而是通过庇护圣殿骑士团得到回报。12 世纪 30 年代，骑士团在英格兰获益甚大。1135 年亨利一世国王驾崩以后，淹没整个王国的血腥冲突（今天被称为"无政府时期"）对骑士团却很有帮助。亨利一世没有留

第二次十字军东征期间圣殿骑士团
在西欧的地产，约1147年

下合法的男性继承人，为争夺王权，他的女儿玛蒂尔达与她的表兄布卢瓦的斯蒂芬开战。双方都有很好的理由去支持圣殿骑士团。玛蒂尔达的丈夫是安茹伯爵若弗鲁瓦·金雀花，他是耶路撒冷国王富尔克的长子。而斯蒂芬的家乡布卢瓦距离香槟不远，而香槟是圣殿骑士团招兵买马和发展意识形态的重要基地。斯蒂芬的父亲是第一次十字军东征的英雄，而斯蒂芬的妻子布洛涅伯爵夫人玛蒂尔达是鲍德温一世的侄女。斯蒂芬和玛蒂尔达公开竞争，都想证明自己是圣殿骑士团最慷慨的恩主。作为回报，他们希望得到圣殿骑士团在政治和精神上的支持，让骑士团承诺为他们的好运和不朽灵魂祈祷。

于格·德·帕英于 1128 年访问英格兰期间，骑士团在伦敦的霍本附近建立了一家机构，名叫"老"圣殿。[24] 在"无政府时期"，英格兰王室向骑士团输送了源源不断的馈赠，包括位于牛津郡、赫特福德郡、埃塞克斯郡、贝德福德郡、林肯郡、伯克郡和萨塞克斯郡的大量地产与房屋。1137 年，斯蒂芬的妻子把埃塞克斯的富庶且四通八达的庄园克莱辛（今天的克莱辛圣殿）赠给圣殿骑士团，斯蒂芬后来还把克莱辛附近威特姆的一些土地捐赠给骑士团。[25] 之后，这些领地演化成一座富庶而繁荣的大庄园的基础，几十家佃农在这里耕作，还有大量修道院房舍、厨房及农场建筑。佃农辛勤劳动收获的粮食塞满了 13 世纪的两座庞大粮仓（小麦仓库和大麦仓库）。这两座粮仓屹立至今。

海峡对岸的情况差不多。圣殿骑士团在香槟、布卢瓦、布列塔尼、阿基坦、图卢兹和普罗旺斯获得了大片地产，这些地产构成一个庞大网络，他们在各地建立了许多分团来巩固自己的势力。从热那亚湾到大西洋之滨新兴的葡萄牙王国，圣殿骑士团的数十家机构如雨后春笋般崛起。阿方索一世·恩里克斯自立为葡萄牙第一代国王，在他的领导下，基督徒通过艰苦卓绝的斗争才从伊斯兰世界手中收复了葡萄牙土地，并在那里定居。12世纪40年代，阿方索一世·恩里克斯肃清了塔霍河下游地带，最终征服了远至里斯本的土地。塔霍河就在里斯本附近注入大西洋。早在1128年，阿方索一世·恩里克斯就自称圣殿骑士团的"兄弟"（confrater）。[26]他把好几座宏伟的要塞赠给圣殿骑士团，其中包括索雷和阿尔穆拉尔的城堡。1147年4月，他颁布一份特许状，将圣塔伦城堡所在地区的每一家教堂的收入都交给圣殿骑士团，"由……骑士们及其继承者占据和拥有，永享权益，任何教士或俗人不得对这些收入提出主张"。[27]把圣殿骑士团和他的新王国的事务紧紧捆绑在一起，给他带来了安全和威望。这也是对新征服的土地进行殖民和驻军的一种务实的办法。

随着这样的进展越来越多，随着圣殿骑士团收到越来越多的馈赠，他们的财富与日俱增，执行圣战的能力不断增强，他们也日渐闻名遐迩。阿拉贡国王"战士"阿方索一世自己可能并没有意识到，他是一种运动的先驱，而这种运动将会改变十字军东征的面貌。

阿拉贡国王阿方索一世毕生与穆斯林厮杀，他也对军事修会的理念深思熟虑过。他曾两次试图建立自己的军事修会。1122年，他组建了贝尔奇特兄弟会，贝尔奇特是距离萨拉戈萨约20英里（约32公里）的一座作为边境要塞的城镇。贝尔奇特兄弟会得名自这里，也以它为中心。贝尔奇特兄弟会的骑士享有免税权，并有权将从伊斯兰敌人手里夺来的所有战利品据为己有。他们需要宣誓永远仇视"异教徒"并与之为敌，绝不与其议和。[28] 六年后，阿方索一世在崭新的城市蒙雷亚尔德尔坎波组建了另一个军事修会。这个新修会是从头开始新建的，国王授予它的收入和特权明显参照了圣殿骑士团。

贝尔奇特和蒙雷亚尔德尔坎波的军事修会都没有扎下根来。它们没有像圣殿骑士团那样寻求并获得教廷授予的特权，活动范围也始终没有超出它们负责保卫的边境地带。但阿方索一世尝试给自己与伊斯兰敌人的冲突赋予了正在耶路撒冷王国进行的圣战的特色，这很重要。到 12 世纪 30 年代，伊比利亚半岛的战争已经获得了相当于十字军东征的政治和宗教地位，所以这场战争在组织方式上与十字军东征相似，或许是理所当然的。

12 世纪 30 年代和 40 年代，圣殿骑士蜂拥来到西班牙。他们始终不能控制阿拉贡，因为阿方索一世的怪异遗嘱颇有争议。它引发的继承危机得到了传统的政治解决。长话短说（不过仍然不能算简单）：阿方索一世的兄弟拉米罗，原为本笃会僧人，后来被从修道院请出来，与阿基坦公爵的妹妹结婚。他们的女儿还是婴儿的时候就被安排嫁给巴塞罗那伯爵拉蒙－贝伦格尔四世。随后拉米罗返回修道院，拉蒙－贝伦格尔四世掌控了阿拉贡，将这个王国与他自己的领土永久合并。不过，圣殿骑士团还是从阿方索一世的遗嘱获益不少。根据 1143 年拉蒙－贝伦格尔四世与罗贝尔·德·克拉翁达成的最终协议，圣殿骑士团获得了一大笔收入和六座重要城堡的控制权，以及这些城堡治下的土地。其中好几块土地非常富饶，在圣殿骑士团的经营下会变得更加繁荣。

赤日炙烤下的山顶要塞蒙宗是 11 世纪萨拉戈萨的阿拉伯

统治者修建的，如今在圣殿骑士团治理下得到再度开发，新的防御墙、塔楼、马厩和兵营得以建造。蒙宗是一连串边境城堡构成的链条中的一环。这些城堡还包括蒙盖、查拉梅拉、巴巴拉、雷莫林斯和贝尔奇特，它们现在都由圣殿骑士团管理、驻防和维护。这些工作的开销极大，所以圣殿骑士团在阿拉贡得到了慷慨资助。阿拉贡王国承诺将王室岁入的 10% 交给骑士团；让萨拉戈萨市民赠给骑士团价值 1000 苏勒德斯（一种古旧但价值很高的金币）现金；骑士团不必缴纳阿拉贡国王征收的赋税，还可以获得与穆斯林作战时夺取的战利品的五分之一。

这些虽不及阿方索一世承诺的阿拉贡全国的三分之一，但仍然是一大笔财富，而且比医院骑士团在阿拉贡获得的资源要多得多。医院骑士团（以及圣墓教堂的教士）被剥夺了遗嘱中的份额，只得到一小片土地作为补偿。[29] 当然了，上述的城堡和收入之所以给了圣殿骑士团，不单单是为了让他们发财。维护边境要塞的职责意味着如今圣殿骑士团直接参与了伊比利亚半岛的十字军东征。以拉蒙－贝伦格尔四世的名义颁发的、确认圣殿骑士团拥有这些城堡的特许状解释道，授予圣殿骑士团这些财富与特权的目的是"建立一支天堂军队领导下的民兵队伍，保卫西班牙的西方教会，击溃、打败和驱逐摩尔人……就像耶路撒冷的所罗门圣殿保卫东方的教会一样"。[30] 精明了一辈子的阿方索一世的意图很可能就是这样。

在拉丁西方，圣殿骑士团的声望和财富与日俱增。他们的领导人证明了自己娴熟的政治手腕：与从英格兰到耶路撒冷的基督徒帝王结交，向三位教宗邀宠，让阿拉贡国王阿方索一世和克莱尔沃的伯纳德这样性情迥异的人都鼎力支持骑士团。圣殿骑士团的诸多机构分三六九等，形成高效的组织，听命于各个地区的分团长，并最终服从耶路撒冷的大团长。遇到挑战时，他们坚决地捍卫自己的权益。

二十多年前，圣殿骑士团的第一任大团长还在纳布卢斯会议上恳求教会给他这支不起眼的杂牌军正式的身份、住所和一些慈善捐赠以维持日常生计。而到了12世纪40年代末，圣殿骑士团已经驰名整个基督教世界。

光有名望还不够。圣殿骑士毕竟是神圣的骑士。他们是战士，他们存在的理由就是保护或杀戮。1147年，杀戮的时间到了。在西方人首次攻击圣地的半个世纪之后，罗马教会准备资助又一次针对东方的大规模联合军事行动。这就是第二次十字军东征，而圣殿骑士团是它的骨干力量。

# 第二部

# 战士
## 1144—1187

"他们是所有法兰克人当中最强悍的战士。"

——伊本·艾西尔

# 五　"天堂与地狱的角斗"

伊马德丁·赞吉巡视了坑道工兵在埃德萨北面城墙之下挖掘的地道，对其表示满意。[1]工兵已经卖力干了四周，现在地道已经延伸到"大地的腹部"。结实的木梁支撑着地道的土墙，地道口由赞吉的攻城投石机保护。它们用火力压制城里寥寥无几的守军（鞋匠、面包师、小店主和神父组成的乌合之众），迫使他们缩在障碍物之后躲避持续不断的石弹轰击。除了石弹之外，箭雨也飞向城墙；据一位穆斯林编年史家记载，空中箭矢密布，就连鸟儿也不敢飞近。[2]

要让赞吉满意很难。他是摩苏尔和阿勒颇的阿塔贝格，虽已是花甲之年，但仍然英姿飒爽，皮肤因饱经日晒而显得黧黑，头发灰白，目光炯炯有神。一位仰慕者说他是"世上第一勇士"；另一人赞颂他百步穿杨，箭无虚发——他嗜狩猎，羚羊和鬣狗都逃不过他的神箭。[3]但即便仰慕他的人也明白，他是个凶残毒辣的人，他的军事成功源自他一生的无情屠戮。赞吉连对敌人、下属和亲信都从不手软，使出各种奇思妙想的手段来折磨他们。一些士兵因为行军时脱离队伍和践踏庄稼而被钉死在十字架上。军官若是惹恼了他，要么丢掉性命，要么被放逐，他们的孩子还会被阉割。他的一个妻子惹他生气，他当场与她离婚，命人把她拖到马厩，让马夫轮奸她，他还在一旁观看。[4]推罗的纪尧姆觉得他"非常邪恶，是基督徒的极其凶残的迫害者"，"是怪物，他憎恨基督徒之名，如同憎恶瘟疫"。[5]简而言之，赞吉是伊斯兰与基督教两个世界的冲突当中最令人胆寒的军事领袖之一。

视察地道完毕之后，赞吉宣布自己没有异议。他回到地面，向等候他指示的工兵祝贺。他命令他们点火烧掉支撑地道的木梁。火焰会完成他们的工作。

埃德萨是基督教东方的一块宝石。这个伯国是十字军国家当中最靠北的一个，而埃德萨城是第一次十字军东征期间最早被十字军占领的城市之一。它深居内陆，是法兰克人统治的一个前哨阵地，位于幼发拉底河以东一天的骑马路程之外，深入塞尔柱人的领土。埃德萨的居民是希腊和亚美尼亚基督徒的大杂烩，其统治阶级是为数不多的法兰克人，他们的住宅、店铺和装饰华美的教堂被"高耸而坚固的城墙环绕，得到巍峨塔楼的保护"。[6]埃德萨还拥有使徒圣多马（"怀疑的多马"①）和圣雅代②的圣龛以及数十种珍贵的圣物。

埃德萨拥有若斯兰二世伯爵这样一位统治者就不算很幸运了。他五短身材，肤色黝黑，眼睛圆鼓鼓的，鼻子很大，满脸麻子。他军事才干平平，性喜饮酒和寻花问柳。不过，如果他当时在埃德萨，赞吉很可能不会攻打这座城市。但在1144年12月23日，若斯兰二世不在城中，而是带着自己的大部分雇佣兵去视察图尔贝赛尔城堡了，它在幼发拉底河以东几天的骑

① 圣多马是耶稣的十二使徒之一，据说在罗马帝国范围之外传播福音，于公元52年抵达印度，在那里建立了教会组织。根据《新约·约翰福音》20：24—29，耶稣复活，出现在十一位使徒面前，其他十人都相信，只有多马表示怀疑，说"我非看见他手上的钉痕，用指头探入那钉痕，又用手探入他的肋旁"，才相信他是耶稣。
② 根据东方基督教会的传说，埃德萨的圣雅代是基督的七十门徒之一，可能与十二使徒中的使徒犹大（注意不是出卖耶稣的犹大）是同一人。

马路程之外。他依赖埃德萨的庞大石制要塞在他外出期间保卫城市，而如今这座要塞正在赞吉军队的猛轰下摇摇欲坠。

赞吉的军队在一段较脆弱的城墙脚下巧妙地挖掘了地道，守军很难对付这种战术。挖地道攻城这项技术很专业，这方面最有名的专家一度是波斯人，他们懂得如何挖地道来摧毁笨重的石制要塞。[7]赞吉的部下在支撑地道的木梁上涂抹了动物油脂、焦油和硫黄，然后点燃木梁。它们很快被烧毁，它们支撑的地道就塌方了。[8]地道上方的很大一部分石制工事（在"时刻之门"附近）就这样丧失了地基。连接石料的灰浆开裂，于是整座建筑轰然坍塌，出现了一个100腕尺（45米或150英尺）的缺口，赞吉的军队蜂拥冲过瓦砾堆，血洗全城。

赞吉的军队集中力量屠杀法兰克人而不是亚美尼亚人，但除此之外对受害者不加区分。"男女老少，不分贵贱，都惨遭屠戮。"推罗的纪尧姆写道。[9]屠城的第一天就有6000男女妇孺遇害。埃德萨市民惊慌失措，纷纷跑向市中心的要塞。但一大群人争相逃命，导致数十人因踩踏而死。负责代理政务的埃德萨大主教雨果被敌人用斧子砍成了肉泥。

赞吉的部下横扫大街小巷，在圣诞节"烧杀抢掠，大肆奸淫"，直到"抢走了大量金银细软、饰物、牲口、战利品和俘虏，这让他们兴高采烈"。[10]据说他们掳走了1万儿童，将其卖为奴隶。[11]最后，12月26日，他们的领袖命令停止洗劫和屠杀。他命令部下开始重建防御工事，然后离去了。埃德萨，拉丁东方的四座大城之一，上帝眷顾法兰克人的骄傲象征，如今回到了伊斯兰世界手中。整个基督教世界为之震惊。

1147年，圣殿骑士团的巴黎修道院正在施工，位置在城墙东北段之外不远处，在一片沼泽地上，就是今天时髦的玛黑区。虔诚的法兰西国王路易七世把这片土地捐赠给了骑士团。与他的许多贵族一样，路易七世也觉得圣殿骑士团值得钦佩，所以经常向骑士团捐赠；1143—1144 年，他把从巴黎放债人那里征收的赋税赠给骑士团。[12] 后来，巴黎圣殿成为西方最令人惊艳的城市要塞，它的庞大主楼拥有四座塔楼，屹立于天际线之上，展现了圣殿骑士团的财富和强大的军事力量。然而在1147 年，这座圣殿仍在建造的初期。塞纳河及其支流让这片土地成为沼泽。人们正在排干沼泽，将其变成可供居住的旱地，要做的工作还有很多。

复活节期间，130 名圣殿骑士齐聚巴黎，其中有埃弗拉尔·德·布勒特伊、狄奥多里克·沃尔伦和鲍德温·卡尔德隆。自从三十个月前埃德萨陷落以来，十字军东征运动的准备工作如火如荼，这些骑士来巴黎就是为了表达对东征的支持。[13] 在人群中一眼就能看出谁是圣殿骑士：他们的白披风本身就足够引人注目，现在他们的制服上还装饰了一个红十字。他们周围簇拥着至少同等数量的穿黑袍的圣殿骑士团军士以及更多的仆人和支援人员。这些给大家的印象是，这是一支私人军队。在欧洲只有最强大的诸侯才能组建起这样强大的武装力量。

两位闻名遐迩的大人物成为第二次十字军东征的核心，在巴黎监管着东征的筹备工作，他们是：教宗尤金三世，曾经的熙笃会僧人、克莱尔沃的伯纳德的朋友；法兰西国王路易七世，他十分虔诚，以至于他的妻子、泼辣大胆而聪明机敏的南方女公爵阿基坦的埃莉诺有时不禁要问，她的丈夫是僧人还是国王。尤金三世利用自己的最高宗教权威呼吁发动一次新的十字军东征。路易七世答应参加。

教宗和法兰西国王在巴黎携手的景象给观察者留下了深刻印象。复活节这天，作为僧人、十字军战士、编年史家的德伊的厄德，目睹教宗和国王在圣德尼修道院一同做礼拜。教宗祝福了一枚庞大且镶嵌珠宝的黄金十字架（被称为"无与伦比、超越所有珍珠的上帝真十字架"）。厄德说看到"国王和圣父都成为朝圣者"是"双倍的奇观"。[14]很多西方贵族参加了十字军东征运动，有的成为长期的领袖，有的是短期服役的武士，但到目前为止除了挪威国王西居尔 1107 年乘船赴耶路撒冷，还没有其他任何一位君主离开自己的国家去为上帝效劳。时隔四十年，这一切将发生变化。更妙的是，承诺参加十字军东征的君主不止路易七世一人：欧洲另一位重要的统治者，德意志国王康拉德三世也做了承诺。①

西欧最强大的两位国王决定参加十字军东征，是王权对十字军运动的强有力背书。这很好地回应了教宗尤金三世于 1145 年 12 月发布（1146 年 3 月再次发布）的诏书《我们的前任多么……》（*Quantum Praedecessores*）。这份诏书的受众是广大群众，尤金三世在其中呼吁"伟人和贵族"为战争做准备，"去对抗正在为了一次胜利而喜悦的异教徒，去保卫东方的教会"。克莱尔沃的伯纳德满腔热忱地传播了他的命令。伯纳德年事已高，骨瘦如柴，因为坚持斋戒（几乎到了绝食的程度）而经常生病，但仍然不知疲倦地在西方诸王国奔走，敦促各国君主支持新的战争。准备工作花了将近三年时间，但到了 1147 年复活节之后的几周，为埃德萨的陷落复仇的行动终于要开始了。

---

① 德意志国王也称罗马人的国王，由大德意志地区诸多半自治邦国的贵族与诸侯选举产生。——作者注

在巴黎过复活节的圣殿骑士很可能跟随路易七世的军队于6月11日出征。他们动身前，在哥特式的圣德尼修道院教堂举行了一场富有戏剧性的仪式：国王走到镶金的祭坛前，来到教宗面前，跪下亲吻白银圣物匣（内有这座修道院的主保圣人的遗骨），然后从教宗那里接受朝圣者的行囊和教宗的祝福。前来为国王送行的人们泪如雨下，纷纷祷告。五十年来西方还不曾有过如此高涨的十字军东征热情。

即便有庞大的军队，即便有大贵族担任领袖，也不能保证十字军马到成功，尤其是他们要行军数千英里，经受严峻的考验。随着路易七世的军队缓缓东进，大家逐渐意识到，这支所谓的军队其实只是一群人数众多、虔诚但纪律涣散的乌合之众。若不是有圣殿骑士团的帮助，这支十字军恐怕都到不了叙利亚。

1146年和1147年，教宗尤金三世鼓动十字军东征的诏书《我们的前任多么……》在西方基督教世界各地得到宣讲，激起了群众的极大热情。该诏书给针对近东和伊比利亚半岛的非基督徒及波罗的海周边地区的异教徒（这是十字军运动的一个新补充）的攻击赋予了正当性。《我们的前任多么……》与圣殿骑士团的规章制度和克莱尔沃的伯纳德的《新骑士颂》有一些显著的相似之处。《我们的前任多么……》的形式是写给路易七世的书信，其中直接提及第一次十字军东征，并向受众保证，"如果你们父辈的战果得到坚定勇敢的保卫，这就很好地体现出你们的高尚与正直"。但尤金三世也指出，参加十字军"为上帝而战"的人"不应当关心贵重服装、雅致的外表、鹰犬或其他骄奢淫逸的东西"。"决心从事如此神圣工作的人不应当贪恋彩色衣服、贵重的毛皮或镀金银的兵器"。[15]超过18个月的时间里，教会持续刺激狂热的基督徒对冒险的渴望，但又反对炫耀和眷恋浮华。基督徒应当以贫苦朝圣者的身份去耶路撒冷王国，从自己的内心中驱逐骄傲，从自己的马具上卸除华美的装饰。

尤金三世原是熙笃会僧人，所以他在这方面的立场不足为怪。但他不可能知道，也想象不到，第二次十字军东征的基督徒战士将不得不忍受怎样的"贫苦"。

尽管信徒的军队是踌躇满志、兴高采烈地启程的，途中的经历却很快让他们垂头丧气。路易七世和康拉德三世都选择追随第一次十字军东征的路线，走陆路去埃德萨：行军穿过保加利亚和希腊的土地，在拜占庭帝国首都君士坦丁堡（当地的居民和其他很多人都认为它是世界上最伟大的都市）逗留；然后穿过小亚细亚的塞尔柱领土，那里就是敌境；最后要么乘船要么徒步，前往十字军的安条克亲王国。而其他人，包括来自佛兰德和英格兰的贵族，更愿意乘船去黎凡特，他们先在地中海西部的一些港口停留，沿途与安达卢西亚的穆斯林交战。这支十字军参加了1147年葡萄牙国王阿方索一世·恩里克斯征服里斯本的战斗。法兰西国王和德意志国王之所以选择陆路，既有情怀的因素，也有务实的考虑：他们想要重走第一次十字军东征的路线，而且乘船的运费太贵。但最终他们的决定酿成了大祸。

为避免摩擦，两位国王在不同的时间出发。康拉德三世于5月底离开纽伦堡，起初的目的地是君士坦丁堡。他领导的实际上不是军队行军，而是一波大规模人口迁移，包括3.5万士兵和数量极多的朝圣者（非战斗人员），所以他一路麻烦不断也在所难免。[16]养活这么多人是极大的挑战；德意志人遇到一些对他们没有好感的外国人时更是很难维持秩序。康拉德三世的十字军穿过希腊土地时，在一些城镇、集市甚至修道院周边发生了小规模的暴力冲突。9月，十字军在君士坦丁堡以西的考伊利巴乔伊（Choiribacchoi）安营扎寨时突然遇到山洪暴发，死伤甚多。他们抵达君士坦丁堡城下时发现，拜占庭皇帝曼努埃尔一世·科穆宁并不欢迎他们。

五十年前，第一次十字军之所以去东方，是为了响应曼努埃尔一世的祖父亚历克赛一世·科穆宁的呼吁，当时他恳求拉丁西方帮助自己对抗塞尔柱人。而第二次十字军东征时，拜占庭并没有向西方求援，十字军是不请自来的。拉丁十字军在叙利亚取得更多进展，尤其是在安条克周边获得更多土地的前景让拜占庭皇帝十分恼火，因为他觉得安条克是属于他的帝国。他的主要意愿似乎是在不失礼数的前提下让德意志国王及其难以管束的追随者尽快渡过博斯普鲁斯海峡进入小亚细亚，从而摆脱这些不速之客。

他的愿望的第一部分实现了，但第二部分没有。德意志人渡过了博斯普鲁斯海峡，随后军队和朝圣者被分成两拨，于10月中旬走不同的路线向东南方前进，开往安条克。然而到11月，他们全都撤回君士坦丁堡及其周边地区了。他们饥肠辘辘、病魔缠身、遍体鳞伤。原来这支十字军在试图穿过多里莱乌姆周围的干旱高原（拜占庭与塞尔柱帝国的边界就在那里）时遭到轻装急进、神出鬼没的骑射手袭击。推罗的纪尧姆描述了这些地狱恶魔般的敌人擅长的那种闪电式突袭：

> 突厥人……大举冲锋；距离敌人还相当远的时候，他们便放出暴风骤雨般的箭矢。箭如冰雹般落到人和马身上，远距离杀伤大批敌人。基督徒试图追击他们的时候，突厥人策马掉头就跑，躲过敌人的利剑。[17]

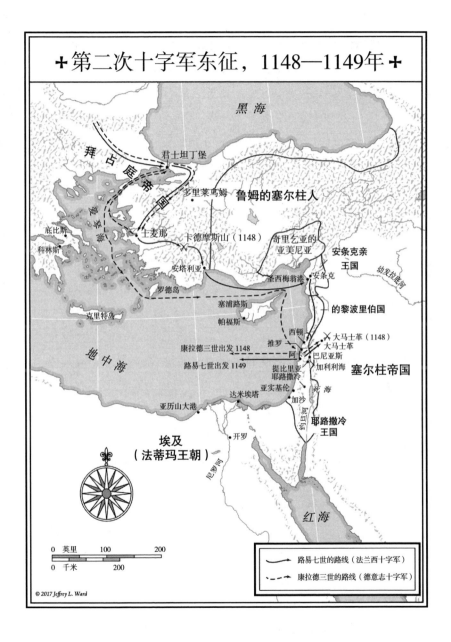

# ✛ 第二次十字军东征，1148—1149年 ✛

黑海

拜占庭帝国

君士坦丁堡

多里莱乌姆

鲁姆的塞尔柱人

爱琴海

底比斯

科林斯

土麦那

卡德摩斯山（1148）

奇里乞亚的
亚美尼亚

安条克亲
王国

幼发拉底河

安塔利亚

圣西梅翁港 安条克

罗德岛

克里特岛

塞浦路斯

帕福斯

的黎波里伯国

西顿

地中海

康拉德三世出发 1148

路易七世出发 1149

推罗

阿

×大马士革（1148）
大马士革
巴尼亚斯

加利利海

塞尔柱帝国

提比里亚
耶路撒冷

亚实基伦

加沙

死海

达米埃塔

亚历山大港

耶路撒冷
王国

埃及
（法蒂玛王朝）

开罗

尼罗河

约旦河

红海

0 英里 100 200

0 千米 200

© 2017 Jeffrey L. Ward

—→ 路易七世的路线（法兰西十字军）

- -→ 康拉德三世的路线（德意志十字军）

康拉德三世国王在这样一次突袭中身负重伤。他的军队跟跟跄跄地回到基督徒领土，准备与路易七世及其军队会合。

第二拨十字军，即法兰西人，在德意志人离开君士坦丁堡的几天后，于 1147 年 10 月 4 日抵达那里。与德意志人相比，法兰西人受到的欢迎略微客气一些，部分原因是法兰西的圣殿指挥官（圣殿骑士团在法兰西的分团长）埃弗拉尔·德·巴尔的斡旋。他派了一个外交使团，在大部队前头行动。君士坦丁堡的大门向路易七世及其较为尊贵的仆人敞开，拜占庭人还为他们举办了欢迎典礼。用一位编年史家的话说，"全城的贵族和显贵、教士与俗人，都成群结队地出来迎接法兰西国王，用恰当的礼节欢迎他"。[18] 但在富丽堂皇的排场背后是相互的猜忌。希腊人憎恶来自西方的粗鲁野蛮人；法兰克人鄙视东道主毫无骨气的阿谀谄媚。德伊的厄德用生动的语言记载了法兰西人的此次十字军东征。他说："希腊人害怕的时候就自轻自贱，令人鄙夷；春风得意的时候就残酷地对待别人，极其傲慢。"后来他更直言不讳："君士坦丁堡因为自己的富有而傲慢，举止奸诈歹毒，在信仰方面腐化堕落。"[19]

路易七世手下的数万追随者纪律涣散，没有受过圣殿骑士团那种军事训练。国王尽其所能地向他们施加最基本的纪律。悲哀的是，和康拉德三世一样，他也束手无策。在他自己的国家之外，他发号施令的能力大幅衰减；他自己的私人卫队是十字军的核心，而在这核心之外，他仅能通过建议、指导和尝试来对贵族会议施加影响。[20] 小偷小摸的犯罪和冲突几乎完全无法阻止。"国王经常惩罚罪犯，割掉他们的耳朵或手脚，但他没有办法遏制整个军队的愚行。"德伊的厄德哀叹道。在君士坦丁堡城外，路易七世的部下与当地人发生争吵，烧毁了宝贵

的橄榄树，这"要么是因为缺少柴禾，要么是因为他们的傲慢，或是傻瓜酗酒之后的恶行"。<sup>21</sup>

所以法兰西十字军继续向埃德萨行进符合双方的利益。但当他们开始穿过小亚细亚向塞尔柱领土进发之后，糟糕的纪律造成了更严重的后果。第一段路程是尼科米底亚和以弗所之间的沿海道路，随后他们于1148年1月转向内陆，开往南海岸的安塔利亚。他们穿过了不适合居住的荒野，那里还有前一年秋季倒下的德意志士兵的尸骨，至今无人掩埋。走了几天之后，他们于1月8日来到崎岖难行的卡德摩斯山<sup>①</sup>。"这是一座受诅咒的山，"德伊的厄德写道，"陡峭而怪石嶙峋。"十字军的大队牲口、大车、步兵和骑兵需要穿越"一条高耸入云霄的山岭，它的顶峰似乎与天相接，山下空谷中的溪流则向下注入地狱"。<sup>22</sup>石块落到他们头顶上。羸弱而饥饿的役畜若是站不稳，就会坠落数百英尺，粉身碎骨。谁要是挨近这样的牲口，也会被一同拉下去摔死。雪上加霜的是，十字军发现前方出现了突厥人的前哨部队。

路易七世作为总司令的才能有限，无法引导大军安全通过山岭。他做出了灾难性的决定：把军队化整为零，分三批逐次翻越卡德摩斯山。这是在帮助他的敌人。路易七世的后卫部队留在山脚下的营地，前卫部队先行出发。他们接到的命令是攀登到山顶，在那附近过夜。但前卫部队的指挥官对国王的命令置之不理，登上顶峰后又下山，在山岭另一侧的较低位置扎营。于是后方的庞大辎重队伍（包括粮草、帐篷和其他必需

---

① 卡德摩斯山像希腊语名字，位于今天土耳其西南部的艾登省（在爱琴海之滨）。

品）、朝圣者、仆人与侍从人员处于前卫部队的视线之外，防备也很差，不得不独自翻山越岭。

即便在条件最有利的时候，辎重队伍也是行动缓慢、十分脆弱的。对于偷偷跟踪法兰西人的突厥人来说，机会来了。他们猛扑向十字军的辎重队伍，屠杀了那些手无寸铁的看护人员。德伊的厄德后来记载了当时他自己的恐慌：只见突厥人"猛烈刺杀和劈砍，没有武装的人群四散逃命或者羊入虎口。哭喊声震天，直冲云霄"。

令人毛骨悚然的哭喊声传到了山的另一边。路易七世和来自后卫部队的救援人员冲来营救战友。随后发生了一场鏖战，路易七世本人险些丧生：一大群突厥人向他冲来，他匆忙爬上一块遍布树根的岩石，挥剑拼死抵抗，直到敌人厌倦了这样的追逐，骑马离开。天黑之后，他"趁着午夜的宁静，没有向导，独自一人"逃回，与部下会合。[23]法兰西人伤亡惨重，他们的自豪感更是严重受挫。他们花了一周时间绕过敌境，和德意志人一样狼狈。伊本·开拉尼希在大马士革记载道，在叙利亚，"一直到542年末，关于法兰克人的损失及其伤亡数字的新消息不断传来"。按照基督教的历法，这正是1148年春末。[24]十字军必须想办法自救，否则难逃厄运。

随路易七世远征的圣殿骑士比其他十字军更训练有素，也更熟悉东方作战的实际情况，所以在卡德摩斯山的惨败中很好地保存了实力。路易七世的士兵和马匹因为辎重与关键的给养被掳走而挨饿，而圣殿骑士保住了自己的财产。大部分十字军经常不服从命令，也容易陷入恐慌，而圣殿骑士在行军途中还尽力帮助战友从突厥人的袭击中逃生。或许最重要的一点是，圣殿骑士的部队由法兰西分团长埃弗拉尔·德·巴尔率领，而他深得路易七世信任。

至此，埃弗拉尔在御前的影响力以及他的部下相对于十字军其余人员的明显优越性改变了整个远征。路易七世国王做了一件相当惊人的事情：他把整个十字军的实际指挥权交给了圣殿骑士，允许他们重组全军的军事结构，掌管训练和战术；并且，最不寻常的是，国王的庞大追随者队伍的每一个人，从最卑微的朝圣者到最尊贵的骑士，都暂时被纳入圣殿骑士团的管辖。圣殿骑士团一下子从第二次十字军东征的法兰西军队的一个很小的部分（尽管是战斗力最强的部分）摇身一变，成为整个东征的实际领导者。所有追随他们的人，至少在几周之内，都是骑士团的兄弟。

德伊的厄德记载道，国王仰慕圣殿骑士团的榜样和才干，希望他们的精神能够感染全军，以至于"即便饥饿令他们虚弱，精神的团结也能让他们坚强"。国王此举的效果不仅仅是士气上涨。厄德详细记载了圣殿骑士团采取了什么样的措施，以便带领十字军走出发生于卡德摩斯山的屠杀的那种凄凉之状：

> 大家一致决定，在这个危险时期，所有人都与圣殿骑士通力合作。不论贫富，所有人都宣誓绝不临阵脱逃，方方面面都服从圣殿骑士团分配的来指挥他们的军官。[25]

一位名叫吉尔贝的圣殿骑士被授予全面的作战指挥权。法兰西的普通骑士被分成五十人一队，每队由一名圣殿骑士指挥。这些指挥官都听命于吉尔贝。新的指挥官立刻开始操练部队，训练对抗突厥人的作战技能。

根据圣殿骑士团的规章制度，每一位骑士和军士最重要的义务就是服从上级。"一旦大团长或大团长授权的长官发出命令，就应当迅速执行命令，就仿佛这是基督本人发出的命令，"团规这样写道，"骑士团任何成员都不得按照自己的意愿战斗或休息，而是必须服从大团长的命令。所有人必须听命于大团长。"[26]保持队形永远是有效军事行动的首要原则，但在卡德摩斯山的慌乱之中，十字军战士对这样的命令置若罔闻，要么抱头鼠窜，要么按照自己的想法作战。这种局面必须改变。路易七世麾下的朝圣武士既然宣誓服从圣殿骑士的指挥，现在就必须听从吉尔贝及其副将，遵照他们的命令坚守或掩蔽。路易七世从来没有办法向自己的军队施加这样的权威。它的效果很快就体现出来了。

十字军还紧急补课，学习了突厥人的战术以及怎样对付他们。突厥骑射手虽然战斗力极强，但有规律可循：他们的战术历经数千年的胜利已经很成熟，那就是他们依赖快速的突然伏击，德伊的厄德亲眼看见并且生动记录了下来。突厥骑射手头戴圆形头盔，肩背箭筒，出其不意地杀到敌人面前，发起冲锋。[27]接敌之前的最后一分钟，他们会拉住马缰绳，掉转马头撤退。在这过程中，他们会发出一轮轮齐射，让敌人惊慌失措、遍体鳞伤并且稀里糊涂。这样的攻击分成很多拨，逐次进行。骑射手在箭雨的掩护下撤离战场，换上新坐骑，然后再度攻击。他们的骑术极其高超，能单手或者干脆不用手操控训练有素、体重350—400公斤（770—880磅）的战马，能一边疾驰一边弯弓射箭，能越过自己战马的头顶或者绕过马脖子、马头和躯干从侧面准确地射击。[28]他们以机动性很强的小群体行动，各群接二连三地抵达战场，持续不断地对敌人施加压力。

他们需要近距离作战时就把弓挎到背上，使用剑或矛打斗。不过与西方法兰克人打白刃战的风险很大，因为法兰克人一般拥有比突厥人更重型的甲胄，一般也更习惯于传统的肉搏战。

突厥人无疑是凶悍而令人生畏的强敌，他们擅长制造畏惧与恐慌。但圣殿骑士吉尔贝及其下属的指挥官告诉自己的新战友，突厥人并非不可战胜，关键是要在遭遇伏击时维持纪律、坚持足够长的时间，从而组织反击。德伊的厄德回忆了圣殿骑士团的策略：

> 我们的士兵接到的指示是，忍受敌人的攻击直到上级发出新的命令。上级命令撤退，就立即撤退……他们学会了这一点之后，还要学习行军秩序，从而让队列前方的人不会乱哄哄地跑到后方，掩护侧翼的人不会乱作一团……因为自己的天性或者命运而成为步兵的人……在最后方排列整齐，用弓箭压制敌人的弓箭手。[29]

这算不上了不得的战术革新。路易七世的追随者居然需要从头学习最基本的队列阵型和服从军官的命令，他们仿佛都是乳臭未干的毛头小伙，竟然不懂作战的首要原则，这足以说明十字军的准备工作是多么差。[30]不过，在结构得到重组、接受新指挥官的坚定领导之后，十字军终于安全翻过山岭，抵达平地时不禁欢欣鼓舞。

大约 1146 年创作的一首喜气洋洋的歌曲用来为路易七世的十字军东征宣传鼓动、招兵买马，以援救埃德萨的行动，其中的一句歌词称"上帝组织了天堂与地狱的角斗"。[31]十字军重整旗鼓，开往小亚细亚南海岸的安塔利亚，于是天堂与地狱的角斗继续进行。他们距离安塔利亚港还有一周多的路程，几乎每走一步都会遭到突厥人的骚扰。

十字军试图穿过一片湿地时遇到了考验。此地有两条河，间隔1英里（约1.6公里），河岸泥泞不堪。渡过第一条河就很困难了：有些马因为饥饿而虚弱，陷入了烂泥，士兵不得不把它们拉出来，而他们自己也饥肠辘辘，所以这种体力活非常累人。

在通向第二条河的路程中，十字军要经过两座高耸的峭壁。这是绝佳的狙击阵地，站在峭壁顶端的人可以轻松地向下方缓缓通过的十字军射击。十字军的新领导者对这种危险十分警惕。他们派遣骑士与突厥人竞赛，抢先占领峭壁顶端。结果双方分别占领了一座峭壁。在短暂的僵持中，突厥人试图用鄙夷和挑衅来恫吓对方。德伊的厄德说："突厥人拔下自己的头发丢向地面。我们得知，他们这么做是为了表示，他们绝不会因为任何形式的恐惧而离开阵地。"[32] 但十字军并不打算用恐惧驱逐敌人，而是要用刀剑。他们封锁了两座峭壁之间的道路，然后派遣一支步兵猛攻突厥人的阵地。十字军的兵力更强，取得了胜利。突厥人逃离峭壁，基督徒军队穷追不舍。突厥人逃到下方的泥泞平地之后被砍倒。德伊的厄德喜悦地写道，异教徒"在一个与他们的醯醢天性相配的地方找到了死亡和坟墓"[33]。

此次胜利让十字军士气大涨，他们于1148年1月20日抵达安塔利亚。行军的条件依然严酷：很多马死在路边，要么被丢在那里腐烂，要么被切碎，把它们枯骨上所剩不多的肉奉献出来。役畜数量锐减，士兵不得不丢弃无力携带的辎重、帐篷和甲胄。十字军在安塔利亚城外扎营的时候，疾病开始流行。

营养不足导致虚弱的士兵更容易生病，生起病来状况更容易恶化。安塔利亚市民厚颜无耻地趁机敲诈勒索，高价出售十字军急需的食物。

冬季的暴风雪从天而降，逆风连续刮了五周，十字军无法乘船离开这座城市。不过至少十字军现在已经训练有素，有能力自卫。突厥人向安塔利亚城外的十字军营地发动了三次攻势，都被打退。有一次，若干圣殿骑士乔装打扮，混在一群普通骑士当中，驱逐敌人。他们决定宁愿自己挨饿也要让战马活下去，这种自我牺牲现在收到了成效：基督徒骑士骑着这么多看上去肥壮有力的战马，突厥人相信十字军已经获得了新的给养，于是撤退了。

十字军熬到了春天。他们经历了能想象得到的最严酷的行军。进入叙利亚的陆路还需要步行四十天。大家开始争论，是继续追随第一次十字军的脚步，还是乘船去安条克，那样的话虽然代价更昂贵但路程较短。十字军做了很多讨论，又与安塔利亚的水手和船主做了令人痛苦的讨价还价。水手和船主压榨出颓唐的十字军战士的每一枚银币。最终路易七世搭乘第一批船启程。他的部下零乱地跟随，有人乘船，其余人试图走陆路。德伊的厄德说，也有人干脆放弃了前往耶路撒冷王国的诺言，当了一群突厥人的俘虏，接受他们的施舍，通过小亚细亚返回西方。

圣殿骑士与路易七世军队的其他人一样吃尽了苦头。若没有圣殿骑士的严格纪律、沉着务实、足智多谋和对事业的忠诚，法兰西国王的十字军很可能顶多只能走到君士坦丁堡。3月初，路易七世抵达安条克，为下一阶段的作战（援救埃德萨）做准备。圣殿骑士团将继续深度参与国王的行动。

# 六 "战争的磨坊"

    路易七世来到奥龙特斯河口①的圣西梅翁港，就算抵达了圣地。此时他发现自己已经破产。[1]除了军队伤亡惨重、他的自尊心屡次受到沉重打击之外，国王从巴黎到安条克漫长旅途的开销已经耗尽了他为自己的光荣朝圣准备的预算。君士坦丁堡和安塔利亚的希腊人把他的部下敲诈得山穷水尽，看到他们绝望无助就高价向他们兜售食物和船票。如今国王已完全没有能力开展一系列军事行动去攻击穆斯林占据的城市了。好在路易七世身边还有埃弗拉尔·德·巴尔，后者在法兰西十字军东征事业里投资甚多。现在国王向埃弗拉尔求助。

    法兰西人需要大宗贷款，路易七世希望埃弗拉尔能帮他解决。圣殿骑士在个人层面宣誓坚守清贫，但圣殿骑士团作为一个机构已经非常富裕，这可不是秘密。他们熟悉当地情况和拉丁东方的人民，也完全有能力集资——要么动用自己的资源，要么劝诱其他人支持十字军东征。或许最重要的是，他们宣誓要保护朝圣者，这是他们的职责。在当前情况下，职责要求他们搭救落难的国王。1148 年 5 月 10 日，埃弗拉尔·德·巴尔把路易七世留在安条克，自己南下去阿卡筹款。

---

    ① 奥龙特斯河是黎凡特的一条主要河流，发源于黎巴嫩的贝卡谷地以东，向北流经叙利亚、土耳其，注入地中海。它在阿拉伯语和土耳其语中的名字是阿西河。古代的安条克城就在奥龙特斯河河畔。

他调用了圣殿骑士团掌握的部分资金，还抵押了骑士团的一些财产，从而筹集了一笔超乎寻常的巨款。当年晚些时候路易七世写信给留在法兰西的摄政者，要求他们筹措 3 万巴黎里弗和 2000 马克白银来偿还他欠圣殿骑士团的债务。[①] 这相当于法兰西王室岁入的一半以上。[2]在给摄政者之一圣德尼修道院院长叙热[②]的信中，路易七世写道，若没有圣殿骑士团在各方面的帮助，他根本到不了圣地，而骑士团为了支持他和他的十字军，也濒临破产。[3]这种说法可能有一定的真实性，而不仅仅是为了褒扬骑士团。为了帮助法兰西国王免于窘困并支撑摇摇欲坠的十字军东征运动，圣殿骑士团看样子确实费了九牛二虎之力。

1148 年春季，向圣殿骑士团求助的西方十字军国王不止路易七世一人。康拉德三世在君士坦丁堡及其周边地区遭受重创之后，也终于抵达叙利亚沿海地带。他先乘船去阿卡，然后南下去耶路撒冷，住在雄伟的圣殿骑士团总部，即原阿克萨清真寺的所在地。

康拉德三世抵达时，这座清真寺虽已完整地属于圣殿骑士团，但仍然保留着帝王的威严和优雅，一位编年史家说它是耶路撒冷"最富丽堂皇"的建筑。[4]这是一座庞大、雅致的矩形建筑，上有圆顶，正立面的高高门廊之后有巍峨的拱形大门，到访的基督徒称之为所罗门王的宫殿，认为它就是《旧约》

① 马克是一种记账单位，相当于 2/3 镑，所以 2000 马克相当于 1333.33 巴黎里弗。——作者注

② 叙热（约 1081—1151）是法兰西的修道院院长、政治家和历史学家。他是最早赞助哥特式建筑的人之一，领导重建了圣德尼教堂（法兰西君主的埋葬地）。

里那位睿智而富有的传奇君主曾经的居所。它的周围分布着一些新的附属建筑，施工进度不一：西面是大厅和回廊；东面是作坊。[5] 它一侧的小型清真寺已经被改为基督教礼拜堂，风度翩翩的叙利亚诗人和外交官乌萨马·伊本·蒙基德注意到了这一点。骑士团还计划修建一座庞大的新教堂来反映骑士团不断提升的地位。

温文尔雅、博学多才的伊本·蒙基德后来活到九十三岁高龄，所以他对十字军东征动荡的第一个世纪有着无与伦比的观察。尽管存在宗教差异，他仍然把圣殿骑士视为朋友。他记载道，每次他去阿克萨清真寺，骑士们一定会清扫自己的礼拜堂，让他能面向麦加祈祷。值得注意的是，与此同时，他写下的各种逸闻辛辣地描写了其他法兰克人的愚蠢、野蛮和粗俗。他写到非圣殿骑士的基督徒时，总会说"真主诅咒他们！"和"全能真主的伟大岂是异教徒能够想象的！"[6]

圣殿建筑群的下方是一大片马厩，与覆盖圣殿山的平台浑然一体。据说这些马厩是所罗门亲自建造的，但更有可能是在希律王时代建造的，也就是基督诞生的时代。一位作家说这些马厩可以容纳 2000 匹马和 1500 峰骆驼；另一位更容易激动的访客说能容纳 1 万头牲畜。

康拉德三世抵达耶路撒冷时刚好赶上复活节。他同母异父的弟弟弗赖辛主教奥托写道，康拉德三世入城时"听到全城教士和人民的山呼万岁，受到隆重欢迎"。为了表达对德意志国王的尊重，圣殿骑士团将他的旅行伙伴、抵达耶路撒冷不久后去世的弗里德里希·冯·伯根安葬在圣殿墙附近的骑士团私有墓地中。

康拉德三世在耶路撒冷的大部分时间都和圣殿骑士团待在

一起。弗赖辛主教奥托写道，康拉德三世参观了风景名胜，"访问各处圣所"。[7]圣殿骑士团为他提供了服务。虽然骑士团正在发展为作战部队，但骑士团的兄弟们在本质上仍然是为朝圣者提供安保和指引的人员。

康拉德三世一边进行祈祷和庆祝的观光之旅，一边筹划即将在北方展开的战斗。现在耶路撒冷有了一位新国王鲍德温三世，他于1143年继承了父王富尔克的宝座。鲍德温三世年方十六，受过良好教育，颇有贵族风度，和母亲梅利桑德共同治国已有三年。他渴望领导一次大规模的军事远征。用弗赖辛主教奥托的话说，德意志国王与年轻的耶路撒冷国王、耶路撒冷的拉丁宗主教以及"圣殿骑士团达成协议，于7月一同率军进入叙利亚，攻打大马士革"。[8]

毋庸置疑，大马士革是伊斯兰世界的瑰宝之一，也是叙利亚南部最重要的城市。10世纪的阿拉伯地理学家穆卡达西说大马士革是"世界的新娘"之一，"溪流穿过这座城市，果树环绕着它"，并且它拥有整个伊斯兰世界最宏伟的清真寺。7世纪建造的倭马亚大清真寺气度恢宏、装饰华美，墙壁覆盖大理石和镀金镶嵌画，据说消耗了"十八头骡子才能驮得动的黄金"。信徒认为倭马亚大清真寺是麦加、麦地那和耶路撒冷之后的第四大圣地。它无比纯洁，角落里甚至从来没有蜘蛛网。[9]

大清真寺的隔壁屹立着一座黏土砌成的大型要塞，它就是大马士革的防御枢纽，但大马士革的城墙比较低矮和薄弱。城市的四面八方环绕着绵延许多英里的果园，茂密的果树林被围墙分割成许多小果园，只有狭窄的道路在果园之中穿梭。对攻击者来说这是棘手的障碍，但并非不能克服。所以基督徒似乎完全有能力攻下大马士革。若是占领了这座城市，就是一次辉煌胜利，足以与攻克阿卡甚至占领耶路撒冷的伟业媲美。

但大马士革不是埃德萨。催生第二次十字军东征的是埃德萨的困境，而非大马士革。教宗尤金三世的诏书《我们的前任多么……》只字未提大马士革，克莱尔沃的伯纳德在西方各地呼吁拯救的对象也不是大马士革。大马士革的防御体系虽然似乎大部分只是果树而不是需要坑道作业来破坏的高墙，但它仍然不是容易对付的目标。例如，晚近至 1129 年，鲍德温二世国王曾攻城失败，西方人对此羞愤交加。并且，1148 年，大马士革的总督穆因纽丁·乌讷尔其实是耶路撒冷王国的盟友，因为他和耶路撒冷有一个共同敌人——咄咄逼人地不断扩张的赞吉。把第二次十字军东征的整个聚焦点从埃德萨转移到大马士革，未免过于大胆和突然。圣殿骑士团显然在其中插了一手。

自 1144 年埃德萨陷落的三年半以来，局势已经发生了很多变化。首先，赞吉已经死了。这个老暴君于 1146 年 9 月在自己的床上被谋杀。他醉酒卧床，被一名心怀不满的仆人杀死，死得很慢也很痛苦。[10]继承赞吉的是他的两个儿子，其中的幼子努尔丁甚至比父亲更为凶残好战。作为阿勒颇的新总督，努尔丁决心坚决地压制埃德萨伯国的基督徒，并将自己的势力范围扩张到南面邻近的安条克亲王国。

据编年史家伊本·艾西尔记载，十字军聚集到埃德萨外围的时候努尔丁年方三十，"身材魁梧，皮肤黝黑。除了下巴之外不蓄须，天庭饱满。相貌英俊，眼神富有魅力。他的统治范围极广……他治理国家井井有条、公正无私的美名传扬到全世界"。[11]他名字的意思是"信仰之光"。

十字军不会像伊本·艾西尔那样对努尔丁不吝溢美之词。在努尔丁统治下，埃德萨遭到新一轮恐怖的屠杀，因为已经被驱逐的旧统治者若斯兰二世伯爵试图收复该城但失败了。城市的防御工事被摧毁，剩余的基督徒居民要么被杀，要么被卖为奴隶。现在十字军要挽救埃德萨的市民，为时已晚。更严重的是，1147年，努尔丁对基督徒与大马士革总督乌讷尔的联盟釜底抽薪，他自己与大马士革结盟。努尔丁娶了乌讷尔的女儿，于是阿勒颇和大马士革的统治者开始组成越来越团结的统一战线，共同对付法兰克人。所以，在1148年夏季，十字军更明智的做法是努力拆散这种危险的联盟，而不是执迷于已经失去的埃德萨。另一种意见是，十字军应当尝试占领法蒂玛王朝控制下的亚实基伦，这座港口城市位于雅法以南约30英里（约48公里）处。但这种策略距离第二次十字军东征的原初目标实在遥远，于是被驳回了。[12]

1148年6月24日，星期四，施洗约翰的瞻礼日，阿卡附近的帕尔玛利亚城挤满了拉丁东方的几乎所有重要人物。康拉德三世国王、路易七世国王和十八岁的耶路撒冷国王鲍德温三世都在场，鲍德温三世的母亲和共同统治者梅利桑德太后也到了。除了来自东西方的诸多世俗权贵之外，还有一大群令人肃然起敬的高级教士，包括耶路撒冷宗主教、两位大主教和一位教宗特使。达官贵人当中还坐着医院骑士团大团长雷蒙·杜·皮伊和圣殿骑士团大团长罗贝尔·德·克拉翁，他们现在属于十字军诸邦最重要的决策者之列。

此次会议（通常被称为阿卡会议）的目的是，就即将展开的军事行动的目标达成一致。推罗的纪尧姆记载道，关于是否采纳攻打大马士革的政策，大家做了严肃的辩论："各方提出自己的意见，陈述支持或反对的论据。"[13]

但如果我们相信弗赖辛主教奥托的记述，决策其实早已经做好了。路易七世同意攻打大马士革的政策之后，唯一要谈的就是"何时、在何地集结军队"。[14]大家踌躇满志。据伊本·开拉尼希记载，他们"恶毒的心如此自信，坚信一定能占领大马士革，以至于他们已经在计划如何瓜分该城的地产与市区了"。

事实证明，征服大马士革不是这么简单。

12世纪晚期访问大马士革的西班牙穆斯林旅行家伊本·朱拜尔，描述了这座城市是多么青翠欲滴："东方的天堂……香气扑鼻的花园给人的灵魂注入生命力……它周围环绕着花园，如同月亮周围环绕着光晕……它的青翠绿洲延伸到目力所及的范围，不管往哪里看，四面随处可见成熟的水果。"[15]但在1148年7月24日，星期六，十字军的联合部队开始艰难地穿过这片土地肥沃的林带时，并不觉得它有那么诱人。

推罗的纪尧姆描述了通往大马士革之路上高度紧张、极度压抑的气氛。三位基督徒国王的军队择路前行，往往只能一路纵队通过城郊果园中的狭窄小径。他写道，他们走的路"可容园丁和果园管理人带着牲口通过，将水果运进城"，但对于携带武器和器械、牵着牛和骆驼、运载大批辎重的大队人马来说就远远不够了。守军藏匿在树丛中，出人意料地跳出来袭击十字军，或者从星罗棋布的瞭望塔（用来保护果园，提防擅自闯入者）向十字军射击。他写道："他们从制高点不断向我们射箭和发射其他武器。"手执长枪的穆斯林士兵躲藏在土墙后，透过墙上的小孔窥视入侵者，等待最佳时机戳死敌人。纪尧姆写道，十字军前进过程中"随时可能祸从天降"，"四面八方都有同等的危险"。[16]

虽然遭到伏击，基督徒毕竟兵力占优并且坚决果断。他们在果园中强行开辟了一条道路，拆除围墙和守军为了阻挡他们而设置的路障。十字军在树丛中披荆斩棘，终于来到大马士革城墙脚下的巴拉达河之滨。

穆斯林的一支先遣部队聚集在河岸，那里还有负责防守城门的投石机与弓箭手。但康拉德三世的德意志骑兵迅速驱散了这股敌人：德意志骑士跳下马背，挥舞着利剑猛冲上去。康拉德三世身先士卒，打得相当精彩：据说他一剑就砍掉了一名突厥骑兵的脑袋、左肩、胳膊和躯干的一部分。没过多久，十字军就控制了流过大马士革西郊的河流，开始掘壕据守，从果园砍伐树木，搭建自己的障碍物。大马士革编年史家伊本·开拉尼希写道："战争的磨坊一刻不停地运转。"[17]

十字军出征的时候过于自信，认为一定能速战速决，所以没有携带攻城器械，而且带的给养也只能维持几天。他们原打算从果园掳掠水果并从河里取水来维持生存，自信顶多两周就能破城。基督徒没想到穆斯林的抵抗如此顽强，也没想到差不多在他们刚刚接近城墙的时候就传来消息，敌人的救援部队向十字军营地赶来了。从贝鲁特以东的贝卡谷地来了大批穆斯林弓箭手，前来骚扰围城的十字军，而城内守军开始轰击法兰克人的阵地，"如同山鹰俯冲袭击山鹧鸪一般迅猛"。[18]

随后发生了什么事情，是后来很多年里争论的话题。7月27日，城内瞭望塔上的观察者发现十字军营地一下子安静下来，十分诡异。守军骑兵或步兵的偶尔出击被十字军的长枪和箭雨打退，但总的来讲围城军队没有什么动静。伊本·开拉尼希写道："我们以为他们在谋划什么诡计，准备某种策略。"

他想得很对。领导围城战的三位国王正在聆听大家的意见，并做了一个大胆而非常有争议的决定。令很多人大惑不解的是，他们突然决定放弃对城市西侧的攻击，转移到城市东南方的一处新阵地。情报显示，那个地方的果树比较稀疏，城墙也较薄弱，在那里能够更快地攻破城市。好几支大规模穆斯林援军赶来的消息似乎让法兰克领导层颇为惊慌，以至于他们愿意为了快速取胜而豪赌一番。[19]他们原先费尽力气才控制的阵地就这样被放弃，全军转向东方。事实证明，这一决定酿成了大祸。

推罗的纪尧姆本人没有亲临大马士革围城战，但他尽可能多地采访了参加此役的老兵，把后续战局描绘得十分灰暗。[20]军队转移引发了普遍的不满，并且事实很快就证明大家的怨气是有道理的。法兰克人抵达新阵地后发现那里的敌人戒备森严，从那里根本无法快速征服城市。那里的确没有果园，但这意味着围城军队没有水果可吃，自然就会挨饿。而且他们再也无法返回城市西侧，因为守军看到法兰克人转移之后立刻用巨石和伐倒的树木封锁了道路，并派遣弓箭手守卫。基督徒前进不得，因为他们没有足够的给养，无法成功地围城，但也不能后退。遭到敌人救援部队袭击的可能性与日俱增。法兰克人竟然就这样拱手让出了多年来他们获得的最有希望取得进展的阵地。

十字军领主聚集起来开会，吵得不可开交，甚至互相指责对方叛变，最后得出的结论是，唯一明智的策略是收拾行装回家。这简直是丢人现眼得让人几乎不堪忍受。很多人长途跋涉数千英里，忍受疾病、饥饿、海难、埋伏和贫穷，只希望能追随第一次十字军的脚步，以上帝之名赢得一连串辉煌的胜利。结果第二次十字军的东进仅仅是在险象环生的果园里煎熬四天，经历了少数零星的小规模战斗，最后束手无策地撤退。推罗的纪尧姆冷冷地说道："我们的人没有得到荣耀就回来了。"[21]

圣殿骑士团对第二次十字军东征投入了大量资源。他们帮助路易七世行军穿过小亚细亚，用大笔贷款支撑他的十字军东征。他们接待康拉德三世，为他提供保护，出谋划策。罗贝尔·德·克拉翁和医院骑士团大团长一道，支持了进攻大马士革而不是埃德萨的计划。而圣殿骑士团所做的一切换来的报偿微不足道。

大马士革战役之后，法兰克人的三位国王短暂地考虑过攻击亚实基伦，但没有落实。康拉德三世于1148年9月离开圣地。路易七世继续待了七个月，在耶路撒冷过了复活节，于次年4月底返回法兰西。之后大家开始互相指责。

法兰克编年史家的共识是，他们的主公若不是遭到了某种背叛，不可能如此一败涂地。大家都认为有人暗中破坏十字军的作战，康拉德三世自己就是这样解释这场灾难的，不过他说不出来谁是罪人。形形色色的人都受到怀疑：大家最经常讲到的一个人是十字军领主佛兰德伯爵蒂埃里①，大家相信他垂涎大马士革的领主地位，所以其他领主嫉妒他，为了挫败他的野

---

① 佛兰德伯爵蒂埃里娶了耶路撒冷国王富尔克与第一任妻子所生的女儿。富尔克与第二任妻子梅利桑德生了鲍德温三世和阿马尔里克。

心而故意阻挠远征。也有人说，一位名叫提比里亚的艾里南多斯的东方领主收受了敌人的巨额贿赂（并且是假的金银珠宝），所以劝说上级改换战术。就连鲍德温三世国王和他的母后也受到怀疑。大家努力为此次军事失败寻找一个世俗的解释，否则就只能归因于反复无常的上帝的愤怒了。

圣殿骑士团也受到怀疑。在教廷担任大使的英格兰辩论家、官僚索尔兹伯里的约翰明确表示，圣殿骑士团应当对此次远征的惨败负责。不过约翰说不出来骑士团究竟哪里不对。他不是圣殿骑士团的支持者，因为他觉得骑士团享有的特权对教会来说非常危险。他密切关注尤金三世领导下的教廷的流言蜚语，那里经常有人传播流言，圣殿骑士团经常是讨论的话题。

没有任何证据可以表明圣殿骑士团有任何过错。圣殿骑士团兢兢业业、忠贞不贰地完成了自己的使命。任何人都没有理由对他们苛求更多。他们的任务是保护朝圣者，而他们护送、保卫、训练、资助和辅佐第二次十字军东征的朝圣者并与他们并肩作战，表现得尽职尽责、无可挑剔。为了支持十字军，他们冒着生命危险，财政上也濒临破产。而十字军的领导者经常玩忽职守，甚至可以说是自寻死路。要把十字军东征的失败怪罪到圣殿骑士团头上，可以说是忘恩负义。但这也表明，如今圣殿骑士团与圣地的命运和保卫圣地基督徒定居点的工作多么紧密地联系在一起。在三十年里，圣殿骑士团几乎已经是耶路撒冷王国（从伊斯兰近东开辟出来的天国王朝）的同义词。这是骑士团获得的最高荣誉，也是他们承受的最可怕的诅咒。

# 七 "该死的塔楼"

惨遭蹂躏的加沙城十室九空，寂静无声。它曾是近东最繁华的城市之一，是从叙利亚穿过巴勒斯坦到埃及的沿海道路上的一个中转站。欣欣向荣的市场让加沙富得流油，并且此地用大理石建造的清真寺、教堂与宏伟而通风良好的大宅远近闻名。[1]但在1149年，只有它的天然水井和水库能够表明，这里曾经是多种宗教的信徒和平共处、欣欣向荣的地方。战争扫荡了加沙的优雅街道，让城市变得似乎永远杳无人迹。"现在它完全毁掉了，"推罗的纪尧姆写道，"完全无人居住。"[2]空无一人、沦为瓦砾的房屋印证了这座城市最卓越的本地诗人阿布·伊沙克·加齐的诗句："往昔已经消失……只有你生存的当下还在。"[3]

1149—1150年冬天，加沙开始恢复生机。人们用铁锹挖掘新的地基，石匠切割石料准备建造新的防御工事。这座城市，或者说它的很大一部分，浴火重生了。在这破败城镇中央的一座山上，人们建起了一座新城堡，"它的高墙和塔楼引人注目"。这不只是城市复兴工程，也是十字军王国最南端正在积极执行的新的军事战略的一部分，圣殿骑士团是这项战略的核心。新的城堡正在施工，圣殿骑士团已经被指定为它的守护者和受益人。

对圣殿骑士团来说，这是个动荡不安的冬天。罗贝尔·

德·克拉翁于 1149 年 1 月 13 日去世，埃弗拉尔·德·巴尔当选为新任大团长。他曾是圣殿骑士团在法兰西的分支的指挥官，在以惨败告终的第二次十字军东征期间勤勉地为路易七世国王效力。埃弗拉尔显然是精明强干的金融家和娴熟的外交家，但他的心牵挂着法兰西。和罗贝尔·德·克拉翁一样，他认为自己更能发挥作用的地方是欧洲，是与赞助者打交道，而不是全职在耶路撒冷承担军事职责。尤其是圣殿骑士团向法兰西王室借贷的巨额款项需要处理。

1149 年春，路易七世乘船回国，埃弗拉尔一同返回巴黎。他指派安德烈·德·蒙巴尔留在圣地指挥。安德烈是一位中年骑士，至少从 1130 年就开始为圣殿骑士团效力。他出身勃艮第贵族家庭，兄弟姐妹八人；他的两个兄弟是熙笃会僧侣[4]。安德烈还是克莱尔沃的伯纳德的舅舅（不过他比自己外甥小几岁），经常写信给伯纳德，与他分享骑士团在圣地的成功与艰辛。安德烈有一次把自己的工作比作蚂蚁的劳动。他虽然谦卑，但其实拥有相当惊人的军事才华。[5]他在骑士团期间攀升到总管的位置，所以是掌管圣殿骑士团旗帜（confanon bauçant）的人。这是一面朴素的黑白两色大旗，打仗的时候由另一名军官（军务官，marshal）举旗，骑士们则围绕大旗战斗。除非参战的所有骑士都阵亡，否则绝不能降旗。[①]安德烈·德·蒙巴尔对拉丁东方的政治了如指掌，并孜孜不倦地将这里的事件通报给西方的朋友。

---

① 在营地中，黑白大旗代表总管的位置。而作战时，圣殿骑士团的军务官而非总管要负责携带和举起黑白大旗，并保护它。Upton-Ward, J. M. (trans. and ed.), *The Rule of The Templars: The French Text of the Rule of the Order of the Knights Templar* (Woodbridge: 1992) 44, 59 – 60. ——作者注

遗憾的是，埃弗拉尔大团长差不多刚启程去巴黎，安德烈·德·蒙巴尔就给他写信报告称，为了保护一面溅血的黑白大旗，牺牲了很多兄弟。

6月29日，安条克附近的伊纳布（Inab）发生了一场灾难性的战役，安条克亲王雷蒙的军队被赞吉之子努尔丁（阿勒颇的阿塔贝格）全歼。客气点说，雷蒙也是个有争议的人。他从普瓦捷来到安条克，娶了当地九岁的女继承人，从而获得亲王的位置。此后他与西西里国王、拜占庭皇帝和安条克宗主教都争吵不休。有传闻说，他对路易七世的妻子阿基坦的埃莉诺（碰巧是雷蒙的侄女）表现得过于殷勤，这激怒了路易七世。伊纳布战役标志着雷蒙多彩生涯的结束：他在战场被俘并被斩首。努尔丁将他的首级作为战利品送给了巴格达的逊尼派哈里发。

现在耶路撒冷王国不得不努力止损。鲍德温三世及其母后梅利桑德请求圣殿骑士团帮助阻止努尔丁的军队利用雷蒙之死造成的危机进军安条克城。圣殿骑士团立刻与王军合兵一处，提供了120名骑士和约1000名"装备精良的骑士侍从与军士"。安德烈·德·蒙巴尔写道，他们随后疾驰北上，途中借了7000阿卡拜占特①和1000耶路撒冷拜占特，充当军费。[6]

他们抵达安条克，但当即被来自以哥念（今天土耳其的科尼亚）和呼罗珊（在波斯）的穆斯林军队压制住。现在基督徒军队陷入困境，急需给养和增援。安德烈告诉埃弗拉尔：

---

① 拜占特（bezant）是十字军王国的高价值金币，是效仿阿拉伯第纳尔和希腊的超纯正金币（Hyperpyron）。——作者注

我们写信请求您立刻回来，切勿耽搁，此时不回，更待何时？上帝会感谢您归来，因为这对我们的圣殿和耶路撒冷土地特别有助益……我们军中已有很多人阵亡，所以我们需要您带着适合执行任务的兄弟和军士回来。不管您来得多么快，等您到的时候我们应当都已经不在人世，但还是请您尽快回来。这就是我们的意愿、我们的信息和我们的请求……尊敬的神父，请卖掉所有财物，把换来的金钱带到我们这里，好让我们生存下去。再会。

安德烈·德·蒙巴尔的书信把安条克的军事形势（法兰克人正在努力抵抗屡战屡胜的努尔丁）描述得非常黑暗。它也概括了圣殿骑士团在耶路撒冷王国生活的现实。不管敌人攻击剩余三个十字军国家（耶路撒冷、的黎波里和安条克）中的哪一个，人们都期望骑士团快速反应，提供军事支持。

正是因为圣殿骑士团需要在广袤地域执行任务，十字军国家才开始经常把城堡封授给他们，让他们以这些城堡为基地，保卫拉丁人统治下的那些比较脆弱的地区。加沙山顶正在建造的就是这样一座城堡。"等它完全竣工之后，"推罗的纪尧姆写道，"大家一致同意将它封给圣殿骑士团，让他们永远占有城堡及其周边地区。英勇的骑士忠诚而明智地坚守了这个岗位。"[7]

这话出自推罗的纪尧姆之口，可谓高度的褒扬。这位博学多才的拉丁学者于1130年前后出生于耶路撒冷，是十字军的第二代人，在圣墓教堂附属的教会学校（就在圣殿骑士团的宫殿附近）读书。纪尧姆在巴黎大学和博洛尼亚大学（欧洲最领先的两所大学）完成学业，后来返回东方，进入教会。

他最终成为推罗教会的总执事和大主教，这个宗教职位的衔级
仅次于安条克宗主教。推罗的纪尧姆与历代国王的交情不错，
喜欢飞短流长，并且自己也是个重要的政治人物。他还写了好
几部史诗般的著作，包括自先知穆罕默德时代以来的伊斯兰历
史。从大约1170年开始，他撰写了一部关于基督教东方的拉
丁文编年史，称为《大海彼岸的历史往事》（*Historia rerum in
partibus transmarinis gestarum*），从书名就可以看出它的目标受
众是欧洲各国宫廷与大学的知识阶层。

　　纪尧姆和其他西方教士一样，对军事修会的理念持谨慎态
度。他特别不信任圣殿骑士团，在编年史里逮着机会就质疑他
们的动机。但在加沙的问题上，事实是无可辩驳的：圣殿骑士
团差不多刚刚占据这座城堡，就打退了法蒂玛王朝的一次进
攻，让对方再也没有尝试进攻加沙。这座城堡实际上是耶路撒
冷王国最南端的第一道防线。在海岸全部落入敌手之前，它是
拉丁人势力范围的前哨阵地。圣殿骑士知道自己在加沙的任务
是什么，也圆满地完成了任务。

　　在加沙建造城堡不是因为那里风光秀丽，而是为了推动一
项具体的政策：将基督徒的势力范围向南扩展。加沙位于拉丁
人领地的最西南端：比雅法和耶路撒冷更靠南，最重要的是比
亚实基伦（一座戒备森严的设防城镇，仍然忠于法蒂玛王朝）
更靠南。对法蒂玛王朝来说，亚实基伦是饱受海风侵袭的沿海
道路上的一处前进基地，他们能够从这里攻入基督徒领地；它
也是阻止耶路撒冷国王进军埃及的壁垒。如果基督徒征服了亚
实基伦，就能保证自己的安全，并有可能向西奈半岛的方向巩
固自己的势力范围。第二次十字军在攻打大马士革之前和失败

之后曾考虑进军亚实基伦，但放弃了，不过基督徒越来越深刻地感到，他们有可能拿下亚实基伦，也应当这么做。不过，年轻的鲍德温三世国王把这个想法全面落实已经是三年后的事情了，因为他忙于和母亲争夺权力。尽管儿子已经成年，王太后仍然不肯放弃控制权。但基督徒在加沙建造新城堡，说明他们朝向亚实基伦的进军终于开始了。

圣殿骑士团进驻加沙，就把亚实基伦与埃及分隔开了。对法蒂玛王朝来说，沿海道路一下子变得很危险。开罗的什叶派哈里发向亚实基伦输送增援部队的唯一办法是走海路。但亚实基伦没有安全的海港，只有一片沙滩。除非风平浪静，在这里登陆很困难，所以海路也很不方便。[8]加沙要塞是包围亚实基伦的基督徒城堡群的最后一环，这个包围圈的营造已经花了十五年。

亚实基伦以东约 25 英里（约 40 公里）的平原上坐落着贝特吉伯兰，这是一座中型要塞，建于约 1136 年，封授给了医院骑士团。[9]贝特吉伯兰以北不远处是另外两座城堡，负责防御王国的南部边疆：伊贝林和布朗什加德，分别建于 1141 年和 1142 年。无论作为个体还是一个城堡群，它们都赤裸裸地昭示了法兰克人的力量，表明基督徒企图用石头做成的绞索缓缓地扼杀亚实基伦。


1153 年 1 月 25 日，塔楼林立的亚实基伦城墙外飘扬着一面绘有十字架的旗帜。城墙以庞大的新月形延伸，守护这座高度军事化的滨海城市面向陆地的那一侧。这面十字旗帜宣示二十二岁的鲍德温三世国王率领一支兴奋不已的基督徒军队到来了，士兵们正忙着发誓赌咒要竭尽全力伤害亚实基伦的守军。[10]基督徒士兵安营扎寨，构建了一个圆形营地，营地被分成若干区域，每个区域的人忠于不同的领主。与此同时，军队的领导层，包括一大群诸侯、领主、高级教士和经验丰富的军人，观察着在他们面前巍然屹立的城市。在这支嗜血如命的军队里有不少圣殿骑士。

这座城市是个难啃的硬骨头。它建在一片天然盆地里，地面是沙土，种着葡萄藤和果树。白天的冬日阳光照亮城墙，夜间玻璃油灯的火光影影绰绰地照着石墙，让警惕的哨兵能看到任何走近四座设防城门的人。其中最大的城门叫耶路撒冷门，它的建筑形式显示出亚实基伦市民的警觉：高耸的塔楼俯视外堡，外堡有一系列较小的内层城门，这些小城门防守着蜿蜒曲折、通向主门的走廊。

随同王军出征的圣殿骑士团现在拥有一位新的大团长，这是自骑士团成立以来的第四任大团长。埃弗拉尔·德·巴尔在1152年4月的某个时间卸任并退休，因为他决定放弃军事生活，选择与岁数越来越大的克莱尔沃的伯纳德一起过安宁的僧侣生活。此时伯纳德的健康状况已经很糟糕：除了少量流质食物之外，他什么都吃不下去；他的双腿肿胀疼痛；有时甚至无法坐起来书写，更不要说走路了。他于1153年8月20日去世。如他自己所说，他的"灵魂已经在虚弱的身体里做好了准备"。这之后，埃弗拉尔在修道院的太平环境里继续生活了二十五年，1174年克莱尔沃的伯纳德（圣殿骑士团的恩主）被封圣的时候，埃弗拉尔还在世。[11]

新任大团长贝尔纳·德·德拉默莱和圣殿骑士团的很多早期成员一样来自勃艮第，他的家乡在第戎附近。作为领导人，他没有经受过实战的考验。带领圣殿骑士团的部队于1月底来到亚实基伦的时候，他当选大团长还不到一年。他虽然缺乏经验，却勇敢好斗，将带领部下投入自骑士团组建以来最大胆的军事行动。1153 年 1 月 25 日，伟大的亚实基伦攻城战即将开始：这是一场决定性的斗争，将会把这座法蒂玛王朝的城市纳入基督徒的领土。推罗的纪尧姆写道，这是"艰苦卓绝，几乎不可能完成的业绩"。不过，他们还是成功了。

攻城战的最初两个月里基督徒度日如年，没有取得决定性的战果。亚实基伦市民的人数是城外法兰克人的两倍。守军训练有素，粮草储备充足，并且斗志昂扬地坚决抵抗，因为正如推罗的纪尧姆所说的："他们在为自己的妻儿作战，更重要的是，为自由而战。"[12]不过守军虽然有能力防御，却无力反击。塔楼和城墙顶端的瞭望哨可能会报告称，鲍德温三世的营地如同一座熙熙攘攘的卫星城，防备森严，不怕任何潜在的穆斯林援军，并且组织有序，甚至有自己的市场。海上的景象更是让守军丧气：15 艘桨帆船组成的基督徒小舰队在西顿的热拉尔指挥下封锁了通往亚实基伦的水道。城市周围每天都发生一些小规模交锋，双方各有胜负，但总的来讲僵持不下。

复活节（这一年的复活节是 4 月 19 日）前后，战局开始转为对拉丁人有利。春季，从欧洲到圣地的海路畅通，一年一度的朝圣队伍乘船蜂拥赶往耶路撒冷。朝圣者并不是做好了战斗准备的十字军战士，但在围攻亚实基伦的基督徒军队最需要军事增援的关键时刻有大批大批虔诚的基督徒和船只抵达。

得知朝圣者抵达后，鲍德温三世立刻下令，任何人只要进入他的王国就不得离开，任何加入围攻亚实基伦军队的人将得到酬劳，以奖励他们参加了"上帝赞许的劳作"。更重要的是，国王强行扣押了所有在他的港口靠岸的船只，将其送到亚实基伦周边海域。基督徒军队的人数与日俱增。"营地内的人们欢欣鼓舞，对赢得胜利充满希望，"推罗的纪尧姆写道，"而敌人恰恰相反，越来越悲哀和焦虑。"

听从鲍德温三世的命令驾船南下的水手可能以为自己要参加海上封锁。但他们抵达后，船只被拖上岸，桅杆被砍倒，船体被拆解，只剩下木梁。水手失去了船只，但得到了丰厚的补偿。船只的木料被交给工匠，他们用木料建造攻城武器，包括投石机和移动掩体。这种掩体可以保护坑道工兵，让他们安全地挖掘和破坏支撑坚固城墙的土堤。有一件武器会决定随后三十年里亚实基伦的命运。这是一台庞大的机械，与城墙等高，用长长的木梁搭建而成，支撑着作战平台，整个结构覆盖着防火外壳。防火外壳用动物皮革制成，绷在柳条框架上。法兰克骑士可以利用这座攻城塔攀登到城墙顶端，如履平地，杀死守军。攻城战是欧洲式战争的鲜明标志，十字军在亚实基伦建造的攻城塔显然质量很高。远至大马士革的人都听说了它，编年史家伊本·开拉尼希描写它时既憎恶又流露出不情愿的仰慕之情。他说，法兰克人"用一座被真主诅咒的塔楼"把亚实基伦打得"窘困万分"，尽管亚实基伦拥有"一支大军（愿真主保佑它）"。[13]

大团长贝尔纳·德·德拉默莱领导下的圣殿骑士一定在仔细观察攻城塔的建造过程。攻城塔完工之后被拖到小心选定的城墙地段附近，圣殿骑士团则在每天激战的焦点附近做好准备。很多战斗发生在高处。[14]鲍德温三世的投石机向城内投射石块；而在攻城塔的顶端，基督徒武士与守军展开肉搏战，并向下方街道上惊慌逃窜的市民射箭。在海上，70艘桨帆船组成的埃及舰队乘着有利的南风而来，驱散了西顿的热拉尔指挥的兵力占劣势的海上封锁舰队。但与面向陆地一侧的城墙上的战斗相比，海上的战斗无关紧要。

到8月中旬，亚实基伦攻城战已经打了六个多月。城内士气一落千丈。鲍德温三世的军队只要能动用攻城塔，就能占上风；穆斯林从海上的援助很有帮助，但除非从陆地打退围城军队，否则这座城市就得不到完全的解围。城内的显贵市民开会商议，决心不惜一切代价摧毁基督徒的攻城塔。他们觉得唯一的办法是点燃熊熊大火，烧毁保护攻城塔木制框架的厚厚皮革。亚实基伦的男女市民奉命收集"干柴和其他引火材料"，推罗的纪尧姆写道，"他们似乎没有别的希望了"。

8月15日（星期六）夜间，守军开始执行摧毁攻城塔的计划。他们把收集到的全部燃料搬运到最靠近攻城塔的城墙地段，把燃料丢了下去。很快，攻城塔与城墙之间的空隙被易燃物塞满了。柴堆足够高的时候，守军往上面泼洒沥青和油。然后他们点燃柴堆，熊熊大火燃烧起来。

在这个季节，吹拂船只沿着黎凡特海岸航行的轻风一般是从海上吹向亚实基伦。但在夜间，风向突然转变，劲风开始从东面，也就是基督徒军队的背后刮来。对亚实基伦市民来说大祸已然临头。劲风煽动十字军攻城塔底部的火焰，让它更加贪婪地往上蹿。火势越来越猛，侵袭城墙，无情炙烤着石块和灰泥，它们遭受了法兰克人投石机几个月的狂轰滥炸，早已受到严重削弱。

星期日的黎明，攻城塔依然屹立，但城墙已经吃不消了。过热的石块纷纷开裂。曙光从围城军队背后开始照耀的时候，城墙的很大一部分已经瓦解。一声巨响，城墙坍塌，双方都从睡梦中纵身跃起，拿起武器。又是一声巨响，滚落的石块撞击到攻城塔的底部，打坏了构成攻城塔垂直梁柱的木桄杆。这些桄杆碎了，恐怖的攻城塔摇摇晃晃，险些把留在顶端放哨的人摔下来。但攻城塔没有倒下，在它面前，亚实基伦已经洞开。

贝尔纳·德·德拉默莱和其他圣殿骑士要么就在攻城塔附近扎营，要么在这天清晨比他们的基督徒战友更警觉，要么二者兼有。他们听到石块撞击攻城塔底部的巨响，立刻拿起武器，冲向城墙的缺口。贝尔纳一马当先，亲自指挥。

"法兰克人（真主诅咒他们）打仗时最谨慎。"乌萨马·伊本·蒙基德如此写道。他在亚实基伦围城战之前的几年里曾花了四个月时间在城市周边与基督徒袭击队伍作战。[15]这一天的圣殿骑士却一点也不缩手缩脚。城墙坍塌的烟尘散尽后，约四十名骑士冲过了攻城塔，攀爬千疮百孔的城墙，杀进城去。伊本·开拉尼希写道："他们冲进了城，双方都伤亡惨重。"[16]

是什么促使贝尔纳·德·德拉默莱发布命令，只允许他的部下冲进亚实基伦城墙的缺口？他应当想到十字军的其余人马也可以跟进支援。我们唯一能确定的是，这是他做的最后一个重大决策。这座城市遭受围攻已经 6 个月之久，杀进城的圣殿骑士被数量远远超过他们并且因绝望而疯狂的穆斯林团团围住。市民拿起武器，奋起迎战。也有人把木梁拖向城墙缺口，开始搭建障碍物。圣殿骑士被困在城里。即便有一条逃命的路，他们的制度也禁止他们逃离战场。他们的命运已经注定。

这群圣殿骑士被包围在敌人的城市里，插翅难飞，也得不到救援，最后被尽数屠戮。穆斯林没有饶恕哪怕一人来换赎金，就连大团长也被杀死。这样价值不菲的大人物没有被俘虏而是被处死，是很不寻常的事情。这表明敌人多么畏惧圣殿骑士的名声，也说明市民内心压抑了多少恐惧和绝望，他们毕竟已经被围攻了半年之久。这四十名骑士是该地区最精锐的基督徒战士，他们在没有得到支援的情况下抢先入城，而现在不管多少财富、多少战利品都换不了他们的性命。对于亚实基伦市民与圣殿骑士的战斗，没有详细的记载流传下来，但我们知道，这群圣殿骑士都死在了亚实基伦。

亚实基伦市民坚守临时搭建的工事一周之久，最后被打退，被迫将城市交给基督徒并求和。8月22日，星期六，鲍德温三世的旗帜在城市最高的塔楼升起。但他也付出了沉重的代价：最后的战斗期间，四十名圣殿骑士的尸体被吊在了城墙上。

接替贝尔纳·德·德拉默莱的是虔诚且能识文断字的总管安德烈·德·蒙巴尔，他担任大团长一直到1156年。虽然损失四十名骑士严重损耗了圣殿骑士团的战斗力，但作为一个组织，它并没有受到致命伤。骑士团在欧洲的"网络"蓬勃发展，所以招募新人不成问题，尤其是在勃艮第、香槟和普瓦图这些骑士团的传统核心地带。骑士团据守着加沙的城堡，并且成为耶路撒冷安全政策的一个重要的军事元素。在王国的最北端，圣殿骑士仍然驻守着控制阿玛努斯山口的城堡，但亚实基伦攻城战让某些人对圣殿骑士团的态度越来越褒贬不一。

推罗的纪尧姆对圣殿骑士团十分鄙夷，以最大的恶意揣摩贝尔纳为什么会命令发动自杀式攻击。纪尧姆解释说，基督徒作战的习俗是，战利品属于抢到手的人。所以他认为，圣殿骑士看到自己有机会第一个冲进亚实基伦，就决定抢先进城掳掠，从而霸占最好的战利品。"出于愚蠢，他们拒绝与战友分享战利品，"纪尧姆写道，"所以他们死有应得。"[17]

真的是这样吗？纪尧姆写书的时候已经对圣殿骑士团产生了坚定的不信任感，因为骑士团坚持自己的独立性，并且偶尔抗拒国王的命令。但在他这部基督教耶路撒冷王国的详尽长篇史书里，他也赞扬过骑士团英勇保卫加沙，并相对客观地记述了其他事件。显然，他参考的史料确实认为，贝尔纳·德·德拉默莱在亚实基伦的行为往好了说是愚蠢，往差了说就是贪得无厌。

没有其他作者对此事做过深度分析，所以我们很难评价推罗的纪尧姆的评判。德拉默莱内心是怎么想的，已经成了永远的谜，而他的尸体被高高悬挂在坍塌的城墙上方。难道他真的相信仅凭四十人就能打败全城守军吗？

1154 年，圣殿骑士团仍然是耶路撒冷王国军事力量的关键部分。除了亚实基伦的例子之外，他们在战场上都能维持军纪。他们的团规要求不折不扣地服从命令，宁可牺牲也不能逃跑。但与此同时也很显然，骑士团在自己内部能够做到严格服从命令、坚守纪律，但他们与其他人争斗的时候却不一定能做到这些。除了上帝、大团长和教宗，圣殿骑士团不向任何人效忠。国王和宗主教都无权调遣他们。虽然大家在很多事情上会征询骑士团的意见，他们也愿意给出意见，但说到底圣殿骑士团毕竟是完全自由的，不受任何有效的监管。他们捍卫基督教世界的思想和基督的荣誉，但具体如何操作完全取决于他们自己的本能与判断。[18] 在大多数时候，这让他们成为一支特别灵敏而强悍的精英部队。但有时，我行我素让他们成为别人眼中的危险分子。不得不与他们分享战场的世俗统治者虽然佩服他们，但也越来越猜忌他们。

# 八　"权力与财富"

　　维齐尔的儿子已经逃离埃及，但此后一直有人想杀他。1154 年 5 月 29 日，星期五，清晨，他只带一小群亲眷和所剩无几的朋友，背上尽可能多的金银细软，逃离王宫，穿过开罗"总督之门"雄伟的矩形塔楼，离开了这座城市。随后八天里，这支小小的逃亡队伍匆匆赶往古城佩特拉附近摩西山谷两侧尘土漫天的山丘，沿途不断遭到手执弓箭和利剑的阿拉伯游牧部落的无情骚扰和追击。这些逃亡者准备北上到大马士革避难，因为努尔丁也许会庇护他们。但他们安全抵达大马士革的希望十分渺茫，白天的每个钟头他们都会遭到新一轮攻击。[1]

　　维齐尔的儿子纳斯尔丁和他的父亲阿拔斯非逃不可。在他们背后，开罗陷入血雨腥风。几天前，父子俩密谋杀害了法蒂玛王朝的哈里发扎菲尔，以报复他试图罢免阿拔斯。刺杀行动导致哈里发的好几个兄弟、王宫的一位总管、至少一名男仆和多名埃及士兵惨死。

　　这不是阿拔斯和纳斯尔丁第一次杀人，但肯定是规模最惊人的一次。哈里发死前，阿拔斯担任他的维齐尔（首席大臣），这是国内最高的政治官职，而他通过杀害前一任维齐尔才获得了这个职位。纳斯尔丁是哈里发最好的伙伴和密友，有传闻说他俩还是情人。纳斯尔丁正值青春年少，英俊潇洒。哈里发白天在宫内与他嬉戏，夜间和他一起微服出行，在开罗的大街小巷游荡。[2]

父子俩决定杀死哈里发，既是为了扩张父亲的权势，也是为了洗清儿子作为鸡奸者越来越不堪忍受的臭名。但结果适得其反。一天夜里，哈里发被引诱到纳斯尔丁的家（位于开罗的刀剑市场附近），被剁成碎片，扔进一口井。次日，阿拔斯血洗宫廷。尽管法蒂玛王朝的宫廷素来刀光剑影，但他这次做得也太出格了。扎菲尔是法蒂玛王朝的最高精神和政治领袖，全世界每一个什叶派伊斯玛仪支派的穆斯林都效忠于他。用编年史家推罗的纪尧姆的话说，"埃及人习惯于热爱和崇拜扎菲尔，视他为最高的神祇"。[3]他的遇害在开罗街头引发了暴乱，促使上埃及总督塔拉伊·伊本·鲁齐克率军抵达开罗，宣布由军方接管首都。阿拔斯和纳斯尔丁不仅没能控制哈里发国，反而弄巧成拙，不得不逃命。

阿拔斯对自己被迫逃离开罗的情况很不满意。首先，占星术告诉他，在星期五出城很不吉利。6月7日，他的人马终于（至少是暂时）甩掉了阿拉伯追兵，但在穿过沙漠前哨城镇穆威利赫时遭到一队基督徒的伏击。我们可以理解阿拔斯此刻的震惊。

对圣殿骑士及其伙伴来说，纳斯尔丁和阿拔斯的队伍无疑是诱人的猎物。博学而高雅的叙利亚文人乌萨马·伊本·蒙基德在血腥政变期间是维齐尔的客人，他不得不与维齐尔父子一同逃亡。他和纳斯尔丁一起骑行，后来回忆说，他们带走的包括马匹、骆驼、奴隶、妻妾和从王宫掳掠的财宝。纳斯尔丁的坐骑配有精美的马具，珍贵的马鞍布上有将近500克金线的刺绣。[4]他们不只是显赫的穆斯林，他们可是汁水丰美的肥羊。基督徒巡逻队高兴地猛扑上去。

乌萨马·伊本·蒙基德把随后的冲突描写成一场战役，但其实是一面倒的痛击。有些埃及人被屠杀，有的被俘获，财宝和女眷被抢走。圣殿骑士团的巡逻队是强悍的对手：组织有序、训练有素并且冷酷无情。能跑得掉的穆斯林都逃走了，丢下备用马匹，一溜烟逃向山地。这是明智的选择。尘埃落定之后，阿拔斯已经死亡，他的另一个儿子胡萨姆·穆尔克也丢了性命。纳斯尔丁当了俘虏，可能被押到了最近的圣殿骑士团城堡加沙。他们家族的垮台就是这样迅速而痛苦。与此同时，在开罗，新任维齐尔伊本·鲁齐克正在收殓遇害哈里发的遗骨，准备给他举办体面的葬礼。[5]

纳斯尔丁与圣殿骑士团的邂逅是非常轰动的新闻，消息传到了英格兰，言辞尖酸的宫廷编年史家沃尔特·马普生动地记载了这个年轻人惊世骇俗的冒险行动。[6]马普和推罗的纪尧姆都对圣殿骑士团在此事中扮演的角色特别感兴趣。两人听说并留下了同一个故事的不同版本：纳斯尔丁遭到圣殿骑士团伏击和囚禁后，非但不怨恨俘虏他的敌人，还努力给他们留下好印象。据说他在狱中皈依了法兰克人的信仰，要求"重生于基督的信仰"，并恳求狱卒教他西方的字母和基督教信仰的最基本信条。[7]

这两位消息最灵通的伊斯兰编年史家都没有提到纳斯尔丁所谓的皈依，而沃尔特·马普的叙述显然经过加工，非常有说教色彩，也很浪漫，我们很难知道故事的哪些部分是有事实根据的。不过这个在 12 世纪 50 年代末逃亡者抵达欧洲的故事的基本内容是，纳斯尔丁被圣殿骑士团俘获后放弃了自己的信仰，企图借此保住性命。

不幸的是，纳斯尔丁这次算计错了。他一辈子经常算计失误。圣殿骑士团不是传教组织。他们是上帝的战士，但他们的目标不是劝服敌人接受基督的温暖怀抱，而是与敌人作战并杀死他们。他们也鄙视那些考虑放弃基督教信仰的人，即便是被强迫放弃基督教的人。（大约在这个时期，一位名叫"德意志人罗杰"的圣殿骑士在加沙附近作战时被俘，穆斯林敌人强迫他举起手指吟诵清真言："万物非主，唯有真主，穆罕默德是真主的使者。"罗杰获释后被骑士团开除。[8]）放弃信仰和违背誓言不是圣殿骑士团欣赏的行为，何况他们非常讲求实际。他们的使命很崇高，但他们生活的世界乌七八糟。在他们必须打的漫长战争里，纳斯尔丁不是一个值得拯救的灵魂，而是一个被通缉的要犯和有价值的俘虏。

在该地区居住和活动的人们都熟悉埃及法蒂玛王朝的政治，捕获纳斯尔丁的圣殿骑士很快意识到，开罗有人希望将他绳之以法，并且为了报仇愿意慷慨解囊。对圣殿骑士团来说，这方面的考虑压倒了一切。所以在囚禁纳斯尔丁"很长时间"之后，他们开始与法蒂玛王朝谈判，准备把他卖给他的敌人。[9]双方同意的价码是6万金币。不久之后，纳斯尔丁被伊本·鲁齐克的部下带走，押解回他的犯罪现场。他身披枷锁，被装在囚笼内，由骆驼运过沙漠。

编年史家伊本·艾西尔写道，在返回开罗的途中纳斯尔丁保持缄默。直到看见了城门，他才开口，吟诵了一首短诗，哀叹自己的悲惨命运："是啊，我们曾经生活在那里，但是/命运的偶然和盲目的机缘毁了我们。"[10]沃尔特·马普写道，纳斯尔丁勇敢地坚守自己新的基督教信仰，最后被捆在木桩上，被乱箭射死。马普是个想象力丰富的人，讲故事时喜欢添油加醋，刻意重复殉道士圣埃德蒙①和圣塞巴斯蒂安②的圣徒传内容。其他作者则一致认为，纳斯尔丁被一群暴民抓住，被撕得粉碎，残缺的尸体被悬挂在开罗祖维拉门巨大圆形石塔的一具十字架上。"暴民用牙齿把他撕成了碎片。"推罗的纪尧姆写道。[11]不管他究竟是怎么死的，很少有人为他流眼泪。

到12世纪50年代中叶，圣殿骑士团在圣地的拉丁基督教诸邦已经有广泛的分布。他们的兵力相对较少，可能不超过1000名骑士，分散在此时剩余的三个十字军国家。但如果加上军士和辅助部队（如被称为土科波的叙利亚轻骑兵，骑士团在有需要的时候招募这些人当作雇佣兵），他们的实力就要翻好几倍。骑士团要忙的事情很多。当时的书信和编年史提及了圣殿骑士团的诸多活动：在各地袭掠敌人、开展小规模作战；在战斗中有人伤亡或被俘；为王军提供部队以参加军事冒险；用俘虏换取宝贵的资金来支持骑士团的使命。1157年某人给教宗阿德里安四世的一封信很有代表性。这封信先是哀叹若干骑士，包括大团长贝特朗·德·布朗克福尔被俘，然后心情愉悦地描绘了圣殿骑士团对一场穆斯林婚礼的袭击。信里此人自豪地告诉教宗，两百三十名"异教徒"被驱逐，并保证说，这些穆斯林都被俘虏或"死于利剑"。尽管这种暴力活动没有正当性（也许恰恰因为没有正当性），这封信还是赞颂圣

---

① 圣埃德蒙（？—869）是东盎格利亚国王，死于丹麦人的入侵。据说丹麦人用箭将他射死。

② 圣塞巴斯蒂安（？—288）是基督教圣人和殉道者，据说在罗马皇帝戴克里先迫害基督徒期间被杀。在艺术和文学作品中，他常被描绘成双臂被捆绑后被乱箭射死的形象。罗马天主教和东正教信徒都崇敬他。

殿骑士是新的马加比人，是生活在异教徒统治下或被其迫害的
基督徒的捍卫者。[12]

骑士团的行动指挥部，也是大团长、总管、军务官和袍服
官的官邸，仍然是耶路撒冷的圣殿建筑群。到 12 世纪中叶，
骑士团已经把圣殿经营得风生水起，并且让它真正属于骑士
团。勇敢的德意志朝圣者狄奥多里克谦卑地自称为"所有僧
侣中的粪土"，他于 1169—1174 年访问圣地，感受到了圣殿的
恢宏。在他的游记中，他相当详细地描述了圣殿骑士团的总
部，称其为所罗门的宫殿。他的记述是对圣殿外观最生动的描
摹之一。

> 它像教堂一样是长方形的，由柱子支撑。圣殿的一端
> 有圆形的屋顶，既大又圆，也像教堂。圣殿和它旁边的建
> 筑都是圣殿骑士团的财产。他们驻扎在这些和其他属于他
> 们的房舍中。它还有储存兵器、服装与粮食的库房，所以
> 他们始终整装待发，随时准备保卫这个地区。下方还有所
> 罗门王营造的马厩。马厩在宫殿隔壁，其结构非常复
> 杂……这座建筑非常宽广，无论从哪个方向，弩箭都很难
> 从一端射到另一端。

> 圣殿建筑群的上方挤满房屋、住所和用途五花八门的
> 附属建筑，鳞次栉比，也随处可见供散步的场所、草坪、
> 会议室、门廊、裁判所和绝妙的蓄水池。下方同样满是盥
> 洗室、库房、粮仓，以及用于存储木料和其他家用物资的
> 仓库。

> 在圣殿西侧，圣殿骑士团建造了一座新房子，它的长
> 宽高、地下室和食堂、楼梯和屋顶，都远远超过本地通常

的规模。它的屋顶极高，如果我说出来它有多高，听我说
话的人恐怕不会相信……在那里，在外层庭院的边缘，他
们也建造了一座新教堂，规模宏伟、工艺精良。[13]

在狄奥多里克旅行期间，与圣殿骑士团相关并且让他肃然
起敬的东西不只是圣殿。他写道："很难想象圣殿骑士团拥有
多少权力与财富。"

> 在犹太地区曾经有许多城市和村庄，后来都被罗马人
> 摧毁。圣殿骑士团和医院骑士团夺取了几乎所有这样的城
> 镇，他们还到处建造城堡并派兵驻守。同时他们在外邦还
> 拥有大量地产。[14]

朝圣者抵达圣地之后，最先看到的东西之一就是从雅法到
耶路撒冷道路上的圣殿骑士团城堡，其中最显要的两座是阿纳
尔德城堡和托伦骑士堡（也叫拉托伦）。阿纳尔德城堡是 12 世
纪 30 年代初（富尔克在位时期）耶路撒冷的宗主教和市民出资
建造的，不久之后被交给圣殿骑士团。这座城堡保护着道路进
入山区时变窄的地方。托伦骑士堡守卫另一条山区隘道。欧洲
旅行者会注意到，这两座城堡的外观与他们在欧洲常看到的城
堡大相径庭。欧洲的城堡一般是一座中央塔楼，建在一个大土
堆上，周围有围墙；被围墙圈起来的区域叫外庭，可以在那里
建造附属建筑。而在东方，圣殿骑士团建造或者驻防的城堡一
般由若干封闭而戒备森严的庭院组成。实用性质的房间，如食
堂、礼拜堂、会议室和宿舍，都直接建在城墙内。这些厚重而
有实用功能的外墙环绕着一个庭院，它既是回廊也是操练场。[15]

圣城以东，通往约旦河的路上可以看到一些较小的圣殿骑士团前哨城堡。约旦河是耶稣受洗的地方，很多朝圣者到那里沐浴和祈祷。这条通衢大道上特别显眼的是一座虽小却引人注目的塔楼，它每边长度不超过 10 米（约 33 英尺），名叫马尔杜瓦姆（意思是"红色蓄水池"）。[16]朝圣者走到哪里，圣殿骑士团就跟到哪里。骑士团往往在自己营造城堡的地方用显著的徽记来标示，将徽记刻在石头里：三角形的盾牌，一个上下颠倒的"T"将它的上半部分分割成两块。[17]带有这个显眼徽记的要塞和瞭望塔守卫着耶路撒冷王国、的黎波里伯国和安条克亲王国的各条道路。

海法和阿卡这两座港口与雅法一样，都是朝圣者喜欢的登陆点。圣殿骑士团在阿卡靠近海边的地方拥有一座房屋，狄奥多里克觉得它"宽广而美观"。因为阿卡比雅法大得多，位置也更靠近海岸线的中央，它逐渐成为骑士团最重要的补给点，来自欧洲港口的人员、金钱和装备在这里靠岸。[18]城墙之外一些臭名昭著的危险地点也有圣殿骑士团的城堡。海法以南的沿海道路有一个很容易遭到土匪袭击的狭窄路段，骑士团在这里的一座名叫德托瓦（也叫狄斯特里克图姆，指的是道路需要蜿蜒通过的狭口）的砂岩山岭上建造了一座瞭望塔。在更靠内陆的地方，在耶路撒冷—提比里亚道路和阿卡—拜桑道路上具有战略意义的交叉点，还有一座较大的要塞，叫作拉费弗（或弗勒）。这是一个先进而给养充足的前哨阵地：狄奥多里克注意到，它建在一个天然池塘之上，可以用机械装置取水。[19]

骑士团于约 1172 年占据了拉费弗，它是 12 世纪营造的最大城堡之一。它的面积为 90 米×120 米（约 295 英尺×395 英尺），

圣殿骑士团在拉丁东方的城堡

圣殿骑士团城堡
其他城堡

鲁姆的
塞尔柱人

奇里乞亚的
亚美尼亚

埃德萨

拉罗什德鲁塞尔
拉罗什德纪尧姆
特拉普萨克
巴格拉斯
安条克·阿勒颇

幼发拉底河

安条克亲王国

塞尔柱帝国

马尔盖特
托尔图沙
白堡
骑士堡

塞浦路斯

的黎波里伯国

叙利亚

地中海

大马士革

博福尔
推罗·
孟福尔
阿卡·
海法·
德托瓦
朝圣者城堡（阿特里特）
卡考·

沙斯特莱（雅各渡口）
采法特
加利利海
拉费弗
约旦河

托伦骑士堡（拉托伦）
雅法·
亚实基伦·
加沙
耶路撒冷
死海

马尔杜瓦姆（红色蓄水池）

巴勒斯坦
外约旦

耶路撒冷王国

埃及

0 英里 20
0 千米 20

© 2017 Jeffrey L. Ward

能容纳数百士兵和马匹。这个地方很适合在作战之前集结人马，也适合警戒通往四座主要十字军城市的道路。12世纪80年代，一位阿拉伯作家说拉费弗是"最好的、防御最坚固的城堡，其人员、武器装备和给养最充足"。[20]沙斯特莱也得到了夸张的赞誉，这座城堡耗资巨大，建在约旦河上游的辽阔地域，俯视加利利海。阿拉伯统治者对这座使人惧怕的城堡艳羡不已，注意到它的城墙用巨大的石板建成，厚度超过6米（20英尺）。[21]

在的黎波里伯国，圣殿骑士团驻防着世界上最宏伟的城堡之一，它的位置毗邻海岸，也与小型沿海定居点托尔图沙①的城墙相接。的黎波里主教纪尧姆邀请骑士团在托尔图沙营造城堡，以抵挡阿勒颇的阿塔贝格努尔丁的侵犯。尽管这座城堡于13世纪初因地震而损坏，但它的规模和雄伟仍然令人肃然起敬。双层城墙里有十一座塔楼，这些塔楼令城堡形似王冠。除了托尔图沙本身，骑士团还拥有附近的小岛鲁阿德（艾尔瓦德岛）；更靠内陆的地方还有一座阴森森的庞大要塞叫作白堡（萨菲泰），它从12世纪50年代初开始属于圣殿骑士团。

埃德萨在第二次十字军东征之前就已经沦陷，一直无法收复，所以十字军在最北端的领地是安条克，它也经常遭到穆斯林攻击。在这里，圣殿骑士团的主要使命是监视阿玛努斯山。骑士从巴格拉斯、特拉普萨克和拉罗什德鲁塞尔这几座山麓城镇监视行人，从防御工事的射击孔观察外界，以确保正常的访客不受骚扰地安全通过山区，而可疑之人不能通过。

由上述的城堡和瞭望塔组成的网络守护着拉丁诸邦南北

---

① 托尔图沙就是现在叙利亚西部的地中海港口城市塔尔图斯。

两端的边陲，并努力在两端之间最敏感的地点提供一定程度的安保。数百名骑士组成的小规模部队驻防这些防御工事，并得到数量更多的军士、支援人员、雇佣兵、仆人和奴隶的支持。圣殿骑士团在欧洲的基础设施不断发展，为所有这些人提供补给。到 12 世纪 70 年代时，圣殿骑士团已经成为一个国际化的组织。

与此同时，在阿拉贡、卡斯蒂利亚－莱昂、纳瓦拉和葡萄牙，圣殿骑士团正忙着参与当地的圣战。到 12 世纪 50 年代末，他们在西班牙半岛已经度过了三十年，建造了大批要塞，并从收复失地运动的君主那里获得了许多地产。

在该地区，圣殿骑士团最热情的赞助者是葡萄牙伯爵阿方索一世·恩里克斯，他年轻时曾宣布自己是圣殿骑士团的兄弟，这说明他在某个时间正式成为骑士团的"团友"。他对骑士团慷慨解囊。圣殿骑士团在葡萄牙占据的第一座城堡是一座位于索雷的庞大要塞。这位雄心勃勃的统治者早在 1128 年（也就是骑士团成立后不久）就将它赠给骑士团。很快，骑士团又获得了其他财产。12 世纪 40 年代，阿方索一世·恩里克斯一路厮杀南下，攻占了塔霍河流域的穆斯林土地。1144 年，当地的圣殿骑士帮助他攻打圣塔伦城，它是古罗马人建立的定居点，8 世纪开始被伊斯兰势力统治。阿方索一世·恩里克斯征服了圣塔伦城，驱逐了穆斯林居民。为了感谢圣殿骑士团的帮助，这座新近皈依基督教的城市的所有教堂的收入都被捐赠给圣殿骑士团。

三年后，骑士团用圣塔伦交换了甚至更丰厚的奖品。1147 年 7—10 月，一支葡萄牙军队在来自英格兰、苏格兰、弗里斯兰①、诺曼底和佛兰德的经验丰富的老兵（他们正打算乘150多艘船去参加第二次十字军东征）的帮助下猛攻里斯本17个星期，用撞城槌、攻城塔和投石机摧毁了城墙和城门，然后屠城数日之久，尽管基督徒曾宣誓会饶恕城里的人。

征服里斯本对阿方索一世·恩里克斯来说极其有利。区区十年之内，他就为葡萄牙赢得了王国的地位。为了表达自己对基督教事业的热心，他在里斯本设立了一个主教区，用之前封授给圣殿骑士团的圣塔伦的教堂的收入来维持这个主教区。他这么做并没有怠慢圣殿骑士团，因为这位新国王为了补偿骑士团，把瑟拉要塞和建立托马尔城的权利授予圣殿骑士团的葡萄牙分团，让他们把托马尔作为自己的地区总部。到了13世纪，葡萄牙王室仍然不断向圣殿骑士团捐钱捐物。

在阿拉贡，骑士团也一帆风顺。1143年，阿方索一世的最终继承人拉蒙－贝伦格尔四世与圣殿骑士团达成协议，让他们放弃对阿拉贡王国的三分之一的主张权，并给予他们补偿。骑士团稳稳占据了一连串庞大的要塞，其中最好的可能要数蒙宗。它是穆斯林建造的山顶要塞，靠近辛卡河，几乎无懈可击。圣殿骑士团继续扩建蒙宗，让它足以与圣地的任何城堡媲美。现在圣殿骑士为拉蒙－贝伦格尔四世的军队效力，帮助他攻城拔寨，并得到丰厚的酬劳。阿拉贡边境的十字军圣战与东方更有名的战争一样，是圣殿骑士团与国王通力合作的事业。

但在西班牙的其他几个王国，圣殿骑士团的发展就不是那么顺利了。在卡斯蒂利亚，圣殿骑士团还没来得及站稳脚跟就

---

①　弗里斯兰是一个历史地区，在北海南岸，今天大部分在荷兰境内，小部分在德国境内。

被排挤出去。他们占据卡拉特拉瓦城堡一些年，但它于 1158 年被王室收回。此时卡斯蒂利亚统治者开始表现出更喜欢他们自己的本土军事修会，其中最早的是熙笃会僧人菲特罗的雷蒙于 1163 年组建的卡拉特拉瓦骑士团。三年后，在莱昂，有人组建了阿尔坎塔拉骑士团（也叫佩雷罗的圣胡利安骑士团）；大约在同一时期，圣地亚哥骑士团也诞生了，它的专门职责是保护朝圣者去加利西亚的圣地亚哥·德·孔波斯特拉朝圣，那是西方最神圣的地方之一。这几个军事修会更紧密地依赖它们所在的国家，始终没有超越自己的国境，没有成为圣殿骑士团和医院骑士团那样真正国际化的组织。但它们的建立表明，在每一个与十字军东征有联系的地区，军事修会的理念仍然备受欢迎。

# 九 "两片土地的困境"

人生对于耶路撒冷国王阿马尔里克来说颇为吃力。他口吃，没法雄辩地高谈阔论。他饮食有度，但仍然肥胖，硕大的胸部如老妇般下垂到腰间。[1]他没有能耐用个人魅力主宰廷臣，而他们觉得他沉默寡言、不懂闲聊的艺术。他虽然虔诚，努力与私通的罪孽做斗争，但还是克制不住自己，把有夫之妇和未婚女子都拉到自己床上。

对阿马尔里克来说最困难的事情是统治耶路撒冷。这实在太复杂了。他需要把东方零散的基督徒诸邦联合起来，共同抵挡敌人越来越凌厉的攻击。他的敌人正在努尔丁领导下积蓄力量。战争有好几条战线，他需要对抗埃及和叙利亚的敌人，而这些敌人逐渐团结起来，越来越自信，目标也越来越明确。阿马尔里克是一位能干的国王：一位穆斯林作家表示仰慕他的"勇敢和狡猾，自从法兰克人到叙利亚以来还没有过他这样的人"。[2]但在他统治耶路撒冷的十年里，他的王国越来越动荡。有时他不仅与叙利亚和埃及的穆斯林统治者对立，还与自己的国民发生公开冲突。

1163 年 2 月 18 日，阿马尔里克被加冕为王，年方二十七岁。他的兄长鲍德温三世于八天前去世，享年三十三岁，死前身患热病和痢疾，煎熬了好几个月。推罗的纪尧姆怀疑鲍德温三世是被谋杀的，并说一个名叫巴拉克的来自安条克的叙利亚基督徒医生给鲍德温三世开的药有毒。国王驾崩后人们做的试验似乎也能支撑这种观点，因为巴拉克的药与面包混合之后能把狗毒死。不管死因如何，鲍德温三世在贝鲁特去世，肃穆的队伍将他的遗体运回耶路撒冷安葬。鲍德温三世的葬礼和阿马尔里克的加冕礼都在圣墓教堂举行。

王权的交接让圣地的基督徒诸侯惴惴不安。鲍德温三世几年前娶了十三岁少女考特尼的阿格尼丝。① 他死时她只有十七岁，没有生儿育女，所以阿马尔里克的继承权没有争议。但国内的一些大贵族仍然窃窃私语地怀疑他是否适合当国王。这位新国王在加冕七周之后写信给路易七世，吹嘘自己的登基十分顺利，自己得到了广泛支持。其实有些贵族对阿马尔里克的态度颇为暧昧。[3]他在另一个场合坦言，他继承的王国困难重重，"东方的基督教世界力量衰弱，承受的压力比以往更大"。[4]前一年夏季，地震破坏了安条克的若干城堡和其他建筑，努尔丁的军队正威胁着要摧毁地震之后剩余的一切。安条克亲王沙蒂永的雷诺是历史上来到十字军国家的最坚忍不拔的贵族之一②。他曾残暴而坚定地统治自己的国家，但后来被敌人俘

---

① 考特尼的阿格尼丝（约1136—约1184）是前文讲到的埃德萨伯爵若斯兰二世的女儿。此处原文有误，阿格尼丝从来没有嫁给过鲍德温三世。1157年，当时还是雅法与亚实基伦伯爵的阿马尔里克娶了阿格尼丝，此前她可能已经结过一次婚。出于某些原因，耶路撒冷王国的贵族迫使阿马尔里克与阿格尼丝离婚，否则拒绝接受他为国王。他们以血缘相近的理由离婚，但他们的孩子（后来的麻风病国王鲍德温四世和女王西比拉）仍然有合法地位。阿格尼丝后来又结了两次婚。阿马尔里克后来娶了拜占庭帝国的公主玛丽亚·科穆宁，他们的独生女就是后来的伊莎贝拉一世女王。

② 沙蒂永的雷诺娶了安条克亲王博希蒙德二世的女儿康斯坦丝（前文讲到的安条克亲王雷蒙的遗孀），所以成为安条克亲王。

虏，此时正在努尔丁的地牢里受尽煎熬。基督徒在北方的权威正在瓦解，努尔丁的力量与日俱增。这位令人生畏的阿塔贝格距离他的最终目标越来越近了：将整个叙利亚统一在自己的领导下，然后在埃及煽动政变，推翻开罗的法蒂玛王朝统治者，或者用武力征服埃及。

在 12 世纪 40 年代和 50 年代，努尔丁从阿勒颇稳步扩张自己的势力范围，控制周边的城市和国家。1149 年，他的一个兄弟死后，他对摩苏尔提出宗主权；1154 年，他驱逐了大马士革的统治者。到 1164 年，曾属于埃德萨伯国的土地都在他的控制下。自十字军最初抵达圣地以来，叙利亚首次统一，而埃及的法蒂玛王朝濒临破产。1153 年亚实基伦陷落之后，法蒂玛王朝就向耶路撒冷的基督徒国王纳贡，且法蒂玛王朝的权力传承十分混乱，统治它的是一连串年轻软弱的哈里发。埃及随时可能被外敌征服。

埃及和叙利亚联合的可能性让基督徒忧心忡忡，让努尔丁垂涎欲滴。如果他能把这两个国家联合起来，就能对基督徒在沿海的领土实现北、南、东三面包围。十字军之所以能开辟自己的王国并守住它，一个关键原因是几十年来逊尼派塞尔柱突厥人与什叶派的埃及法蒂玛王朝互相对立。大家都明白，耶路撒冷历代基督徒国王（包括阿马尔里克）的职责就是确保那两个伊斯兰国家继续互相敌视。

1163 年，圣殿骑士团的大团长是贝特朗·德·布朗克福尔，他是一位久经沙场、坚忍不拔的老将。贝特朗于 1156 年安德烈·德·蒙巴尔去世后当选为第六任大团长。他多次为鲍德温三世提供军事支持，自己付出了沉重代价。1157 年 6 月，他卷入了发生在安条克的巴尼亚斯的一次可耻失败。此役中鲍德温三世遭到伏击，被迫逃之夭夭，很多法兰克权贵被俘，包括国王的军务官奥多·德·圣阿芒、强大的领主伊贝林的于格①和贝特朗。

推罗的纪尧姆描述贝特朗为"虔诚的敬畏上帝之人"。[5]他当过努尔丁的俘虏，受过战争的磨砺。巴尼亚斯惨败之后，贝特朗作为可耻的俘虏队伍的一员，被押往大马士革。每两个被俘的骑士被拴在一头骆驼上，每头骆驼背着一面展开的大旗，旗上面装饰着死人的头皮，用发丝挂在长枪上。身份最高贵的俘虏，比如贝特朗，被允许穿着自己的链甲、戴着头盔独自骑马，但他们骑马的时候也被迫举着那种恐怖的旗帜。[6]贝特朗在大马士革一直被囚禁到 1159 年。阿马尔里克被加冕为耶路撒冷国王的时候，贝特朗已获释将近四年。他致力于让圣殿骑士团为耶路撒冷王室效力，但也很谨慎，不愿意让自己的部下去打必败无疑的仗。

圣殿骑士团与努尔丁的第一次冲突取得了出人意料的胜利。1163 年秋季，消息传到基督徒耳中，努尔丁正在的黎波里伯国的拉博凯（贝卡）休整军队。基督徒计划了一次伏击，并且显然是在两位来自西方的高级领主的鼓动下计划的。他们是昂古莱姆伯爵的弟弟"铁锤"若弗鲁瓦和"棕发的"于格·德·吕西尼昂，都是来圣地朝圣的。

若弗鲁瓦和于格都是地位相当高的人。他们很可能在抵达圣地之后就与贝特朗·德·布朗克福尔取得联系；到这年秋季，他们显然已经认识了在的黎波里的圣殿骑士，因为若弗鲁瓦和于格在拉博凯攻击努尔丁的时候选择的一线指挥官是声名

---

① 他是著名的伊贝林的贝里昂的长兄。

显赫的高级圣殿骑士吉尔伯特·德·莱西。

1163 年的时候，吉尔伯特·德·莱西是圣殿骑士团在的黎波里伯国的分团长，即地区指挥官。他可能五十多岁，成年生涯的大部分时光是在英格兰度过的，小心翼翼地熬过了今天所谓的英格兰"无政府时期"风云变幻的政治斗争。他帮助亨利一世的女儿和指定继承人玛蒂尔达皇后与她的表兄斯蒂芬国王激烈地争夺王位。当时的编年史《斯蒂芬行状录》描述吉尔伯特"狡黠而机智"，说他"每一次作战时都谨小慎微，一丝不苟"。[7]

并且吉尔伯特与圣殿骑士团打交道的历史也很悠久。在"无政府时期"，他把吉廷的一处庄园捐赠给骑士团。这是格洛斯特郡和牛津郡之间的一个很有价值、土地肥沃的地方，就在地势低洼、青翠怡人的科茨沃尔德①山区。英格兰内战结束，玛蒂尔达的儿子被加冕为亨利二世国王之后，吉尔伯特觉得自己的政治生涯已经圆满。于是他在 1158 年把土地交给儿子，自己加入了骑士团。他是个地位很高的新人：这位贵族、武士和热衷慈善的基督徒，愿意放弃家乡的舒适生活，去领导信徒的军队。两年后，在巴黎，他作为圣殿骑士团一个代表团的成员，担保英格兰新国王与法兰西国王路易七世之间的和约（英格兰的金雀花国王在欧洲大陆拥有广袤的领土，所以他们几乎持续不断地与法兰西统治者发生冲突）。但对一名性喜活跃的军人来说，只有一个地方可去。1162 年，吉尔伯特已经

---

① 科茨沃尔德是英格兰中南部一个地区，跨越牛津郡、格洛斯特郡等地，历史悠久，在中古时期就因与羊毛相关的商业活动而蓬勃发展。此地出过不少名人，如作家简·奥斯丁、艺术家威廉·莫里斯等。该地区风景优美、古色古香，是一处旅游胜地。

抵达圣地，接管了圣殿骑士团在的黎波里分支的指挥权。就是他负责指挥在拉博凯伏击努尔丁军队的作战。

这次袭击让努尔丁的军队措手不及。"他的很多部下被俘，更多人死于刀剑，"推罗的纪尧姆写道，"他无比绝望，仓皇逃命。全部辎重，甚至他本人的佩剑，都被丢弃……基督徒满载战利品和各式各样的财宝，胜利返回自己的土地。"[8] 推罗的纪尧姆此处的文字反映了伏击的成功，但事实上这对努尔丁来说只是一个小小的挫折。

1164 年，圣殿骑士团再次参加对穆斯林军队的直接攻击，这一次是在南方。阿马尔里克加冕不久之后开始筹划针对埃及的一系列作战，在登基几个月后就发动了第一次攻势。他和努尔丁一样认识到法蒂玛王朝的弱点，希望利用开罗激烈的权力斗争。埃及的维齐尔沙瓦尔正在与肥胖、浮夸、一只眼睛生了白内障的库尔德将军谢尔库赫针锋相对。谢尔库赫企图煽动叛乱，帮助努尔丁推翻埃及政府。① 阿马尔里克知道埃及非常富庶，如果他能占领埃及，就能获得丰富的战利品和大量土地，并可以将这些土地分封给为王室忠诚效力的贵族。这位十字军国王如果能获得沿海的其他一些尼罗河三角洲城市，如达米埃塔、罗塞塔和亚历山大港，那么他对亚实基伦和加沙周边地区的控制就会更加稳固。并且，如果能占领其中一座或所有城市，他与地中海世界其余地区的贸易就会大幅增长。[9]

---

① 沙瓦尔接替前文讲到的鲁齐克，成为埃及的维齐尔和实际统治者。在埃及的权力斗争中，沙瓦尔请求努尔丁帮忙。努尔丁派遣自己的部将谢尔库赫去埃及，谢尔库赫的侄子萨拉丁随他一起去。沙瓦尔在谢尔库赫帮助下巩固了自己的地位，又与谢尔库赫发生争吵，于是沙瓦尔与耶路撒冷国王阿马尔里克结盟。

1164 年 7 月，圣殿骑士团参与了阿马尔里克对埃及的第二次进军。国王率军奔向尼罗河边缘的三角洲，攻打古城比勒拜斯，在此地守城的是谢尔库赫。阿马尔里克及其支持者花了好几个月围城，最后驱逐了谢尔库赫，从沙瓦尔那里获得一笔贡金。但到了 10 月，基督徒军队不得不撤退，而且没有获得任何重要的新领土。雪上加霜的是，就在他们忙着在南方作战的时候，努尔丁抓住机会在北方发动进攻。阿马尔里克动身前往埃及之后，努尔丁立刻杀入安条克，于 8 月 10 日与的黎波里伯爵雷蒙三世和安条克亲王博希蒙德三世①指挥的基督徒大军交战。这就是阿尔塔赫战役。基督徒军队据说有 1.2 万步兵和 600 名骑士，其中超过 60 人是圣殿骑士，但这一次努尔丁占据上风。他歼灭了十字军，杀死许多骑士，俘获所有领导人，然后率军穿过安条克，占领了重要的沿海城市巴尼亚斯。这对阿马尔里克来说是重要的教训：基督徒有能力进攻埃及，也能保卫自己的北方领土、抵抗努尔丁的侵略，但很难二者兼顾。

贝特朗·德·布朗克福尔对这一点看得一清二楚。和其前任一样，贝特朗写信给法兰西国王路易七世并派使者觐见他，希望鼓动国王领导一次新的十字军东征。1164 年 10 月和 11 月，这位大团长写了两封信，概括了圣地南北两条战线上令人不快的挫折。这不仅仅是军事理论的问题。在阿尔塔赫，圣殿骑士团损失了 60 名骑士、更多的军士以及大批轻武装的叙利亚雇佣兵（土科波）。骑士团会雇用土科波来加强自己的作战兵力。只有 7 名圣殿骑士逃脱。损失了这么多人员，补充起来非常昂贵。

---

① 他是前文讲到的安条克亲王雷蒙的儿子。

"最尊贵的国王，安条克和耶路撒冷这两片土地上的困难不胜枚举。"贝特朗在第一封信里写道。一个月后，他写了第二封信，抱怨在埃及作战期间努尔丁让他吃尽了苦头。"尽管我们的国王阿马尔里克非常伟大和光辉（感谢上帝），"贝特朗写道，"但他无力同时组织四支军队，分别保卫安条克、的黎波里、耶路撒冷和巴比伦［即埃及］……而努尔丁只要愿意，就能同时攻击这四个地方。"[10]贝特朗非常深刻地理解东方作战的核心问题：总的来讲，战争胜负取决于兵力。努尔丁拥有兵力优势，法兰克人在大多数地方都寡不敌众。

国王的期望值和资源不足、疲于奔命的军事修会的实际能力之间的差距，就这样首次体现出来了。贝特朗在给路易七世的信的末尾写道，他会派遣一名私人信使去解释无法在信中表达的东西。这位信使戈蒂埃·布里兹巴尔"诚实可靠，执行上帝的任务时谨小慎微，并且从一开始就参与了这些事情"。这是不是在隐晦地表达，国王从信使那里会听到更真实的信息，而贝特朗不能在信里写出完整的真相？我们没办法知道。但显然，在 1164 年秋季，圣殿骑士团准备协助阿马尔里克的时候，大团长对这位国王能否取得长久的胜利持保留态度。

1167 年 1 月 30 日，阿马尔里克又一次率军从亚实基伦出征，向埃及进发。这一次拉丁军队的任务是阻止谢尔库赫对开罗的又一次攻击。谢尔库赫的目的是将法蒂玛王朝逐出开罗。阿马尔里克此次是应沙瓦尔的请求出征的，沙瓦尔承诺给他数量惊人的金钱作为酬劳。沙瓦尔报答基督徒帮助的价码是给耶路撒冷国王 40 万第纳尔，这相当于 1700 千克纯金。战略需求如今和现金报偿捆绑在一起，所以阿马尔里克及其部下愿意忍受沙漠行军的艰难困苦，顶着裹挟着大量黄沙的旋风前进。面对这种沙尘暴，人们别无他法，只能下马躺下，等待令人睁不开眼睛的强劲沙尘暴自己停歇。[11]他们也情愿无视这样的事实：埃及正处于激烈的内乱中，根本拿不出维齐尔承诺的巨款。

圣殿骑士团又一次随国王出征，不过这一次双方的关系很紧张，因为前一年阿马尔里克在暴怒中绞死了十二名圣殿骑士。1166年，一位名叫纳布卢斯的菲利普①的高级贵族兼王室亲信在丧偶之后加入了骑士团，并将外约旦的大片土地捐赠给圣殿骑士团。外约旦是埃及边缘的一个动荡不安的地区，阿马尔里克和努尔丁正在争夺它。[12]如此大规模的地产转移，并且是在如此敏感的地区，必须由菲利普的亲属②签字才能执行。阿马尔里克原本同意，很快又反悔了。

菲利普赠给骑士团的地产之一是一处设防的沙漠洞穴。阿马尔里克明确指示圣殿骑士团要不惜一切代价守住这个洞穴，但没过多久谢尔库赫的军队就夺走了这个阵地。推罗的纪尧姆对此事的记载很短，对骑士团充满敌意，似乎暗示有人叛变通敌。根据他的编年史（资料来源是阿马尔里克本人，所以受到了国王视角的影响；纪尧姆曾被国王聘请为王子教师），一支穆斯林军队攻击了这个洞穴，国王立刻召集"一群兵强马壮的骑士"来到约旦河，以打退敌人。但他们还没抵达，就得到消息，守卫洞穴的圣殿骑士已经投降。"国王勃然大怒……将对投降负有责任的十二名圣殿骑士绞死。"[13]

即便如此，圣殿骑士团仍然支持了1167年的作战，与王

---

① 纳布卢斯的菲利普后来成为圣殿骑士团的大团长，任职时间为1169年至1171年。——作者注

② 原文为"亲属"（kin）。根据上下文，疑为"国王"（king）。

军一同出动。3月18日在开罗以南不远的地方发生了贝拜因战役，胜负未决。阿马尔里克的基督徒军队在一队"百无一用、娘娘腔的埃及人"（推罗的纪尧姆说他们"更多是累赘，而不是援兵"）支援下，与谢尔库赫的兵力更强的军队对抗。谢尔库赫的重骑兵有数千之众。[14]战斗乱哄哄地结束，双方都有伤亡。

阿马尔里克继续推进。他追踪谢尔库赫，返回尼罗河三角洲，转向西北，攻打著名的海港城市亚历山大港，用一支舰队封锁它，并从陆上用投石机轰击城市。最后谢尔库赫求和，同意离开埃及、接受沙瓦尔继续在开罗担任维齐尔，并让基督徒军队控制亚历山大港，国王这才停止攻打这座城市。短期来看，这是相当成功的结局。但没过一年，和平就破裂了，而且导致国王与圣殿骑士团之间的关系越来越恶劣。

1164年，一位名叫若弗鲁瓦·富歇的圣殿骑士从巴黎前往东方，在阿卡登陆。若弗鲁瓦是耶路撒冷的分团长，戎马生涯二十年，经常在欧洲和十字军国家之间旅行，并且与法兰西国王路易七世关系密切。为了取悦法兰西国王，若弗鲁瓦回到圣地之后的最初几个月里忙着骑马游历各个朝圣地点，用一枚戒指触碰每个圣地。然后他把这枚戒指作为给国王的礼物送回巴黎，并附上一封信，哀叹耶路撒冷王国遭受的军事灾难，恳求国王提供更多的人员和资源。

三年后的1167年，若弗鲁瓦骑马穿过沙漠，参加攻入埃及的战役。阿马尔里克选择若弗鲁瓦作为使者，去迫使沙瓦尔明确地保证兑现诺言，报答基督徒之前对他的帮助。若弗鲁瓦和恺撒利亚的于格（一位出生于耶路撒冷王国的领主）一同骑马来到开罗。他们在王宫的经历真正令人眼花缭乱。

作为埃及法蒂玛王朝的维齐尔，沙瓦尔为哈里发阿迪德效力。阿迪德年方十六七，经历了惊心动魄的恐怖童年。他的父亲被纳斯尔丁和阿拔斯谋杀，他的长兄①法伊兹幼年继位，很快又死去。阿迪德于1160年成为哈里发，此时他只有大约十一岁，沙瓦尔代表他执掌政权。哈里发似乎喜欢这种安排。一位基督徒编年史家说他"在女人当中过着腐化的生活"，据说一年中每天都有不同的姬妾在侧。但他得到人民的爱戴，他们相信他拥有神力，能让尼罗河泛滥。[15]

拉丁人深知哈里发的崇高威望，所以与法蒂玛王朝谈判的时候不仅努力从维齐尔，还要从他的主公那里获得妥协与担保。为了这个原因，若弗鲁瓦·富歇和恺撒利亚的于格奉命来到开罗，拜见阿迪德本人，并确保他让沙瓦尔兑现诺言。他们接到的命令是，必须让哈里发本人亲自保证并与他们握手才算数。这次冒险让他们来到了法蒂玛王朝哈里发国的心脏。很少有人见过这个地方，西方基督徒就更难到此了。

若弗鲁瓦和于格如此描述他们在前往深宫途中目睹的光辉盛景："独一无二，与我们的世界迥然不同。"[16]他们后来告诉推罗的纪尧姆，为了进入宫殿建筑群，他们先被引领走过昏暗狭窄的走廊，路两边是数十名佩剑的卫士。每一扇门前都有一群哨兵，他们看到维齐尔就热情洋溢地敬礼。在宫廷太监总管的带领下，他们满心惊奇地走过庞大的庭院，周围随处可见走廊、大理石柱子和波光粼粼的鱼池，还能听见充满异国情调的

---

①　法伊兹应为堂兄，是哈里发扎菲尔（被纳斯尔丁和阿拔斯谋杀）的儿子。阿迪德的父亲优素福是扎菲尔的兄弟，也被纳斯尔丁和阿拔斯谋杀。

鸟儿婉转啼鸣，唱着奇异的歌曲。最后他们来到哈里发的内廷，那里悬挂着用珍珠装饰的帘幕。他们目睹沙瓦尔向黄金宝座三次跪拜，并亲吻那位玉树临风、胡须不多的年轻人，而枢密顾问和宦官在两侧侍奉。

圣殿骑士团的分团长身穿饰有红十字的亮白色制服，在鞠躬谄媚的人群中显得格格不入。他不向哈里发跪拜。恰恰相反，在于格向什叶派世界领袖讲话的时候，若弗鲁瓦冷眼旁观，仿佛他面前的哈里发只不过是恺撒利亚集市上一个滑头的小贩。于格对宦官和阿谀奉承的官员置之不理，威吓阿迪德逐字逐句地重复阿马尔里克国王与沙瓦尔的协议条款，然后要求哈里发脱掉手套与他握手，借此象征对协议的尊重。

哈里发的奴才们不禁目瞪口呆，但阿迪德履行了自己的义务，将若弗鲁瓦和于格送走。法蒂玛王朝统治者和基督教国家之间的军事与政治条约如今得到了年轻哈里发的直接认可。条约的有效性在很大程度上依赖于哈里发与一位圣殿骑士的握手。但哈里发会信守诺言吗？同样重要的是，耶路撒冷国王会信守诺言吗？

次年，圣殿骑士团与阿马尔里克国王的关系降至新低。两个重要的因素是骑士团深度参与了上述条约，以及他们在加沙占据的地盘。1168 年 10 月，阿马尔里克甚至对自己身边的亲信都没有预先告知就撕毁了与沙瓦尔的条约，"召集大队人马，南下进攻埃及"。[17]他闪电般攻打比勒拜斯，屠戮当地平民，然后径直奔向开罗，在城门外安营扎寨，等待维齐尔向他承诺更多的财富，才肯离去。

维齐尔果然提议用纳贡换取和平，这一次的价码是 200 万金币，这是非常可笑的天文数字。阿马尔里克竟然率军撤退，伸手等待黄金从天而降。这是一个灾难性的错误。

贝特朗·德·布朗克福尔和若弗鲁瓦·富歇若是在场，也许会劝阿马尔里克不要信任维齐尔，并且在撕毁与哈里发的协定之前三思。但这次国王没有征询这两人的意见。贝特朗和若弗鲁瓦决定与国王愚蠢且缺乏政治智慧的行为撇清关系，因为国王违背了他们与哈里发以诚信缔结的协议。贝特朗和若弗鲁瓦坚决拒绝参加此次远征，这是对国王的怠慢，他俩必定是在深思熟虑并祷告之后才敢这么做的。

耶路撒冷国王坐等第一批贡金抵达的时候，沙瓦尔联络了曾经的敌人努尔丁，恳求他帮忙赶走贪得无厌的法兰克人。谢尔库赫被派往开罗，途中集结了一支大军。他在野地里避开了阿马尔里克，将强大的军队带到开罗城下，基督徒显然没有办法将他们赶走。到1169年1月2日，阿马尔里克意识到自己别无他法，只能撤回耶路撒冷。他没有拿到200万金币，也没有征服开罗。他仅仅屠杀了一座尼罗河三角洲城市的平民，枯坐了几个星期，就两手空空地回家了。

然而，他的麻烦才刚刚开始。阿马尔里克离开埃及之后，谢尔库赫终于做了那件让他等待许久的简单却凶残的事情。他在开罗城外的营帐邀请沙瓦尔进行友好协商。在会议的约定时间，他偷偷溜走，到河边散步。沙瓦尔原以为等待自己的是融洽的商谈，不料发现谢尔库赫的部下虎视眈眈。他们向他猛扑过去，将他摔倒在地，刺了他好几刀，然后砍掉他的脑袋。谢尔库赫散步回来，送信给哈里发说想要去开罗觐见他，然后率军入城，自立为新的维齐尔。转瞬之间人头落地，埃及落入努尔丁之手。逊尼派叙利亚就这样吞并了埃及。在洋溢着异国情调的开罗宫殿统治埃及超过250年的法蒂玛王朝哈里发国行将就木。圣殿骑士团最担心的事情发生了：南北两面的敌人统一了，并且勇气大增，将圣地包围起来。贝特朗·德·布朗克福尔和分团长若弗鲁瓦·富歇在写给法兰西国王的信里忧心忡忡地预测的，就是这样的悲剧。

几个月之后，大举复兴的伊斯兰力量将会拥有一位比努尔丁更危险、比谢尔库赫更狡黠、与赞吉一样凶悍的新领袖。他给法兰克人，尤其是圣殿骑士团制造的麻烦远远超过了他们之前七十年经历的全部艰难困苦。这位新领袖的仰慕者赞誉他是"伟大的英雄，器宇轩昂，勇冠三军，坚忍不拔，无所畏惧"。[18]而在他的怒火之下颤抖的基督徒则说他是"愤怒的上帝惩罚世人的鞭子"，他将"疯狂肆虐，消灭冥顽不灵的人"。[19]他的名字是萨拉丁。

# 十　"烈火之泪"

　　萨拉丁的雄壮大军行进时掀起的烟尘，足以把最明媚的清晨笼罩在影影绰绰、黄昏般的阴霾里。对他五体投地的秘书伊马德丁写道："有时大地在骑兵的马蹄下呻吟，天堂喜悦地迎接腾起的尘土。"全军纵马奔驰的景象一定令人生畏：1.2万名专业骑兵打头阵，后面是三倍于他们的志愿兵。萨拉丁的亲信吹嘘道，耶路撒冷的法兰克人（穆斯林视其为"污染"和"人类渣滓的污秽"）得知萨拉丁大军逼近的消息时一定会战栗不止，恨不得"自己从来没有出生"。[1]

　　在开罗陷落之后的十年里，萨拉赫·丁·优素福·伊本·阿尤布将成为伊斯兰世界的主要领导人和一个新的苏丹王朝的奠基者。这就是阿尤布王朝，得名自萨拉丁的父亲。萨拉丁极具领导魅力，具有敏锐的政治眼光，雄心勃勃，并且是一位高度自信的军事家。他曾是谢尔库赫在埃及作战的主要指挥官之一，但他能获得这样的职位不仅仅因为他是谢尔库赫的侄子。萨拉丁单凭自己的出身不足以取得成功。他的战绩很快就超过了叔父。开罗投降不到一年，谢尔库赫就患上了扁桃体周围脓肿，这是一种严重的喉部疾病，病因是他狼吞虎咽了大量肉食。他于1169年3月22日突然病逝，萨拉丁旋即夺取政权。[2]他迅速让开罗停止对什叶派的法蒂玛王朝哈里发阿迪德效忠，改为效忠于巴格达的逊尼派阿拔斯王朝哈里发。然后他开始行动，努力将埃及、叙利亚和美索不达米亚的每一块重要的伊斯兰土地都纳入自己囊中。

萨拉丁的雄心壮志自然使他四面树敌，他的敌人之一就是努尔丁，因为是后者资助了谢尔库赫在埃及的政变。努尔丁认为自己才是注定要统治叙利亚和埃及的人，而不是那个暴发户库尔德人。萨拉丁可不这么想。凭借精明敏锐的军事领导才能、不知疲倦的作战、强大的人格力量和极佳的运气，他在1169—1177年将自己的势力范围从埃及向外扩张，对阿勒颇、大马士革和摩苏尔的其他穆斯林统治者构成了最严重的威胁。1171年，阿迪德去世，法蒂玛王朝哈里发国被正式废除。随后萨拉丁作为逊尼派君主，开始巩固自己在埃及的统治。

屡次有人试图暗杀他，阴谋推翻他或者在战场上杀死他，但都未能成功。与他争夺区域霸权的主要竞争对手努尔丁于1174年去世，萨拉丁立刻抢占了他的地盘。他强行闯入大马士革，迅速组织了一场政变，镇压那些企图扶植努尔丁11岁儿子的人。萨拉丁把这孩子送出城，然后娶了努尔丁的遗孀，给自己披上合法的外衣。控制大马士革之后，他于次年对更北方的努尔丁亲眷与追随者开战，决定性地打败他们，夺取了霍姆斯和哈马。他对巴格达的阿拔斯王朝哈里发毕恭毕敬的恳求现在收到了成效：哈里发于1175年授予他埃及与叙利亚的苏丹头衔，认可他如日中天的威望和南征北战的战果。12世纪70年代末，他继续压制在阿勒颇和摩苏尔的努尔丁亲属与旧部。阿勒颇于1182年被萨拉丁攻陷，但他始终没能控制摩苏尔。80年代初，他已经是伊斯兰黎凡特毋庸置疑的主宰者。

萨拉丁索取权力的正当性，源自他为自己精心打造的信仰捍卫者的形象。他自夸对圣战的投入超过了其他所有人。他是一位慷慨、虔诚、风趣并且（相对来说）仁慈的统治者，对人的品格和动机也有超凡的判断力。他的品德与言行给他身边的人都留下了深刻的印象。他的亲信伊本·沙达德和伊马德丁（他写过一部详细的萨拉丁传记）都由衷地赞美主公，无须违心地捏造。

最让他们不吝溢美之词的一点是，萨拉丁坚定地对抗占据耶路撒冷并主宰的黎波里与安条克的可恶的法兰克人。伊本·沙达德写道：

> 圣战，以及他对圣战的热爱与激情，牢牢地掌控了他的全副身心，所以他除了圣战什么都不谈，除了圣战什么都不想。他终日思考圣战所需的兵力问题，并只喜欢那些谈论和鼓励圣战的人。[3]

这不只是简单的宗教虔诚。萨拉丁拥有一种深刻的洞见（他的生涯大部分都受这种洞见的指导）。他非常务实地理解，要统一脆弱的伊斯兰世界（并巩固他自己对伊斯兰世界的权威），最好的办法就是把全体穆斯林团结在反对异教敌人的圣战的大旗下。萨拉丁对开疆拓土的野心和他强烈的反基督教情绪，促使他与拉丁王国发生了战争。唯一真正让人惊讶的是，他等了将近十年才开始走这一步。等他开始攻击基督教王国的时候，站在最前线抵挡他的人当中就有圣殿骑士。

1169 年萨拉丁在埃及夺权后，圣殿骑士团和耶路撒冷国王之间的关系仍然十分紧张。贝特朗·德·布朗克福尔在这一年去世，骑士团的中央大会选举纳布卢斯的菲利普为新任大团长。他是出生于东方的领主，长期为骑士团效力，并且与阿马尔里克的王宫人员过从甚密。菲利普成为大团长很可能是国王的授意，当然也可能是骑士团刻意选他来取悦王室。不管怎么说，在短期内双方的关系有所缓和。在菲利普指挥下，圣殿骑士团返回埃及，执行国王命令的一次（徒劳的）入侵。但菲利普对王室的忠诚超过了他对骑士团的认同。1171 年，他辞去了大团长职位，带领国王的一个使团去君士坦丁堡觐见曼努埃尔一世·科穆宁。这趟旅程不算遥远，但他在前往拜占庭的途中去世了。

接替菲利普的是另一个忠于阿马尔里克的人，奥多·德·圣阿芒。他曾为国王效力，担任耶路撒冷王国的军务官，这是国王军队的最高职位。也许选举奥多为大团长是为了让圣殿骑士团的行动与王室政策保持一致，但这一次事与愿违。奥多的个性咄咄逼人、冲动鲁莽，这在他上任之后的行动中体现得淋漓尽致。没过多久，他就更加重视骑士团的独立性，而不愿意当阿马尔里克的傀儡。

奥多上任后的第一次危机涉及一个神秘莫测的什叶派小教派，叫作阿萨辛派，其成员擅长引人注目的公开谋杀。阿萨辛派的大本营位于波斯的阿拉穆特堡，但从 12 世纪 30 年代开始他们在叙利亚山区也有一些领土，并占据了的黎波里伯国和安条克亲王国之间诺赛里山区的一些城堡。推罗的纪尧姆估计，阿马尔里克在位期间，阿萨辛派多达 6 万人，他们的 10 座要塞从周边的所有村庄获取税金和给养。阿萨辛派的名字可能源自他们喜爱的哈希什大麻，他们从波斯去巴勒斯坦发动恐怖袭击之前会服用哈希什。"如果某位王公得罪了这些人，或者招致他们的猜忌，他们的首领就将一把匕首塞到一位追随者手中，"推罗的纪尧姆写道，"接到任务的人会立刻动身，不管刺杀会造成什么样的后果，也不管自己能不能全身而退。"[4] 在较晚时期写作的德意志编年史家帕德博恩的奥利弗听说，"阿萨辛派及其首领'山中老人'惯于暗杀基督徒，杀死那些关心基督教事业的人"。[5] 实际上阿萨辛派更关注其他的穆斯林领袖，所以阿马尔里克寻求与他们达成协议，共同对付在叙利亚和埃及的逊尼派敌人。

为了这个目的，山中老人于 1173 年派了一名使者到阿马尔里克的宫廷。这位使者的名字是阿卜杜勒，根据推罗的纪尧姆不够客观的记述，此人"睿智而雄辩，有谋略，对他主公的信条烂熟于胸"。[6] 但圣殿骑士团一点都不喜欢阿卜杜勒的能言善辩，因为他提议的交易之一会切断圣殿骑士团的一条油水丰厚的财路。

阿萨辛派和圣殿骑士团是近邻，互相熟悉。圣殿骑士团在托尔图沙有一座大型城堡，距离诺赛里山区很近，而诺赛里山区星罗棋布地坐落着阿萨辛派的要塞。其中最近的一座是拉科瓦布勒（卡拉阿特·哈瓦比），距离圣殿骑士团领土只有 5 英里（约 8 公里）多一点儿。这本身对骑士团并不是什么致命的威胁，因为阿萨辛派一般不会把骑士团当作目标，因为圣殿骑士作为个人都并非不可替代的权贵，骑士团只有作为一个机构才是重要的势力。[7] 阿萨辛派每年给圣殿骑士团大约 2000 拜占特金币，让他们不要干涉自己的行动。推罗的纪尧姆认为，阿卜杜勒谈判的要点当中比较优先的一条就是取消上述的安排，而阿马尔里克为了更广泛的安全愿意接受。国王提议了一个方案，派武装人员护送阿卜杜勒回到山区，并带了书信给阿萨辛派的领袖，从而敲定最终的协议。

推罗的纪尧姆记载了随后发生的事情。"在国王提供的护卫和引导下，阿卜杜勒已经通过的黎波里，准备踏上他自己的土地。"然而，阿卜杜勒在接近山区时遭到伏击。圣殿骑士戈蒂埃·德·梅尼勒（他是独眼龙，所以很容易被认出）和其他一些身穿圣殿骑士团制服的同谋"挥舞利剑冲上去，杀死了这位使者"。[8]

如此令人震惊的背信弃义的恶行让阿马尔里克暴跳如雷。他召唤贵族们，向他们咆哮，说"王权似乎遭到彻底的践踏，基督徒的良好信誉和忠诚遭遇了不应有的玷污"。[9]他派遣两名贵族（推罗的纪尧姆说是马默当克的萨埃尔和蒂卢的戈德肖）去"要求圣殿骑士团大团长……为了此次亵渎神明的暴行，满足国王和整个国家的要求"。他要求圣殿骑士团交出独眼戈蒂埃·德·梅尼勒的首级。

遗憾的是，奥多拒绝配合。他说这是内部纪律的问题，并很可能援引了 12 世纪 40 年代教宗授予骑士团的诏书。它规定骑士团不受国王的节制，仅向教宗负责。奥多说他会勒令戈蒂埃·德·梅尼勒悔罪，并将他送到罗马接受裁决。"因为教宗的缘故，奥多禁止任何人伤害戈蒂埃。"推罗的纪尧姆写道。他还指出，大团长"还倨傲自负地说了另一席话"。纪尧姆喜欢在自己的编年史里记录各种生动的逸闻，而他这次居然没有引用大团长的话，看来奥多的言辞非常激烈，不能公开。

阿卜杜勒的死亡让国王再也不能指望奥多作为圣殿骑士团大团长会对王室俯首帖耳。阿马尔里克最终逮捕了戈蒂埃·德·梅尼勒。他派两名骑士去西顿与大团长对质，将戈蒂埃从圣殿骑士团的房屋拖走，将他披枷戴锁地押送到推罗，投入国王的地牢。但国王也只敢做这么多。他没有向骑士团施加更严酷的惩罚，而是表现得相当克制，这让推罗的纪尧姆感到意外。[10]国王与骑士团的关系就这样缓慢地恶化下去。圣殿骑士团仍然投身于保卫十字军国家的事业，但完全自行其是，坚决捍卫自己的独立性，抵制国王的干预。

1179 年，罗马举行了西方教会的第三次拉特兰会议。有人试图对各军事修会加以遏制和管控，如果不能在军事和外交方面控制它们，起码要在宗教方面管束它们。虽然我们没法证明，但推罗的纪尧姆很可能领导了这方面的努力，因为他作为推罗大主教和东方十字军国家的代表参加了会议。事实是，圣殿骑士团和医院骑士团都在执行越来越关键的使命，任何人都不愿意对它们施加过分的阻挠。到 12 世纪 80 年代这就更显得突出了，因为萨拉丁对十字军国家的威胁越来越严重。对基督徒来说，有一点越来越明显：内讧远远不如为生存斗争重要。

1177 年 12 月，一名信使跟跟跄跄地从耶路撒冷北上，赶往阿勒颇附近的哈里姆城堡。此人"肢体残缺，遍体鳞伤"，浑身血污，羸弱不堪，有气无力，但他带来了重大消息：这是一封给全体基督徒的公开信，描述了几周前在一个叫蒙吉萨（也叫萨菲亚土丘，在拉姆拉和伊贝林之间）的地方发生的事情。写这封信的人是耶路撒冷医院的代理长官雷蒙。他说，耶路撒冷的医疗设施已经不堪重负，达到工作负荷的极限。这本身就是很严重的事情。耶路撒冷的医院就在圣墓教堂对面，和圣殿一样雄伟，设 11 个病房，有 1000 个到 2000 个床位可接纳伤病员。[11]规模如此之大的医院都感到难以应付，一定是发生了重大危机。雷蒙的信描述的就是这样的情况。一支基督徒军队（包括许多圣殿骑士和医院骑士）在蒙吉萨与萨拉丁的军队交战，双方都死伤数千人，很多人即便从战场上幸存也身负重伤。耶路撒冷医院的修士救死扶伤，信众用祈祷慰藉他们的灵魂。"上帝的业绩真是神奇，"医院骑士团的人写道，"不为此震惊的人，有福了。"[12]

蒙吉萨战役是萨拉丁和基督徒军队之间的第一次大摊牌，它发生在这个时间并非偶然。1174 年，阿马尔里克国王在攻打巴尼亚斯时染上痢疾，后来突然病逝。这对耶路撒冷王国是一记沉重打击。阿马尔里克的驾崩造成了更加严重的震动，即王位的传承面临严重问题：他的儿子鲍德温四世年仅十三岁，并且患有麻风病。这种严重的不治之症，在他幼年时就从四肢麻痹开始发展，后来逐渐让他痛苦不堪、严重毁容、双目失明并且长期卧床不起。

麻风病在拉丁王国是一种相对常见的疾病。它如此常见，以至于耶路撒冷城外不远处的麻风病医院于 12 世纪 40 年代被纳入圣拉撒路骑士团。这个修会像医院骑士团和圣殿骑士团一样，承担起了军事职能。但当时对麻风病的唯一治疗方法仅能起到缓解作用。随着岁月流逝，病菌会让患者四肢瘫痪，二期感染会让手指、脚趾和面部腐烂，全身出现损伤，视觉和呼吸系统也会衰竭。唯一说不准的就是患者要过多久才会死亡。

三年来，萨拉丁观察麻风国王鲍德温四世努力控制自己的王国，而萨拉丁自己则巩固了叙利亚与埃及苏丹的位置，并继续对抗阿勒颇和摩苏尔的努尔丁党羽。1177 年，萨拉丁做好了准备，打算测试一下十字军国家的实力。夏末，他在埃及集结大军，开入法兰克领土，绕过从亚实基伦紧急出动企图阻滞他的一支基督徒小部队，然后迅速奔向耶路撒冷，沿途烧毁房舍与村庄。病魔缠身的鲍德温四世几乎完全无力领兵，幸亏有一些高级基督徒领主辅佐和支持他，包括好斗成性的前安条克亲王沙蒂永的雷诺。雷诺在阿勒颇度过了十五年牢狱生涯，因此格外渴望向伊斯兰军队开战。1177 年 11 月，雷诺代表国王召集了圣殿骑士团大团长奥多·德·圣阿芒和八十名骑士，一起冲出加沙，追击萨拉丁的大军，希望设法迫使他们离开耶路撒冷王国、返回埃及。

全副武装的圣殿骑士以作战队形骑行的形象威风凛凛地登场。他们原先的拉丁文团规现在已经增补了几十个用法语写的条款，这些新增的条款涉及的不是宗教常规，而是在叙利亚和巴勒斯坦的平原与山区隘道作战的情况。圣殿骑士团内部等级森严，辅佐和支持大团长①的军官包括：总管，即大团长的副手；军务官，在圣殿骑士团作战时负责指挥；还有地区指挥官，即分团长，他们的职责是管理骑士团在各城市或地区的分支。土科波长官负责招募和组织出生于叙利亚的轻骑兵，他们作为辅助性的雇佣兵参加骑士团的作战。袍服官相当于军需官，负责确保骑士和军士拥有合适的武器、甲胄、制服、床具、野营装备和作战时需要的其他所有东西。

纪律高于一切。骑士们跟随他们的黑白大旗前进。团规对在营地时、在纵队中骑行时和发动进攻时的行为都有严格规定。圣殿骑士受到服从命令的誓言约束，他们必须服从上帝，服从团规，服从上级。

---

① 现在常用"大团长"一词来指代圣殿骑士团的最高长官（以区分地区性指挥官），但"大团长"在东方其实并不常用，也不是正式的头衔。见 Burgtorf, J., *The Central Convent of Hospitallers and Templars: History, Organisation and Personnel* (1099/1120 – 1310) (Leiden/Boston: 2008) 182。——作者注

如果没有军务官的明确命令，圣殿骑士不可以携带行李，也不可以备马。长官发出这样的命令之后，骑士必须干脆利落地报之以肯定的答复——"为了上帝！"（De par Dieu!），然后立即执行命令。行军时，骑士以纵队前进，他们的侍从在前方步行，扛着骑士的长枪。夜间行军时整个纵队必须保持绝对静默，白天行军时也只允许做绝对必需的讨论。若无必要，尽量不要离开自己在纵队中的位置。战斗期间严禁脱离队伍，除非是去救援陷入生命危险的战友。骑士们沉默而坚决地骑马奔赴战场，只有冲锋号会打破这种沉默，然后他们就会高唱《诗篇》第 115 章，共同前进:[13]

> 耶和华阿，荣耀不要归与我们，不要归与我们，
> 要因你的慈爱和诚实，
> 归在你的名下。

遇到危险时脱离队伍或者逃跑是可耻的行为。这样做的骑士会被没收马匹，然后被迫步行返回营地，这对骑士来说是特别令人感到羞耻的惩罚，因为骑士的整个军人身份依赖于他的骑术和马背上的功夫。即便是受了重伤、无力行动的人，若没有长官的明确许可，也不可以离队。除非圣殿骑士所在的军队战败，否则骑士们被禁止离开战场。

正是这种死战到底的决心，让圣殿骑士成为耶路撒冷国王集结的任何一支军队里非常宝贵的部分。所以，已故的阿马尔里克允许他们在相当大的范围内自由行事，尽管骑士团不服从他的权威和政策；这也是为什么 1177 年冬季萨拉丁军队出现在蒙吉萨的时候，阿马尔里克的儿子麻风国王鲍德温四世和沙

蒂永的雷诺会带领八十名加沙的圣殿骑士奔赴战场。

从 13 世纪的学者和编年史家阿布·沙玛的记述来看，萨拉丁的军队没想到法兰克人会坚决抵抗。苏丹允许自己的士兵分散到乡村去劫掠而没有集中兵力。"命运与他们为敌。"阿布·沙玛严峻地评论道。他说得不错。[14]拉丁军队高举他们最神圣的圣物——真十字架的一个碎片，出其不意地现身，用他们最熟悉的方式攻击穆斯林：重骑兵冲锋。骑兵径直向敌人猛扑过去，每一位身披链甲的武士尽可能快、尽可能迅猛地冲锋。如果执行得当，这种冲锋是非常令人胆寒的景象，穆斯林军队往往难以抵挡。虽然穆斯林军队的士兵人数远多于法兰克骑士的，但法兰克骑士冲向萨拉丁部下的时候凶悍无比。

阿布·沙玛把法兰克人的冲锋描绘得很有诗意："敏捷如狼，咆哮如犬……他们排山倒海般冲来，如同烈火。"[15]他们的攻击时机选得很好：等待萨拉丁尝试对距离他最近的部队做一次战术调整时，也就是在穆斯林军队最混乱的时候发动了果断的攻击。[16]不过随后的战斗仍然很激烈。萨拉丁的侄子和坚定的埃米尔（意思是：高贵的指挥官）塔齐·丁"用剑和长枪奋勇拼杀"，但他周围的穆斯林战士纷纷倒下。"他的很多勇敢的军官成了烈士，"阿布·沙玛写道，"去品尝永恒之家的喜悦了。"[17]

萨拉丁身边簇拥着他的精锐——马穆鲁克卫兵。他们是奴隶士兵，幼年被从亚洲草原掳掠到中东，然后从小被培养成武士。他们的胸甲外面套着黄色丝绸服装，与苏丹的作战服装颜色相配。"他们始终环绕着主公，精诚团结地保护他，守卫他直到最后一息。"推罗的纪尧姆写道。[18]和圣殿骑士团一样，马穆鲁克也富有自我牺牲精神，受过最高层次的军事训练，即便面对必败的局面也拒绝离开战场。"经常发生的情况是，其他人安全逃走，而马穆鲁克几乎全部阵亡。"推罗的纪尧姆写道。[19]

蒙吉萨战役中马穆鲁克损失惨重。企图逃跑的穆斯林士兵被追逐了很多里路，丢盔弃甲地逃过险象环生的沼泽地（叫作椋鸟沼泽）。战斗结束后清扫战场、搜寻战利品的法兰克人收集到 100 套贵重的胸甲。萨拉丁逃出生天，但遭受了一次奇耻大辱，并且在他撤回埃及基地的途中也十分凄惨，遭遇了恶劣天气；官兵们思念失去的朋友，同时不得不忍饥挨饿；他的队伍在通往开罗的路上遭到贝都因部落抢劫。这是萨拉丁一辈子最惨的军事失败之一，让他铭记了很多年。他必须报仇雪耻。[20]

参加蒙吉萨战役的八十名来自加沙的圣殿骑士分享了这次血腥的胜利带来的荣耀，医院骑士团的代理大团长说"这是令人喜悦的胜利，打败了一支兵力难以计数的撒拉森军队"。[21]很少有人知道，圣殿骑士还通过最为狡黠的计谋为胜利做了贡献。萨拉丁的侄子塔齐·丁的两个儿子参加了此役，其中之一是艾哈迈德，"一个非常英俊的青年"，刚刚开始蓄须。他一箭射死一名拉丁骑士，但不久之后试图第二次冲击敌军战线时阵亡。[22]阿布·沙玛称塔齐·丁的另外一个儿子为"夏罕夏"，他的故事较为复杂。此役开始之前，在大马士革，一名秘密为圣殿骑士团效力的密探找到了他。密探让夏罕夏相信，只要他向鲍德温四世国王宣誓效忠，国王就会帮助他取代他的叔祖萨拉丁，成为开罗统治者。

尽管麻风国王显然没有能力把萨拉丁逐出埃及，更不要说操纵苏丹宝座的传承了，但这个计谋后来还是取得了一些进展。大马士革的密探拿出了伪造的文件，文件似乎授权夏罕夏投奔基督徒那边。夏罕夏同意会面，但见面之后被带到一条花园小径，领到一个"僻静的地方"，然后交给了圣殿骑士。他们把他捆起来押走。他后来被骑士团关押了七年多，最终被用作筹码，换回了萨拉丁地牢里的一些基督徒俘虏。所以说，除了拥有闻名遐迩的军事才干，圣殿骑士团还在做水准非常高的情报工作。1177 年，萨拉丁第一次认真尝试攻入法兰克王国的时候，圣殿骑士团就充分发挥了自己这两方面的才华去遏制萨拉丁。

但叙利亚和埃及的苏丹不是在失败之后会忍气吞声的人。

在约旦河以东、胡拉和提比里亚湖之间一个叫雅各渡口的地方，基督徒正在一座山上建造一座新的十字军城堡。1178 年 10 月，他们遵照耶路撒冷国王的命令破土动工，随后六个月里挖掘了地基，"厚度惊人、高度足够"的城墙也开始成型。[23] 之所以在这个地点建造新要塞，有战略的考量，也有宗教的因素。就是在这个地方，《旧约》里的始祖雅各将他的人民分成两群，发送消息给企图报复他的兄弟以扫，并与上帝的天使搏斗，结果伤了自己的大腿窝。[24] 穆斯林称之为"哀哭渡口"，和基督徒一样尊崇它。此地除了有历史意义还有实用价值：雅各渡口是连接阿卡与大马士革的道路上的一个重要渡口，也是更长的商路"沿海之路"①（连接埃及与美索不达米亚）的一部分。它是从远东的中国到摩洛哥的国际贸易动脉的一个关键的中转站。

雅各渡口是个饱经忧患的地方，常有土匪和强贼出没。他

---

① "沿海之路"（Via Maris）是古时的一条商道，可追溯至青铜时代，沿着今天以色列的沿海地带，连接埃及与叙利亚、安纳托利亚和美索不达米亚。它得名自《旧约·以赛亚书》9∶1。

们惯于从西布伦山谷之上的山区藏匿处发动突然袭击，抢劫过往客商，所以旅行者若是没有武装护卫，几乎完全无法通行。有了新城堡，就可以在这里长期驻军，保护穿过基督教巴勒斯坦的朝圣者与商人。而且大马士革在一天行军路程之外，雅各渡口的城堡也能抵挡穆斯林从大马士革发动的袭击。考虑到萨拉丁前一年的侵犯，圣地急需这样的防御措施。

雅各渡口的城堡是耶路撒冷王室与圣殿骑士团的合作项目。1178—1179 年冬季，石匠忙着砌墙，而法兰克士兵的巡逻队保卫道路和山麓免遭土匪袭击，伏击和杀死了很多土匪。1179 年 4 月，城堡逐渐成型：地基已经完成四分之三，建起了拥有五扇门的外墙和一座塔楼，安装了炉灶和储水池。工人继续使用铁锹、锄头和独轮车劳作，在大堆的石料、石灰和鹅卵石之间穿梭。[25] 因为王国的其余部分也需要关注，鲍德温四世返回了耶路撒冷，将未完工的要塞交给奥多·德·圣阿芒和圣殿骑士团去继续修建、装配、改造和防御。

骑士团要监管的工作还有很多：计划建造第二层外墙、一条护城河以及若干把两座庭院连接起来的门楼。除了驻扎于此的骑士和军士之外，这里还生活着数百名工匠：石匠、建筑师、铁匠、铸剑工匠、军械匠和穆斯林俘虏（劳工）。[26] 要塞建筑群周围有约 1500 人安营扎寨。骑士团获得了要塞周边土地的经济权益，所以有财力经营这个庞大的项目：除了建造城堡，还要在竣工之后防卫它。雅各渡口城堡的结构还没有完备，但至少已经获得了充足资源，可以履行它的使命了。[27]

骑士团的黑白大旗在城堡上空升起的仅仅几周后，这座未竣工城堡的防御能力就受到了考验。这么庞大的建筑工程不可能瞒得过萨拉丁，他判断准确，基督徒兴建这座要塞是为了向

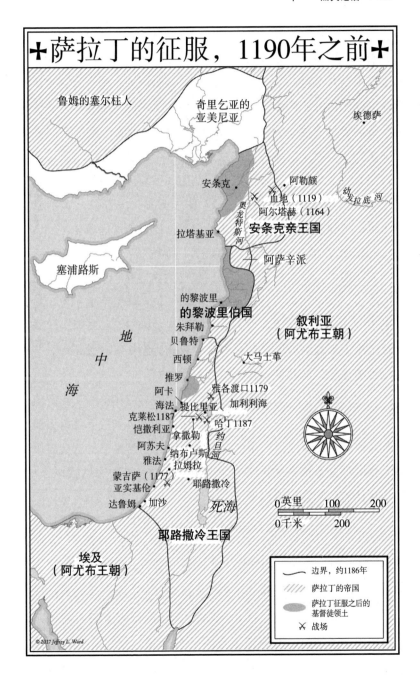

# ✛萨拉丁的征服，1190年之前✛

鲁姆的塞尔柱人

奇里乞亚的
亚美尼亚

埃德萨

安条克

阿勒颇

血地（1119）
阿尔塔赫（1164）

幼
发
拉
底
河

拉塔基亚

奥龙特斯河

安条克亲王国

阿萨辛派

塞浦路斯

的黎波里

的黎波里伯国

叙利亚
（阿尤布王朝）

地
中
海

朱拜勒
贝鲁特
西顿

大马士革

推罗
阿卡
海法
克莱松1187
恺撒利亚
阿苏夫
雅法
蒙吉萨（1177）
亚实基伦
达鲁姆 加沙

雅各渡口1179
提比里亚
加利利海
哈丁1187
拿撒勒
纳布卢斯
拉姆拉

约
旦
河

耶路撒冷

死海

埃及
（阿尤布王朝）

耶路撒冷王国

0 英里　100　　200
0 千米　　　200

—— 边界，约1186年
▨▨ 萨拉丁的帝国
⬭ 萨拉丁征服之后的
基督徒领土
✕ 战场

© 2017 Jeffrey L. Ward

他挑衅，企图改变基督徒的阿卡与穆斯林的大马士革之间的力量平衡；同时这也是宗教层面上的冒犯，因为异教徒正在所有虔诚穆斯林尊崇的神圣土地上动土。鲍德温四世国王及其扈从前脚刚刚离开雅各渡口，萨拉丁就率军来到距离雅各渡口城堡不远的巴尼亚斯。用伊本·艾西尔精练的话说，萨拉丁"在那里稍事停留，发兵袭击法兰克领土"。[28]伊本·艾西尔听说苏丹愿意给基督徒6万第纳尔，让他们和平地拆除城堡；基督徒拒绝了。[29]所以在1179年5月27日（圣三一主日）之前的日子里，萨拉丁准备用武力迫使圣殿骑士团放弃这座城堡。

据推罗的纪尧姆记载，萨拉丁兵临城下，"毫不耽搁，立刻发出箭雨，并多次发动攻击，骚扰城内守军"。[30]这是试探性的攻击，仅仅几天后就停止了，因为一位名叫雷尼耶·德·马勒伊的圣殿骑士从蒙着尘土、尚未竣工的城堞后一箭射中了萨拉丁麾下最高级的埃米尔之一，导致此人因伤势过重死亡。萨拉丁撤退了，但并没有长久地远离此地。

鲍德温四世的御前会议意识到，他们不能让奥多和圣殿骑士团无限期地单独守卫雅各渡口城堡的工地，于是紧急组织部队，取道提比里亚返回雅各渡口。他们行军穿过巴尼亚斯周边乡村时可以看见多处村庄浓烟滚滚，那是苏丹的军队在纵火。基督徒需要赶紧行动起来。

6月9日，星期日，国王的骑兵与原本伴随他们的步兵分开。骑兵先行出发，遭遇了一队出来掳掠的萨拉丁士兵，在随后的小规模战斗中打败了他们。随后双方都后撤。拉丁骑士追击分散的劫掠者，追赶了几英里，但没过多久就迎头撞上萨拉丁亲自率领的兵强马壮的主力部队。战局一下子逆转：拉丁人短暂地试图抵抗，但旋即不得不逃命。有的人零乱地逃进山区，其他人逃往附近的博福尔城堡。鲍德温四世国王乘坐轿子在军中，被卫兵救到安全地带，但约 270 名基督徒骑兵被俘。圣殿骑士团的大团长奥多·德·圣阿芒也被俘虏，这对骑士团来说是一场灾难。

奥多以前也有过牢狱之灾，曾和贝特朗·德·布朗克福尔一起被关押在努尔丁的大马士革监狱。推罗的纪尧姆对奥多极尽鄙夷之能事，故意错误地引用《约伯记》，说他是"恶人，傲慢自负，鼻孔里居住着愤怒的恶灵"。[31]纪尧姆没有具体讲奥多的错误究竟是什么，但把此次战败归咎于他，写道："很多人认为，此次灾难造成的损失和永不磨灭的耻辱都是他的错。[32]"实际上犯错的不可能只有奥多一个人。伊本·艾西尔说，在雅各渡口被俘的人中还有伊贝林的贝里昂，"国王之下衔级最高的法兰克人"，以及提比里亚领主加利利的于格、医院骑士团大团长和"其他一些臭名昭著的骑士与暴君"。萨拉丁班师巴尼亚斯，俘虏被带离战场，其中很多人将会凄惨地在狱中煎熬很长时间，等待赎金。

对奥多·德·圣阿芒来说，这是他的最后一息自由。"那一年还没过，他就死在肮脏的狱中，无人哀悼他。"推罗的纪尧姆写道。波斯学者伊马德丁对奥多甚至更加敌视："圣殿骑士团大团长从监狱牢房直接进了地狱的地牢。[33]"后来骑士团用一名被俘的穆斯林领导人换回了奥多的遗体。圣殿骑士团的第八任大团长就这样惨死了。

伊马德丁记载了萨拉丁第一次听说基督徒在雅各渡口建造要塞的消息之后的反应。下面的话可能经过文学渲染，不是对萨拉丁原话的直接记录，但很好地体现了萨拉丁这位战时领袖典型的务实态度。

有人告诉他，这座城堡一旦竣工，就能控制穆斯林边疆的弱点，让穆斯林难以安全通行。萨拉丁答道："让他们把城堡建好吧，然后我们去把它连根拔掉，让它踪迹全无。"[34]

1179 年夏末，他要做的就是这个。

萨拉丁的人马于 8 月 24 日携带全副攻城武器从巴尼亚斯赶来。他们带来了能发射大型石弹的投石机，砍伐树木并拔掉葡萄藤来搭建防护盾，从而保护投石机的操作人员，让他们不必害怕城堡守军射来的弩箭。[35]他们还带来了梯子、挖掘工具和火种。

萨拉丁知道基督徒援军可能很快就会赶到，所以计划此次攻势不超过一周。攻城战于下午 5 点左右开始，穆斯林军队猛攻城堡主城墙附近的瓮城（设防的外部门楼）。参加战斗的除了专业军人，还有热情洋溢的随军人员，他们是出于激动、为了战利品或圣战的荣耀，或三者兼有。伊本·艾西尔记载道：

> 战况无比激烈。一名破衣烂衫的平民攀爬要塞的瓮城，爬到城头之后在那里战斗。他的战友紧随其后。专业士兵跟上去占领了瓮城。[36]

此时天色已晚，穆斯林在新占领的瓮城部署哨兵，提防基督徒的突袭。穆斯林在城堡每个入口外都点燃火把，确保无人能偷偷进出。

圣殿骑士深陷重围，决定闭门不出，在厚达 7 米（23 英尺）的城墙之后坚守，静候救援。他们拥有充足的粮食和武

器，若有需要可以坚守数周。他们准备坚守待援的时候，一定
以为会听见投石机轰击的恐怖巨响。但传到他们耳边的是另一
种声音，不过同样令人沮丧：一队阿勒颇坑道工兵在要塞唯一
的大塔楼之下挖掘地道的声音。他们希望破坏塔楼的地基，让
它倒塌。

坑道工兵挖掘了两天，挖出一条深约 20 米（66 英尺）、
宽约 2.5 米（8 英尺）的地道。他们觉得这足以让塔楼倒塌
了，于是点燃了支撑地道的木料，但什么都没发生：巨兽般的
塔楼依然稳稳屹立。周一清晨，萨拉丁指示全部辅助劳工去扑
灭地道内的火。任何人只要向地道内泼一桶水，就可获得 1 第
纳尔的赏金。

周二，消息传来，基督徒的援军快到了。要塞内的圣殿骑
士只需再等几天，围城军队就很可能被赶走了。

萨拉丁知道时间紧迫，于是把坑道工兵派回烧焦的地道，
命令他们加倍努力地挖掘。他们继续辛劳了两天，把塔楼下方
的地道加深拓宽。星期三夜间，他们再次点火，这一次地下的
震荡超过了塔楼高墙的承受范围。星期四日出之时，一段城墙
坍塌，城外的人为之鼓掌喝彩。[37]萨拉丁的部下兴高采烈，蜂
拥而上。鲍德温四世的援军还在几个钟头的骑马路程之外，所
以原本只需固守待援的守军如今不得不拼死奋战。

圣殿骑士在坍塌的城墙后堆积了木制的障碍物和帐篷。塔
楼倒塌后，一股火焰的热流被吸入要塞，烧焦了它接触到的所
有东西和所有人，并引发大火，令城堡内的人手足无措。[38]萨
拉丁的部下如潮水般冲进来，俘获最有价值的基督徒，并无情
杀戮他们能抓得到的每一个穆斯林叛教者和雇佣兵弓箭手。

圣殿骑士严守自己的规矩，拒绝束手就擒。萨拉丁的书记

长卡迪·法迪勒给巴格达的逊尼派哈里发写了一封辞藻极其华丽的信，描述燃烧的要塞内爆发的鏖战。他描述了坍塌的塔楼上落下的"烈火之泪"，并充分发挥想象力，描摹他目睹的恐怖景象：

> 黑暗的紫红色阴影被石榴红色取代……仿佛黎明充盈了夜空，天空被日月之外别的火焰照亮……烈火的喷吐吞噬了人和石头。灾祸用阴森的噪音喊道："我在对你讲话，邻居！听我说！"……异教徒喊道："这太恐怖了！"[39]

法迪勒的书信不仅有诗意，他还描述了燃烧的城堞被穆斯林攻占时圣殿骑士指挥官的最后时刻：

> 指挥要塞的领主目睹了它的毁灭以及他的朋友与伙伴蒙受的灾难。烈火蔓延到他身旁，但他毫不畏惧地纵身跳进熊熊大火。他很快就被烈火送到了另一处熔炉［地狱］。

8月30日（星期四）下午，雅各渡口要塞已被占领。随处可见成百上千的箭矢、被遗弃的工具和扭曲的死尸，有的死者的脑袋被剑劈开，有的四肢被砍掉。没有死于战火的骡马和驴子被聚拢并带走，穆斯林还从军械库缴获了1000套链甲。有的尸体被丢弃，任凭它腐烂，有的被扔进蓄水池：这样的做法很愚蠢，导致苏丹军中很快爆发了疫病。城堡内一切有价值的东西都被掳走之后，萨拉丁兑现了誓言。他在该地区一直待到10月，到那时"要塞已被彻底拆除，夷为平地"。[40]

蒙吉萨的失败得到报仇雪耻。当时的一位穆斯林作家将雅各渡口城堡称为"灾祸的巢穴"。[41]诗人纳什瓦·伊本·纳法达吟唱道：

> 法兰克人的毁灭迅速降临，
> 现在是时候砸碎他们的十字架了。
> 他们若不是死期将近，
> 就不会建造哀哭之屋。[42]

推罗的纪尧姆努力为此次灾难寻找原因，最后将其归咎于拉丁人普遍的罪孽。他用《诗篇》的一句话结束了自己对雅各渡口之败的记述。"他们的主，上帝，离开了他们。"他绝望地写道。[43]

一时间，他说的似乎完全正确。

# 十一 "大祸临头了，耶路撒冷!"

一连几年，尽管暗流涌动，但圣地相对安宁。蒙吉萨战役和雅各渡口战役之后，萨拉丁和法兰克人都需要时间恢复元气、疗伤和巩固力量。1180年春，双方达成了为期两年的停战协定，于是苏丹得以集中力量巩固自己在阿勒颇和摩苏尔的权力，法兰克人得以设法处置鲍德温四世国王健康状况恶化造成的领导危机。而圣殿骑士团与十字军国家的所有大事都有紧密联系。

首先是一个始终艰难的任务：在西方获取支持，去帮助资源不足的东方。各个军事修会拥有国际化的基础设施，将位于西方的营利机构与"海外"的作战联系起来，所以军事修会是基督教世界两大部分之间外交的天然渠道。1180年，圣殿骑士团的一个代表团奉命去罗马拜见教宗亚历山大三世，希望他能宣布一次新的十字军东征。亚历山大三世并不是盲目地无条件支持军事修会的人。前一年，他主持了第三次拉特兰会议，而该会议的敕令特别训诫了圣殿骑士团和医院骑士团，批评他们无视地方主教的权威并收缴什一税供自己使用。不过圣殿骑士团的代表团仍然成功地让他确信，骑士团处境艰难，急需援助。[1]他同意帮忙鼓吹一次新的十字军东征，并请一位或多位大国君主来领导。圣殿骑士团代表团将他呼吁为十字军国家提供军事援助的书信传达给了年迈的英格兰国王亨利二世和年轻的新任法兰西国王。圣殿骑士团代表团在欧洲的时候得知了消息，六十岁的路易七世死于中风，传位于十五岁的独生子腓力二世（后来被称为腓力二世·奥古斯都）。[2]权力交接造成的变动让英法君主都很难把注意力转向圣地，第三次伟大的十字军东征暂时还没有被提上日程。

尽管圣殿骑士团的代表团去罗马的活动未能启动一次新的十字军东征，面对严峻的新形势，骑士团并不是什么都没做。在耶路撒冷，骑士团的领导层经历了一个大胆的新变化。奥多·德·圣阿芒在狱中煎熬的时候，骑士团没有大团长。罗贝尔·弗里奈尔采用了"大分团长"的头衔，但奥多还活着，所以不能选举罗贝尔为大团长。[3]奥多于 1180 年死于狱中，他的位置空缺了，但圣殿骑士团中央大会并没有选举罗贝尔·弗里奈尔为新的大团长，也没有选举任何一个在东方的骑士。他们青睐的对象是阿尔诺·德·托罗哈，他是一位上了年纪、经验丰富的骑士，其漫长生涯的很大一部分在阿拉贡度过，在那里领导基督的军队。阿尔诺自 1167 年起担任骑士团在西班牙和普罗旺斯分支的长官，以业绩证明自己很擅长在基督教世界这个动荡的角落获取资助，为骑士团添砖加瓦。[4]他声名远播，距离他的辖区很遥远的地方都知道他的大名。这样一个加泰罗尼亚人被缺席选举为大团长，去领导耶路撒冷、的黎波里、安条克和其余所有地方的圣殿骑士，足以说明大家对他的才干多么信赖。这也表明骑士们懂得必须好好利用骑士团作为国际组织的角色。考虑到奥多领导下的骑士团与耶路撒冷王室之间紧张的关系，选举阿尔诺的确是明智之举，为的是把圣殿骑士团引导回他们的首要职责，远离纷纷扰扰的耶路撒冷内政。

阿尔诺花了一年多才抵达东方，上任后他开始对骑士团的高级领导层洗牌。罗贝尔·弗里奈尔被免去大分团长之职，吉尔贝尔·埃拉尔取而代之，后者可能是阿拉贡人。[5]阿尔诺的最早行动之一是调解安条克亲王与安条克宗主教之间的矛盾。阿尔诺与经验丰富而审慎的医院骑士团大团长罗歇·德·穆兰一同承担了此次外交使命。解决法兰克人各个互相争斗的派系之间的矛盾，无疑是令人疲惫的麻烦工作，但阿尔诺肯定知道，这与即将到来的挑战相比就是小菜一碟。[6]

1182 年，临时性的停战协定到期后，新一轮以牙还牙的作战开始了，主要冲突发生在对两条重要商路的争夺上：埃及和大马士革之间经过外约旦的骆驼商队路线，以及经过加利利附近、"沿海之路"周边有争议领土的商路。萨拉丁给自己针对基督徒领土和财产的攻击披上了圣战的外衣，因为他对开罗、大马士革、摩苏尔和阿勒颇的主宰权的根基就是他为自己打造的圣战者形象。有些法兰克领主很乐意扮演萨拉丁炮制和宣传的那种邪恶异教徒的角色。其中最恶劣的是沙蒂永的雷诺，他放弃了安条克亲王的头衔，现在是卡拉克领主，也是基督教国家一个显赫的政治人物。1183 年，雷诺率领一支小舰队沿着红海东岸劫掠，并来到汉志（阿拉伯半岛最神圣的一个省份）。传闻四起，说他打算入侵麦加和麦地那，并偷走穆罕默德的遗骨。萨拉丁始终不能原谅他的放肆行为。

在统治早期，萨拉丁将更多时间用来与反对他的穆斯林厮杀，而不是攻击基督徒。1182 年，这种情况开始变化。[7]停战协定已经被正式撕毁，他连续两年入侵基督徒领土。1182 年盛夏，他率军渡过约旦河，穿过加利利海以南的法兰克土地。随后他试图从海路攻打贝鲁特，但失败了。次年夏季，苏丹卷土重来，对基督徒土地构成威胁。一支非常强大的拉丁军队匆匆集结起来，希望打退他。这支军队的总司令是居伊·德·吕西尼昂，他娶了鲍德温四世的姐姐西比拉，在国内的影响力越来越强。居伊拒绝正面对垒，而是把穆斯林引诱到拉费弗周边打了一场机动作战，从而消磨萨拉丁的耐心和给养，迫使他放弃作战。这种策略很聪明，但很多人指控居伊怯懦畏敌。他的政敌包括势力强大的的黎波里伯爵雷蒙三世。尖刻的批评对居伊伤害很深。

在 1183 年的暑热季节，萨拉丁的大军逼近法兰克领土的边缘，鲍德温四世越来越无力行动。此时除了居伊·德·吕西尼昂的情感受伤之外还有更重要的事情值得担忧。鲍德温四世的麻风病让他没有子嗣，所以现在急需决定耶路撒冷的大统继承。国王考虑一番之后决定立另一个鲍德温为王储，即他的姐姐西比拉与蒙费拉的威廉的幼子。蒙费拉的威廉于 1177 年在亚实基伦去世，当时他的妻子还没有分娩。1183 年 11 月 20日，耶路撒冷的圣墓教堂举行了一场闹剧般的典礼，小鲍德温被加冕为共治国王。推罗的纪尧姆描述了这场典礼。圣地的诸侯向 5 岁的鲍德温五世宣誓效忠。纪尧姆写道，很多诸侯惴惴不安，因为虽然现在王国有两位君主，"却都无力理政，一个是病夫，一个是孩童，所以加冕礼完全无用"。[8]

正因为此，尽管王位继承的问题得到了解决，却几乎完全不能稳定耶路撒冷的政治局势。恰恰相反，它的主要后果是越发激化了国内两位最强大贵族之间的矛盾。一方面是幼主的继父居伊·德·吕西尼昂；另一方面是的黎波里伯爵雷蒙三世，他曾多次担任摄政者，主持了鲍德温五世国王的加冕礼，并期待得到与自己的地位相称的权力。居伊和雷蒙三世的互相憎恨在原本就风雨飘摇的时期给法兰克政治增加了新的裂痕。他俩都认为自己有职责保卫王国，但他们的冲突给王国造成了毁灭性后果。1185 年 5 月，鲍德温四世驾崩，享年仅二十四岁，死前已经全盲、卧床不起并且痛苦万分。他被安葬在圣墓教堂，在其父亲身侧长眠。七岁的鲍德温五世成为唯一的国王。这不能解决任何问题，特别是居伊·德·吕西尼昂与的黎波里伯爵雷蒙三世之间的恶性竞争。雷蒙三世被任命为幼主的摄政者。

一个连剑都举不起来，更不要说挥剑作战的孩童继位，这给圣殿骑士团造成了直接影响。1184 年，麻风国王鲍德温四世垂死之际，也是王权即将爆发危机之时，阿尔诺·德·托罗哈又一次去西方执行外交使命。这次他的目标是说服欧洲某个大国的精明强干的成年统治者到东方来，通过选举成为耶路撒冷国王。圣殿骑士团 1180 年派出的代表团未能说服英格兰国王亨利二世或法兰西国王腓力二世来援助耶路撒冷王国。现在大团长亲自返回欧洲，与他同去的有耶路撒冷宗主教希拉克略和医院骑士团大团长罗歇·德·穆兰。他们打算恳求欧洲各国君主伸出援手阻止东方发生灾难，希望欧洲君主能在最危急的时刻赶来援助基督的城市和人民，从而证明自己是真正的基督教国王。

此次出使依然无功而返。首先，亨利二世和腓力二世自己国内有要务需要处置，他们不能放弃自己的王位。他俩都对耶路撒冷王国表示同情，但拒绝了阿尔诺·德·托罗哈等人的提议。而且阿尔诺为此次出使付出了很大的代价。他甚至没能抵达英法的宫廷，因为他在漫长的旅途（十分艰险的海路和陆路旅行，行程超过 1000 英里）中去世了。圣殿骑士团不得不在四年内第三次选举大团长。

他们的选择决定了很多人的命运。接替阿尔诺的人是热拉尔·德·雷德福尔，他是个固执鲁莽的军人，在骑士团的资历很浅，并且热衷于参与到圣地的各种斗争与动荡局势中。在他这么做的同时，他本人、圣殿骑士团以及整个耶路撒冷王国正径直冲向最黑暗的时刻。

热拉尔·德·雷德福尔于 1175 年从佛兰德或法兰西西北部抵达东方。他懂阿拉伯语，在世俗政府的最高层有经验，曾为的黎波里伯爵雷蒙三世效力，还曾被提名为耶路撒冷王国的军务官；但他进入骑士团的间接原因是一次私人争吵。为了一桩有争议的婚姻，他和雷蒙三世决裂。1179 年，雷蒙三世伯爵承诺，等他的封臣的女儿们当中有人到了谈婚论嫁的年龄，就安排把她嫁给热拉尔。但出现了合适的女继承人之后，雷蒙三世却自食其言，把热拉尔等待的女子（拜特龙领主的女儿）嫁给了一个名叫普莱巴努斯的比萨商人，原因是普莱巴努斯愿意拿出与那个姑娘体重相等的黄金作为彩礼。热拉尔深感受辱，认为自己的荣誉遭到了践踏。雪上加霜的是，说法语的基督徒对意大利人非常鄙视。热拉尔怒气冲冲地离开了雷蒙三世的宫廷。他投奔鲍德温四世国王，后来患病，痊愈之后就加入了圣殿骑士团。他很可能病得很重，并发誓如果上帝让他痊愈，他就加入骑士团。不管怎么说，圣殿骑士团的生活很适合他，他穿上白披风之后就在骑士团平步青云。1183 年，他已经担任总管。[9]阿尔诺·德·托罗哈于 1184 年去世后，身为二把手的热拉尔是大团长一职的不二人选，但他的选举很有争议。

热拉尔几乎从当选开始就受到两极化的评价，因为他喜欢采取大胆的政治行动，往往显得过于莽撞。有位作家觉得热拉尔是"幸福的人！"，是有福的、光荣的战士，将自己的生命奉献给尊奉基督之名的军事事业。从这个角度来看，他最突出的特点是骑士的自豪感和哪怕自己的生命遇险也坚决拒绝后退的顽强精神。[10]

也有人不这么看，觉得他不是特立独行的狮胆勇士，而是睚眦必报的冒失鬼，并且热拉尔鼓励其他人像他一样鲁莽，最终会把很多优秀的军人带上死路。[11]很难说哪一种观点能更好地描述热拉尔。他肯定没有贝特朗·德·布朗克福尔的保守军事政策表现出的那种本能的审慎，也没有阿尔诺·德·托罗哈娴熟的外交手腕。热拉尔的性情经常给他自己和整个骑士团制造麻烦。然而，热拉尔生活的时代比贝特朗和阿尔诺要艰险得多。在 12 世纪 80 年代，通往天堂之路不会向胆怯的人开放。

1186 年 8 月底，鲍德温五世国王在阿卡驾崩，年仅八岁，担任国王仅有一年多。圣殿骑士团将这孩子的遗体护送回耶路撒冷，他在圣墓教堂内与国王舅舅和外祖父一同长眠。鲍德温五世的坟墓虽小却装饰奢华，有复杂的莨苕叶形装饰，基督像的两侧有天使，还有小小的死去幼鸟的雕像。[12]这个幼童的坟墓虽美，却无法掩盖这样的事实：王国如今发生了真正的继承危机。

鲍德温五世登基之时，曾有人提议，如果他早夭，应由西方基督教世界最显赫的统治者组成一个委员会来选择下一任耶路撒冷国王。这个委员会应当包括教宗、英格兰国王、法兰西国王和神圣罗马皇帝。这种高尚的理念援引安茹的富尔克的成功选举。理论上这种办法颇有优点，不过被提名的统治者没有

对基督徒朝圣者来说，耶路撒冷是世界的中心。朝圣者冒着生命危险去圣墓教堂（建在基督之墓的原址）祈祷。这幅地图可追溯到约1200年，图中城区（有城墙环绕）的右上角是所罗门的圣殿，即圣殿骑士团总部所在地。

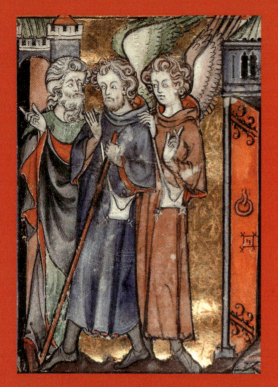

去圣地朝圣是基督徒虔诚的表现，对朝圣者死后的灵魂有益。图中两位天使穿的显然是朝圣者的装束，他们拿着手杖，背着小包。手无寸铁的凡人朝圣者经常遇险——圣殿骑士团之所以组建，就是为了保护在耶路撒冷王国各地活动的朝圣者。

———————— TPG Images

圣墓教堂，其圣龛覆盖了基督复活之前他遗体所在的洞穴。

———— Wikimedia Commons

圣殿山上的阿克萨清真寺，第一次十字军东征之后，统治耶路撒冷的基督徒称其为所罗门圣殿。耶路撒冷国王鲍德温二世将它封授给圣殿骑士团。1119 年至 1187 年，这里是骑士团在全世界的总部。

熙笃会修道院院长克莱尔沃的伯纳德是不知疲倦的作家，多位教宗与帝王的朋友，也是圣殿骑士团的热情支持者。他帮助圣殿骑士团起草了第一部团规，并在罗马捍卫他们的事业。

这幅壁画来自圣殿骑士团在夏朗特的克雷萨克建造的一座礼拜堂，表现的是一名十字军战士发起冲锋的样子。他的战旗不是黑白两色的，所以不能确定他是圣殿骑士。这也许是对像圣乔治之类的武士圣徒的描绘。

圣殿骑士团大团长官印的图案
图案中显示两名骑士团成员骑乘一匹马，这是为了纪念骑士团的清贫原则。

阿拉贡的蒙宗城堡是圣殿骑士团的一处令人生畏的基地，他们从这里出发，在收复失地的战争中与穆斯林军队对抗。西班牙的圣殿骑士们在蒙宗抚养了孩童国王海梅一世，直到他亲政。

这幅 13 世纪的壁画描绘了一名正在战斗的叙利亚骑兵。他的铠甲较轻，反映出叙利亚骑兵行动非常敏捷和快速，擅长突袭作战。圣殿骑士团招募了一些叙利亚雇佣兵（被称为土科波）与自己并肩作战。

1147年，路易七世从巴黎出发，参加第二次十字军东征，大批圣殿骑士与他一同行军。他的军队在小亚细亚遭到袭击，圣殿骑士帮助他恢复了军队的纪律。他囊中羞涩的时候，他们给他提供大笔贷款，骑士团为此所累几乎破产。

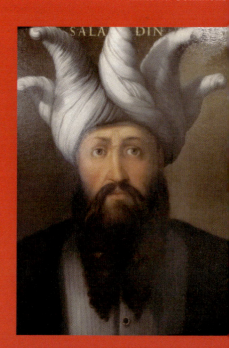

萨拉丁是埃及与叙利亚的苏丹、阿尤布王朝的创立者。他将基督教国王从耶路撒冷逐出，把圣殿骑士团的基地恢复为阿克萨清真寺。这幅肖像是后人基于想象创作的，反映出他在基督教和伊斯兰教历史上的传奇声誉。

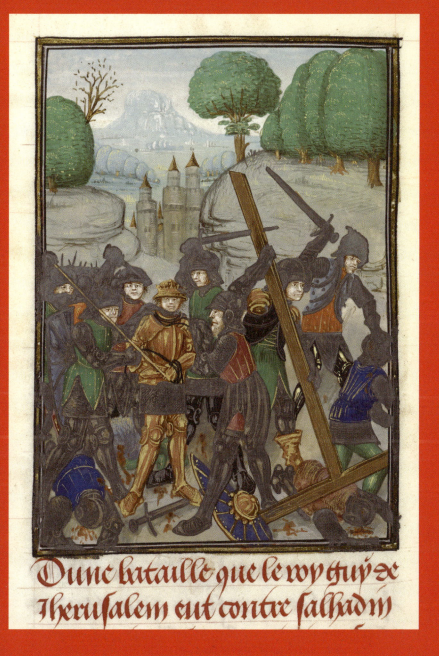

Dunc bataille que le roy guy de
Iherusalem eut contre salhadin

哈丁战役对基督教圣地的军队来说是一场惨败，给西方造成了沉重打击。萨拉丁俘获了耶路撒冷国王居伊·德·吕西尼昂，没收了法兰克人最珍视的宝物——真十字架的一个碎片。此役结束后，穆斯林军队在萨拉丁面前屠杀了两百多名圣殿骑士和医院骑士。

狮心王理查一世的陵墓卧像，其陵墓位于安茹的丰泰夫罗修道院。他领导了第三次十字军东征，重振圣殿骑士团的辉煌，从萨拉丁手中收复了阿卡及圣地的很大一部分地区。

1191年的阿卡围城战是第三次十字军东征的第一次大捷。圣殿骑士团收复了他们位于阿卡码头附近的要塞和补给站。狮心王理查一世和法兰西国王腓力二世·奥古斯都领导了这场围城战，图中他们正在接过阿卡城的钥匙。

一个人愿意承担这个使命。而依赖血统和家族内部的长幼顺序来确定继承人无异于抽彩，让一个麻风病人和一个儿童成了国王。这样可没办法保卫世界上最神圣的国度。不幸的是，1186年8月鲍德温五世去世之后，人们放弃了选举的理念，开始无情地攫取权力：热拉尔·德·雷德福尔促成了一场政变，并且在一定程度上被认为是政变的策划者。

的黎波里伯爵雷蒙三世和居伊·德·吕西尼昂争夺耶路撒冷王国的摄政权已经好几年了。鲍德温五世的死给了西比拉和居伊一个机会去彻底解决与雷蒙三世的竞争。夫妇俩发现热拉尔愿意帮助他们，并且是一个地位特殊、特别有价值的盟友。这位圣殿骑士团大团长没有淡忘，也不会原谅雷蒙三世伯爵对他的侮辱：雷蒙三世将原本属于他的妻子转让他人，换取黄金。更重要的是，他手中掌控着耶路撒冷国王加冕典礼上必需的关键的王室宝器。

西比拉、居伊和热拉尔不愿意等待几个月让国际上的权力掮客来裁决王位归属，而是决定让西比拉继承她父亲的王位，也就是说要排挤她的妹妹伊莎贝拉的继承权。他们说服了耶路撒冷宗主教希拉克略，抢在其他人行动之前举行加冕礼。为了安抚他们的政敌，他们承诺西比拉会与居伊离婚并自己选择一个新丈夫。

如此迅速而大胆的政变需要一些实际层面的帮助，因为西比拉需要拿到加冕礼所需的宝器。而装有耶路撒冷王室首饰与宝器的箱子需要三把钥匙同时使用才能打开。耶路撒冷宗主教掌握其中一把钥匙，医院骑士团大团长罗歇·德·穆兰拥有第二把，第三把则在圣殿骑士团大团长手中。

热拉尔和宗主教希拉克略都支持西比拉夺取王位，但罗歇·德·穆兰不是那么确定。热拉尔的结论是，最好的办法是直接与穆兰理论一番。1186 年 11 月 11 日①，星期五，热拉尔及其盟友下令紧闭耶路撒冷城门，阻挡他们的政敌入城，然后来到罗歇位于耶路撒冷医院的寓所，对他百般纠缠，要求他交出钥匙，服从这一不可避免的权力交接。罗歇拒绝了。两位大团长之间发生直接的身体对抗之后，医院骑士团大团长才终于同意交出钥匙，但他不肯客客气气地交出，而是怒气冲冲地把钥匙扔进了庭院。

加冕礼可以举办了。热拉尔·德·雷德福尔是夺取王冠的功臣，所以在典礼上占据显要位置。他喜不自胜。王冠被戴到西比拉头上时，热拉尔就在祭坛附近，并且他也洞悉西比拉的奸计。新女王得到加冕之后，有人问她，打算让谁取代容易造成纠纷的居伊·德·吕西尼昂成为国王，因为按照原计划居伊很快将与她离婚。令聚集在圣墓教堂的很多人瞠目结舌的是，她让居伊上前，命令他跪下，然后把另一顶王冠戴在了他头上。

热拉尔·德·雷德福尔站在她身侧，伸手帮居伊戴好王冠。有人听到热拉尔心满意足地喃喃低语："为了这顶王冠，拜特龙的婚姻也值得了。"他指的是雷蒙三世从他手中夺走的新娘。圣殿骑士团的大团长如今是立王者。他很快成为宫廷鹰派的主要成员，为了将侵略性的政策确立为政府的大政方针而不断鼓吹。他的敌人既有伊斯兰势力，也有国内的政敌。事实证明，这是一种非常危险的组合。

---

① 原文如此。疑为 8 月 11 日。

1187 年 4 月 30 日夜间，拿撒勒的瞭望哨发现萨拉丁的一群士兵经过该城执行侦察任务，奔向西北方几英里外的设防城镇塞佛瑞斯（西弗利亚）。塞佛瑞斯拥有大型的石制方形城堡和一座古罗马竞技场的遗迹，新国王原打算在这里集结防御性的军队，抵挡萨拉丁向耶路撒冷王国发动的越来越坚决的袭击。在过去几年里，穆斯林军队开进拉丁领土、一路烧毁庄稼的景象已经司空见惯。现在撒拉森人渡过约旦河，已经深入基督徒国度的腹地。

居伊和西比拉在前一年 8 月的登基颇有争议，他们为自己做出的辩解是，只有他们执政才能改善拉丁王国的安全形势。然而，安全形势持续恶化。阿马尔里克国王驾崩以来，法兰克王权的衰微和耶路撒冷王国的混乱状况足以让任何觊觎其土地的统治者勇气倍增，而萨拉丁越来越大胆的袭击也反映了他本人对法兰克人态度的演化。在 12 世纪 80 年代初，他满足于定期袭击有争议的地区；而在 1186 年之后，他的视野更广阔了，他开始将东方的拉丁人视为一种必须除之而后快的生存意义上的大敌，而不仅仅是一个与他争斗的竞争对手。萨拉丁的事业能成功地走到这一天，是因为他精心为自己塑造了涤荡邪恶的狂热者的形象，把伊斯兰圣战摆到至高无上的位置。他迟早要把自己说过的话变为现实。1185 年末，苏丹病重。"人们为他的生命担忧，有传闻说他已经死了。"他的传记作者和谋臣伊本·沙达德写道。[13] 而大病不死似乎让他产生了一种由衷的渴望，他要不惜一切代价消灭敌人。

1186—1187 年的冬季，居伊国王和他的竞争对手的黎波里伯爵雷蒙三世这两大派系之间几乎爆发内战。雷蒙三世对居伊赤裸裸地攫取权力大为不满，企图用自己中意的人选取而代之：托伦的翁弗鲁瓦四世及其妻子伊莎贝拉，后者即西比拉的妹妹。为了在筹划政变期间保护自己，雷蒙三世做了一件挑战王权，简直可以说是丧失理智的事情：他单独与萨拉丁议和，允许萨拉丁在雷蒙三世的领土上开展侦察行动。根据此项协定，萨拉丁得以派遣 7000 人在 1187 年 4 月的最后一天行军经过拿撒勒。这支部队的指挥官是深受他信赖并且经验丰富的突厥埃米尔穆扎法尔·丁（也叫格克伯里，即"青狼"）。与这位老将分享指挥权的是萨拉丁信赖的儿子和继承人阿夫达尔。

4 月 30 日晚，热拉尔·德·雷德福尔距离拿撒勒不远。此时他是一个代表团的成员，正从耶路撒冷北上去提比里亚，希望说服雷蒙三世与国王妥协。这位圣殿骑士团大团长原本主张用武力迫使不服从国王的伯爵屈服，但居伊不同意，所以安排于 5 月初在提比里亚举行一次和平会议。与热拉尔同行的有罗歇·德·穆兰和推罗大主教约西亚斯，以及各自的扈从。他们打算在圣殿骑士团的城堡拉费弗与强大的领主伊贝林的贝里昂会合，然后大家一起去提比里亚，尽可能心平气和地劝雷蒙三世恢复理智。

热拉尔·德·雷德福尔得知雷蒙三世允许萨拉丁的人马自由通行他的领土，不禁怒火中烧。拿撒勒不属于雷蒙三世，那里的人民不受他与萨拉丁的停战协定的约束。作为圣殿骑士团的领袖，热拉尔对自己的职责十分看重，那就是保卫基督徒土地。[14]他派人到最近的圣殿骑士团驻地（卡考，即今天的卡康），召唤 80 名骑士到自己身边。罗歇·德·穆兰小心地照做，召唤来 10 名骑士；另外 40 名为国王效力的骑士加入进来。于是他们没有继续前往拉费弗和提比里亚，而是奔向拿撒勒，希望追踪苏丹的军队并将其逐退。

140 名骑士（原先的使团加上后来的增援部队）毕竟是匆忙集结的，虽然算得上相当可观的力量，但与萨拉丁的将领指挥的 7000 人相比就显得微不足道了。5 月 1 日上午，圣殿骑士团在克莱松泉（距离拿撒勒不远的一处天然山泉）①追上了阿夫达尔及其军队。双方的兵力差异一下子暴露出来。圣殿骑士团的几乎全部最高级军官此刻都在热拉尔身边：总管乌尔斯·德·阿尔奈托；曾任大分团长的罗贝尔·弗里奈尔，现在是圣殿骑士团的军务官；还有深受敬重的骑士雅克·德·马耶。[15]他们和罗歇·德·穆兰一起评估了形势。除了热拉尔·德·雷德福尔之外，所有人都认为唯一的选择是悄悄撤退。

"热拉尔是一位精力充沛的骑士，但过于莽撞。"德意志编年史家帕德博恩的奥利弗如此描述这位大团长在克莱松泉的行为。[16]即便基督徒占据出其不意的优势，一两百人怎么可能对抗数千敌军而不全军覆灭呢。热拉尔坚持说基督徒的职责就是冲锋，"为了捍卫基督的遗产"。[17]他嘲笑医院骑士团大团长和雅克·德·马耶的沉默，讥讽他们是胆小鬼。[18]

英格兰编年史家科吉舍尔的拉尔夫隔着时空的距离描述了这个场景，给热拉尔安排了辞藻华丽的长篇演讲。热拉尔赞扬圣殿骑士团对"虚荣而转瞬即逝之物"的鄙夷，并说他们是马加比人的真正继承者，"为了教会、律法和受难的基督的遗产"而战。[19]换句话说，圣殿骑士白披风上的红十字要求他们必须迎难而上、奋勇拼杀。热拉尔的这些话几乎一定是科吉舍尔的拉尔夫凭想象捏造的，但他很好地捕捉到热拉尔对 12 世

---

① 如今已经确定，就是艾因戈齐。见 Abel, P. F., *Géographie de la Palestine* I（Paris：1938），445。——作者注

纪骑士精神的极端化理解和骑士团理想化的思维方式。

每一个身穿白底红十字披风的人都曾宣誓为圣殿骑士团效力，至死不渝，坚决服从大团长，并"凭借上帝给你们的力量，帮助征服耶路撒冷的圣地"。[20]在克莱松泉的每一位圣殿骑士都曾宣誓"是，大人，以上帝的名义"，表示坚决做到上述几点。现在是兑现诺言的时候了。大团长命令他们向兵力是他们几十倍的敌军发起冲锋，他们别无选择，必须服从。骑士们画了十字，齐声呐喊："基督是我们的生命，死亡是我们的报偿！"然后他们疯狂地向阿夫达尔及其大军发起冲锋。[21]

克莱尔沃的伯纳德在 12 世纪 20 年代为新的骑士团撰写宣言时，曾恳求圣殿骑士在遇到生命危险时对自己说："无论生死，我们都属于上帝。"[22]他告诉他们，以基督的名义慷慨赴死，必然会得到救赎。当然，伯纳德在距离圣地上千英里的地方撰写理论著作，歌颂他自己永远不会体验到的烈士之死。而90 名圣殿骑士奉命离开自己的城堡，去攻击数量远远超过自己的强大敌军，压抑自己的恐惧并真正直面死亡，则是另一码事。但他们做到了。每一名骑士都策马冲锋，克莱松泉的战斗将成为十字军神话的一部分，长存不朽。

残酷的事实是，在冲向撒拉森人的 140 名骑士中，有的是圣殿骑士，其他人则是被前者的疯狂感染了。只有少数几人逃出生天。命令冲锋的热拉尔·德·雷德福尔在战斗中身负重伤，但最终在三名伙伴的陪同下离开了战场。五十名到六十名骑士死在血雨腥风之中，其他人则被俘虏和变卖为奴。医院骑士团大团长罗歇·德·穆兰不情愿地参加了此役，惨遭斩首，圣殿骑士团的军务官罗贝尔·弗里奈尔，可能还有总管乌尔斯，也被处死。[23]他们死得很惨。编年史家伊本·艾西尔说这是一场"足以让人的黑发一日染雪的凶残战斗"。[24]不管怎么说，如科吉舍尔的拉尔夫所说，"残酷的死亡吞噬了几乎所有人"。[25]圣殿骑士及其伙伴追寻殉道烈士的荣耀，现在称心遂愿。医院骑士团大团长和他的一些骑士，以及拿撒勒的大群市民也都惨死。这些市民在一段距离之外跟随骑士们，希望掳掠战利品，结果在逃回家的途中遭到穆斯林骑兵袭击。

　　也许是为了纪念这次鲁莽的冲锋，很快就涌现出与克莱松泉战死者的壮举有关的圣徒传奇。雅克·德·马耶的死亡被改写成一个基督教的民间传说，他被奉为理想化的十字军战士的典范，光荣地、喜悦地迎接殉道。据同时代一部编年史的作者所说，雅克·德·马耶的几乎所有战友都牺牲了，他孤独地站着，"被敌军团团围住，几乎得不到任何援助。但当看到数千敌人从四面八方向他奔来时，他坚定决心，勇敢地独自迎战敌人的大军"。[26]根据这个传说，雅克的敌人被这位圣殿骑士的勇敢打动，劝他放下武器投降，表示可以饶他一命。他置之不理，继续战斗，直到"最后他没有被敌人打败，而是被长矛、石块和长枪压垮。他跌倒在地，戴着殉道者的冠冕欣喜地升入天堂"。据说，后来雅克的白马和制服让萨拉丁的部下相信他是圣乔治的化身，"身穿辉煌盔甲的骑士，基督徒的保卫者"，所以他们在终于杀死他之后欣喜若狂。

　　他们能杀死这个人，却无法消灭他的传奇。雅克的尸体冰冷、僵硬、暴露于荒野之后，成了神圣遗物的来源。有些人向尸体撒灰尘，然后把灰尘涂抹到自己头上，希望能沾沾死者的勇气。有个人割掉了他的生殖器，"以便妥当保管，用来生儿育女，从而让这个人即便死了也能生出与他一样勇敢的后代，如果这种事情真的可能的话"。[27]

雅克·德·马耶遗体上的每一样东西都被当作圣物抢走，而他惨遭屠戮的战友随身携带的东西都被萨拉丁的士兵掳走。热拉尔·德·雷德福尔写信给教宗，报告了克莱松泉的惨败，抱怨说"除了人员之外，还损失了大量马匹和兵器"，并告诉教宗，"异教徒的邪恶种族受到刺激，会……为了自己的邪恶目的，比通常情况更加激烈地攻击基督徒的土地"。[28]但他没有提到萨拉丁的军队安然撤退时，用长枪插着数十名圣殿骑士的首级，高高举起。

克莱松泉战役后不到两个月，1187 年 6 月 27 日，星期五，萨拉丁在加利利海以南几英里处再次渡过约旦河。这次他带来了 3 万人，大约一半是骑兵。他们在阿什塔拉停留了数周，集结兵力、操练部队并研究战术。这次不再是武装侦察，而是全面入侵。他承诺已久的行动将要开始了，目标是彻底消灭基督教耶路撒冷王国。

这位苏丹并不掩饰自己的目的，所以耶路撒冷国王居伊有时间集结兵力。克莱松泉战役之后，他发出普遍征兵的召集令（arrière-ban），呼吁东方的每一位身体健全的基督徒男子拿起武器，与他一起保家卫国。这意味着国家的生存遇到了危险。各城堡的驻军几乎倾巢出动，以至于"城市、村庄或城堡内没有一个有能力作战的人留下"。[29]各军事修会和每一位世俗骑士都被召唤。为了加强步兵力量和提供专业的轻骑兵，王国招募了数千雇佣兵。招募雇佣兵的费用来自一笔偶然的天降之财：英王亨利二世因为卷入托马斯·贝克特（他于 1170 年 12 月在坎特伯雷大教堂遇害）谋杀案而向教会缴纳的赎罪金。这笔钱原定用于组织一次新的十字军东征，并由圣殿骑士团负责保管，他们在十万火急之刻选择动用这笔巨资。一位编年史家写道，睚眦必报的热拉尔·德·雷德福尔很高兴动用这笔财富，"用来与撒拉森人作战，为自己蒙受的耻辱和损失报仇"。[30]居伊的总兵力可能至少有 2 万人，其中 1200 人为骑士，包括好几百名身穿白披风的圣殿骑士，这相当于圣殿骑士团在十字军国家全部精英作战力量的三分之一。大军在塞佛瑞斯（西弗利亚）的安全基地集结，在那里能获得给养和饮水，准备迎战。"人山人海，士兵多如沙漠中的沙粒。"萨拉丁的书记长伊马德丁写道。[31]每一支兵力雄壮的基督徒军队作战时都会高举真十字架，这次也把它带来，为军队提供基督的佑助。

伊马德丁推断，法兰克人知道自己面对的是一场末日决战，"伊斯兰的全部力量对战全部异教徒"。他说得对。[32]克莱松泉战役惨败之后，国王与的黎波里伯爵雷蒙三世之间形成了不牢固的和平关系，但居伊的作战会议远远谈不上团结一致，其中很多人（包括圣殿骑士团大团长）仍然觉得雷蒙三世是不可信赖的叛徒。萨拉丁渡河进军的消息传来之后，御前会议内部的敌意和对战略的分歧迅速浮现。

居伊面对敌军时的本能反应是阻滞和拖延，争取时间，慢慢将敌人拖垮，而避免与敌人正面交锋，因为野战的风险太大。尽管他召集了耶路撒冷王国历史上最强大的军队之一，他在 1187 年 7 月的倾向仍然是这样。萨拉丁的军队无疑很强大，但并不是铁板一块。"穆斯林的籍贯、宗教仪式和姓名各不相同，不过他们都决心毁灭圣地。"当时的一位法兰克作家这样写道。[33]居伊主张的战略是避免与萨拉丁交战，拖延足够长的时间，让萨拉丁缔结的联盟瓦解，让其军队自行解体。

萨拉丁最不希望的就是对手采用这种拖延战术。决定命运的是，居伊身边的一些人不赞成他的策略。居伊担任摄政者的时候，萨拉丁曾于1183年袭击耶路撒冷，居伊因没有与他交战而遭到嗤笑。现在他很容易受刺激而放弃自己的理智战略，改为努力洗雪自己曾经的耻辱。

1187年7月2日拂晓，萨拉丁率军来到提比里亚，攻打这座城市。市民没有胆量也没有能力抵抗，他们的城镇很快就遭到掳掠和纵火。守军还在坚持，但这里有一个难题：的黎波里伯爵雷蒙三世的妻子艾思奇娃被困在城堡内，很可能落入萨拉丁手中。萨拉丁不大可能虐待她，但一定会索要巨额赎金，并且她的被俘会给雷蒙三世带来莫大的耻辱。

雷蒙三世的确不简单，他按捺住对自己的城镇和妻子的担忧，敦促国王按兵不动，不要被萨拉丁引诱去交战。他坚持说，宁愿付赎金，也不能让大军落入陷阱。热拉尔·德·雷德福尔此时如八周前在克莱松泉一样，咄咄逼人，好斗成性。他和医院骑士团的新任大团长阿芒戈·德·阿斯普一起，向国王提出了与雷蒙三世相反的意见。[34]一份法兰西史料记载了热拉尔的慷慨陈词，他鄙夷地问，国王是否真的要听一个叛徒的建议；然后告诉国王，君主的荣誉要求他前进。[35]热拉尔之前就是这样睚眦必报并且喜欢走极端，所以他完全可能说过这样的话。但作为军事策略，这是非常糟糕的建议。居伊面对两个选择，要么是正面交锋的不确定性，要么是虽然不流血却可耻的失败。他接纳了圣殿骑士团大团长的建议，决定进攻。他就这样自己走进了陷阱。如萨拉丁后来所说，"蒙昧的黑夜即将过去，黎明快要降临了"。[36]

7月3日上午，居伊国王的大军从塞佛瑞斯出动，沿着古罗马旧道缓缓开往东方的提比里亚，圣殿骑士团担任大军的后卫。伊本·艾西尔说，此时"正逢盛夏，酷热难当"，武装人员行军穿过沙漠会遇到很多实际的困难。[37]圣殿骑士对炎热条件下的作战很有经验，但他们干渴难耐。和居伊军队的其余人员一样，圣殿骑士依赖天然泉水来补充淡水。中午，军队在图兰停留，那里有一眼泉水，不过难以缓解2万人及其马匹和役畜快要冒烟的喉咙。他们前方是一片干旱的荒原，萨拉丁派先遣部队堵塞了他们能找得到的每一口井和每一处泉眼。他自己的军队则从加利利海取水，然后用骆驼队向前线输送。他决心不让十字军享受同样的舒适条件。

热拉尔·德·雷德福尔的建议有多么愚蠢，如今昭然若揭。如果离开图兰继续进军，每走一个钟头，军队就会因为脱水而衰弱一分。但居伊既然已经采纳了进攻战略，现在就不能改变主意。大军步履蹒跚地继续向提比里亚前进，圣殿骑士团在热拉尔及其副将、骑士团的总管特里克斯的指挥下担任后卫。圣殿骑士一边前进，一边需要打退敌人的袭扰部队。萨拉丁的主力则转移了阵地，来到卡菲尔萨布特，在那里严阵以待，等候拉丁人抵达。

根据后来的岁月里圣殿骑士讲述的故事，这时居伊的军队开始惴惴不安。据说，在行军过程中，国王的总管大臣仰望赤日炎炎的天空，看见一只鹰在王军上空翱翔，鹰爪里抓着一具配有七支弩箭（代表七宗罪）的弩弓，它用恐怖的嗓音喊道："大祸临头了，耶路撒冷！"[38]在他们前方，萨拉丁正在守株待兔。

居伊的军队刚刚离开图兰，苏丹的侄子塔齐·丁和穆扎法尔·丁就匆匆赶来占据了这座城镇，切断了居伊的退路，让他们无法从后方获取饮用水。用萨拉丁的话说，居伊的人马

"插翅难飞，但也不能原地不动"。[39]基督徒军队持续遭到骚扰，绝望地走向怪石嶙峋、一览无余、干枯生烟的高地，腹背受敌。他们以龟速行军一整天，终于停下脚步，不得不安营扎寨准备过夜，但一滴水都喝不到。与此同时，敌军从四面八方挤压他们的阵地，他们在黑暗中都听得见敌人的说话声。"哪怕一只猫逃离基督徒军队，也一定会被撒拉森人抓住。"一位消息灵通的人士这样写道。[40]基督徒在星光下度过了一个凄惨的夜晚，耳边不时传来"真主伟大！""万物非主，唯有真主！"的呐喊。东北方耸立着两座死火山，被称为哈丁之角。火山脚下是个村庄，有一眼泉水，但通往泉水的道路被封锁了。法兰克人别无他法，只能喉咙冒烟地在黑暗中煎熬。

黎明时分，干渴难熬的法兰克人起身披挂，准备战斗。萨拉丁残忍但聪明地延长着他们的痛苦，让他们朝向哈丁之角继续跌跌撞撞地前进一小段距离。然后他命令部下点燃沙漠里的灌木丛。浓烟充盈天空，让原本就干渴难耐的法兰克人更加难受。萨拉丁还希望烟柱能让基督徒想起正在等待他们的地狱。最后，在平原遍布辛辣的黑烟之后，他命令弓箭手弯弓搭箭。一声令下，万箭齐发。箭矢如"蝗群"般呼啸飞来。基督徒的步兵和骑兵开始纷纷倒毙。

法兰克人眼前一片黑烟，视野受限，酷热难当，精疲力竭并且遭到射击，纪律开始松懈。他们需要反攻。根据一名阿卡商人（他听说了从战场传来的一些消息）的书信，居伊在此刻请求圣殿骑士团领导反攻。"他命令大团长和圣殿骑士开始战斗……圣殿骑士如雄狮般猛扑，杀死了部分敌人，迫使其余敌人后撤。"[41]

圣殿骑士团的总管特里克斯和的黎波里伯爵雷蒙三世在一

起,后者负责指挥前锋。他们身边还有后卫指挥官西顿的雷诺和伊贝林的贝里昂。这四人一起领导了一次冲锋,目标是塔齐·丁指挥的部队。但塔齐·丁没有坚守阵地,而是命令部下在基督徒骑兵猛冲过来的时候让出一个空隙,让他们安然无恙地冲过穆斯林战线。等基督徒骑兵冲过去之后,塔齐·丁的步兵再次封闭了缺口,阻挡了对方返回的道路。战场上级别最高的四位基督徒领袖就这样被切断在敌后,与他们应当指挥的部队分隔开。他们别无选择,只能催马逃跑。在战役几天之后给身在西方的所有圣殿骑士的公开信里,特里克斯不得不解释道:"我们费尽九牛二虎之力……才脱离恐怖的战场。"[42]

被他们抛下的军队如今士气瓦解,因为干渴而瘫痪,精疲力竭。但他们还没有战败。伊本·艾西尔写道:

> 他们明白,只有直面死亡才有可能得救。于是他们连续发起多次冲锋,几乎把占据兵力优势的穆斯林从其阵地赶走……但法兰克人每次冲锋和撤退都损失惨重……穆斯林将他们团团围住,如同圆圈围着圆心。[43]

战斗持续了一整个下午。虽然天气酷热,但是战斗仍然极其激烈。萨拉丁本人用阴森可怖但充满诗意的言辞描述了他的部下如何凶猛地攻击法兰克人:

> 矛尖指向他们的心脏……利剑的洪流夺去他们的生命……马蹄掀起烟尘……箭雨裹挟着火星降落到他们头顶上,射箭的嗖嗖声与战马雷电般的嘶鸣混合在一起,锃亮的剑刃闪电般飞舞。[44]

法兰克军队崩溃了。据伊本·沙达德记载，"一群法兰克人逃跑，遭到我们的穆斯林骑兵追杀。法兰克人没有一个生还"。[45]居伊国王和他的骑士准备做最后的抵抗。

国王和一群骑士（可能包括热拉尔·德·雷德福尔和他的圣殿骑士）爬上了哈丁之角的顶端，那里的铁器时代和青铜时代搭建的防御工事遗迹能提供一些天然防护。这些干渴而疲惫的人来到高处，痛苦地俯瞰着可望而不可即的清凉的加利利海。他们暂时防守住这个阵地，搭起了居伊国王的鲜红色营帐。阿卡主教匆匆走进营帐，带来了拉丁人希望能挽救他们的那样宝贝：一个镶嵌珠宝的匣子，内有真十字架（基督被钉死在上面的那个十字架）的碎片。他们必须不惜一切代价地保护真十字架。

萨拉丁从自己指挥部的位置看到居伊的营帐搭建起来。基督徒准备在那里保卫国王和圣物。萨拉丁的儿子阿夫达尔就在他身边，后来向伊本·艾西尔讲述了随后的紧张局面。苏丹知道敌人的骑兵会战斗到最后一息。那些基督徒身陷重围，正准备决一死战，向穆斯林军队最核心的部分发动攻击，那样也许能挽救基督徒必败的局面，甚至转败为胜。基督徒打算攻击萨拉丁和他的马穆鲁克卫队。阿夫达尔说，苏丹"悲痛不已，面色苍白"。[46]

阿夫达尔年轻而缺乏经验，不明白父亲在害怕什么。基督徒从居伊营帐发起的每一次冲锋都被打退，阿夫达尔欢呼雀跃："我们赢了！"

"父亲呵斥我，"他后来回忆道，"他说：'安静！营帐没倒，我们还没赢。'"

萨拉丁话音刚落，他和阿夫达尔就看到居伊的红色营帐终于倒下了。国王被俘，真十字架被缴获。战役结束了。"苏丹翻身下马，跪倒在地，感谢伟大的真主，喜极而泣。"[47]

浸透鲜血的哈丁战场上有两座纪念碑：一座是萨拉丁下令建造的穹顶，被称为"胜利的穹顶"；一大堆凌乱的人骨则象征着另一座，伊本·艾西尔一年后寻访战场时看见遍地都是人骨。苏丹吹嘘说他在此役中杀敌 4 万人。[48]

哈丁战役中幸存的基督徒如今任凭萨拉丁处置，根据身份不同，有的被处决，有的被囚禁。很多人当了俘虏，被变卖为奴。伊本·沙达德听说有一个得意扬扬的穆斯林士兵用一根搭帐篷用的绳子牵走了三十名基督徒士兵。[49]因为供大于求，大马士革市场的奴隶价格暴跌。但有的俘虏并不是用来牵到公共拍卖会上换区区几个拜占特的。热拉尔·德·雷德福尔和数百名圣殿骑士与医院骑士被生擒，其他显赫的俘虏还有居伊国王、沙蒂永的雷诺及其继子托伦的翁弗鲁瓦等。医院骑士团在意大利分支的指挥官阿奇乌姆巴尔德收到的信里哀叹有超过1000 名"地位高贵的人被俘或被杀，逃出生天的骑士或步兵不超过 200 人"。[50]

7 月 4 日晚上，居伊国王和沙蒂永的雷诺被押到萨拉丁面前。此时萨拉丁坐在自己营帐的门廊上，排场隆重，威风堂堂。苏丹安慰了这位口干舌燥、心惊胆战的落败国王，给他一杯冰镇玫瑰水解渴。这既是帝王之间的善意，也展现了阿拉伯传统的好客之道，意味着国王已经没有性命之忧，会得到萨拉丁的保护。但当居伊将杯子递给雷诺时，萨拉丁脸色大变。他通过译员告诉雷诺，自己并没有给他饮料喝，所以雷诺还没有得到保护。居伊和雷诺被送去吃饭并寻找安顿之处，随后又被带回苏丹面前。居伊在营帐内得到座位，不得不目睹萨拉丁与雷诺当面对质。萨拉丁曾发誓要报复雷诺袭击穆斯林商队和1183 年掳掠汉志的恶行。

萨拉丁怒斥这位曾经的安条克亲王亵渎神明、背信弃义和大胆放肆，厉声责骂他，并重述了他的诸多歹行。萨拉丁告诉雷诺，他现在唯一的活路就是皈依伊斯兰教。他知道雷诺一定会拒绝。慷慨陈词结束之后，苏丹站定身子，抽出弯刀，砍向那位饱经风霜的老将的脖颈。萨拉丁原想一刀砍掉雷诺的头颅，但因为激动而失手，将他的一只胳膊从肩膀处砍断了。雷诺倒地，萨拉丁的仆人冲进来，把满身血污的雷诺拉到营帐外结果。[51]萨拉丁看了看居伊，保证不会伤害他。但胆战心惊的国王恐怕没法放心。

杀死雷诺对萨拉丁来说是报私仇，是为了兑现他发的毒誓，也是因为多年来对雷诺的憎恨。但萨拉丁对被俘圣殿骑士的处置就是政治与军事层面的冷酷算计了。圣殿骑士和医院骑士在哈丁作战骁勇、表现突出，不止一个穆斯林书信作家提及这一点。萨拉丁可不希望将来在战场上再遇见这些猛士。"他们是所有法兰克人当中最强悍的战士。"伊本·艾西尔写道。而且，骑士们对圣战的狂热与执着精神是拉丁国家防御的支柱。[52]萨拉丁在雅各渡口摧毁了圣殿骑士团的城堡，如今他要铲除自己手中的俘虏。

伊马德丁记载道，萨拉丁希望"净化这两个肮脏骑士团的土地，他们的行为无益，且他们始终不肯放弃对穆斯林的敌意，所以不能成为有用的奴隶。这两个骑士团是最恶劣的异教徒"。[53]萨拉丁重金悬赏，任何穆斯林只要将一名圣殿骑士或医院骑士交给苏丹，即可获得 50 第纳尔的重赏。"他命令将每一名骑士斩首，将他们从人间抹杀。"伊马德丁写道。[54]

　　萨拉丁向他的神职人员发出呼吁，让他们执行死刑。志愿刽子手来自神秘主义者、苏非派、律师、学者和苦修者等群体，其中很多人毕生从来没有做过这样的事情。"他们每个人都恳求得到处决一名俘虏的荣誉，卷起袖管，拔剑出鞘。"伊马德丁记述道。萨拉丁的士兵和埃米尔们在他身旁排好队伍，观看这诡异的狂欢。随后圣殿骑士和医院骑士被逐个斩首。有些业余刽子手砍得干脆利落，得到赞赏；也有人用的是钝剑。"有的刽子手做得一塌糊涂，十分可笑，苏丹不得不派人替代。"伊马德丁写道。与此同时，萨拉丁面带微笑地坐着，他的笑容与他眼前即将如绵羊一般被屠宰的基督徒骑士的阴森怒容形成鲜明的对比。

　　"圣殿骑士全都死了。"萨拉丁在陈述哈丁大捷的书信中春风得意地宣布。他说的不完全正确。几年后一名圣殿骑士出现在阿卡，声称自己不仅逃出了哈丁的杀戮场，还带走了真十字架并将它埋藏起来，不过后来忘记把它藏在哪里了。[55]热拉尔·德·雷德福尔也逃过了苏非派的笨拙砍杀。他被关押在大马士革一座监狱一段时间，后来被骑士团以惊人的高价赎回。在热拉尔获释之前，特里克斯负责领导骑士团。他在评估了这年夏季的人员损失后计算出，在克莱松泉战役和哈丁之角战役中共损失了290名骑士，这相当于圣殿骑士团在东方的兵力的很大一部分。但除了这些骑士之外，还损失了成千上万士兵，他们与骑士们一起牺牲，成为大团长对殉道渴望的牺牲品。然而，似乎偏偏只有大团长一人没有殉道。

　　对基督徒来说，哈丁战役是一场可耻的军事失败，也是拉丁人的耶路撒冷王国的末日开端。居伊国王将基督徒控制的沿海地带每一座城堡与城镇的每一个有战斗力的人都集结起来，率领他们闯入哈丁的地狱，这就让国家在面对敌人的突袭时显得特别脆弱。现在萨拉丁立刻开始攻打基督徒的国度。哈丁战役之后的三个月里，他的部下蜂拥冲过失去领袖的法兰克土地。他们迅速占领了提比里亚、阿卡、西顿、贝鲁特、海法和恺撒利亚。拿撒勒和伯利恒也被攻克，还有数十座城镇与城堡失陷，只有少数庞大的内陆要塞坚守下来。耶路撒冷的港口雅法被穆斯林占领。在 12 世纪 50 年代经过苦战才拿下的亚实基伦在这年 9 月丢失，达鲁姆和卢德也失守了。到秋季，耶路撒冷王国的每一座主要要塞均告失守，只剩下推罗和耶路撒冷。9 月 20 日，萨拉丁兵临圣城，准备完成自己的征服大业。

此时的耶路撒冷无力守卫城墙。伊贝林的贝里昂指挥着一支可怜兮兮的守军，成员包括少数商人和所有十六岁以上的男子。为了让他们光荣地参加守城，贝里昂册封他们每一个人为骑士。但这远远不够。萨拉丁立刻调用他的投石机和坑道工兵。连续九天，城内的女人纷纷哭泣，剃掉孩子的头发以示悔罪。随后，穆斯林军队在城墙上打开了缺口。伊贝林的贝里昂向萨拉丁求和。9 月 30 日，耶路撒冷正式投降，条件是和平地移交权力，穆斯林军队不得屠城，并给四十天宽限期让基督徒市民赎买自己的自由。

萨拉丁于 10 月 2 日（星期五）正式进入耶路撒冷，这一天是穆罕默德夜行登霄（先知与天使吉卜利勒一起来到圆顶清真寺，就在如今基督徒所说的圣殿山）的纪念日。萨拉丁立刻派人登上金色的圆顶。他们推倒了圆顶上的十字架，（据特里克斯写给英格兰的书信所说）还把十字架在城里拖曳了两天，公开抽打它，供全城人民观看。

随后他们搬进圣殿骑士团的总部，即阿克萨清真寺的所在地。"阿克萨清真寺里满是猪和污秽，"伊马德丁写道，"并被异教徒的建筑堵塞。这是邪恶的种族，他们是不懂得公义的罪犯。"[56]苏丹的军队立刻开始净化清真寺，拆除圣殿骑士团驻扎时期兴建的城墙和建筑，并用玫瑰水从地板到天花板清洗整座建筑。10月9日，星期五，祈祷声从圣殿山向四面八方传去，来自大马士革的伊玛目伊本·扎基做了讲道，歌颂萨拉丁的功绩，呼吁全体穆斯林继续圣战。

五十名圣殿骑士被从他们的总部逐出，但被允许组成一支卫队，保护基督徒难民离开耶路撒冷，定居到安全的新家园。大多数难民逃往的黎波里伯国，那里的滨海城市推罗仍然在坚守，是拉丁人的一处防御堡垒。骑士们分成两队，各有二十五人，分别担任前锋和后卫，保护衣衫褴褛的市民北上。每一步都让他们越发远离基督受难的城市，进入充满敌意而危险的土地。[57]圣殿骑士团所代表的一切，在这里都被逆转了，不胜凄凉。

距离于格·德·帕英和他的骑士聚集在圣墓周围设想建立一个新的修会来保卫圣城、保护基督徒朝圣者，已经过去六十八年。萨拉丁只花了不到十五个星期就屠杀了骑士团成员，囚禁了他们的大团长，夺取他们的城堡，占领他们宣誓保卫的圣地，这使骑士团所代表的一切化为尘土。

人们很难回避这样的结论：上帝已经抛弃了他的战士。

# 第三部

# 银行家
## 1189—1260

"你们当轻装地，或重装地出征，你们当借你们的
财产和生命为真主而奋斗。"
——伊本·瓦西尔，引用《古兰经》
第九章第四十一节[1]

# 十二　“追寻财富”

圣殿骑士团的国际总部曾设在耶路撒冷的庞大宫殿群，如今总部只是托伦山上的一处帐篷，周围环绕着其他许多帐篷。基督徒的达官贵人就在这里安营扎寨。[2] 圣殿骑士团出身卑微，如今再次卑微了。他们的数十座城堡已经失陷，数百人阵亡，他们的队伍七零八落。骑士们为自己追寻和忍耐坚信的能力自豪。[3] 但在 1187—1189 年，他们连续遭遇羞辱和困难。他们无法回避骑士团衰败的明证。从托伦山的居高临下之处他们可以俯瞰阿卡，回想自己失去的一切。

他们能看到的阿卡城是密密匝匝的作坊、房屋、教堂、设防塔楼和商业地产，它们围绕着中央要塞，南面和西面是大海，陆地一侧是坚固的石墙，再往外是一片平坦的沙地。阿卡是圣地最大的港口之一，是沿海最重要的商业港口。这座城市让西班牙穆斯林作家和旅行家伊本·朱拜尔眼花缭乱，他的记载中引用了《古兰经》里的描述："阿卡是叙利亚的法兰克城市的首都，是'高耸如山峰的大船'的装卸地。"尽管伊本·朱拜尔对阿卡臭气熏天、满是垃圾和粪尿的街巷感到遗憾，并愤怒地谴责这里的古老清真寺被改为基督教教堂，但他还是赞许地说"这座城市的伟大堪比君士坦丁堡"。[4]

伊本·朱拜尔访问阿卡的时间是 1184 年秋季，也就是哈丁战役之前。当时这座辉煌的都市是"海外"最重要的基督徒要塞之一。而在如今的 1189 年秋季，它已经被伊斯兰军队占领。此时除了的黎波里和固若金汤的岛屿要塞推罗，加利利海以南的几乎每一座基督徒定居点都已经落入敌手。阿卡听到的不再是教堂钟声，而是星期五的穆斯林祈祷。石制防御工事的塔楼顶端，穆斯林哨兵警惕地观察着外界。吸引他们注意力的东西很多，因为从 1189 年夏季开始，一支基督徒联军开始在阿卡城外集结，这些人的目标很简单：夺回阿卡。

此时居住在托伦山上帐篷里的圣殿骑士包括他们的大团长热拉尔·德·雷德福尔。在哈丁战役之后的将近一年里，他被关押在大马士革的牢房，但在 1189 年 6 月获释，因为萨拉丁和居伊国王达成了协议。萨拉丁释放了国王，条件是他要交出亚实基伦。居伊还被允许挑选十名骑士陪伴他。他给出的名单包括他的一个兄弟艾默里·德·吕西尼昂[①]和圣殿骑士团大团长热拉尔·德·雷德福尔。换取热拉尔自由的赎金价码很高：骑士团不得不放弃位于加沙的城堡。大团长是可以替换的，而加沙不是，所以骑士团愿意用加沙换取热拉尔，更多的是出于荣誉感，而不是军事策略层面的考虑。基督徒之前花费巨资建立起来的控制埃及与巴勒斯坦之间沿海道路的军事枢纽如今全部落入穆斯林手中。这个代价实在太高了。

---

① 艾默里·德·吕西尼昂（1155 之前—1205）是耶路撒冷国王居伊·德·吕西尼昂的哥哥，曾担任王国的司厩长，参加了哈丁战役。居伊丧失耶路撒冷王位之后获得了塞浦路斯作为补偿。居伊死后，塞浦路斯诸侯选举艾默里为主公，他于 1197 年在神圣罗马皇帝亨利六世的支持下称王，即第一任塞浦路斯国王。后来艾默里娶了耶路撒冷女王伊莎贝拉一世（西比拉同父异母的妹妹），于 1198 年成为耶路撒冷国王。在他统治期间，塞浦路斯和耶路撒冷相对稳定。有些资料将艾默里的名字与"阿马尔里克"混淆，所以错误地称他为阿马尔里克二世。

但木已成舟，热拉尔自由了。他重掌大权之后就排挤了代理大团长特里克斯。此后将近十年里特里克斯从骑士团的中央领导群体中销声匿迹，也许他觉得自己从哈丁战役幸存下来并帮助处置善后，算是履行了职责。热拉尔很快恢复了自己惯常的领导风格：肆无忌惮，好斗成性。让他激动的事情有很多。从托伦山俯瞰被穆斯林占领的阿卡，他能看见城市西南角的圣殿骑士团大型宫殿，现在那里是萨拉丁的一位律师朋友（名叫伊萨·哈卡里）的住宅。热拉尔不能容忍失去这座宫殿。

医院骑士团和圣殿骑士团在阿卡都拥有价值不菲的地产，这符合他们在圣地的地位。医院骑士团的产业在市内，圣殿骑士团的宫殿则建在一个伸入地中海的袖珍半岛上，就在一段 L 形海墙附近，那里的海墙可以庇护在内港停泊的船只。德意志朝圣者狄奥多里克写道，圣殿骑士团的宫殿"规模宏大，蔚为美观"。他指的可能是令人敬畏的石墙上的大型罗马式拱顶。[5] 但这座房子岂止是美观。它坐落于最繁忙的商业要塞的绝佳位置，是骑士团在东方最重要的商业枢纽。圣殿骑士团在阿卡的商业利益由一位高级军士负责，他的头衔是阿卡造船厂指挥官（或分团长），从西方运往拉丁国家的大部分物资、武器装备和人员都要经过他的手。[6]

圣殿骑士团挖掘了大型地道，从宫殿的地下室延伸出去将近 400 米（1300 英尺），从城市的比萨人聚居区地下穿过，直到海关大楼（被称为"锁链大厅"）。在海关大楼里，教士们坐在铺着毯子的石凳上计算关税。他们用笔蘸着墨水书写，墨水瓶是黑檀木制成的，饰有黄金。[7] 为了确保能够从这座金碧辉煌的海关大楼安全出入，骑士团挖掘了一套先进的地道系统，它在某个地点分叉，形成两条平行的地道。骑士团在岩石上开凿出一个警卫室来监管地道。一名军士坐在警卫室里，透过金属格栅观察下方的情况。[8]

在主宫殿的北面，在被称为蒙穆萨尔的郊区，还有两片土地属于骑士团：所谓的"圣殿骑士团区"和一座大型马厩。骑士团在阿卡的全部产业加起来，比在耶路撒冷的地产多很多。现在这一切都在敌人手中。律师伊萨·哈卡里得到了骑士团的一切财产：他们的"房屋、农场、土地……庄稼和其他财产"。[9]在他的经营下，主宫殿添加了一座大型塔楼，它从城市的天际线放肆地崛起。这是对热拉尔·德·雷德福尔和他在托伦山上的兄弟的刻意挑衅。[①]

1189年10月的第一周，圣殿骑士团在阿卡城外已经待了五周。他们之所以来到那里，部分是因为热拉尔。他出狱之后研究了基督教王国的废墟，敦促国王采取决定性的行动，向萨拉丁发起反击。哈丁战役和耶路撒冷战役的失败以及真十字架的丢失令西方基督教国家大为震惊并准备付诸行动。世人皆知，英格兰国王、法兰西国王和神圣罗马皇帝弗里德里希一世·巴巴罗萨以及其他许多显赫贵族正在筹备一次大规模十字军东征，这将是自1096年以来规模最大的一次。热拉尔和居伊国王的兄弟艾默里·德·吕西尼昂一起提出，如果西方君主来到圣地却发现耶路撒冷国王待在自己的残山剩水无所事事，对耶路撒冷国王来说将是莫大的耻辱。"最好让他们看到你已经在攻打一座城市。"热拉尔和艾默里敦促道。[10]居伊在自己的荣誉受到责难时总会耳根子软，这次果然也同意了。

---

① 医院骑士团在阿卡的产业，包括寓所、教堂和医院，均被萨拉丁改成了学校，这对热拉尔来说只是稍许宽慰。——作者注

他选择的攻击目标是阿卡。他从安条克和推罗周边残存的法兰克领土集结了一支王军，终于在1189年8月29日抵达阿卡城外。起初他只有600名骑士，包括圣殿骑士团的一些代表，但后来兵力有了大幅增长。8月的最后一天，好几艘满载比萨士兵的船在阿卡城南靠岸，并在海滩扎营。十天后又有50艘船抵达，送来数千名丹麦和弗里斯兰十字军战士，他们的指挥官是著名的佛兰德骑士和贵族阿韦讷的雅克，他是北欧最受敬畏的军事领袖之一。9月底，居伊的政敌、意大利贵族蒙费拉的康拉德①（他正在图谋取代居伊，成为国王）率领1000骑士和2万步兵从推罗赶来。虽然内部不睦，但这已经是一支非常强大的法兰克军队，有能力从海上封锁阿卡，并从陆路部分地包围城市。

作为回应，萨拉丁率领自己的大军来到了阿卡。基督徒军队包围了阿卡城，而萨拉丁的军队以半径更大的半圆形构筑阵地，包围了围城的基督徒军队。萨拉丁的指挥所设在一座叫作阿亚迪亚的山上。从9月前两周开始，双方不断发生小规模冲突。萨拉丁的部下试图通过拉丁人陆路封锁线上的薄弱环节，

---

① 蒙费拉的康拉德是前文讲到的蒙费拉的威廉（西比拉女王的第一任丈夫、鲍德温五世的父亲）的弟弟。他抵达圣地的时候正逢萨拉丁攻克了耶路撒冷，横扫基督徒的王国。推罗正准备向萨拉丁投降，这时康拉德接管了推罗的防务，成功抵抗了萨拉丁的两次攻打。传说萨拉丁把康拉德的老父亲拉到城墙下，劝诱康拉德投降。但老父亲让儿子继续抵抗，康拉德则对萨拉丁说，他父亲活得足够久了，并用弩弓瞄准父亲。萨拉丁最后释放了康拉德的父亲。西比拉女王及其孩子于1190年去世，居伊因此失去了对王位的合法主张权。康拉德娶了伊莎贝拉（西比拉的妹妹），借此对耶路撒冷王位提出主张权。伊莎贝拉与托伦的翁弗鲁瓦四世原本是恩爱夫妻，但在西比拉的母亲和许多贵族的强迫下，他俩离婚，以便让伊莎贝拉与康拉德结婚。

维持一条通向阿卡城内的补给线，并伏击基督徒的搜粮队。居伊的部下则努力遏制敌人。这些战斗都只是试探性的交锋，但双方都持续获得增援，所有人都知道阿卡即将发生大规模的攻防战。结果要么是萨拉丁对基督教圣地的征服遭到遏制，要么是拉丁国家凄惨地继续走向灭亡。

10 月 3 日夜间，法兰克将领决定对萨拉丁不断膨胀的军队发起第一次攻击。根据伊本·艾西尔的编年史，居伊国王意识到，虽然苏丹在阿卡拥有一支大军，但他的很多精锐部队仍然分散在他广袤领土的其他重要地区：有些在北方的安条克；有些在保卫埃及的港口亚历山大港和达米埃塔；还有的则在警惕地监视基督徒的城市推罗，随时打退基督徒从那里发动的攻击。如果要攻击阿卡城外的穆斯林军队并切断城内穆斯林守军的补给线，此刻就是千载难逢的良机。居伊命令他的军队准备于次日执行一次大规模行动。

10 月 4 日上午，基督徒军队"如同成灾的蝗虫爬过地表"，在托伦山脚下集结完毕，以步行速度穿过平原，向萨拉丁位于阿亚迪亚的基地推进。装备弓箭和弩弓的轻步兵走在"主力部队前方……战马、兵器和五花八门的徽记构成鲜艳的图景"。[11]随后是精锐的骑兵部队：国王卫队、医院骑士（由大团长阿芒戈·德·阿斯普指挥）和圣殿骑士（由热拉尔·德·雷德福尔指挥）。

骑士团的新任军务官若弗鲁瓦·莫兰高举黑白两色的大旗，引领圣殿骑士前进，他们虽然速度缓慢，但坚定不移地穿过阿卡漫天尘土的平原。[12]若弗鲁瓦此前是圣殿骑士团在推罗分支的指挥官，在热拉尔大团长获释不久前被提升为军务官。[13]根据团规，若弗鲁瓦身边有五名到十名身着白披风的骑士作为他的卫队，其中一名骑士携带备用旗帜，以免军务官的旗帜在战斗中损毁。[14]他是战场上地位仅次于热拉尔的圣殿骑士，整个骑士团都以他俩为中心。

基督徒大军在萨拉丁军队的注视下穿过阿卡平原，旌旗招展，圣殿骑士团的黑白大旗是其中一面。基督徒大军进入冲锋距离之后，圣殿骑士团的黑白大旗开始引领冲锋。当基督徒进入攻击穆斯林营地的距离后，信号发出，步兵停止前进。他们分成两路，让出一个缺口，重骑兵从其中冲向敌军。萨拉丁营地前方的穆斯林部队不愿意阻挡风驰电掣的基督徒重骑兵，选择后撤，于是通往萨拉丁营帐的道路敞开了。萨拉丁与这些部队一起撤退，法兰克人立刻扑向毫无防御的营地，砍断帐篷的绳索，掳掠财物，杀死所有胆敢挡路的人。死者包括耶路撒冷的穆斯林总督、萨拉丁的总管大臣哈利勒·哈卡里和知名诗人兼学者伊本·拉瓦哈。[15]根据一份史料，萨拉丁本人的营帐一度被巴尔伯爵（前不久从西方赶来的十字军将领）占领，不过它显然没有被摧毁。[16]

"圣殿骑士的威名不输于任何人并且嗜血好战，他们冲过了敌人的全部阵线，"一位基督徒编年史家赞许地写道，"如果其他人……能紧随其后，同样热情地追击敌人，那么这一天他们就能轻松取胜，夺得城市，打赢整场战争。但圣殿骑士追寻财富、纵马冲杀，结果孤军深入。"[17]在热拉尔·德·雷德福尔领导下，大胆变成了鲁莽——不过这也不是第一次了。

萨拉丁的军队后撤，圣殿骑士及其他骑士大肆掳掠穆斯林丢弃的财物，没有人注意到一大群武装市民从阿卡一座无人防守的城门偷偷溜出来，绕过战场，与之前撤离营地的一群苏丹士兵会合了。他们静悄悄地走向宣示圣殿骑士团位置的黑白大旗，然后发动突然袭击。

圣殿骑士们转身回望，发现自己已经落单，与基督徒军队的其余部分隔开了，后者正忙着与萨拉丁的右翼交战。这意味着圣殿骑士如今四面受敌，与法兰克战友之间的联络也被切断。他们试图且战且退地回到主战场，但完全做不到。他们身陷重围。唯一的办法就是集合到黑白大旗周围，拼死奋战。

根据一位编年史家的说法，当热拉尔·德·雷德福尔见到自己又一次将战友带入火坑时，发表了振奋人心的演讲。"战友劝他逃跑保命，他答道：'绝不！那对圣殿骑士团来说是奇耻大辱。人们会说我光顾着一个人逃命，丢下其他骑士，任凭他们被屠杀！'"[18] 这段话是文学渲染，但仍然表现了大团长坚守原则，拒绝避险。当初就是这种精神促使他在克莱松泉径直冲向七千劲敌，并爬过哈丁之角下面黑烟滚滚、血流成河的灌木林带。他从这两次灾祸中幸存下来，但如今他逃不出阿卡的平原了。

刀剑和长枪飞舞，战马倒毙，人们在惊慌失措中丧命。热拉尔及其部下被淹没了。"真主的利剑从四面八方击败他们，一个人都逃不掉，"伊本·艾西尔写道，"他们大多被杀，少数被俘，包括圣殿骑士团大团长，就是萨拉丁曾经俘虏后来又释放的那个人。"[19] 这一次他不会坐牢，不会被赎回，也得不到宽恕：热拉尔在战场上被就地处决。"他倒在阵亡将士当中。"撰写题为《狮心王理查东征记》的基督徒编年史作家如此评论道。[20] 在热拉尔背后的某处，那面象征圣殿骑士团最后一次自豪地拼死抵抗的黑白大旗，在腹背受敌的最后一群骑士头顶上摇摇欲坠。最终，黑白大旗也倒下了，随着战死的若弗鲁瓦·莫兰一同坠地。

1189 年 10 月 4 日，对圣地的拉丁武士来说是又一个惨痛的日子。圣殿骑士惨遭屠戮，基督徒军队的其余人马陷入恐慌。牲畜疯狂地乱跑，人们神经崩溃。"他们先是打退了敌人，然后自己却被打败，逃了回来。"一位基督徒编年史家愤恨地写道。[21]居伊国王的兄弟若弗鲁瓦·德·吕西尼昂拼死组织后卫作战，才守住了托伦山。鏖战好几个钟头之后，战斗终于结束，双方都筋疲力尽。法兰克人再次战败，损失了约 1500 人，有些掉队的士兵回营时已是遍体鳞伤，朋友都认不出他们。萨拉丁的部下收集了敌人的尸体，丢进附近的河里。尸体腐烂，河水变得恶臭。阿卡城外幸存的人们很清楚，即将展开的是一场漫长而恐怖的围城战。承诺已久的增援还没有抵达，身陷重围的圣地守卫者心急如焚。七零八落、失去领袖的残存圣殿骑士从托伦山顶眺望自己曾经的宫殿，不禁怀疑他们还能不能看到自己的旗帜在宫殿上空升起。

一名身负重伤、肢体残缺的水手蹒跚地穿过阿卡城墙外云集的士兵，讲述了他悲惨的故事。这一天是 1191 年 6 月 11 日。四天前，这名水手所在的船与外国入侵者交战，落水的海员无助地挣扎，而他被敌人俘虏，遭受酷刑折磨。[22]这个可怜的人生不如死，肢体遭到残酷的摧残，然后被送到阿卡市民那里，作为活生生的例子告诉他们，挑战上帝的军队的下场是什么。

这名水手是阿卡围城战的众多牺牲者之一，到 1191 年 6 月这场战役已经打了二十二个月，导致成百上千人死于发生在陆地上和海洋中的激烈冲突、营养不良和疾病。但他也象征着某种更宏大的事件即将发生。他之所以遭到残忍折磨，是为了宣告一个危险的新玩家即将抵达。这位新来者"无比睿智，战争经验丰富，他的到来让穆斯林战战兢兢"，伊本·沙达德写道。[23]新来者的曾祖父就是耶路撒冷国王富尔克，但他自己是英格兰国王，是他所在时代最强悍的战士，也是圣殿骑士团的支持者。他身材魁梧匀称，富有领袖魅力，红金色头发引人注目。他的胳膊似乎天生就是用来挥舞利剑的。他就是狮心王理查一世。

这年春天有一些显赫的大人物来到阿卡，包括法兰西国王腓力二世·奥古斯都，他于 4 月 20 日率领六艘大船靠岸，他麾下的主要贵族和成千上万热情洋溢的十字军战士簇拥在他身边。萨拉丁的传记作者兼官吏伊本·沙达德承认，腓力二世是"伟人和值得尊重的领袖，是他们的伟大君主之一，军中的所有人都服从他"。[24]理查一世比他的竞争对手腓力二世晚了几周抵达，是最后到达阿卡的十字军领袖之一。这位英格兰国王虽然不怎么守时，但他强大的人格魅力足以弥补这个缺陷。伊本·沙达德对理查一世更加不吝溢美之词，说他"是极其勇敢的强大武士，坚定不移。他久经沙场，战斗时无所畏惧"。他还写道，尽管在十字军眼里理查一世的地位"低于法兰西国王"，但"他更富有，名望也更高，因为他是著名的猛将"。[25]

理查一世于 1187 年立誓参加十字军东征，当时他还是王子。和他那一代几乎每一位年轻武士一样，哈丁惨败的消息让他按捺不住。西方的政治动荡，包括理查一世与其垂死的父王亨利二世的激烈争吵导致他隔了四年才兑现诺言，出征东方去解放耶路撒冷。① 不过他准备的时间长，所以最后集结了一支

---

① 亨利二世于 1189 年 7 月 6 日凄凉地死去，他仅剩的两个儿子理查和约翰曾起兵反叛他。——作者注

特别威武雄壮的十字军。150 艘舰船从朴次茅斯启航，航行超过 2000 英里（约 3200 公里），取道里斯本、西西里和塞浦路斯，在意大利南部接上了先期抵达那里的理查一世。他们这一路掀起了血雨腥风，洗劫里斯本，入侵西西里。英格兰十字军还征服了塞浦路斯，理查一世下令逮捕当地的拜占庭总督伊萨克·科穆宁，用白银镣铐来捆缚他，以惩罚他竟敢阻挠自己登陆。这些行为都不是很符合基督教精神，但提升了理查一世的声誉，让大家相信他是一位雷厉风行的军事家。自鲍德温三世国王驾崩以来，圣地的拉丁人缺的就是这样的军事家。这位英格兰国王带着舰船、金钱、马匹、武器、被服、粮食和士兵来到阿卡。最重要的是，基督教世界的希望都寄托在他的肩膀上。

理查一世大驾光临，大大鼓舞了圣殿骑士团的士气，也增强了它的兵力。1189 年 10 月 4 日战败之后的几个月非常灰暗。在东方的圣殿骑士所剩无几，骑士团的中央大会无法或者不愿意选举新的大团长来接替热拉尔·德·雷德福尔。有几个月里，一位骑士临时掌管骑士团，但史料没有记载他的名字，仅仅将他称为 W。[26]此人是骑士团的神父，和军士一样穿黑袍，戴着独特的仪式手套，这是领有圣职的骑士团成员的特权。W 显然是一位虔诚而通晓文墨的骑士团成员，但他不是战士。

1190 年，西方最资深的两位骑士团成员接替 W，接过了骑士团大权。这两人短暂地分享指挥权，其中一人是勃艮第的知识分子艾斯的阿米奥，他在普罗旺斯有亲戚。他担任总管。阿米奥在 12 世纪 60 年代（阿马尔里克国王在位时期）就曾访问"海外"，但没有留下，转而去巴黎打拼，代表法兰西那些对经济更感兴趣的圣殿骑士，管理商业交易。他取得了很大成功，被任命为骑士团在西方的长官，这是骑士团在圣地之外的最高职务。但阿米奥的内心与身在耶路撒冷王国的兄弟迥然不同。他在巴黎的主要工作是经营诸多农业庄园组成的网络，与教会和修道院就土地与财产交易进行谈判，并确保自己领导下的圣殿骑士团机构维持一定程度的宗教虔诚。他经常在自己见证和密封的文件里表达自己的主要兴趣：对"永久和平"的渴望。在西方，圣殿骑士首先是教会的仆人，其次才是军人，所以这种陈词滥调足以让他在西方取得成功。但在圣地，像阿米奥这样热爱和平的人很少见，也没有用武之地。

好在吉尔贝尔·埃拉尔在 1190 年与阿米奥联手。吉尔贝尔是已故大团长阿尔诺·德·托罗哈的亲信，在他领导下曾任分团长。1184 年起，吉尔贝尔担任骑士团在西班牙和普罗旺斯分支的长官。伊比利亚半岛此时仍然是燃烧着的战区：12 世纪中叶，北非和西班牙南部爆发了一场伊斯兰革命，穆拉比特王朝灭亡，取而代之的是更严酷并且不宽容的逊尼派政权穆瓦希德王朝。他们的领袖自立为哈里发，设法在半岛打退基督徒的进攻。吉尔贝尔就任骑士团在西班牙和普罗旺斯分支的长官那一年，圣塔伦发生了一场大规模围城战，那里距离圣殿骑士团在葡萄牙的总部托马尔不远。葡萄牙军队打退了围城的穆瓦希德王朝军队，用毒箭杀死了哈里发阿布·雅各布·优素福。吉尔贝尔见识过残酷的战争，所以比深思熟虑、热爱和平的阿米奥更能适应冲突与流血。他很适合在东方服役。1190 年，吉尔贝尔再次担任分团长，并与阿米奥一起领导骑士团度过了一个困难重重的年份。

圣殿骑士团的作战力量虽然遭到萨拉丁重创，但阿米奥和吉尔贝尔抵达圣地之后，骑士团展现出自己有能力承受几乎是毁灭性的打击，并较快地恢复了元气。1191 年 5 月，阿米奥离开岗位，返回巴黎。接替他的是拉库尔坦的罗里克。这次人事变革来得很及时：几周后的 6 月 8 日，理查一世在阿卡登陆，煽动了新一波激情澎湃的好战情绪，并要求圣殿骑士团全面参与。阿米奥在麻烦开始之前离开是好事。

理查一世从英格兰王国和在法兰西的领地（诺曼底、安茹和阿基坦）带来了庞大的十字军。此次远征的规划与执行的规模都十分宏大。他抵达阿卡时舰队已经扩充到近 200 艘舰船。他拥有庞大的私人军队和众多强大而经验丰富的贵族支持者。他在英格兰卖官鬻爵、兜售地产，获得大宗财富。他还带来了有经验且值得信赖的军事顾问，他在自己的三十三年人生中已经很熟悉这些人并且仰仗他们。他已经在普瓦图（他从十五岁就开始担任普瓦图伯爵，统治这个地区）及其周边南征北战十几年，可谓久经沙场。

谋臣之一罗贝尔·德·萨布雷是理查一世最重要的封臣和盟友。罗贝尔拥有勒芒周边的很大一片土地，那里是金雀花王朝祖传的心脏地带。他深度参与了理查一世 1190 年春夏在安茹和诺曼底为十字军东征做的准备。[27] 他是国王的三位海军将领之一，除了指挥王家舰队的很大一部分之外，在军队于西西里过冬时还担任大使。他还是一个官方委员会的成员，该委员会负责分配在旅途中死亡的十字军战士的财产。理查一世对他十分信赖，抵达阿卡不久后就命令罗贝尔宣誓成为圣殿骑士，于是骑士团立刻选举罗贝尔·德·萨布雷为他们的新任大团长。

理查一世不是第一位劝诱圣殿骑士团将他中意的人选为大团长的君主。埃弗拉尔·德·巴尔是路易七世国王的忠实仆人，纳布卢斯的菲利普和奥多·德·圣阿芒都是阿马尔里克国王扶植上台的。但到访圣地的外国君主如此明目张胆、如此刻意地安插自己的亲信当大团长，还是第一次。理查一世十字军东征战略的一个重要部分，是将各军事修会与自己的指挥结构结合，从而吸纳军事修会的力量。英格兰国王还带来了医院骑士团的新任大团长加尼耶·德·纳布卢斯，他曾是医院骑士团在英格兰分支的指挥官。另外，英格兰人罗伯特于 1192 年被任命为医院骑士团的财务官。[28] 对圣殿骑士团和耶路撒冷王国来说，理查一世的政策会产生长远的影响。

在一个月的时间里，阿卡城墙持续遭到暴风骤雨般的石块轰击。狮心王理查一世和腓力二世·奥古斯都指挥的强大十字军用最新设计的庞大投石机猛轰城市的塔楼和防御工事。理查一世拥有四台投石机，佛兰德伯爵拥有两台，勃艮第公爵拥有一台。腓力二世·奥古斯都拥有一系列构思巧妙的攻城武器，包括一台巨型投石机（他给它取的绰号是"坏邻居"）和好几台机动性强的攻城塔，它们可被推到城墙前，让士兵登上城堞展开白刃战。腓力二世亲自坐在城市附近的一个木制掩体后，用弩弓射击上方的守军城堡，并避开敌人向他的方向发射的燃烧弹。圣殿骑士团操作自己的一台强大投石机，医院骑士团也有自己的投石机。加入十字军的普通朝圣者捐款建造了另一台投石机，给它取名为"上帝的投石机"。坑道工兵在地下挖掘阿卡塔楼的地基，与此同时，上述的重型攻城武器猛轰城内被困的市民。阿卡城内的士气已经崩溃一段时间了，随着 6 月和 7 月攻城火力越来越猛，士气降到了最低点。"守军目睹死亡逼近，斗志涣散。"伊本·沙达德写道。[29]

萨拉丁的军队仍然驻扎在阿亚迪亚山周围，从那里与心惊胆战的阿卡市民保持联络的方式是敲鼓，或者派人把书信缚在自己脖子上，在港口内的船只之间游来游去。总的来讲，萨拉丁的军队无力帮助阿卡守军。十字军兵力约有 2.5 万，并且已经掘壕据守。萨拉丁的军队试图攻击拉丁军队时，被挥舞着各式武器（弓箭、长剑、匕首、长枪、双刃斧或镶嵌铁齿的棍棒）的基督徒男女打退。[30] 理查一世和腓力二世都染上疾病（可能是坏血病），导致他们的头发和牙齿脱落。但理查一世依然斗志高昂，坚持每天坐着担架离开自己的营帐，向城墙顶端巡逻的守军发射弩箭。

7 月第一周，阿卡市民快要放弃了。他们的城墙出现多处缺口，给养消耗殆尽，他们担心如果城市被攻下，市民会遭到屠杀。于是他们决定求和。拉丁人的谈判代表包括医院骑士团的新任大团长、理查一世的伙伴加尼耶·德·纳布卢斯。虽然萨拉丁反对议和，阿卡市民和十字军还是达成了投降协议：市民将献城投降，缴纳 20 万金第纳尔的赔偿金，释放超过 1500 名基督徒俘虏，交出基督徒在哈丁丢失的真十字架。苏丹不情愿地批准了这样的条件。7 月 12 日，阿卡城门打开。十字军蜂拥而入。正午，观察事态进展的伊本·沙达德郁闷地看到"异教徒的旗帜"在阿卡上空飘扬。[31] 理查一世占据了城内要塞，腓力二世·奥古斯都及其扈从得到圣殿骑士团招待。圣殿骑士团终于收复了他们在码头附近的豪华宫殿。法兰西王旗在圣殿骑士团的新塔楼（伊萨·哈卡里居住在这里时建造的那座）上空升起。骑士团的黑白大旗必须等待。不过，在荒野度过四年之后，圣殿骑士团终于有了自己的家。

他们也有自己的使命。阿卡围城战的落幕标志着腓力二世的十字军东征结束了。他认为自己已经履行了誓言，于是动身返回巴黎，因为他急于避开狮心王。理查一世在此次十字军东征期间多次羞辱腓力二世，并且撕毁了与腓力二世姐姐的婚约。法兰西国王麾下的主要贵族之一佛兰德伯爵在阿卡死亡，腓力二世希望代表法兰西王室对佛兰德伯爵的遗产中最富饶的部分提出主张权。而理查一世国王在东方的冒险才刚刚开始。

他开始率领大军沿着海岸南下，目标是尽可能多地收复阿卡与亚实基伦之间的港口与定居点，包括海法、德托瓦、恺撒利亚、阿苏夫和雅法，然后转入内陆，开赴耶路撒冷。漫长的徒步行军作战很容易因为纪律涣散而瓦解，因为必须为成千上万人员提供给养，后勤压力很大，并且他们肯定会遭到萨拉丁麾下机动性强、十分灵敏的轻骑兵的骚扰。第二次十字军痛苦又缓慢地穿过小亚细亚的惨痛经验表明，十字军需要军事修会来提供行军过程中的安保并维持纪律。于是，1191 年夏末和秋初，军事修会奉命执行这样的任务。圣殿骑士团不能待在刚收复的基地享清福。8 月 20 日，星期二，理查一世以萨拉丁背约、未能交出真十字架和 10 万第纳尔赔偿金为由，在阿卡平原屠杀了约 2600 名穆斯林俘虏。两天后，他的十字军拔营出征。

庞大的纵队缓慢地蜿蜒南下，他们的右侧是紧贴海岸航行的舰队。圣殿骑士团担任后卫，百倍警惕，在一段距离之外跟随理查一世的战旗（图案为巨龙，旗被插在一辆大车上）前进。[32] 圣殿骑士团的任务是打退从山区呼啸而来的袭掠部队的敌军，敌军的袭击有时很猛烈，迫使整个十字军队伍停下来。白天他们必须忍受酷热造成的疲劳，还要躲避穆斯林骑兵的箭矢。穆斯林士兵决心为在阿卡城外被无情屠杀的亲友复仇。夜间，基督徒躺在黑暗中听着十字军战士在暮色中吟唱朝圣者的祈祷词。成群的硕大狼蛛爬进营地，人们若是没有及时将其赶走，就不得不忍耐被咬的疼痛。

他们一步一步地南下。他们前方的穆斯林驻军放弃了城镇，但在撤退之前大肆破坏。8月27日，星期二，十字军离开海法。9月1日，星期日，他们从恺撒利亚出发。两天后，他们打退了敌人的一次猛烈进攻，圣殿骑士团在此役中损失了很多马，因为敌人向他们疯狂射箭和投掷标枪。穆斯林被打退后，死马堆积如山，"平民纷纷赶来，贪婪地买马肉，不过它并不便宜"。为了争夺马肉，士兵之间发生斗殴。"没有调味品，但大家饥肠辘辘……所以马肉显得无比美味。"一位观察者揶揄地写道。[33]

9月5日，大军抵达阿苏夫要塞，这是通往雅法道路上的最后一个主要地标。让他们如释重负的是，与传闻相反，敌人并没有为了阻止他们通行而纵火焚烧林地。他们通过林地之后安营扎寨，理查一世要求与萨拉丁谈判。苏丹让他的兄弟阿迪勒（十字军称其为萨法丁）去谈判，并指示其尽可能拖延时间，因为萨拉丁在等待增援的骑兵。谈判开始后很快发生激烈的争吵，理查一世要求对方交出1187年以来基督徒丢失的全部土地，阿迪勒对此大加嘲讽。与此同时，基督徒侦察兵报告称，前方有一支强大的敌军正在集结，严阵以待。"他们的军队覆盖了大地的整个表面，不计其数。"一位作家写道。[34]

9月7日，理查一世命令部下清晨起身，披坚执锐，准备迎战。然后他将十字军分成十二队人马，再按比例编组成五个营，排兵布阵，其中一翼得到大海的保护。罗贝尔·德·萨布雷指挥下的圣殿骑士团从后卫改为前锋，医院骑士团担任后卫。理查一世的策略是尽量避免被敌军牵制住；保持前进的步伐，就像他们离开阿卡之后一直做的那样。他们希望能保持队形，一边前进一边作战，直到抵达前方的高地，然后占领那里，建立一个设防营地。这种战术需要高度的自信和严明的纪律，所以圣殿骑士团被安排在前锋。

上午 9 点左右，十字军遭到一群穆斯林士兵的攻击，这些人来自萨拉丁帝国的遥远角落：携带圆盾和弓箭的贝都因人、徒步的黑皮肤非洲人，背后还有突厥骑兵，他们在发起排山倒海冲锋的时候用喇叭、号角、笛子、摇铃、铙钹等乐器大鸣大放，并厉声呐喊。再往后，萨拉丁的亲兵卫队方向传来持续不断的战鼓声。[35]

萨拉丁的人马没有直接攻击位于前锋位置的圣殿骑士团，而是从侧翼包抄十字军，集中力量攻击担任后卫的医院骑士团。在箭雨的掩护下，穆斯林军队挥舞着利剑和带锯齿的棍棒，冲向基督徒战线。理查一世命令全军坚守阵地，打退敌人一波一波的攻击，等待预先约定的六声喇叭信号，然后发动自己骑兵冲锋。但在酷暑和敌人不断攻击的刺激下，医院骑士团没能控制住自己，过早地发动了冲锋。但好在理查一世和其他法兰克指挥官为协调好他们的冲锋方案，维持了足够长时间的秩序，这才使他们的冲动没能酿成大祸。喇叭响起，在十字军的整条战线上，步兵让出位置，骑士蜂拥而出。他们攻击的时机很完美：三次冲锋就把萨拉丁军队的两翼打得七零八落。苏丹沮丧而恼火，不得不撤退，用将若干俘虏斩首来安慰自己。

阿苏夫战役是理查一世的又一次辉煌胜利。圣殿骑士团很好地履行了自己的职责，帮助十字军在猛烈压力下维持秩序。战役结束后，国王向他们授予一项崇高荣誉：一群圣殿骑士和医院骑士在叙利亚土科波雇佣兵的护卫下，奉命回到之前战斗最激烈的地方，寻找阿韦讷的雅克的遗体。这位著名的佛兰德骑士和贵族在激战中失踪，大家担心他已经死了。圣殿骑士团又一次完成了任务，在战场细心搜索，终于发现他的遗体。据说雅克周围躺着十五名无头穆斯林战士的尸体，"雅克的脸上涂满凝结的污血，他们直到用清水洗净他的脸才辨认出来"。骑士们把他的遗体抬回营地，以全副军礼将他安葬，并为他哀悼。[36]

萨拉丁及其将领之前低估了理查一世的能耐。阿卡围城战和阿苏夫战役现在让他们不得不对他另眼相待。十字军稳步向南，逼近雅法。萨拉丁向亚实基伦送去消息，指示当地的穆斯林民众摧毁城防工事，烧毁房屋、商店和粮仓，收拾行装准备离开。他宁愿自己毁掉这座沿海大城市，也不愿让它像阿卡一样落入敌手，并再次成为基督徒的基地，让基督徒从那里威胁埃及航运袭击通往开罗的道路。原本负责防守亚实基伦的穆斯林军队现在得以撤离和重新部署："节约和保持穆斯林军队的力量，准备保卫耶路撒冷。"伊本·沙达德写道。[37]

10月中旬，十字军抵达雅法。圣殿骑士团掩护主力部队沿着海岸南下，他们一路相当成功，收复了一系列滨海城镇并打赢一场战役，鼓舞了士气，自己的伤亡也不多。现在双方的注意力都转向耶路撒冷。理查一世和萨拉丁通过苏丹的兄弟阿迪勒开展外交对话，双方都很重视耶路撒冷的神圣性。理查一世说，为了收复耶路撒冷，基督徒愿意战斗到最后一兵一卒。不过他也暗示，如果穆斯林归还真十字架，就可以暂时安抚他。萨拉丁反驳说，圣殿山和圆顶清真寺是穆罕默德与天使邂逅的地方。他说自己更倾向于摧毁真十字架，这会让真主满意，但他目前还保存着真十字架，以备将来使用。使双方就快要达成协议的是一项超乎寻常的提议：将约旦河以西的全部基督徒定居点托付给圣殿骑士团和医院骑士团管理，双方联合在耶路撒冷建立一个新的君主国，由阿迪勒和理查一世的妹妹琼统治。这是高瞻远瞩的提议，但过于超前了。琼愤怒地拒绝考虑与穆斯林结婚，而阿迪勒对皈依基督教也没兴趣。[38]

后来的事实证明，这种思想高尚但徒劳无益的谈判，是理查一世和第三次十字军抵达耶路撒冷的最大希望，不过这个希望破灭了。12 月，一支强大的由朝圣者和士兵组成的队伍踏上从雅法去内陆的道路，希望强攻耶路撒冷并瞻仰圣墓，"因为他们有一种难以描述的渴望，想要看看耶路撒冷城并完成他们的朝圣"。[39]恶劣天气让这次远征出师不利，很多牲口死于暴风骤雨，甲胄生锈，易变质的食物很快腐烂。这群基督徒一直走到拉姆拉路上的贝特诺贝勒（拜特努巴），那里距离耶路撒冷已经不远，但圣城仍然是镜花水月。虽然已经接近目标，但理查一世的谋臣不愿意尝试强攻圣地这个戒备极为森严的城市，因为萨拉丁明确表示自己会死战到底。

根据一部基督教编年史，圣殿骑士团和医院骑士团强烈建议理查一世不要尝试强攻耶路撒冷，说他们缺乏足够的兵力围城并与敌人的援军交战，而且即便他们攻克了这座城市，也无力防守下去。理查一世手下的很多人是朝圣者，他们的目标是参观圣墓然后立刻返回西方。很多人为了朝圣，抛下了家人、庄园和商业利益，现在他们归心似箭。除非这些人集体加入军事修会（这是不可能的），否则基督徒没有办法长期防守耶路撒冷和约旦河以西所有新近收复的城镇。这样的使命太艰难，需要毕生的奉献。他们主张，更好的办法是集中力量于更为务实的任务，即重建亚实基伦。

斟酌之后，理查一世同意了。他率军掉头，返回海岸。他的决定公布之后，人们不禁发出哀号，但理查一世决心已下。他的心思开始转向英格兰和他在法兰西北部与西部的庞大领地。1192 年复活节期间，一连串报告从家乡送抵，报告中提及他的王国受到了腓力二世·奥古斯都的威胁。腓力二世正在和理查一世奸诈的弟弟约翰共谋。理查一世现已病魔缠身，而且也越来越深陷拉丁国家错综复杂的政治旋涡，难以自拔。复活节过完之后，他又卷入了比萨的权贵蒙费拉的康拉德①惨死的事件。西比拉女王于 1190 年去世后，康拉德成功地排挤了居伊·德·吕西尼昂。康拉德安排自己被选举为名义上的耶路撒冷国王，但于 1192 年 4 月 28 日，也就是他正式接受王冠仅仅三天后在阿卡被阿萨辛派杀害。

理查一世长途跋涉到东方可不是为了蹚这浑水。6 月，他同意再次尝试进军耶路撒冷，但这一次在抵达贝特诺贝勒之后，圣殿骑士团和医院骑士团再次劝他不要继续前进。他又计划入侵埃及，但没有实现。1192 年 9 月 2 日，理查一世与萨拉丁签订了为期三年的停战协定，将疆界维持在当前状况，并允许基督徒朝圣者不受骚扰地去耶路撒冷的圣墓祈祷。五个半星期之后，10 月 9 日，理查一世在阿卡登船回国。他的桨帆船离开港口时，船上的人看着阿卡城内圣殿骑士团宫殿的塔楼逐渐远去。对国王身边的一些人来说，这景象或许特别令人心

① 原文如此。蒙费拉的康拉德并非来自比萨。蒙费拉在意大利西北部的皮埃蒙特地区。蒙费拉的康拉德与居伊争夺王位，两人分别得到法兰西国王腓力二世和狮心王理查一世的支持。有一种理论是，狮心王是谋杀康拉德的幕后指使，但也有人怀疑是托伦的翁弗鲁瓦四世，或者萨拉丁。

酸。根据一份记述,理查一世试图隐姓埋名地返回英格兰,他身穿圣殿骑士团制服,周围簇拥着一群圣殿骑士。[40] 如果真的是这样,也不足为奇。圣殿骑士一直陪伴着他。他们希望一直陪他走到最后。

理查一世回家的旅程几乎和他的十字军东征一样惊心动魄。他在东方树敌颇多,其中有奥地利公爵利奥波德五世,攻克阿卡之后分配战利品时,理查一世侮辱过他。圣殿骑士团的白披风不足以保护狮心王,他在离开阿卡几周后在亚得里亚海遭遇海难,后来落入利奥波德五世手中。理查一世被利奥波德五世的宗主神圣罗马皇帝亨利六世扣押,在特里菲尔斯城堡度过了将近十八个月的牢狱之灾。亨利六世索要并得到了 10 万英镑赎金,这个数字大致相当于一次十字军东征的总开销。

但这一切都不能折损狮心王理查一世的威名,大家仍然相信是他挽救了"海外"的法兰克人。他抵达圣地的时候是一位新登基不久的国王,急需证明自己;而他离开圣地时已经是一个活生生的传奇人物。有人恨他,有人崇敬他,所有人都畏惧他。他的名字很快成了基督徒渴望不惜一切代价夺回耶路撒冷的代名词。他去世五十年后,穆斯林母亲还会这样吓唬不服管教的顽童:"安静!否则我让英格兰国王理查来找你!"[41]

暮年的萨拉丁对他对手的骑士风度与军事才干印象极深。他完全有理由佩服理查一世。理查一世固然残暴,却是一位能激励人心的统帅;他重视军事才华、宗教热忱和严明的纪律,并且懂得如何最大限度地为其所用。这对圣殿骑士团有直接的影响。理查一世非常务实地决定把两个军事修会都吸收到自己的直接指挥链条里,这对他赢得胜利有很大帮助。他调遣圣殿骑士团去执行它与生俱来的使命，并愿意聆听他们的建议，这有助于骑士团在热拉尔·德·雷德福尔的鲁莽和灾难性领导之后恢复稳定性和自豪感。罗贝尔·德·萨布雷于1193年去世，也就是理查一世离开圣地的一年后。罗贝尔取得了无可争议的成功，在危机时刻为骑士团带来了目标感和纪律。无论在英格兰还是在"海外"，这都很重要，因为骑士团继续享有王室的庇护。

理查一世还以另一种有形的方式改变了圣殿骑士团活动的世界。这位国王在圣地的最后一年里，和自己的门客罗贝尔·德·萨布雷敲定了一项协议，它虽然短命，却对骑士团产生了长远且出人意料的影响。该协议与塞浦路斯岛有关。理查一世在1191年乘船驶入阿卡的不久前，从拜占庭总督伊萨克·科穆宁手中夺取了塞浦路斯。既然占领了这个岛，理查一世就需要有人来经营它。他想到的办法是把它卖给圣殿骑士团。

在1191年，这么做很有道理，因为骑士团的数十座城堡和塔楼都被萨拉丁征服了，再也没有永久性基地。授权与理查一世做这笔交易的大团长罗贝尔是理查一世的亲信，骑士团虽然缺少人力，但在西方拥有大量地产，所以仍然掌握着大笔现金。两人同意的价码是10万金第纳尔。圣殿骑士团给国王支付了4万金第纳尔的预付金，然后派遣20名骑士和大约100名士兵，在雷诺·博沙尔指挥下治理塞浦路斯。他们的首府是岛中央的最大城市尼科西亚。

博沙尔发现塞浦路斯土著居民桀骜不驯，难以管束。一部编年史记载说，该岛居民"不能忍受圣殿骑士团对他们施加的暴政"。这指的很可能是骑士团试图向岛民征收苛捐杂税来筹措他们仍然欠英格兰国王的6万金第纳尔。不管是怎么回事，1192 年 4 月理查一世与萨拉丁和阿迪勒就耶路撒冷的命运谈判的时候，塞浦路斯爆发了一场大规模民众起义。尼科西亚的骑士团城堡遭到围攻。偏偏在复活节星期日这一天，圣殿骑士团不得不发起骑兵冲锋才冲出城堡，这使街道血流成河，鲜血流进派迪亚斯河。[42] 然后他们骑马到田野和山区，烧杀抢掠，惩罚岛民。博沙尔和他的部下没能妥善地治理塞浦路斯，骑士团做得太过分。理查一世不得不想办法用别的方式处置塞浦路斯。

他的解决办法是把塞浦路斯转交给居伊·德·吕西尼昂。他要求居伊补偿圣殿骑士团的损失，并接过骑士团仍然欠理查一世的债务。西比拉死后，居伊失去了王位，四处漂泊。在恶性的派系斗争中他遭到蒙费拉的康拉德排挤，所以离开拉丁大陆对他也很有吸引力。理查一世当初征服塞浦路斯的时候居伊在场，现在他愿意以理查一世封臣的身份守住塞浦路斯。让他取代圣殿骑士团成为塞浦路斯的主人，对所有人都合适。居伊又一次成为国王①，理查一世摆脱了自己能够征服却无法治理的岛屿，圣殿骑士团则可以保留塞浦路斯岛上价值很高、油水丰厚的庄园，而不需要承担艰辛的治理责任。

---

① 严格来讲，居伊只是塞浦路斯领主，并非国王。他的哥哥和继任者艾默里后来成为塞浦路斯国王。

# 十三　"在各地都繁荣昌盛"

　　杰弗里·菲茨斯蒂芬的新书看上去精彩纷呈。它包括将近100张羊皮纸，由伦敦顶级的图书装订商精心裁剪和装订，书页被精巧地缝在山毛榉木做成的小型外封之内，面封和底封都覆盖着柔软的棕色皮革。皮面上有怪异而美妙的装饰图案：狮子、苍鹭、传奇的带翼飞龙、小花和复杂的叶子。这些图案中央是《圣经》里的大卫王的肖像。他盘腿坐着，头戴王冠，弹奏竖琴。这本书是用金属扣子合上，其书脊底端伸出一小块羊皮纸，所以菲茨斯蒂芬能在闲适时随意地从书架中取下此书，阅读书内密密麻麻、整齐划一的文字。

　　他阅读此书的时候，一排排缩略的拉丁文从书页上跃起，构成一幅生意兴隆的宜人图景。菲茨斯蒂芬是这门生意的主要管理者。这本书不厚，但价值不可估量，因为它是一本地产的普查簿，相当于私人的《末日审判书》[①]。它详细记载了圣殿骑士团在英格兰的全部财产。菲茨斯蒂芬是骑士团在英格兰分支的长官。[1]这本书列举了他负责经营管理的许多好东西：庄园大宅和田产、养羊场和水力磨坊、教堂、市场、森林和集市、广袤的庄园和偏远的村庄。每个村庄有数十名农奴为了换取自

---

① 《末日审判书》是1086年（也就是诺曼征服的二十年之后）征服者威廉下令对英格兰和威尔士的地产与人口进行大规模普查的结果。——作者注

己的一小块地，在每个收获季节都必须为骑士团劳作。这些财产是半个多世纪以来通过信徒的虔诚捐赠和精明的商业交易积攒起来的，包括英格兰全境的数百个经济实体：从英格兰西南角康沃尔的康纳顿，到东北角蒂斯河口人烟稀少的小村庄林索普（一个半世纪以前，维京人还把他们的长船停靠在那里）。在这两个端点之间，英格兰的几乎每个郡都有圣殿骑士团的产业。有些产业雄伟壮观，如埃塞克斯庞大的克莱辛庄园，或者林肯郡布鲁尔的富庶分团，那里有一大群雅致的建筑从一座拥有圆形中殿的教堂周围延伸出去。有的产业是普通的城市房屋，可出租给访客；有的是宁静乡村的一片普普通通的农田。这些产业的厉害之处在于，它们组合起来就成为一个荣耀而利润丰厚的商业帝国。

除了担任圣殿骑士团英格兰分团的长官，菲茨斯蒂芬还是一位享有崇高社会地位、人脉极广的贵族，与主教、修道院院长、王公和国王称兄道弟。他在1180年前后，也就是亨利二世统治的末期接管了骑士团的英格兰分支。在随后十年里，得益于他的领导，骑士团的英格兰分支稳健地成长起来。在之前两代人的时间里，圣殿骑士团在英格兰已经拥有一些机构，修士在那里代表自己的恩主和在东方的武士同僚祈祷和工作。但在菲茨斯蒂芬的领导下，圣殿骑士团的英格兰分支巩固了自己受宠的特殊地位，王室也觉得它的服务不可或缺。

于格·德·帕英于12世纪20年代访问英格兰以来，圣殿骑士团就参与了该国的高层政务。在"无政府时期"的内战当中，交战双方都寻求圣殿骑士团的支持。1153年，无政府时期结束，一项条约将英格兰王冠授予未来的亨利二世，此时一位名叫奥托的圣殿骑士（可能是分团长）是条约的见证人。

在亨利二世治下，若干圣殿骑士被借调到宫廷担任外交官。骑士团的国际化色彩给了他们一定程度的中立性，使他们在外交界被接受。亨利二世打算把自己一个尚在襁褓中的女儿嫁给法兰西国王路易七世的儿子，为此安排了一场复杂的婚姻交易。三名圣殿骑士奉命将若干城堡作为小公主嫁妆的一部分交给法兰西人。1164 年，亨利二世与固执己见的坎特伯雷大主教托马斯·贝克特发生争吵，当时的圣殿骑士团英格兰分团长黑斯廷斯的理查帮助调解。亨利二世暧昧而恼怒的言辞导致贝克特于 1170 年 12 月被刺杀在坎特伯雷大教堂的祭坛前。国王被迫缴纳一大笔罚金以示忏悔，他把罚金交给圣殿骑士团保管。他们将钱送到东方，用于招募军队去参加哈丁战役。亨利二世任命圣殿骑士罗杰为自己的慈善活动官员，后者负责代表国王赈济穷人。贵族纷纷效仿。魅力十足的骑士兼政治家威廉·马歇尔也任命了一名圣殿骑士为自己的慈善活动官员，后来在 1219 年临终时还宣誓加入圣殿骑士团。[2]圣殿骑士团的英格兰分团长，如黑斯廷斯的理查和杰弗里·菲茨斯蒂芬那样的人，都出身富裕的名门世家，其子弟惯于在朝廷官衙为王室效劳。他们为国王做的工作让圣殿骑士团成为公共生活的一个显眼而可靠的部分。

菲茨斯蒂芬所在伦敦的总部豪华而舒适，它的恢宏反映了圣殿骑士团英格兰分团得到的尊重以及他们积累的财富。起初他们的总部是伦敦郊区霍本的"老"圣殿，位于高墙环绕的伦敦城（1 平方英里）的西北方。1161 年，这片价值高昂的地产被卖给林肯主教，圣殿骑士团的英格兰总部搬迁到其南面约半英里处。骑士们在弗利特街一个沿河的时髦地点建造了"新"圣殿。从这里他们能直接连通繁忙的泰晤士河水道。当时进出伦敦城最便捷交通的方式还是乘小船，所以河畔的地点非常有价值。在面向大街的一侧，新圣殿坐落在将伦敦城的商业心脏与威斯敏斯特连接的通衢大道上，而威斯敏斯特的宫殿和巍峨的教堂是王室和宗教活动的轴心。

菲茨斯蒂芬的前任们已经建造了一个大型修道院建筑群，有厅堂供居住在那里的骑士团成员使用，还有马厩、墓地和果园。这个建筑群被土石结构的围墙环绕，它的中心是一座用卡昂石料（这种在诺曼底开采的石灰岩在整个北欧大受欢迎，被认为是用金钱买得到的最高档的建材）建成的拥有圆形中殿的教堂。新圣殿教堂的圆形中殿在阳光照耀下几乎熠熠生辉。这座建筑供祈祷之用，有专门的目的：它的形状刻意模仿了耶路撒冷的圣墓，这是在提醒大家圣殿骑士团的使命是十字军东征，并隐晦地夸耀了骑士团的财富与国际影响力。这座教堂也是在和别的教堂竞争：圣殿骑士团在新圣殿建造自己的圆形教堂的同一时期，医院骑士团也在自己位于克拉肯韦尔（伦敦西北）的基地建造一座圆形教堂。[3]

对生活在新总部的圣殿骑士团英格兰分团来说，1185 年是个黄金年份。首先，杰弗里·菲茨斯蒂芬对圣殿骑士团财产的普查结果开始得到编纂：普查人员从全国各地向新圣殿发回勤奋调查得来的结果，以供总部筛选、整理并誊写到菲茨斯蒂芬那本装饰精美的书册里。另外，耶路撒冷宗主教希拉克略访问了英格兰。[①] 希拉克略是世界上地位最高的教士之一，他驾临伦敦本身就是一个奇观。他能言善辩但仍未能说服亨利二世

---

① 这是 1184 年离开耶路撒冷的那个使团，阿尔诺·德·托罗哈大团长在途中去世。——作者注

接受耶路撒冷王位，但希拉克略为圣殿骑士团的英格兰分团做了很大贡献：为他们位于新圣殿的圆形教堂祝圣。除了教宗亲自离开罗马来祝圣，这是至高无上的荣誉。

最后，1185 年，亨利二世开始把新圣殿当作金库使用，把骑士团当作银行。钱币、珠宝和珍贵饰物被存放到舰队街，让新圣殿成为戒备森严的宝库，这个宝库与它东面几英里处的伦敦塔之类的王室要塞搭配。亨利二世对骑士团建筑的固若金汤感到印象深刻。国王也许还认识到一个事实：骑士团在英格兰几乎每个郡和西欧大多数主要国家都有永久性基地。亨利二世在位期间一直努力推行中央集权化，通过委派郡长来表达他的政府的意志和财政政策，将王室的影响力拓展到最偏远的地方。他把圣殿骑士团当作银行使用的决定表明他认识到了它的潜力：它是一个影响广泛的机构，能够帮助他的工作。

1188 年，得知哈丁惨败的噩耗后，亨利二世请求圣殿骑士团帮助他收缴所谓萨拉丁什一税，这是为了紧急筹措军费，为一次新的十字军东征做准备。圣殿骑士团与十字军东征事业息息相关，并且在英格兰各地都有基础设施，所以很适合帮助国王收税，亨利二世于是委托他们从事这项工作。菲茨斯蒂芬不得不惩罚肆无忌惮的骑士团成员奥格斯坦的吉尔伯特，他竟敢在收税时中饱私囊，这违反了圣殿骑士团禁止成员拥有私人财富的严格规定，现在人赃俱获。除此之外，骑士团收税的工作似乎很成功。随着岁月流逝，亨利二世的王位传给了他的继承人，而圣殿骑士团的地位水涨船高，他们得到国王更多的宠信。

亨利二世的儿子理查一世为圣殿骑士团卷土重来、重新成为圣地的一支军事力量做了很大贡献。他对在他自己的王国境内的骑士团分团也很是钦佩。理查一世在登基为王和启程前往阿卡之间的短暂几个月里颁布了若干特许状，确认和正式保障圣殿骑士团在英格兰和威尔士各地的财产，并授予他们免税权，让他们不必像全国各地的地主那样向王室纳税。王室定期向地方社区征税，以维持法律与秩序——或者修补道路桥梁，或者用于驻防王室城堡，但圣殿骑士团不需要缴纳这些赋税。并且，王室还反过来给骑士团钱，让英格兰的每一位郡长每年向骑士团支付 1 马克白银（相当于 2/3 镑或者 160 便士）。[4] 圣殿骑士团对于国王来说价值极高，所以他允许骑士团不受王室政府的常规要求和征税的影响。

理查一世在德意志结束牢狱之灾后返回英格兰，在其统治余下的大部分时间里为了他在诺曼底、安茹和阿基坦的领地与腓力二世·奥古斯都争斗。1199 年，理查一世突然暴毙：他攻打利穆赞的沙吕－沙布罗尔城堡时被一支弩箭射中，最后死于败血症。理查一世的弟弟约翰国王命途多舛并且受到普遍鄙夷，不过在他的统治下，圣殿骑士团与英格兰国王的关系依然融洽。圣殿骑士团是英格兰极少数没有受到约翰冒犯或疏远的强大群体之一。他依赖骑士团获取贷款以维持朝廷的日常运转，并且在复活节之类的重要节庆期间待在新圣殿。在他与教宗发生争吵，导致英格兰受到停止圣事惩罚的五年多里，圣殿骑士团力挺约翰国王。1215 年 6 月，约翰被迫签署著名的《大宪章》，授予他的子民一定程度的自由。圣殿骑士团英格兰分团当时的指挥官艾默里克是《大宪章》的见证人之一，他的名字在见证《大宪章》封印的大主教、主教和修道院院长之后，但排在所有世俗权贵之前。[5]

并非所有英格兰人都对金雀花国王与圣殿骑士团的友好关

系感到高兴。杰弗里·菲茨斯蒂芬的同时代人、在亨利二世宫廷服务的编年史家沃尔特·马普写了一本巨著《廷臣的闲话》（De Nugis Curialium），他用好几页篇幅描写圣殿骑士团。马普了解圣殿骑士团在于格·德·帕英领导下的起源，他勉强认可于格"不是懦夫"，而是一名"对正义满腔热忱""让他的骑士团坚守贞洁和节制"的武士。[6]马普不否认，"帝王和王公相信圣殿骑士团的目标是正义的，他们的生活方式是体面的"；并且承认，"在教宗和宗主教的帮助下"，圣殿骑士团获得了高层的祝福，是"基督教世界的捍卫者"并且"富可敌国"。[7]但他心存疑虑。他是国王宫廷的成员，而宫廷不停地在英格兰、诺曼底、曼恩和普瓦图巡回游历，他在这些地方经常看到圣殿骑士团的土地，或者欣欣向荣的圣殿骑士团机构，所以我们很容易理解他为什么对骑士团抱有戒心。

"除了在耶路撒冷之外，他们在各地都很富裕。"马普写道。他也许想到了圣殿骑士团官员在金雀花土地的每一个角落活动，骑士团在阿基坦公国和诺曼底公国都有区域性指挥官，他们的权威超越了不同封建领地之间名义上的边界。亨利二世毕生都在努力治理加斯科涅、安茹和布列塔尼这几块互相之间充满敌意的地区，它们都有自己的治理传统和历史上的效忠关系。然而区区一名圣殿骑士团指挥官（阿基坦分团长）就能轻松地统治这三个地区的骑士团，并且似乎完全没有遇到内在的冲突与困难，能够顺畅地调动资源，收缴捐款、地租和私人赋税。[8]马普对骑士团的敌意也可能是出于私人原因。圣殿骑士团在赫里福德郡加韦的宏伟教堂距离他的出生地不远，就在威尔士边境附近。加韦教堂有一座圣墓风格的圆形中殿，周围威尔士边境地带的 2000 英亩肥沃土地可供养骑士团在这里的机构。[9]这与骑士团曾经标榜的熙笃会风格的清贫相去甚远。

马普对圣殿骑士团的其他抱怨还包括这个新骑士团的内在矛盾，因为骑士团成员"用剑保卫基督教世界，而圣彼得被禁止用剑保护基督"。在最根本的层面，他憎恶这种局面：圣城耶路撒冷竟然是由一群嗜血的骑士守卫的。"在耶路撒冷，基督曾教导彼得耐心等待和平。我不知道是谁教导圣殿骑士以暴制暴的。"[10]

有这种疑虑的人不止马普一个。他的同时代人索尔兹伯里的约翰是在罗马教廷服务的外交官，他也认为圣殿骑士团赖以生存的基本理念（他们是受到宗教誓言约束的武士）是一种邪恶的自相矛盾。圣殿骑士团不受当地的主教节制，这让约翰感到厌恶。他还怀疑他们从事可憎的罪孽活动："深夜他们在自己的巢穴聚集，白天讲的是美德，夜里却扭腰送臀，从事愚蠢的活动。"[11]类似地，博学的修道院院长伊萨克·德·雷图瓦勒（一位来自普瓦图的熙笃会僧人）也认为圣殿骑士团暗中扭曲了熙笃会的理想。圣伯纳德曾赞扬圣殿骑士是"新的骑士"。伊萨克对此不敢苟同，他认为圣殿骑士是"新的怪物"。[12]

对骑士团来说幸运的是，教宗和西方的任何一位强大君主都不会这么想。这些君主保护骑士团并利用它提供的服务。对权贵来说，圣殿骑士团融合了武力、宗教威望和国际化的人脉。所以，从1159年亚历山大三世成为教宗之后，历任教宗的亲信圈子里都有圣殿骑士，他们以宫廷总管的身份在教宗的内廷侍奉他。亚历山大三世还聘请两位圣殿骑士——贝尔纳多和弗朗科尼来打理他的财务。这足以证明圣殿骑士团的生意头脑和经营技能多么闻名遐迩。[13]

在法兰西及其封臣的领地，圣殿骑士团与王室的关系同样亲密，甚至也许更为亲密。法兰西国王和东方的圣殿骑士团官员早就有历史悠久的直接接触的传统，这可以追溯到第二次十字军东征。12 世纪末，双方的关系已经大大加深。骑士团以巴黎城墙外不远处的庞大圣殿建筑群为基地，经常去位于西堤岛的王宫拜访。1202 年，圣殿骑士艾马尔（住在巴黎圣殿）被任命为王室财务官，这样的安排可谓互惠互利。这种传统会延续一个多世纪，圣殿骑士团从中获得莫大的威望和政治影响力。法兰西朝廷则获得了欧洲最先进的会计系统，通过统一的账簿加强管理王室的所有收入和开销，从而对财政实现仔细的审核与管理，其规模是邻国都没有的。[14]法兰西国王在财政方面高度依赖圣殿骑士团，他的臣民也纷纷效仿。全国各地，男男女女都寻求圣殿骑士团的专业技术支持去贷款，守卫宝库，保管特许状、契约和遗嘱，并远程转移资金。

骑士团的名望与日俱增，他们越来越得到尊重，对君主和国家也越来越有价值，所以它的蓬勃发展不足为奇。在地中海之滨的马赛，人们建造了一座利润丰厚的码头。1216 年，圣殿骑士团获得条件特别优厚的许可，得以使用港口设施。他们的船只全都免税，并且可以自由地进出港口，不受任何限制。骑士团的船只为他们在东方的兄弟输送马匹、武器、钱币和其他物资，他们也提供收费服务，运送朝圣者和商人去圣地。马赛的圣殿骑士之所以能够提供这种价值很高的服务，是因为骑士团已经开始出资建造和保养自己的船只，而不是依赖威尼斯、热那亚和其他意大利航海城市的航运大亨。这些城市一度主宰了地中海的海上运输。

从诺曼底到比利牛斯山脉，到处都有圣殿骑士团的财产和机构。骑士团在自己的传统腹地香槟拥有稳固的根基，连续多位香槟伯爵授予骑士团非同一般的自由，让他们发展自己的利益。除了完整的封建领主权，圣殿骑士有权占有任何形式的财产与头衔。在普罗万那样繁忙的商业城镇，圣殿骑士团拥有多座房屋，并向当地企业（包括屠宰场和皮革加工厂）征收重税。骑士团从羊毛生产和纺织行业抽成；提供磨坊和烤炉的收费服务，出售河流的捕鱼权；向葡萄酒酿制商人租赁葡萄园，甚至在市中心拥有几个水果摊点。骑士团自己拥有和直接经营的土地出产葡萄酒和谷物。[15]在法兰西各地，骑士团收缴地租和过路费，用自己土地出产的水果营利。现在他们已经是主要的封建领主，成千上万男女遵照各种形式的契约，生活在圣殿骑士团的土地上并为其劳动。根据古老的风俗，这些农民每年有固定天数必须为骑士团义务劳动，或者每年缴纳固定数量的奶牛、小鸡、粮食或鸡蛋作为地租。

基督教西方各地都有类似的情况。在意大利，圣殿骑士团的影响力迅速从半岛向南拓展至西西里。墨西拿甚至西西里全岛都有骑士团的主要分团。圣殿骑士团在阿拉贡的漫长历史可以上溯到"战士"阿方索一世的时代。在阿拉贡，骑士团拥有豪华庄园、葡萄园、橄榄林以及大批住宅与商业地产。阿拉贡北部韦斯卡分团的档案收录了骑士团成员收购果园、酒庄、商店和房屋的交易记录。他们接受了许多虔诚信徒的捐赠，有的捐赠包括基督徒悔罪者的全部财产。这样的捐赠人宣布自己之所以捐出全部财产，是因为"畏惧地狱的痛苦，渴望目睹天堂的喜乐"。[16]骑士团成员定期为将骑士团立为自己财产继承人的恩主祈祷，帮助他们的灵魂得救。捐赠越多、越好，祈祷就越频繁。

　　和在法兰西和英格兰的情况一样，骑士团在西班牙的几个基督教王国一边获取大量土地和财产，一边不断提升自己的政治地位。在阿拉贡，骑士团于1213年达到巅峰。佩德罗二世战死，他的儿子新国王海梅一世登基时年仅五岁。年幼的海梅一世被托付给教宗照管，教宗当即安排圣殿骑士团在西班牙和普罗旺斯分支的指挥官纪尧姆·德·蒙特尔东抚养幼主。海梅一世被安顿到位于蒙宗的固若金汤的圣殿骑士团要塞，在四年里得到严密保护，躲过了害死他父亲的血腥的派系斗争。蒙宗要塞是一座庞大的山顶城堡建筑群，得到厚重、棱角分明的红色石墙与塔楼的保护，城堡内有一座骑士团修道院。蒙宗很像一座私有的城市。海梅一世九岁后开始逐渐接触萨拉戈萨的政务。圣殿骑士团让他回到俗世。海梅一世对自己在圣殿骑士团监管时期的生活颇为冷淡，他在自传里写自己待在蒙宗的时候，父亲的土地被抵押给"犹太人和撒拉森人"，管理不善。他回忆说自己九岁时"再也无法在蒙宗待一分钟，因为我十分渴望离开那里"。[17]不管怎么说，骑士团履行了意义重大的职责。一位国王和一个王国的命运被托付给骑士团，而海梅一世长大成人之后成为收复失地运动中最成功的国王之一，这和他幼年在圣殿骑士当中度过有着紧密的联系。

　　海梅一世成年之后与骑士团保持着密切联系，不过没有像英格兰和法兰西君主那样慷慨地对骑士团一掷千金、过于宠信。他在位六十三年，大部分时间都在和穆瓦希德王朝交战。事实证明这位国王是西方战区最伟大的十字军国王之一。他在作战中高度依赖圣殿骑士团和医院骑士团。在圣殿骑士团的鼓励和大力军事援助之下，海梅一世于1229—1235年从半独立的穆瓦希德王朝统治者阿布·叶海亚手中征服了马略卡、梅诺卡和伊维萨这三个岛屿。这是一场大规模作战，双方都投入数千兵力，还打了漫长的围城战。攻打马略卡岛时，圣殿骑士团为国王提供了约100名骑士、几艘运输船和许多战略方面的建议。占领马略卡岛之后，国王将该岛分割成若干区域，分别赏赐给帮助他征服该岛的各群体，圣殿骑士团得到其中一份。不过这与1143年阿方索一世遗嘱的纠纷最终得到解决时王室给圣殿骑士团的承诺（征服的土地的五分之一）相比，还是有不小差距。即便如此，阿拉贡的圣殿骑士仍继续帮助国王开展他的基督教征服战争：他入侵巴伦西亚时，军中就有二十名圣殿骑士和一名骑士团指挥官。1238年，海梅一世将摩尔人从巴伦西亚逐出，并开始在其周边地区殖民，从而建立一个新王国，由他自己担任国王。圣殿骑士团得到慷慨的奖赏，不仅得到巴伦西亚城内的一座宅邸，还有花园和农田，不过这一次他们的获利仍然少于他们相信自己有资格期待的全部战利品的五分之一。[18]对骑士团来说，征服巴伦西亚有利有弊：1244年阿拉贡军队完成对巴伦西亚的征服之后，阿拉贡就封闭了自己与伊斯兰势力的边界，不再继续进攻。这意味着骑士团在阿拉贡王国的使命丧失了紧迫性。虽然圣殿骑士团仍然控制一些强大的城堡，但他们在阿拉贡的地位逐渐从12世纪的巅峰开始走下坡路。不过与西班牙的其他王国，尤其是卡斯蒂利亚和莱昂的情况相比，骑士团在阿拉贡的影响力仍然很强，因为卡斯蒂利亚和莱昂朝廷偏爱那些较小的本土军事修会，而不是那两个国际化的超大型军事修会，它们得名自耶路撒冷的圣殿和医院，也将自己的财富输送到那里。

基督教世界有很多君主和权贵珍视圣殿骑士团，赐予他们财富，利用他们的服务，并保护他们抵挡 12 世纪晚期若干尖酸刻薄的宫廷作家和一本正经的修道院院长的言语攻击。这样的恩主当中，对支持骑士团最热情的要数教宗英诺森三世。他本名为塞尼伯爵家族的罗塔里奥，1198 年 1 月 8 日成为教宗，当时他还不到四十岁。他凭借强悍而令人生畏的人格力量统治教会，一直到 1216 年去世。他是伟大的教会改革家，严厉地惩罚那些不够尊重圣座权威的君主（比如英格兰的约翰国王），并全心全意地支持教会在东方的军事使命。

令基督徒颇为振奋的是，萨拉丁身患"胆汁热病"约两周之后于 1193 年 3 月 3 日黎明去世。他享年五十五岁或五十六岁，在惊人的戎马一生中改变了叙利亚和埃及政治的整个形态，建立了他自己的阿尤布王朝，并缔造了一个延续许多世纪的传奇。萨拉丁的传记作家伊本·沙达德写道："世人为他的逝世无比悲痛，只有真主能理解这种痛苦。"[19]

英诺森三世当然不会这么想。萨拉丁是十字军东征运动的头号敌人，他虽然死了，却从来没有放松对耶路撒冷的掌控，也没有归还伟大的圣物真十字架（曾保存在圣墓，是拉丁教会的骄傲）。1202—1204 年，英诺森三世发动了第四次十字军东征，目标是取道埃及进攻耶路撒冷，从而利用苏丹驾崩在阿尤布世界造成的混乱。萨拉丁在世时将自己的帝国分割成若干区域性领地，交给亲属统治。萨拉丁的长子阿夫达尔统治大马士革周边地区；次子阿齐兹·奥斯曼统治埃及；三子查希尔·加齐控制阿勒颇和叙利亚北部。萨拉丁的兄弟阿迪勒以外约旦的卡拉克为基地。萨拉丁死后，这些势力乱哄哄地争夺最高主宰权，权力斗争会持续很多年。

阿尤布帝国暂时陷入混乱，第四次十字军希望把握机会，抢占主动权。对英诺森三世来说不幸的是，此次东征是一场惨败。欧洲十字军和威尼斯舰队启航去圣地，但半途转向君士坦丁堡，贪婪且无情地洗劫了这座城市，然后扶植了一个新的拉丁统治者。十字军推翻了拜占庭的希腊皇帝亚历克赛三世·安格洛斯，以佛兰德伯爵取而代之，他的帝号是鲍德温一世。虽然发生了此次令人尴尬的失败，但英诺森三世仍然激情洋溢，热切关心东方拉丁基督徒的命运，致力于收复耶路撒冷。在他眼中，东方的圣殿骑士是圣地防御前线上的战士；和当时大部分统治者一样，他把在西方的圣殿骑士视为价值无量的行政管理者和外交官。

英诺森三世热情地捍卫和庇护骑士团。他让圣殿骑士团成员担任税吏，授予骑士团新的特权，颁布教廷诏书，再度确认骑士团在之前几十年里就享有的普遍保护。他描述圣殿骑士团成员为"品格端正、行为谨慎之人"，并建议为第四次十字军东征四处宣讲的教士始终带一名圣殿骑士和一名医院骑士在身边。[20]在任期间，他重申圣殿骑士团有权征收什一税并且不必缴纳其他教士征收的什一税。他再次确认圣殿骑士团有权建造自己的教堂，禁止其他基督徒伤害骑士团成员或侵犯其财产，并告诫骑士团要仔细审查新成员，以免削弱圣殿骑士团集体的道德力量（在哈丁战役之后，这是个重要问题，因为骑士团急需新人，可能会降低招募的标准）。西班牙人吉尔贝尔·埃拉尔于 1194 年接替罗贝尔·德·萨布雷成为大团长，但后来遭受绝罚。英诺森三世施加干预，撤销了对他的绝罚，并威胁说会对任何不服从圣殿骑士团命令的人施加逐出教门的惩罚。综合上述来看，教宗严肃地重申了骑士团的特权与权力。大家当然注意到了这些。

圣殿骑士团是英诺森三世"武装的教会"理念的颇有价值的表达。他们始终身处一线，精明强干，与基督之敌作战的经验很丰富。和目前为止基督教世界利用过圣殿骑士团的任何一位世俗国王一样，教宗是个很好的恩主。1216 年英诺森三世去世时，圣殿骑士团比以往任何时候都更强大、更富有，掌握的人脉也更好。的确，骑士团的绝大多数成员和团友生活在距离对抗叙利亚与埃及穆斯林的前线数千英里的地方（东方的圣战已经让骑士团忙活了将近一个世纪），而且即便在欧洲，也只有少数骑士团成员直接参与对抗穆瓦希德王朝的军事行动。很少有圣殿骑士的生活方式是于格·德·帕英和圣伯纳德原先设想的那样。但在为十字军东征筹措资金或者直接参战的过程中，骑士团所有成员都有自己的角色要扮演。圣殿骑士团的工作越来越多元化，不只是执行军事任务，还从事银行业务、庄园经营和国际外交。但在英诺森三世去世之后的几年里，圣殿骑士团再次处于十字军东征运动的核心位置。萨拉丁死了，"海外"再次开始骚动。第五次十字军东征正在筹备，攻击目标是埃及和尼罗河三角洲的商业城市。这将是一次大规模行动——从整个基督教世界集中人员与物资，到敌境开展一次两栖作战。这样的行动需要专注的投入、专业技术和大量的金钱。这次非同小可的新冒险的筹划、执行与后续工作，除了圣殿骑士团还有谁能胜任呢？

# 十四 "达米埃塔!"

北风吹拂海岸，舰船纷纷起锚，从宁静的海湾鱼贯而出。它们离开的码头就在一座庞大的圣殿骑士团新城堡附近。它的名字是朝圣者城堡，得名自帮助建造它的志愿者。与过去120年里基督徒在圣地建造的任何要塞相比，它都不逊色。朝圣者城堡坐落于距离海法不远的一处怪石嶙峋、深入大海的小海岬，大致在雅法和阿卡之间的中点。阿卡是耶路撒冷基督教王国的临时首府。距离朝圣者城堡6英里（约10公里）的地方就是塔博尔山，不久前撒拉森人在萨拉丁的兄弟阿迪勒领导下占领了这座山，并在那里修建了军事基地。基督徒建造朝圣者城堡的目的之一就是对抗穆斯林在塔博尔山的基地。它很好地履行了这项使命。

朝圣者城堡是最先进军事技术的代表，取代了附近德托瓦的相对老旧的建筑群，后者是几十年前为了守卫容易遭受土匪袭击的沿海路段而建造的。德托瓦实际上只是一座大型瞭望塔，朝圣者城堡则是宫殿和兵营，可以为数千士兵提供驻扎的空间，还能为圣殿骑士团的船只提供港口。它的设计包含了最先进军事指挥中心的所有特点：深深的护城河保卫陆地一侧的入口；施工者从一处古代腓尼基城墙取走石料，建造了内层防御工事；圆形教堂；可同时容纳4000名士兵的食堂；足以容纳一名骑士骑马在城堡内随意行走的宽阔阶梯。[1]城堡还有宽敞的地牢，可以羁押战俘、骑士团的敌人，以及违反了越来越详细的团规的误入歧途的骑士团兄弟（对身披枷锁被囚禁在朝圣者城堡的骑士团成员的案例研究保存至今，其罪行从吵架斗殴到穿世俗服装夜间进行不合法的爱抚，多种多样）。[2]基督徒在萨拉丁手下惨败之后迅速开始重建，朝圣者城堡就是明证。它的名字郑重地提醒人们，圣殿骑士团作为一支作战力量的主要优势在于，有几乎源源不断的虔诚朝圣者为他们提供补给和支持。一位基督徒作家写道，建造朝圣者城堡的花费如此浩大，"让人不禁想知道，这些钱都来自何方"。[3]

1218 年 5 月末的这一天，从港口启航的一艘船载着纪尧姆·德·沙特尔，他于 1200 年吉尔贝尔·埃拉尔去世和 1209 年吉尔贝尔的继任者菲利普·德·普莱西去世后成为大团长。与纪尧姆·德·沙特尔一同旅行的还有医院骑士团大团长加兰·德·蒙泰居以及两个骑士团的军务官。圣殿骑士团在东方的中央大会的几乎全体成员都在行动，只留下少数城堡长官和负责维持阿卡的商业活动与航运的官员。

与两个军事修会一同行动的还有拉丁东方的整个战争机器：有满载武器与甲胄的桨帆船，还有运载十字军与高级教士的船只。这些十字军战士来自佛兰德、奥地利和匈牙利。高级教士则包括耶路撒冷宗主教、阿卡主教、尼科西亚主教和伯利恒主教。新任耶路撒冷国王布里耶纳的约翰也来了，他原本是来自香槟的贵族，现在代表自己尚在襁褓中的女儿伊莎贝拉二世治理国家。① 数百

---

① 布里耶纳的约翰成为国王的路径比较复杂。他娶了阿马尔里克的外孙女耶路撒冷的玛丽亚（伊莎贝拉一世与蒙费拉的康拉德的女儿），她于 1212 年生下女儿伊莎贝拉二世不久后去世，于是约翰成为摄政者。——作者注

名普通朝圣者也在启航，其中很多人来自遥远的不莱梅和科隆，因为看到天空中奇迹般出现熊熊燃烧的十字而受到感召，宣誓成为十字军战士。第五次十字军东征最早是教宗英诺森三世在 1213 年发起的，后来虔诚的北方基督徒完全被它吸引住了。现在这些人兑现誓言，来到圣地。他们即将踏上前往攻击目标的最后一段路程。目标是尼罗河三角洲的达米埃塔城。

上面这支十字军于 1218 年 5 月从朝圣者城堡出征，差不多同时，另一支十字军舰队从相反的方向扬帆起航，驶向尼罗河。这支舰队离开葡萄牙的大西洋海岸，绕过阿尔加维，通过直布罗陀海峡进入更平静更温暖的地中海。该舰队包括约八十艘柯克船，这是一种体积庞大、用橡木制成的船，使用单桅方帆。[4]长年为圣殿骑士团效力的皮埃尔·德·蒙泰居就在这支舰队里。他出身于一个颇有人脉的十字军家族，在骑士团逐步攀升，担任过圣殿骑士团在西班牙和普罗旺斯分支的指挥官，不久前担任骑士团在整个西方的指挥官，所以他是圣地之外最高级的骑士团官员。在朝圣者城堡登船的加兰·德·蒙泰居是他的兄弟。[①]

皮埃尔·德·蒙泰居来自法兰西西南部的奥弗涅。虽然他的职业生涯大部分时间是在欧洲而不是东方度过，他已经亲身见证过圣战的许多篇章。1212 年 7 月 16 日，他参加了拉斯纳瓦斯·德·托洛萨战役。此役中，西班牙的三个王国阿拉贡、卡斯蒂利亚和纳瓦拉的联军攻击了穆瓦希德王朝哈里发穆罕默

---

① 蒙泰居家的另外两个兄弟也在教会中位居高位，他俩都在塞浦路斯。欧斯托尔·德·蒙泰居成为尼科西亚大主教，富尔克·德·蒙泰居成为利马索尔主教。——作者注

德·纳西尔指挥的一支庞大的北非军队。

13 世纪初，西班牙南部的穆斯林势力大有卷土重来之势，穆瓦希德王朝试图再次征服被基督教诸邦逐渐蚕食的土地。1195 年，在阿拉科斯战役中，穆瓦希德王朝哈里发曼苏尔大败卡斯蒂利亚国王阿方索八世指挥的军队。基督徒被从战场驱逐，后来丢失了许多城堡和城镇。参加此役的几个西班牙顶级军事修会大伤元气。圣地亚哥骑士团损失十九名骑士，包括大团长；卡拉特拉瓦骑士团损失两座城堡和数量不详的人员。[5]他们很难承受这样的损失，也没法不痛不痒地搁置战败的耻辱。在几个军事修会的长期游说之后，英诺森三世终于在 1209 年宣布，针对穆瓦希德王朝的战争具有完整的十字军圣战的性质，参战的基督徒可以借此赎罪。

拉斯纳瓦斯·德·托洛萨战役是这场十字军圣战的巅峰时刻。卡斯蒂利亚、纳瓦拉、葡萄牙和阿拉贡四国君主御驾亲征。圣殿骑士团、圣地亚哥骑士团和卡拉特拉瓦骑士团悉数参加此役。还有一些法兰西志愿者专门为了与穆瓦希德王朝作战而长途跋涉来到西班牙南部科尔多瓦和格拉纳达之间的地区。

圣殿骑士团在此役中担任后卫，皮埃尔·德·蒙泰居见证了基督徒冲入穆斯林战线之后爆发的血战。穆罕默德·纳西尔（1199 年继承曼苏尔的哈里发位置）被逐出战场，他手下用铁链锁成一串的黑皮肤非洲奴隶士兵抵挡不住基督徒骑兵排山倒海般的冲锋。卡斯蒂利亚国王在战后吹嘘基督徒仅损失了 25 人或 30 人，杀死的穆斯林多达 10 万人。[6]实际上基督徒军队的损失相当严重，尤其各个军事修会伤亡惨重。圣殿骑士团的葡萄牙分团长阵亡，圣地亚哥骑士团大团长也马革裹尸。但这是一次鼓舞人心的胜利，似乎表明上帝又一次向基督徒微笑了。①

　　六年后，皮埃尔·德·蒙泰居乘坐的船正在驶离另一场胜利的战场。从船上眺望，里斯本以南约 40 英里（约 64 公里）处残破的萨尔堡（卡斯尔）要塞逐渐从海平线上消失。前一年夏季，葡萄牙基督徒和来自弗里斯兰与莱茵兰的十字军组成的联军攻打这座要塞数月之久，直到它的城墙轰然坍塌。

　　基督徒的猛烈攻击迫使萨尔堡的穆斯林守军于 1217 年 10 月放弃了它。这次胜利之前，天空中也出现了神圣十字架。圣殿骑士团的西班牙分团是此次大捷的主要功臣，他们在分团长佩德罗·阿尔维蒂兹指挥下大举出动，帮助攻城。[7] "撒拉森人被神力征服了，"一位编年史家写道，"他们的一位国王战死，大批士兵被屠戮或俘虏。"[8]西方十字军希望等他们聚集到埃及海岸之后，能够复制上述的几次胜利。


　　"达米埃塔！"德意志教士和历史学家帕德博恩的奥利弗离开自己在科隆附近的家乡，参加了第五次十字军东征。他后来这样写道："它在诸邦享有盛名，它是巴比伦的骄傲，大海的女主人。"[9]

　　这座城市富庶、繁荣而忙碌，完全配得上奥利弗对它的讴歌。它的西面是构成尼罗河三角洲的诸多水道中较大的一支。在尼罗河三角洲，咸水与来自数百英里之外的埃塞俄比亚高原

---

① 1212 年拉斯纳瓦斯·德·托洛萨战役也标志着穆瓦希德王朝开始走下坡路。该王朝在伊比利亚半岛的领土很快就几乎全部丧失，在北非的领土也发生叛乱。1244 年，穆瓦希德王朝被马林王朝取代。不过马林王朝只统治马格里布。伊比利亚半岛的最后一个穆斯林政权格拉纳达一直延续到 1492 年。

的淡水混合,饥肠辘辘的鳄鱼在浅滩晒太阳。[10]城市东面是曼宰莱咸水湖,它狭长、水浅,满是鱼群。因为水源丰沛,达米埃塔周围尽是肥沃的农田和富饶的村庄,市民常年能收获充足的尼罗河冲积平原种植的粮食。[11]但达米埃塔不只是河畔农业的枢纽,也是该地区最大的港口定居点之一。对来自欣欣向荣的意大利城邦热那亚和威尼斯的商人来说,达米埃塔是方便的港口,并且它与黎凡特的诸多沿海城镇之间也有便捷的交通。如果风向有利,从阿卡乘船去达米埃塔只需不到一周。富庶奢华的开罗城就在达米埃塔以南不远处。达米埃塔是紧贴地中海南岸航行的商船的定期停靠点,也是西方航海商人与通往印度和中国的陆路商队建立联系的传统中心。骆驼商队运载着来自异国的丝绸、香料、盐、黄金、木材、油料、医药和奴隶,从东方来到这里。[①] 和三角洲对面的亚历山大港一样,达米埃塔是充满诱惑力的目标,此前五百年里地中海东部你方唱罢我登场的各帝国经常攻打这座城市。

1218 年,来自英格兰、佛兰德、法兰西西部、德意志诸邦、奥地利、匈牙利和其他很多地方的基督徒士兵聚集到达米埃塔城外。对他们来说,这些财富无疑令人垂涎欲滴。埃及在宗教层面对基督徒也有吸引力。达米埃塔并未在基督生平中扮演重要角色。然而,它是埃及的门户,以色列人曾逃

---

① 12 世纪晚期,一位阿拉伯海关官员在税务手册中记载了通过埃及港口城镇的商品,指出达米埃塔在家禽、粮食和明矾(当时西方基督教世界的纺织业需要明矾)贸易方面特别兴盛。埃及也是猎奇宝物的来源,都是从古代帝王的陵墓里窃取的。除了黄金和宝石之外,埃及是世界上少有的几个能搞到木乃伊粉末的地方之一。中世纪的某些药品需要木乃伊粉末作为原料,所以它备受药品商人青睐。见 Abulafia, D., *The Great Sea: A Human History of the Mediterranean* (London: 2011) 297。——作者注

离埃及，在荒野漫游；摩西在埃及接受了十诫；圣母马利亚在埃及用神圣泉水洗净了耶稣的衣服（这口泉眼是朝圣路线上的重要环节，虔诚的基督徒会在主显节聚集到这里洗浴，这里还有一座种满香脂树的园林）。不过在 1218 年的十字军眼里，比这些更重要的是，达米埃塔是收复耶路撒冷的斗争关键的第一步。

教宗英诺森三世早在 1213 年就鼓吹要发动第五次十字军东征，但他于 1216 年 7 月 16 日去世。他在位期间咄咄逼人地行使教宗的权力，鼓动了三次十字军东征①，绝罚了好几位君主，并重新确立罗马教廷的权威。他没能活着看见自己召唤的军队出征，但他的继任者霍诺里乌斯三世继续执行他的未竟事业。霍诺里乌斯三世是罗马人，聪明绝顶，当选教宗的时候五十多岁。他不像英诺森三世那样固执而好斗，但也致力于十字军东征事业，所以连续三年将教廷收入的十分之一用于东征，并与本次东征的领袖频繁通信。这些领袖包括匈牙利国王安德拉什二世、奥地利公爵利奥波德六世、耶路撒冷宗主教、圣殿骑士团大团长、医院骑士团大团长和耶路撒冷的名义国王布里耶纳的约翰。[12] 英格兰国王没有参加此次东征，因为约翰于 1216 年死于内战，只留下一个小孩子继承王位。法兰西国王腓力二世·奥古斯都也未参与。不过霍诺里乌斯三世不断敦促德意志国王霍亨施陶芬家族的弗里德里希二世（他年幼时曾接受教宗的教导）率领他的大军南下，参加攻势。教宗还命令于每个月的第一个星期五在基督教世界的每一座城市举行十

---

① 应当是指第四次、第五次十字军东征，以及 1209 年至 1229 年针对宗教异端的阿尔比派十字军东征。

字军东征游行，"让每一位信徒在祈祷中谦卑地跪拜，从而支持十字军"。[13]

但霍诺里乌斯三世没有参与军事策略的制定。他觉得这项任务属于那些指挥远征的王公和权贵。部分也是因为，原本以收复耶路撒冷为目标的十字军最后改为攻击距离圣城 200 英里（约 320 公里）的尼罗河河口商贸城市。

1217 年 10 月前后，来自东西方的所有十字军高级将领在阿卡召开作战会议，做出了攻击达米埃塔而不是耶路撒冷的决定。在给教宗霍诺里乌斯三世的信中，圣殿骑士团大团长纪尧姆·德·沙特尔解释说，要想拿下耶路撒冷，首先需要削弱撒拉森人从南方为其在巴勒斯坦的军队提供给养的能力，并打击埃及的穆斯林统治者（此时是萨拉丁的侄子卡米勒）的势力。[14]

阿尤布世界风云变幻，埃及又有了一位新苏丹。萨拉丁死后的二十年里，阿尤布王朝的权力一度统一，后来再次分裂。1201 年，萨拉丁的兄弟阿迪勒（萨法丁）战胜了萨拉丁的儿子们，成为埃及和叙利亚的苏丹。但到了 1218 年阿迪勒临终之际，帝国再次分裂，这一次是他自己的儿子们割据对立。卡米勒（十字军称他为迈勒丁）成为开罗统治者，按计划将成为下一任苏丹和整个王族的族长；穆阿扎姆（十字军称他为科拉丁）主宰大马士革；阿迪勒的另一个儿子阿什拉夫控制阿勒颇和叙利亚北部。

十字军将首先在达米埃塔试探敌人的新统治集团的力量。布里耶纳的约翰写道："通过入侵埃及王国，十字军能更好地从异教徒手中解放圣地。"[15]圣殿骑士团大团长似乎赞成这种战略，他可能在阿卡的作战会议上为此摇旗呐喊。圣殿骑士团在此次十字军东征的筹备工作中发挥了重要作用，通过巴黎圣殿（在财务官艾马尔修士的领导下）征集贷款以提供军费。在随后的军事行动中，按理说圣殿骑士团也发挥了类似的关键作用。

1218 年初夏，从东西方驶来的船只在达米埃塔会合。从朝圣者城堡赶来的船只于 5 月 30 日抵达埃及海岸，但船上的人发现皮埃尔·德·蒙泰居所在的德意志和弗里斯兰舰队已经开始登陆了。十字军在河口上游不远处建立桥头阵地，然后开始观察城防。

达米埃塔如同价值连城的珠宝，得到严密看管。三层配有塔楼的城墙环绕城市，且城墙一层比一层更雄伟。城墙内建有二十八座塔楼，塔楼之间还挖掘了护城河以提供额外的防护。西墙对面的河中央有一个小岛，岛上还有一座塔楼，守军在这座塔楼上安装了一套庞大的铁链，在危急时期可以升起铁链，阻挡敌船从唯一可通行的水道进入河流。[16] 守军装备了各式各样的守城武器，可以猛击、火攻或者穿刺任何胆敢强攻的敌人。他们最骇人的武器之一是希腊火，这是一种黏糊糊、以石脑油为主要原料的易燃树脂，可以从管子喷射，也可以将其装在罐子里，然后像投掷手榴弹一样将其投出，罐子触地即碎。希腊火几乎完全无法扑灭，用它对付从水面而来的敌人，杀伤力极强。总的来讲，达米埃塔的防御十分坚固，卡米勒还可以从开罗定期派遣救援部队来阻挠十字军攻城。要想攻破达米埃塔，十字军需要周密的筹划、严明的纪律和专业的知识。何况此时正值盛夏，即便阴凉处的气温也超过 44 摄氏度（110 华氏度）。

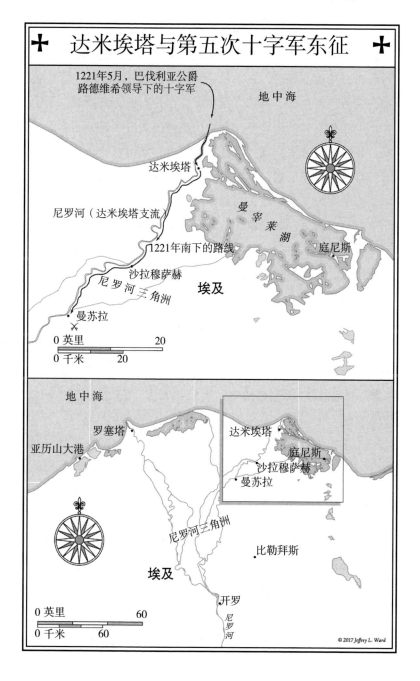

达米埃塔与第五次十字军东征

1221年5月，巴伐利亚公爵
路德维希领导下的十字军

地中海

达米埃塔

尼罗河（达米埃塔支流）

曼宰莱湖

庭尼斯

1221年南下的路线

沙拉穆萨赫

尼罗河三角洲

埃及

曼苏拉

0 英里　　　20
0 千米　　　20

地中海

罗塞塔

亚历山大港

达米埃塔

庭尼斯

沙拉穆萨赫

曼苏拉

尼罗河三角洲

比勒拜斯

埃及

开罗

尼罗河

0 英里　　　60
0 千米　　　60

© 2017 Jeffrey L. Ward

十字军安营扎寨之后的第一个任务是占领河中央小岛上的塔楼。若不拿下它，就不可能破城。十字军正式选举布里耶纳的约翰为领袖，然后兴高采烈、热情洋溢地开始行动。首先是投石机的狂轰滥炸，持续了很多天。在投石机的掩护下，十字军当中好几支最精神抖擞、最自信满怀的队伍在舰船上架设云梯，并试图通过木制艏楼绕过铁链塔楼，攀爬它的高墙。据帕德博恩的奥利弗记载，奥地利人、弗里斯兰人、德意志人和医院骑士团装配了这种攻击船只，圣殿骑士团也提供了至少一艘船。但他们的攻击都失败了。医院骑士团的云梯被打碎，奥地利公爵所属舰船上的云梯也损坏了；梯子上的武士跌落入水，不幸溺死，“身体虽受损伤，但灵魂得救了”。德意志和弗里斯兰舰船停在河上，试图用船上的投石机轰击塔楼，但敌人施放的希腊火点燃了十字军的船只，他们蹒跚地返回营地，“船内外都插满了箭”。[17]圣殿骑士团建造了一艘装有护甲的船，甲板上有壁垒。他们在战斗期间将船划到塔楼旁。但这艘船也“受到严重破坏”，帕德博恩的奥利弗写道。[18]与德意志十字军和医院骑士团一样，圣殿骑士团也被迫放弃进攻。

十字军继续用投石机轰击塔楼和桥梁，希望削弱塔楼与城市之间的联系。与此同时，岸上的人们也在忙碌。在帕德博恩的奥利弗亲自监督下，十字军将两艘船捆缚在一起，构建了一台两栖的浮动要塞。它有四根桅杆、一架旋转桥，并覆盖兽皮以防火。这头巨兽就位后，十字军开始第二次尝试攻打塔楼。铁链塔楼的守军和浮动要塞上的十字军激烈厮杀。岸上的教士高声祈祷，并膜拜他们最崇高的圣物——真十字架的一个碎片，据说是从哈丁战役期间被萨拉丁缴获的更大圣物上砍下的。[19]虽然投石机的攻击如同暴风骤雨，守军也大量使用希腊火，双方很长时间都打得难解难分。但最后，在 8 月 25 日一次特别猛烈的进攻中，基督徒从浮动要塞跳起，在塔楼一扇较低矮的门前点火。浓烟和火苗通过阶梯向上蹿，惊慌失措的守军很快意识到自己的阵地再也守不住了。很多人为了逃离火海而从小窗跳出，随后溺死在河里；另外 120 人向奥地利公爵投降。"我们的人齐声感谢上帝。"亲临现场的阿卡主教雅克·德·维特里写道。[20]攻打达米埃塔的第一阶段结束了。

不久之后，在 8 月最后两周的鏖战当中，圣殿骑士团的第十四任大团长纪尧姆·德·沙特尔去世了，还有其他许多显贵死亡，包括英格兰国王约翰的一个私生子。"还有更多基督的烈士，更多基督的忏悔者，在达米埃塔辞世。"帕德博恩的奥利弗叹息道。[21]骑士团选举皮埃尔·德·蒙泰居为新任大团长，他原为骑士团在西方分支的长官，参加过萨尔堡攻城战，后来取道葡萄牙来到埃及。这是个很好的选择：皮埃尔精明睿智、经验丰富并且拥有理智的判断力。这个选择也很特殊，导致一对兄弟分别担任圣殿骑士团和医院骑士团的大团长。两个骑士团都建立在出身高贵、说法语的家族网络的基础上，但蒙泰居兄弟同时担任两个骑士团大团长的事实最能体现骑士团的贵族性质。

虽然十字军相对快速地攻克了尼罗河上的塔楼，但达米埃塔本身的城防要棘手得多。橙黄色的阿尤布旗帜在遍布刀枪剑戟的城墙顶端安然飘扬。一连好几个月，十字军用投射武器轰击城墙，守军偶尔冲杀出来袭击基督徒营地，但战局僵持不下。8 月 31 日，阿迪勒驾崩的消息传来，十字军士气为之一振。"阿迪勒在邪恶与疾病中煎熬，逐渐衰老，"帕德博恩的奥利弗写道，"他终于坠入地狱。"[22]但战局并未因此发生变化。

年轻而精力充沛的苏丹卡米勒仍然在世并且掌权，达米埃塔依旧巍然屹立。

寒冬将至，圣殿骑士团和第五次十字军东征的其他部队一样面临许多艰难困苦。生活条件迅速恶化。糟糕的给养导致坏血病爆发。围城营地里很多人一瘸一拐地行走，他们小腿疼痛难忍，牙龈肿胀腐烂。有些十字军战士离家已经一年，认为这足以兑现他们的誓言，于是回家了。有一些新的十字军战士抵达前线，但并不是所有新人都对战事有帮助。有一个人的到来反而削弱了十字军的领导力，他是教宗霍诺里乌斯三世派来的特使、枢机主教和阿尔巴诺主教佩拉吉乌斯。此人五十三岁，影响力很强但容易造成分歧。他幻想自己不仅是灵魂的抚慰者，还是军事战术家。

10月底的一天清晨，圣殿骑士团的营地遭到一支强大敌军的突袭，随后发生一场小规模的骑兵交锋，有超过500人死亡。11月，营地遭到持续三天的风暴袭击，河水猛涨，帐篷被洪水冲走，好几艘停泊的船粉身碎骨。12月初，天气终于稳定下来，基督徒从之前占领的河上塔楼发动袭击。帕德博恩的奥利弗心怀敬畏地记载了其中一次战斗：圣殿骑士团的一艘船被强劲的水流裹挟到距离达米埃塔城防工事特别近的地方，遭到暴风雨般的石块和希腊火袭击，然后被敌军的轻型战船包围。穆斯林士兵用抓钩控制住圣殿骑士团的船，然后攀爬高高的侧舷，到甲板上与基督徒展开白刃战。奥利弗写道："他们搏斗了很长时间，那艘船最终被凿沉（不知道是敌人凿沉的还是我们自己的人弄的），坠入河底，把埃及人和基督徒一同拖入深渊，桅杆顶端几乎被河水淹没。"他把在尼罗河上阵亡的圣殿骑士比作《旧约》里的英雄参孙。"这些烈士也把大批敌人一同拖进河底的深渊，数量多于他们能用剑杀死的。"[23]

整个冬季和随后的春季，双方鏖战不休，达米埃塔的三道城墙依然屹立，安然无恙。战区随处可见圣殿骑士团的黑白大旗，此外还有数十面其他旗帜，包括一个相对较新的德意志军事修会的旗帜。它叫条顿骑士团，其宗旨是复制圣殿骑士团的结构和成就。条顿骑士团的起源在阿卡，它在1190—1191年的阿卡围城战期间建立，起初是医院骑士团的德意志分支。当时他们为在战斗中负伤的德意志官兵提供医疗服务，医治时用的帐篷是用他们船只的帆布做的。和医院骑士团一样，条顿骑士团很快开始承担军事职责，到13世纪初已经成为十字军东征运动的第三大基督教军事修会。[24]

到1219年夏季，绝大多数头脑清醒的观察者都认识到，第五次十字军东征陷入了僵局。领导层内部争吵不断，大家普遍的感受是，只有德意志国王弗里德里希二世率领大批增援部队赶来，基督徒才能取胜。弗里德里希二世虽然多次向教宗承诺会率军出征，却始终没有到来。帕德博恩的奥利弗写道，似乎"只有神力"才能让基督徒占领达米埃塔。[25]

这年夏天，一个奇特的人来到达米埃塔，自称是上帝的代表。他叫作乔万尼·迪·彼得罗·迪·贝尔纳多内，是意大利翁布利亚地区一个商人的儿子。乔万尼在一次聆听布道者描述基督如何告诫他的追随者走到上帝的信徒当中，并让天国王朝降临之后，体验到一次顿悟。根据《马太福音》，耶稣曾告诉使徒：

> 医治病人，叫死人复活，叫长大麻疯的洁净，把鬼赶出去。你们白白地得来，也要白白地舍去。腰袋里，不要

带金银铜钱。行路不要带口袋，不要带两件褂子，也不要带鞋和拐杖……你们无论进哪一城，哪一村，要打听那里谁是好人，就住在他家，直住到走的时候。[26]

年轻的乔万尼·迪·彼得罗·迪·贝尔纳多内从字面上理解这些话，于是以阿西西的方济各的新名字[①]过上了清贫的生活，抛弃了自己市民阶级的奢侈生活，成为流浪乞丐和布道者，穿着粗糙的灰色僧衣。他彻底摒弃了私人财产与享乐，赤足在意大利山区行走，告诉所有愿意聆听的人，他们应当悔罪，否则就要面对上帝的怒火。

方济各很快有了自己的追随者。1209 年，他将追随者组织为"小兄弟会"（也就是后来世人熟知的方济各会）。方济各会的修士遵循一种简单明了的规则，该规则是方济各根据《福音书》的几个章节拟定的。和圣殿骑士团一样，方济各及其追随者宣誓服从、守贞和守贫，但他们与圣殿骑士团的相似之处也只有这么多了。方济各于 1219 年来到达米埃塔，是为了提醒人们，在那里作战的骑士团成员已经多么严重地偏离了骑士团创始人设想的那种生活方式。

整整一百年前，于格·德·帕英在耶路撒冷建立了所罗门圣殿的贫苦骑士团。这一百年里，圣殿骑士团从朝圣道路上的清贫守护者（衣食依赖其他朝圣者的施舍）变成了跨越国界、自给自足的准军事组织，资金很大程度上来自大规模的庄园经营活动。

---

① 阿西西是他出生的城镇；方济各是绰号，据说是他父亲在他婴儿时期给他取的，意思是"法兰西人"。——作者注

　　阿西西的方济各并非外表看上去的那样天真幼稚。比如，他成功地让自己的修会得到了教宗英诺森三世的祝福。但他个人的仪态与圣殿骑士团的高级官员形成了鲜明对照。方济各是随心所欲、赤足行走的乞丐；而圣殿骑士团的高级官员是在欧洲各国宫廷都有人脉的政治家，从苏格兰到西西里都有地产的大亨，有能力在战区建造庞大两栖基地的精锐军人，以及参与基督教世界主要大国行政管理的财政专家。方济各领导自己的新修会的时候，瘦削的肩膀上只披着一件灰色羊毛罩衣，嘴上只有使徒的谆谆告诫。而根据圣殿骑士团的团规，皮埃尔·德·蒙泰居有权拥有四匹战马、四匹役畜和一支私人扈从队伍，扈从包括一名神父、一名书记员、一名军士、一名蹄铁匠、一名撒拉森译员、一名土科波士兵、一名厨师、三名卫士。他还拥有一只用于存放他全部贵重财物的保险箱，而且不论到访圣殿骑士团的哪一座宫殿，他都享有自己的私人房间。[27]圣殿骑士团在整个基督教世界得到尊重和珍视，但他们显然不再是激进、强硬的苦行者。

　　来到达米埃塔之后，方济各自愿担当谈判代表。他走出基督徒营地，来到附近的埃及军营。他求见卡米勒，向苏丹指出其在信仰上的错误。根据编年史家和阿卡主教雅克·德·维特里记载，方济各"向撒拉森人讲了几天道，但毫无成效"。[28]为展示上帝对他的恩宠，方济各提议自己可走过烈火，苏丹礼貌地谢绝了，并把这个怪诞的年轻人送回其营地。卡米勒这次心情好，才没有把他当场斩首。多年来，圣殿骑士团成员如果被穆斯林抓获，下场就是身首异处。

　　既然迎头猛攻和修士正义凛然的劝导都没有拿下达米埃塔，十字军唯一能做的就是等待城内守军口粮耗尽。直到

1219 年 9 月，这个时刻才真正来临，此时围城战已经持续了十八个月。帕德博恩的奥利弗收到的报告称，城内的人饥肠辘辘，并且城内暴发了疾病。[29] 卡米勒的使者前来议和，条件是若基督徒离开达米埃塔，就可换取"完整的耶路撒冷王国"，但不包括外约旦的卡拉克和蒙特利尔城堡，它们坐落在连通埃及与大马士革的关键陆路上。[30]

对很多疲惫的十字军战士（尤其是来自法兰西、德意志和英格兰的人）来说，这是非常好的条件。毕竟他们要的就是耶路撒冷。但教宗特使佩拉吉乌斯领导的派系主张继续进攻，不惜一切代价拿下达米埃塔。他们的理由是，占领耶路撒冷的穆斯林已经摧毁了圣城的防御工事，所以十字军即便拿下它也守不住；现在撤退可能会落入陷阱，最终什么甜头都尝不到。蒙泰居兄弟支持这种主张。至少在短期内，事实证明他们是正确的。虽然十字军领导层发生了激烈争吵，攻城战仍继续进行，到 1219 年 11 月时守军已经濒临崩溃。11 月 5 日，十字军携带云梯攻打城墙，取得成功，强行闯入城市。迎接他们的是令人毛骨悚然的景象。"大街小巷满是死尸，这些人都死于瘟疫和饥荒，"[31] 雅克·德·维特里写道，"恶臭熏天，空气受到严重污染，绝大多数人无法忍受。"[32] 十字军从商店和住宅掳掠了黄金白银、丝绸和奴隶，而教士在街上搜寻幸存的儿童，其中 500 人被强迫接受洗礼，皈依基督教。

达米埃塔陷落后，卡米勒撤往尼罗河上游，任凭十字军恣意行动。11 月 23 日，他们占领了达米埃塔附近的要塞城镇塔尼斯，而圣殿骑士团袭掠了滨海城镇布尔鲁斯。根据帕德博恩的奥利弗的记载，行军两天后，"圣殿骑士团掳回了大量战利品，包括约一百头骆驼和同样数量的俘虏，还有马匹、骡子、公牛、驴子、山羊，以及衣物和大量家具"。不过，此次行动让圣殿骑士团的战马精疲力竭，其中很多死于脱水。[33]他们返回后，组建较晚的条顿骑士团的一些成员骑马迎接他们。两个骑士团在军事能力上的差距突显出来，因为条顿骑士没有带弩手和弓箭手就出营了，结果遭到一队穆斯林的伏击，他们的分团长、军务官和许多骑士被俘。

到1220年中期，圣殿骑士团在达米埃塔城外已经逗留两年多，深度参与了此次十字军东征。自从英诺森三世宣布开展第五次十字军东征，圣殿骑士团就帮助收缴教宗的专门税，即所谓"二十分之一税"。他们和医院骑士与本地教士一起组成委员会，清点从信奉基督教的各个国家收缴来的税金。这笔钱被分配到各地，帮助尽可能多的人去参加十字军东征。[34]

教宗霍诺里乌斯三世于这年7月24日写给枢机主教佩拉吉乌斯的信，表明了圣殿骑士团和医院骑士团多么密切地参与了金融交换基础设施的运作。霍诺里乌斯三世要求，为了前线作战征收的税金在送抵埃及的途中不能经过罗马，以避免教廷贪污或挪用专门军费。他的情怀很高尚，但这需要一种去中心化的资金转移办法，还需要各国都有值得信赖、虔诚可敬的人来参与十字军东征的运作，并且这样的人还必须有务实的财务技能，能够安全地转移大量钱币和财宝。圣殿骑士团、医院骑士团和新成立的条顿骑士团就是理想的人选。

霍诺里乌斯三世在信中认可，三个军事修会的确有能力转移数额惊人的金钱。随后他列举了近期圣殿骑士团从欧洲向达米埃塔转移金钱的几笔交易：教廷财务部门直接支付的5000金马克；在英格兰征收的13000马克，由四名圣殿骑士押送，他们的名字是圣乔治的休、诺维尔的约翰、索图里奥的杰拉尔德和"来自益格鲁村的英格兰人罗杰";在匈牙利征集的 1711马克,由圣殿骑士团和医院骑士团的匈牙利分团联合押送;在英格兰征集的另一批 5000 马克,通过圣殿骑士团在巴黎的财务官艾马尔修士转移;在法兰西征集的 6000 盎司黄金,也通过艾马尔的巴黎办公室转移;来自西班牙和葡萄牙的大批钱币,包括超过 25000 金币和超过 5000 磅的各色银币。

这些款项数额巨大,体现了教宗对圣殿骑士团的廉洁与专业的高度信任。霍诺里乌斯三世写道:"我们习惯于通过圣殿骑士团和医院骑士团来转移税款和其他资金。没有其他的中间人值得我们这样信任。"[35](不过他还是请佩拉吉乌斯保持警惕,如果发现运往埃及的资金有流失情况应立刻报告。)在第五次十字军东征期间写给其他地方的信中,霍诺里乌斯三世的立场也类似,他要求对方不要理睬关于圣殿骑士团和医院骑士团贪污腐化或行为不端的传闻,因为"如果圣殿骑士团和医院骑士团不是每天都为他们的军士、弩手和其他必需的战斗人员支付开销……军队就完全无法继续待在达米埃塔"。[36]

圣殿骑士团在为十字军东征筹资以及保卫新近占领的达米埃塔城的行动中发挥了关键作用,但他们的人员和资源过度集中于埃及,这导致他们在其他地方遇到了困难,比如在朝圣者城堡。1220 年夏末,大马士革苏丹、卡米勒的兄弟穆阿扎姆率军攻打了这座要塞。和 12 世纪 60 年代的情况一样,圣殿骑士团没有办法同时在巴勒斯坦和埃及有效地作战。[37]1220 年 9月,皮埃尔·德·蒙泰居返回阿卡,他在给自己的朋友、远在比利牛斯山脉的埃尔恩主教尼古拉的信中描述了这种熟悉的困境。皮埃尔疲惫地写道,穆阿扎姆胆量大增,原因如下:

他发现阿卡和推罗没有充足的骑士和士兵来抵抗他，于是他持续攻击这些地方，既有偷袭也有公开的攻击。此外，他经常在我们的朝圣者营地［即朝圣者城堡］门前扎营，以各种方式伤害我们。尽管有一些朝圣者留在阿卡，他还是攻打并摧毁了巴勒斯坦的恺撒利亚城堡。[38]

蒙泰居同时也在密切关注达米埃塔局势。那里的情况越来越混乱，十字军领导层内部关于战略的分歧越来越严重。蒙泰居解释说，在尼罗河上游，卡米勒正在集结一支大军，如果十字军对其视若无睹，就会酿成大祸：

> 教宗特使和教士们渴望推动基督军队的事业，经常认真地敦促人们向异教徒发动进攻，但军中无论是来自西方还是东方的贵族，都觉得军队的力量不足以防守上述城市与城堡……所以不同意进攻。

撒拉森舰船在埃及海岸巡游。十字军的资源很紧张。东方传来的情报表明，危险的阿什拉夫（卡米勒和穆阿扎姆的兄弟）正在巩固自己的权力，他可能很快将注意力转向阿卡、安条克、的黎波里或埃及中的一个或多个。圣殿骑士团大团长相信，如果阿什拉夫这么做的话，上述的每个地区"将会陷入莫大的危险中。如果他攻打我们城堡中的任何一座，我们绝没有办法打退他"。[39]

1221年，皮埃尔·德·蒙泰居返回埃及。6月，卡米勒再次试图与基督徒议和（条件与两年前他提的差不多）的时候，皮埃尔就在前线。圣殿骑士团大团长目睹了巴勒斯坦的危急形势，现在敦促接受和平，但他的意见被推翻了。佩拉吉乌斯、布里耶纳的约翰和其他人决定，现在是一劳永逸地歼灭埃及军队的时候了。皮埃尔·德·蒙泰居的主张被多数票否决，于是他不得不同意支持一个激进的计划：沿着尼罗河向上游推进，刺激埃及人出来决战。这个方案很勇敢，但为时过晚，所以非常危险。十字军在前一年持续耽搁的时候，卡米勒及其在该地区的盟友已经准备一个陷阱。现在陷阱已经就绪，只等十字军自投罗网了。

在后来给圣殿骑士团英格兰分团长艾伦·马泰尔的信中，皮埃尔·德·蒙泰居描述了十字军对卡米勒军队的灾难性进攻。[40]1221 年 6 月 29 日，基督徒军队从达米埃塔城外的帐篷营地出动，开始沿河而上，有桨帆船在河上伴随他们。在他们的前方，卡米勒的军队一再后撤，放弃营地，拒绝交战。对基督徒来说，行军太顺利了，显得不真实。十字军积极地推进，圣殿骑士团担任后卫，沿途袭击村庄，用弩弓瞄准任何出现在视线中的穆斯林。编年史家伊本·艾西尔写道："他们和所有人都相信，他们即将征服埃及。"[41]但有些人心中开始产生狐疑。布里耶纳的约翰很紧张，因为他觉得军队已过于深入不熟悉的敌境。很多基督徒官兵显然也同意他的主张。据蒙泰居说，有约一万基督徒未经许可便离开了十字军队伍，从此销声匿迹。

在十字军背后，卡米勒在叙利亚的两个兄弟派来的增援部队用步兵和舰船尾随基督徒军队。雪上加霜的是，尼罗河开始涨水。十字军虽然在该地区已经有两年的经验，但还是搞不懂注入尼罗河的由各种天然与人工水道组成的复杂网络。他们也没有真正明白河水涨退的季节性规律：夏末骤然涨水，通常会淹没堤岸。十字军在埃及的短暂时期里，尼罗河的涨水并不厉害。而卡米勒对尼罗河的水文规律了如指掌。十字军在 7 月末进入越来越危险的地区时，卡米勒的船只和士兵持续跟踪他们，封锁了河流，阻断了十字军撤回达米埃塔的道路。

8月10日，十字军在戒备森严的曼苏拉营地对面停下。在这里，尼罗河的达米埃塔支流与塔尼斯支流（曼宰莱湖附近的塔尼斯要塞得名自尼罗河的这个河段）分道扬镳。十字军被困在两条支流形成的 V 字形地带。他们已经被团团围住，因为他们背后的河流已经被封锁，穆斯林军队占据了有利阵地，除了这两条支流之外还阻断了所有陆路。两周后，尼罗河暴涨，洪水冲走了十字军的大部分辎重。皮埃尔·德·蒙泰居写道："基督的军队在沼泽损失了役畜、装备、马鞍袋、大车和几乎全部必需的给养。"

十字军此时已经窘困万分，而卡米勒终于打出了他的王牌。为了管理尼罗河的洪水，当地农民挖掘了一些运河和水道。苏丹下令打开蓄洪闸门，让尽可能多的洪水冲向十字军营地。十字军所在的土地迅速化为举步难行的泥潭，部队无法行动。惊慌失措的人们试图蹚水逃出黏滑、很容易把人吸下去的沼泽，就连圣殿骑士也无法抑制自己的恐慌。如皮埃尔·德·蒙泰居所写，十字军"如同鱼儿入了网"。他们的行军结束了。8月28日，佩拉吉乌斯认识到别无他法，只能举手投降。

苏丹在前几次谈判中表现得很慷慨，如今就不是那么大方了。苏丹将布里耶纳的约翰传唤到自己的营帐，礼貌但坚决地告诉他，除非拉丁人同意新的和平条件，否则约翰的部下会全部饿死。这次的新条件是：归还达米埃塔和塔尼斯要塞，占领埃及北部的基督徒军队撤离，释放在阿卡和推罗的穆斯林奴隶；而苏丹愿意保障八年和平。十字军必须无条件投降。约翰没有选择，只能同意。

蒙泰居听说了这一切，对此也表示理解。他是负责返回达米埃塔宣布丧权辱国的噩耗的代表之一。起初后方的人们对失败感到震惊。随后达米埃塔发生了暴乱，若干房屋被毁。然后，防守达米埃塔的基督徒绝望地准备撤离。在尼罗河上游，十字军开始缓慢地撤退，满身泥浆，如同落汤鸡，并且饥肠辘辘。他们在缓慢而痛苦的撤退过程中没有活活饿死的唯一原因是，大获全胜的卡米勒现在慷慨地同意为十字军提供十五天的口粮，让他们离开埃及，返回遭受重创的耶路撒冷王国。作为投降条约的一部分，布里耶纳的约翰和佩拉吉乌斯短暂地留在卡米勒军中作为人质，但受到了礼遇。不久之后，他们就垂头丧气、精疲力竭地返回了阿卡。"同情我们的不幸遭遇吧，"蒙泰居在给英格兰的圣殿骑士团同僚艾伦·马泰尔的信中详尽地描述了上述悲剧，"并尽你所能援助我们。"

第五次十字军东征的惨败突如其来而令人万分尴尬，对所有参与者都是奇耻大辱。基督徒又一次花费巨资去攻击敌人的阵地，却没有得到任何永久性的收获。耶路撒冷仍然在穆斯林手中。基督徒作家照例对此次令人悲叹的失败做了阴郁的解释。皮埃尔·德·蒙泰居写道："我们在埃及遭遇灾难，是因为我们的罪孽。"[42]教宗霍诺里乌斯三世大为沮丧（这也情有可原），把主要责任归于弗里德里希二世。霍诺里乌斯三世之所以在1220年将弗里德里希二世加冕为神圣罗马皇帝，就是指望他会最终加入十字军东征。然而，这位皇帝推三阻四，逃避责任，更愿意集中力量处置他的帝位（他是西方最强大的统治者）带来的错综复杂的政治问题。要过很多年以后，他才会真正身临东方。但他到达东方之后，就对圣殿骑士团的命运产生了戏剧性的影响。

# 十五　"敌意与憎恨"

皮埃尔·德·蒙泰居跪倒在地，亲吻皇帝的膝盖。在他周围，士兵和市民欢呼雀跃。1228 年 9 月，阿卡全城人都来见证霍亨施陶芬皇朝的弗里德里希二世抵达东方。他是西方最强大的君主，此次带来了七十艘桨帆船和数千士兵。[1]就连埃及苏丹也特意给这位贵宾送来厚礼，包括黄金白银、丝绸、珠宝和一大群稀罕的动物，如骆驼、大象、熊和猴子。这么多年来，圣地接待过许多显赫的宾客，但很少有像神圣罗马皇帝弗里德里希二世这样高贵的人物。他举止庄严，聪明绝顶，涉猎极广。仰慕者称他为"世界奇观"（stupor mundi）。

不过，我们必须承认，他乍看上去其貌不扬。弗里德里希二世身材中等，脱发，面色始终红通通的，近视得很厉害。他四肢粗壮，体格结实，但缺少无可争议的标志男子汉气概的浓密胡须，尽管他抵达阿卡的时间是 1228 年 9 月，距离他的三十四岁生日只有几个月。他已经当了一辈子国王：两岁就加冕为西西里国王，二十一岁被认可为德意志国王，1220 年他二十六岁时被正式选为神圣罗马皇帝。现在他给自己添加了一份新的领地。他乘船取道塞浦路斯来到阿卡，是为了成为耶路撒冷国王并发动一次新的十字军东征，去攻击占据圣城的苏丹。

收集头衔是弗里德里希二世的专长之一，他通过婚姻获得了耶路撒冷的王冠。1225 年，他娶了布里耶纳的约翰的十三岁女儿伊莎贝拉二世，她是耶路撒冷的合法女王。作为交易的一部分，弗里德里希二世接过了岳父的权力，成为耶路撒冷王国名义上的国王。三年后，伊莎贝拉二世生了个儿子，他们给他取名为康拉德。对伊莎贝拉二世来说不幸但对弗里德里希二世来说幸运的是，这位年轻母亲分娩不久后死于产褥热，于是弗里德里希二世控制了身为耶路撒冷王国继承人的婴儿。所以他在 1228 年的十字军东征有两个动机：收复耶路撒冷，获取耶路撒冷王位。理论上，王国属于康拉德，但在弗里德里希二世看来，这样的技术问题并不重要。他决心让自己成为圣地的下一任基督徒国王，绝不允许任何人阻挠他。

弗里德里希二世相貌平平，但个性极强。一位认识他的作家描述道：

> 他机敏灵巧，狡黠，贪婪，任性，恶毒，脾气暴躁。但有时他又很高尚，能够表现出善良和彬彬有礼的品质，懂得抚慰人心，机智风趣，讨人喜欢，勤政。他能识文断字，会唱歌，懂作曲作词……他精通多种语言……如果他能成为敬爱上帝的虔诚天主教徒……就很少有人能与他媲美。[2]

他一辈子都受到不信神的指控，因为据说他私下里鄙视所有宗教信仰，而在公共场合，他身边除了通常的基督徒侍从之外，还总是簇拥着西西里穆斯林出身的相貌奇特的仆人。他好奇心很重并且涉猎广泛，所以对宗教持怀疑态度。他热衷于科学探索、艺术欣赏和体育运动，尤其是鹰猎。他自认为是世界第一鹰猎权威。

　　皮埃尔·德·蒙泰居跪下亲吻的就是这样一个人。但蒙泰居之所以跪下，不是出于对皇帝博学的认可。他的臣服实际上是圣殿骑士团与最新一次十字军东征运动的领袖之间审慎的政治交易的结果。不管弗里德里希二世的动机如何，他都是自三十年前狮心王理查一世以来抵达东方的威望最高的君主。各军事修会有义务尽其所能地与他合作，并承诺帮助维持弗里德里希二世与贝鲁特领主伊贝林的约翰[①]之间的和平。伊贝林的约翰是本地的一位强大领主，对皇帝的驾临抱有极大的疑虑。对圣殿骑士团和皇帝双方来说都不幸的是，蒙泰居的跪拜只是作秀。没过几周双方就撕破脸皮，几乎要兵戎相见了。

　　弗里德里希二世在阿卡接见圣殿骑士团大团长之前，与骑士团没有打过多少交道，但从他的个性和政策来看，他与骑士团的关系不会融洽。首先，大家很难回避这样的想法：弗里德里希二世在内心对十字军东征不感兴趣，并且他也许有很好的理由。他必须管理神圣罗马帝国这样庞大而复杂的政治遗产，所以没有多少精力留给东方事务；另外，霍亨施陶芬皇朝对东方战争的经验不多，并且全都是负面的。弗里德里希二世的祖父弗里德里希一世·巴巴罗萨在参加第三次十字军东征的途中

---

[①]　伊贝林的约翰（约1179—1236），也称"贝鲁特的老领主"，是十字军国家的一位强大诸侯，也是伊贝林家族最有名的成员之一。他的父亲是伊贝林的贝里昂（电影《天国王朝》的主角的原型），母亲是拜占庭公主、曾经的耶路撒冷王后玛丽亚·科穆宁娜（曾嫁给阿马尔里克国王）。所以约翰是耶路撒冷女王伊莎贝拉一世同母异父的弟弟。约翰不到二十岁就被任命为耶路撒冷王国的司厩长，并作为贝鲁特领主在萨拉丁征服之后重建了这座城市。他先后为自己的两位亲戚（伊莎贝拉一世的女儿玛丽亚和塞浦路斯国王亨利一世）摄政。作为耶路撒冷王国本地诸侯的重要领袖，他坚决抵制作为外来势力的弗里德里希二世皇帝。约翰晚年加入了圣殿骑士团。

于小亚细亚溺死，而弗里德里希二世的父亲亨利六世皇帝曾在狮心王理查一世从阿卡回国途中将他扣押为人质。亨利六世收了 10 万马克的赎金才把理查一世释放回英格兰，后来立刻把这笔巨款用于征服西西里王国。[3]

弗里德里希二世统治期间发生的一些事情也让他与圣殿骑士团互不信任。圣殿骑士团和医院骑士团在西西里岛有长期的经营活动，但在弗里德里希二世幼年时期，它们都被新成立的条顿骑士团从西西里岛排挤出去。条顿骑士团积极与两个历史更悠久的骑士团竞争，希望获取主宰地位。有些人觉得这会造成危险，西西里的一些骑士为了逃避皇帝的不悦，甚至专门去东方加入圣殿骑士团。[4]

弗里德里希二世的主要谋臣之一是条顿骑士团大团长赫尔曼·冯·萨尔察，此人是非常精明强干的政治家，受到部下的高度尊重。在赫尔曼影响下，弗里德里希二世授予条顿骑士团在西西里全境的进出口免税权，并正式认可条顿骑士团享有与圣殿骑士团和医院骑士团相同的"自由、习俗和全部权益"。1221 年，弗里德里希二世成功地说服教宗霍诺里乌斯三世，向条顿骑士团授予不必缴纳宗教税和不受本地教会监管的自由。在 1225 年娶了伊莎贝拉二世并成为耶路撒冷国王之后，弗里德里希二世运用自己的新权力授予条顿骑士团完全的豁免权，让他们不受东方任何世俗权力的节制。[5]这一切必然会让圣殿骑士团担心，因为他们的整个成功模式依赖于西方帝王的高度恩宠和圣殿骑士团的特殊地位。

最后，弗里德里希二世的圆滑狡诈也是臭名昭著。他两次宣誓要参加十字军东征：第一次是 1215 年被加冕为德意志国王时；第二次是 1220 年被加冕为皇帝时。他等了十多年才终于动身前往圣地，并且花了一年时间才真正抵达，理由是他之前患病。最终教宗失去了耐心。非常讽刺的是，弗里德里希二世终于在 1228 年 9 月抵达阿卡时遭到了教廷的猛烈攻击。

教廷对他态度转变的主要原因是现在有了一位新教宗。霍诺里乌斯三世于 1227 年 3 月去世，接替他的是年事已高但态度强硬的意大利人格列高利九世。此人精明敏锐，脾气暴躁。他在任期间猛烈攻击了巴黎有异端思想的大学生、波罗的海沿岸的异教徒，甚至还攻击猫，因为他怀疑猫是撒旦的化身。他建立了宗教裁判所来根除欧洲各地的异端，并采取非常严厉的措施迫害犹太人，下令公开焚烧《塔木德》①。

但在格列高利九世开始攻击猫、异端分子和犹太人之前，他先将注意力转向神圣罗马皇帝。他就任教宗之后的第一个举措就是将弗里德里希二世绝罚，以惩罚他对十字军东征的推三阻四。在宣布该决定的诏书里，格列高利九世怒斥这位皇帝"忘记了对上帝的敬畏，不尊重耶稣基督，不理睬教会的教导"，并指控他"抛弃了基督徒军队，把圣地留给异教徒，鄙视基督的人民的虔诚，并且令他自己和基督教蒙羞的是，他在自己的王国耽于享乐"。6皇帝抵达阿卡不久之后，绝罚他的诏书也到了，于是弗里德里希二世和圣殿骑士团之间装模作样的友谊顿时瓦解。何况皇帝还经常怒气冲冲地辱骂这位不公正的教宗。结果是，在皮埃尔·德·蒙泰居充满戏剧性地向皇帝跪拜的仅仅几周后，骑士团就与西方最强大的世俗统治者针锋相

---

① 《塔木德》是犹太教中极为重要的宗教文献，是犹太教律法和神学的主要来源。它包含了人生各个阶段的行为规范，以及人生价值观的养成，是犹太人通过对自己民族和国家的历史、文化以及智慧的探索而淬炼出的结晶。

对起来。而这位世俗统治者领导的就是后来所谓的第六次十字军东征。

11 月 15 日，皇帝决定从阿卡南下去雅法，与埃及苏丹谈判。这个决定让圣殿骑士团与皇帝正式撕破脸皮。大马士革统治者穆阿扎姆于 1227 年 11 月 12 日死于痢疾之后，他的儿子，二十岁的纳西尔继承了王位，阿尤布世界陷入混乱的权力斗争。[7]在巩固自己的势力和维持家庭和睦之间，卡米勒毅然选择前者，试图推翻自己的侄子，将大马士革占为己有。在家族的第三位成员、杰齐拉①统治者阿什拉夫插手之后，局势更加混乱，导致埃及和叙利亚的阿尤布帝国进入了又一个困难重重的内乱时期。

弗里德里希二世正确地判断这是一个机遇，决定利用敌人的内乱来收复基督徒丢失的一些领土。他的兵力不足，所以不可能向阿尤布王朝发动全面进攻。但是，如果拉丁各邦能团结一致，也许能说服卡米勒做一些让步，甚至归还耶路撒冷。在弗里德里希二世自己的西西里王国，穆斯林和基督徒的文化水乳交融，所以他比之前任何一位十字军领袖都更懂得伊斯兰世界的特点与习俗。甚至有很多粗鄙的传闻说他"喜欢按照撒拉森人的方式生活"，喜好"唱歌并且玩杂耍的舞女"。暂且不说他的个人品位。他坚信不疑，炫耀武力然后和谈才是富有成效的策略。[8]

圣殿骑士团和医院骑士团却不这么看。他们与尖酸刻薄并且个性强硬的耶路撒冷宗主教洛桑的热罗尔德联手，拒绝与弗

---

① 杰齐拉地区，也称"上美索不达米亚"，大致相当于今天的伊拉克西北部、叙利亚东北部和土耳其南部。杰齐拉的字面意思是"岛"，是指幼发拉底河和底格里斯河将该地区与外界隔开，使之几乎成为一个岛。

里德里希二世的军队一同出动，并说与被逐出教门的人打交道是一种耻辱。教宗格列高利九世对此事的态度很明确："我命令所有人都坚决地避开他。"不过皮埃尔·德·蒙泰居和医院骑士团的新任大团长贝特朗·德·泰西①决心不折不扣地履行自己的职责。他们同意跟随皇帝的军队，但与之保持一天路程的距离——这样就能保持体面，但不会有实际作用。

弗里德里希二世不是习惯于容忍别人从中设梗使绊的人。为了报复圣殿骑士团违逆自己的意愿，他盯上了阿卡以南圣殿骑士团庞大的沿海要塞——朝圣者城堡。它是圣殿骑士团在"海外"最雄伟也最宝贵的财产之一，第五次十字军东征期间大团长和许多骑士从达米埃塔返回朝圣者城堡，保卫它并抵抗穆阿扎姆的攻击，从这一点足见它对骑士团的意义多么重大。[9]而且朝圣者城堡的地理位置很方便，就在阿卡与雅法之间的道路上。弗里德里希二世率军在城堡前停下，要求圣殿骑士团交出它，由皇帝的军队驻守。我们几乎可以肯定，他的意图是将朝圣者城堡交给条顿骑士团。

双方很快僵持不下。弗里德里希二世对圣殿骑士团很恼火，但他没有时间和资源去强攻由基督徒朝圣者按照最高标准建造的城堡。有一位作家说，弗里德里希二世胆敢产生这个想法，就已经犯下了"严重的叛逆罪行"。[10]朝圣者城堡内部的圣殿骑士封堵了城门，不准皇帝的人马入城，等待他们自行离去。弗里德里希二世让步了，但此次遭受的断然拒绝让他终身敌视圣殿骑士团。圣殿骑士团后来说皇帝企图用奸计"杀害他们"，而弗里德里希二世那边的人说是圣殿骑士团阴谋杀害

---

① 加兰·德·蒙泰居于 1228 年 3 月 1 日之前在西顿去世。——作者注

皇帝在先。

随后几个月的局势也没有丝毫好转。弗里德里希二世抵达雅法，这个冬天都在敦促卡米勒议和以及再次向基督徒开放耶路撒冷城。皇帝喜欢恃强凌弱，但他不是傻瓜。他准确地把握了阿尤布王朝的处境。卡米勒目前主要关心的是争夺大马士革的家族内讧，所以苏丹认为与基督徒议和对自己非常有利。弗里德里希二世有一种天赋，能够用魅力迷倒那些他觉得值得去迷倒的人。他对伊斯兰文化也很有好感（宗主教热罗尔德哀叹"皇帝的生活方式和穿衣打扮完全像撒拉森人"），这帮助他谈成了非常有利的和平条件，比 1187 年耶路撒冷陷落以来基督徒取得的一切成果都更有利。[11]

1229 年 2 月 18 日，卡米勒正式同意将圣城和圣墓交给基督徒管理，以此换取为期十年的停战。基督徒和穆斯林都可以去耶路撒冷，卡米勒认可基督徒是伯利恒、拿撒勒、西顿、雅法和阿卡的合法统治者。四十多年前被肢解的十字军王国如今已部分光复了。现在它再次囊括了从雅法到贝鲁特的整个沿海地带，往内陆方向的延伸在某些地方远至约旦河。基督徒获准在耶路撒冷开展一些重建工程，不过双方有一个分歧：基督徒可否重建十年前阿尤布王朝摧毁的耶路撒冷城墙（当时是为了使基督徒军队即便攻占圣城也守不住）。新条约并没有完全逆转萨拉丁的征服，更谈不上是对 1099 年第一次十字军东征奇迹般胜利的重演。但这仍然是惊人的成就。弗里德里希二世在给自己的年轻妻弟、金雀花王朝的英格兰国王亨利三世的信中吹嘘道："短短几天之内，通过奇迹而非武力，此事得到圆满解决……世界上的很多领袖与统治者……在此之前借助武力从来没有成功过。"[12]德意志诗人和十字军战士弗赖丹克写道：

"除了圣墓和圣十字架，罪人还能渴望什么？"[13]很多虔诚的基督徒点头称是。即便穆斯林没有归还真十字架（据说它在大马士革下落不明），圣城再次回到了基督徒手中。但圣殿骑士团对此不以为然。

对基督徒来说，耶路撒冷最重要的地方是圣墓，因为基督之墓就在这座雄伟的教堂内，被厚重的大理石板覆盖。每一位抵达圣地的朝圣者都会到圣墓瞻仰。收复耶路撒冷当然是值得骄傲的大事；而且，它和地中海东部的其他主要城市一样，对基督徒商人来说有着重大的商业上的益处。不过最重要的仍然是圣墓。但对圣殿骑士团来说还有一处非常重要的地点：他们称之为所罗门圣殿的地方，他们的骑士团就是在那里建立的，1119—1187 年骑士团就驻扎在那里。圣殿是他们的家园，他们被从家园放逐了。对骑士团的尊严来说，收复圣殿是至关重要的头等大事，但弗里德里希二世的谈判没有考虑到圣殿。

"法兰克人接管了耶路撒冷，穆斯林愤愤不平，觉得这骇人听闻。穆斯林因此感到难以描述的虚弱和痛苦。"编年史家伊本·艾西尔怒气冲冲地报道了弗里德里希二世与卡米勒的交易。[14]实际上，穆斯林并没有彻底失去耶路撒冷，因为两位君主的交易不包括圣殿山。穆斯林称耶路撒冷为"崇高的圣所"，它包括阿克萨清真寺和圆顶清真寺。这里是除了麦加和麦地那之外最神圣的伊斯兰圣地。萨拉丁征服耶路撒冷之后拆除了清真寺周围的圣殿骑士团建筑，用玫瑰水清洗整个场地，恢复了《古兰经》的镌刻铭文并安放"无与伦比的大理石"、"镀金镶嵌画"、"美丽的《古兰经》抄本"和精美的阅读台。[15]把清真寺还给醍醐的基督徒是不可原谅的罪行，所以弗里德里希二世与卡米勒的交易中的一个关键条款就是清真寺仍然由穆斯林控制，穆斯林朝圣者可不受骚扰、完全免费地自由礼拜。圣殿骑士团的旧基地不会得到重建，所以他们只能用其他的、不是那么神圣的住所来凑合。

圣殿骑士团在其他地方的地产也受到条约的限制。耶路撒冷与雅法之间道路上的若干地产被归还给骑士团，好让他们负责保卫从海边去耶路撒冷的直接道路。但在其他方面，用宗主教热罗尔德的话说，"没有一尺土地归还给骑士团"。[16]的黎波里伯国境内最大的两座骑士团要塞白堡和托尔图沙堡将"保持现状"，也就是说禁止对其改良或升级。[17]相比较而言，赫尔曼·冯·萨尔察的条顿骑士团根据条约可以继续建造他们的庞大城堡孟福尔，它坐落于阿卡附近的山区，1227年破土动工。

公平地说，弗里德里希二世谈成的交易并非完全是故意怠慢圣殿骑士团。对苏丹来说，失去耶路撒冷也是很严重的事情。要让苏丹接受，基督徒也必须做出一些妥协。但条约的很多条款还是让圣殿骑士团觉得受辱。他们还有充分的理由怀疑，皇帝同意该停战协定不是为了全体东方法兰克人的福祉，而是为了保障他自己的王冠和商业利益，因为他需要西西里和耶路撒冷之间达成的有利的贸易条件。[18]但圣殿骑士团能做什么呢？1229年3月17日，弗里德里希二世在圣墓教堂做礼拜，然后从祭坛顶端取下耶路撒冷王冠，自己戴上，尽管他此时仍处于被绝罚的状态。弗里德里希二世离开教堂之后，赫尔曼·冯·萨尔察向聚集在那里的人们讲话，为他恩主的行为辩护，提醒大家，皇帝取得了真正具有历史意义的成就。"几乎无法描述人们的欢欣鼓舞。"他后来回忆道。[19]

圣殿骑士体会不到丝毫的喜悦。尖酸刻薄地敌视神圣罗马帝国的编年史家诺瓦拉的菲利普写道，皇帝非但没有受到普遍的歌颂，反而"遭到阿卡全体人民的反对，圣殿骑士团尤其讨厌他"。[20]厌恶很快发展成公开反叛。圣殿骑士团满腹怒气，铤而走险，在阿卡集结兵力。在宗主教热罗尔德陪同下，他们准备向弗里德里希二世发出挑战，理由是他签订的和约十分空洞。

按理说，1229年的耶路撒冷条约应当在随后十年里缓和了基督徒与穆斯林之间的紧张关系，但条约有一个明显的缺陷。它本质上是皇帝与苏丹之间的契约，可以理解为两人私人间的保证，并非对所有基督徒或穆斯林帝王与贵族都有约束力。众所周知，弗里德里希二世和卡米勒都只是短期到访巴勒斯坦，两人很快就会各自离开。弗里德里希二世固然是新任耶路撒冷国王，但他必须处置自己在德意志和意大利的事务，而卡米勒在开罗也有自己的事情要忙。虽然卡米勒同意停战，但没有迹象表明他的亲戚愿意老老实实地与基督徒邻居和平共处。离开了签署和约的那两个人，和约就毫无意义。

为了强调这一点，宗主教和圣殿骑士团开始集结兵力，先是进攻大马士革，后来又进军耶路撒冷，打算以教宗的名义正式占领这座城市。这个想法显然很荒谬，出自恶意和不信任，而不是靠谱的军事策略。但个人恩怨已经发挥作用，很难被搁置。宗主教开始谴责皇帝是凶残奸诈的敌基督，声称"从他的脚底板到天灵盖，没有一点儿常识"。[21]皇帝对此大发雷霆。

弗里德里希二世于1229年复活节前不久抵达阿卡，与宗主教对质，命令他让圣殿骑士团和正在集结的军队撤退。热罗尔德告诉皇帝，他才不会理睬被绝罚的人的命令。暴怒的弗里德里希二世命令阿卡的传令官召集市民，并对他们讲话，阐述了自己的立场。"他向他们讲话，表达了自己的心愿，并对圣殿骑士团大发抱怨。"诺瓦拉的菲利普写道。[22]根据宗主教的记述，弗里德里希二世不只是抱怨。

> 他开始满腹愤懑地用虚假的指控抱怨我们。然后他将话锋转向圣殿骑士团大团长，试图用各种各样的虚妄之词公开地诋毁大团长的名誉，企图用这种方式把自己的明显错误的责任推到别人身上。最后他补充说，我们集结兵力的目的是伤害他。

弗里德里希二世命令圣殿骑士团离开阿卡，并宣布将在城楼上部署弩手；一旦骑士团离开，他就再也不允许他们进城。"随后他在各教堂和其他制高点部署弩手，尤其是在那些控制着圣殿骑士团与我们之间交通线的地点。"热罗尔德怒斥道，"他对撒拉森人可从来没有表现出这样的敌意与憎恨。"[23]

弗里德里希二世言出必行，在阿卡驻扎了大批军队；为了泄愤，他命人在大街上鞭笞了若干修士。圣殿骑士团在阿卡的房舍遭到围攻，帝国军队的士兵封锁了宗主教的宫殿。一连五天，阿卡成为战区。弗里德里希二世已经遭到绝罚，现在宗主教威胁要对任何"胆敢向皇帝提供建议或服务，胆敢敌对教会、圣殿骑士团和圣地其他僧侣或朝圣者"的人施加绝罚。[24]

弗里德里希二世现在有两个选择：进一步升级冲突，或者撤退。他选择了撤退。现在他收到消息，西西里出了麻烦，比他在阿卡正在经历的冲突更严重。收复耶路撒冷是他给圣地留下的遗产。现在他该回家了。

弗里德里希二世开始尽快准备撤退。他搬空了阿卡军械库，销毁了没法用船运走的兵器，免得它们落入圣殿骑士团手中。他在阿卡留下一些帝国士兵驻防，还让条顿骑士团从他们缓缓扩建的孟福尔城堡监视阿卡。弗里德里希二世任命了一些副手来管理耶路撒冷王国和塞浦路斯王国（他到访期间还试图对后者提出统治权）。他写信给自己在西方一些最显赫的朋友，宣扬他的版本的故事。1229 年 5 月 1 日，他匆匆来到阿卡码头，准备乘船去意大利。

诺瓦拉的菲利普很高兴有机会贬低他非常憎恶的这位皇帝。菲利普写道，弗里德里希二世离开时，"城里的屠夫和老年人最为讨厌他，他们在他身旁奔跑，向他投掷动物内脏和碎肉"。[25]霍亨施陶芬皇朝的弗里德里希二世来到圣地时人们纷纷亲吻他的膝盖，而离开时肩膀上却挂着动物内脏。他走得很凄凉。

弗里德里希二世的十字军东征固然在十字军内部激发了许多恶意和矛盾，并且他走后圣地仍然存在两大派系（皇帝的支持者；以伊贝林家族和圣殿骑士团为首的贵族党）的对立，但他与苏丹敲定的协议为拉丁诸邦赢得了相当长时期的总体安全。从第三次十字军东征开始基督徒逐渐收复失地，皇帝的短暂到访大大推动了这一进程。三十年前萨拉丁对圣地构成的生死存亡意义上的威胁早就消退了。

从南方的雅法开始，黎凡特沿海地带的很长一条带状区域再次处于法兰克人控制之下。基督徒的领地从阿卡和推罗往北一直延伸到的黎波里伯国的托尔图沙和马尔盖特。再往北，安条克亲王国虽然与 12 世纪的巅峰状态相比已经大大缩水，但仍然是正常运转的政治实体，而塞浦路斯由吕西尼昂王朝统治，尽管弗里德里希二世试图排挤他们从而将该岛攫为己有。

13 世纪 30 年代末，新一波外国十字军抵达圣地，他们的领导者是康沃尔伯爵理查（英王亨利三世的弟弟）和香槟伯爵特奥巴尔德四世（纳瓦拉的诗人国王)①。[26]这些军事行动被统称为"诸侯的十字军东征"，跟进了弗里德里希二世的领土收复进程，夺回了一些曾属于基督徒的土地，包括北方的四座城堡博福尔、美景堡、采法特和提比里亚，以及南方的亚实基伦。他们甚至为基督徒更进一步控制耶路撒冷开辟了道路：1241 年，穆斯林被限制进入耶路撒冷，基督徒得以重新进入圣殿山区域。（这种局面维持了三年，直到 1244 年 8 月四处侵袭的花剌子模突厥人杀到耶路撒冷城下。）这是特别神奇的成就。圣殿骑士团高层在写给英格兰分团长的信中描述道：

> 那些神圣的场所，已经五十六年无人在那里吟诵上帝之名，如今这些地方都回到基督徒手中，得到净化。感谢上帝，现在那些地方每天都举行神圣的仪式。如今所有访客都可以安全进入那些圣所。[27]

所以从这个角度来看，弗里德里希二世为一种非常有利的解决方案奠定了基础，而这是自 1187 年哈丁战役以来对法兰克人最有利的方案。

但从另一方面来看，弗里德里希二世留下的是持续不断的内讧。很多土地和城堡已经物归原主，但拉丁诸邦作为一个整

---

① 香槟伯爵特奥巴尔德四世（1201—1253），1234 年继承了舅舅的纳瓦拉王位，成为纳瓦拉国王特奥巴尔德一世。他还是著名的诗人。

体仍然没有得到统一的领导。霍亨施陶芬皇朝对耶路撒冷王位拥有主张权,但弗里德里希二世及其儿子康拉德都丝毫不打算亲自到场行使王权。皇帝的支持者和反对者之间发生了长期激烈的冲突。皇帝对埃及阿尤布王朝苏丹的和平政策让很多人不满,他们憎恶皇帝傲慢自负的控制力,希望与敌对埃及的大马士革苏丹结盟。不同的军事修会站在不同阵营,医院骑士团支持帝国党,圣殿骑士团站在另一边。

基督教国家的内讧与分裂原本可以为阿尤布王朝提供一个进攻的良机,但在13世纪30年代和40年代初,阿尤布王朝自己也是一盘散沙,内部争吵不休,争权夺利。撒拉森人帝国的规模仍然宏大,从红海一侧的埃及一直延伸到另一侧汉志境内的两圣地麦加与麦地那,向北穿过约旦河谷,囊括巴勒斯坦和叙利亚,一直到杰齐拉。但实际上,阿拉伯人的统治在如此广袤的土地上已经非常松散。开罗和大马士革往往针锋相对,各自都愿意通过与基督徒结盟来攻击另一方,选择向拉丁人妥协而不是联合起来消灭他们。萨拉丁之后阿尤布王朝没有一位苏丹有能力把这些四分五裂的土地真正统一起来。结果是,至少在一段时期内,基督徒和穆斯林两大阵营之间维持着犬牙交错的平衡,而两大阵营内部都乱七八糟。

对圣殿骑士团来说,弗里德里希二世的短暂停留是令人不快、十分棘手的事情。圣殿骑士团决定奉行自己的政策而反对这位世俗君主的意愿,并在拉丁贵族经常爆发的激烈矛盾中站队。这些都不是什么新鲜事,毕竟圣殿骑士团在12世纪60年代末曾公开挑战阿马尔里克,在13世纪初又卷入了安条克的继承争议。但圣殿骑士团目前为止还从来没有用武力对抗过一位得到加冕的西方国王。他们为此遭受了惩罚。圣殿骑士团的国际性的一个坏处就是，它在基督教世界一端做的事情可能会在另一端受罚。皇帝返回西西里后，严厉惩罚了那里的圣殿骑士，"没收和掳掠他们的动产与不动产"。[28]弗里德里希二世不蠢，他知道如何对圣殿骑士团施加最严重的伤害，那就是攻击他们的财产。

皇帝离去不久之后，在大约1231年或1232年，皮埃尔·德·蒙泰居去世了。当选的新任大团长是阿尔芒·德·佩里戈尔，他的家族来自法兰西的多尔多涅地区，他自己在骑士团中担任过西西里和卡拉布里亚的分团长。历史悠久的传统得到延续：如果一位大团长的任期内出现麻烦，选举下一任大团长的时候就会特意选择（或接受）一个各方妥协的人选。但这一次骑士团要想与皇帝和解并不容易：教宗抱怨皇帝不肯交出没收的圣殿骑士团财产，而皇帝说自己完全有权这么做，并拒绝让步。

在霍亨施陶芬皇朝的势力范围之外，13世纪30年代和40年代初，圣殿骑士团继续发展壮大、欣欣向荣，尤其是他们的商业活动可谓一帆风顺。骑士团的大批船只如果没有被投入作战的话，就在地中海往来穿梭，运送乘客去圣地。圣殿骑士团在马赛很有影响，这里是去阿卡和雅法的朝圣者喜欢选择的港口。从1216年开始，骑士团的商船和运送朝圣者的客船获准自由进出马赛港，无须缴纳关税。1233年，也许是因为耶路撒冷再次向基督徒朝圣者开放之后航运生意特别火爆，马赛市政府要求修改与骑士团的契约，把圣殿骑士团和医院骑士团去圣地的航运规模削减为一年四次，从而保护私营商业活动。但圣殿骑士团的商品、人员和补给物资继续从马赛、巴塞罗那、比萨、热那亚或威尼斯流动，骑士团在西方的大片地产似乎能源源不断地提供商品。

在这个时期，圣殿骑士团的银行业务也迅速成熟。13 世纪 50 年代，骑士团已经在为基督教世界一些最富有、最有权势的大人物提供五花八门的金融服务。在英格兰和法兰西，骑士团为朝廷保管敏感的文档，管理特许状文书，在政府高官出国期间保管其官印。骑士团还保护王室珍宝当中特别贵重的宝物，在法兰西还成为储存王室收入的官方金库。[29]

圣殿骑士团的机构为权贵提供种类繁多的敏感服务。帝王通过圣殿骑士团向自己的战时盟友发放年金。在互相厮杀的竞争对手之间，骑士团作为受双方尊重的中间人，参与谈判和见证条约。[①] 骑士团为债务做担保，贷款给客户去赎回人质与战俘，还能安排金额极大的贷款，比如 1240 年借给君士坦丁堡的基督徒皇帝鲍德温二世的贷款是用他拥有的真十字架碎片作抵押。在饱受内战折磨的国家，骑士团能有效地发挥作用。在 13 世纪最初几十年的英格兰内战期间，圣殿骑士团高层人士在约翰国王的宫廷中扮演重要角色。而约翰在整个统治时期要么在与自己的臣民争斗，要么不情愿地与他们达成妥协。圣殿骑士团是极少数没有受到约翰迫害的群体之一，在约翰被教宗英诺森三世绝罚期间，骑士团也坚定地支持约翰，从而保护自己的地位：既是王室的主要债权人，也是约翰的恩赐的主要受益人。[30]13 世纪 30 年代，约翰的儿子亨利三世成年之后，骑士

---

① 13 世纪初英格兰国王约翰和法兰西国王腓力二世·奥古斯都之间的战争期间就发生过这样的情况。约翰在拉罗歇尔周边地区的盟友不信任国王能兑现诺言，为他们在战时的忠诚服务支付酬金。最后的解决方案是把酬金托付给圣殿骑士团位于拉罗歇尔的基地，然后由骑士团来发放。约翰国王在位期间从圣殿骑士团大量贷款，用与贷款金额相当的黄金珍宝作抵押，也就是说，他把王室珠宝典当了。——作者注

团与新国王也保持融洽的关系。

帝王请圣殿骑士团帮助保管贵重财物和安排贷款，有权有势的臣民也纷纷效仿。贵族、骑士和富裕市民同他们的君主一样，觉得把自己的财富托付给圣殿骑士团保管有明显的好处，因为骑士团的基地不仅固若金汤，而且享有宗教机构的地位。胆敢抢劫宗教机构的蟊贼必然会遭到教会谴责，受到永恒的诅咒。有些人在出发去朝圣或参加十字军东征之前把自己的全部财产托付给圣殿骑士团保管，并授权骑士团在他们回不来的情况下处置他们的财产。

也有人利用圣殿骑士团的财富和庞大的国际网络来安排金钱的支付与转移，他们把数百甚至数千马克资金交给圣殿骑士团在一座城市的基地，然后到另一个国家，甚至是另一大陆去提款。1240 年，教宗格列高利九世运用骑士团的法兰西分团做了非常复杂的安排，以帮助他偿清债务：教廷在苏格兰、爱尔兰和英格兰征收的金钱通过圣殿骑士团的法兰西分团周转；教宗的债权人可以拿着教廷发放的信用证去找巴黎的圣殿骑士团机构，换取罗马教廷欠他们的款项。法兰西国王路易九世（1226 年登基）的母亲卡斯蒂利亚的布朗什运用圣殿骑士团处理她所有的私人财务。她在莫比松创办了一家修道院并为其出资，工程所需的成千上万里弗就是请圣殿骑士团管理的。路易九世的弟弟普瓦捷伯爵阿方斯也借助圣殿骑士团来管理自己的私人财政。从 13 世纪 50 年代开始，对基督教西方的贵族男女来说，请圣殿骑士团打点财务已经成为一种时尚，甚至可以说司空见惯。

近 13 世纪中叶时，圣殿骑士团作为一个组织已经发展得非常成熟。在圣地，他们逐步演化成独立自主的军事实体，占据大量城堡，奉行对自己最合适的政策，即便这样的政策违背了最高级世俗权威的意愿和利益。在西方，除了在西班牙之外，圣殿骑士团的日常活动不包括作战，他们与普通修会的差别很小。但他们的生意很兴隆。骑士团原本为了给十字军东征筹资而发展的基础设施现在被用于其他多种用途。骑士团实际上远远不只是一支武装力量，还是一个国际商业网络，不仅对希望安全前往耶路撒冷的朝圣者来说很有用，国王、王后和贵族也可以享受骑士团的全方位金融服务，让骑士团为其管理账目、保管贵重财物和贷款以应对紧急情况。不管是福是祸，"所罗门圣殿的贫苦骑士团"早已经与圣殿没了直接关系，也不再贫苦。

这不是说圣殿骑士团放弃了自己的十字军东征使命。恰恰相反，圣殿骑士团永远无法脱离他们与圣地基督徒的命运之间的紧密联系。虽然13世纪30年代和40年代初是相对安宁的时期，十字军东征运动即将开始最后一轮大爆发。敌人在演化，但圣殿骑士团的根本使命没有变：不惜一切代价保卫耶路撒冷王国。

# 十六 "展开并升起我们的旗帜!"

　　1244 年,叙利亚学者和编年史家伊本·瓦西尔在赶往开罗的路上途经耶路撒冷。这座城市仍在基督徒手中,他的见闻让他十分沮丧。虽然穆斯林可以进城并登上"崇高的圣所"(圣殿山),但他在那里目睹了渎神的恶行。基督教教士在圆顶清真寺内做礼拜,呼唤圣父、圣子与圣灵之名。但在穆斯林看来,基督教的三位一体思想就是多神教。更糟糕的是,穆罕默德登霄夜行时出发的那块圣石上居然摆着葡萄酒瓶。阿克萨清真寺也遭到了亵渎,很多钟被悬挂其上。[1]

　　伊本·瓦西尔对 1229 年卡米勒和弗里德里希二世的协议早就持怀疑态度。协议签订的消息刚传来,伊本·瓦西尔就在大马士革的大清真寺谴责它,哀叹"通往耶路撒冷的道路现在对虔诚的访客封闭了!"并怒斥"穆斯林统治者太可耻了!"现在他看到法兰克人占领给耶路撒冷十五年带来的变化,更是灰心丧气。耶路撒冷的局面显然对十字军有利,但它给伊斯兰世界带来了什么?

　　卡米勒现在已经不能考虑这样的问题了。这位苏丹于 1238 年驾崩,他死后照例发生了争夺权力的激烈斗争。不到两年的时间里,卡米勒的儿子萨利赫·阿尤布(或简称萨利赫)成为父亲的继承者,登上苏丹宝座,并且理论上是他那些野心勃勃的亲戚的最高宗主。但他的统治受到了挑战。最让他烦恼的是犯上作乱的叔父、大马士革统治者萨利赫·伊斯梅尔的阴谋诡计。萨利赫·伊斯梅尔与耶路撒冷王国的法兰克人结盟，保障他们在圣城的权益，并拱手让出了一些城堡，包括约旦河畔的采法特城堡——就在加利利海以北不远处，圣殿骑士团正在对它进行重建，将它打造成强大的要塞。在萨利赫看来，这不仅仅是政治上的便宜行事。他的叔父已经不仅仅是容忍基督徒，而是与其全面结盟合作了。作为新苏丹，萨利赫不能坐视不管。

　　他的叔父与法兰克人结盟，而萨利赫寻求的盟友更强大，也更危险。在美索不达米亚和叙利亚北部，一个新群体正在积聚力量，那就是花剌子模突厥人。他们是起源自波斯和中亚的逊尼派部落，在家园被蒙古人征服后流离失所，逃往西方，寻找新的可供定居的土地。花剌子模人是坚忍不拔的武士和精锐的骑兵。他们固然不可捉摸，很难合作，但他们的战斗力相当惊人。萨利赫与花剌子模人缔结了军事合作关系。1244 年，他准备好了借花剌子模的士兵去攻击大马士革的叔父和耶路撒冷的奸诈基督徒。

　　7 月 11 日，也就是伊本·瓦西尔到访耶路撒冷的仅仅几个月之后，花剌子模人攻打了圣城。根据当初法兰克人接收耶路撒冷时的条约，他们没有修复城墙，所以花剌子模人轻松地长驱直入。驱逐城内的基督徒统治者和居民甚至更容易，花剌子模人在这里疯狂肆虐：将神父斩首，将躲藏在教堂内的朝圣者开膛破肚，砸碎圣墓教堂的圣龛周围的大理石饰物，摧毁法兰克诸王的坟墓。难民潮水般涌出城，除了自己的性命之外一无所有。各军事修会试图保护逃往雅法的市民，但逃亡者实在太多了。医院骑士纽卡斯尔的杰拉尔德描述了难民遭到土匪和花剌子模前驱部队袭击时的惨状。

> 敌人……从四面包围难民，用刀剑、弓箭、石块和其他武器攻击他们，将他们砍成碎片……约七千男女被杀。这场屠杀让信徒的鲜血……如同流水般从山坡喷涌而下。

杰拉尔德写道，在耶路撒冷城内，敌人"割断修女、老人和病人的喉管，就像宰羊一般"。[2]他们毁坏了全城，花了一个月时间洗劫周边地区，然后集体冲向加沙，与萨利赫的军队会合，准备下一次进攻。

耶路撒冷再度失陷，新的敌人恣意在基督徒的土地上驰骋，基督徒别无选择，只能战斗。和大马士革的盟友一起，他们集结了约一万人的军队，准备迎战。

10月17日，基督徒－大马士革联军在距离加沙不远的村庄拉福尔比（哈尔比亚）与花剌子模－埃及联军交锋。基督徒打得很英勇，据为数不多的幸存者之一说，基督徒"如同上帝的斗士"。整整一天时间里，他们抵挡住兵力比他们强得多的敌军，但在次日早晨准备再战时，他们的大马士革盟友灰心丧气了。[3]大马士革军队逃离了战场，而没有他们的帮助，拉丁军队现在的兵力远远少于敌军，随后惨遭全歼。

圣殿骑士团在拉福尔比战役中投入了他们能够动员的每一个人。数百名医院骑士和条顿骑士也参加了此役。[4]参战的将近350名圣殿骑士中仅有36人幸存。大团长阿尔芒·德·佩里戈尔在战场失踪，此后再无音信。医院骑士团的大团长纪尧姆·德·沙托纳夫被掳到开罗，在那里度过了六年囚徒生涯。推罗大主教和其他几名高级教士身负重伤。贵族领导者当中的显赫人物布里耶纳伯爵戈蒂埃被掳到雅法，在那里遭受酷刑折磨，一度被钉在城墙的十字架上，不过没有死。拉丁军队幸存的普通士兵则被变卖为奴。操作投石机的人和步兵"惨遭屠戮，死者难以清点"。[5]拉福尔比战役是一场几乎能与哈丁战役相提并论的军事灾难。

耶路撒冷宗主教南特的罗贝尔亲临战场，但后来成功躲到亚实基伦。他亲眼所见的让他无比沮丧。"我们在此役中失去了一切，没有什么东西可以安慰我们，"他在给英格兰和圣地之间他能想到的每一位教会领导人的信中哀叹道，"如果得不到援助，圣地很快就会全面沦陷。"[6]

在南特的罗贝尔看来，拉福尔比战役的失败是整个基督教世界的失败。然而，并不是所有人都同意他。神圣罗马皇帝、远离自己王国的耶路撒冷国王弗里德里希二世待在阿普利亚的福贾，他对此役的结局做了非常犀利的点评，怪罪圣殿骑士团领导的派系不服从他的命令，不肯与埃及保持和平。他相信这场战役原本就不该发生，所以对其颇为鄙夷。他怒斥"圣殿骑士团在宗教上的傲慢，认为是本地贵族滋养了他们这种自负"。[7]

弗里德里希二世身处安全的福贾，自然可以轻易地把怒火集中到圣殿骑士团身上，尤其是他并不打算亲自返回耶路撒冷去收复自己的王国。最终前来支援十字军国家的那位国王的性情与他大不相同，对圣殿骑士团也比较友好。

1244 年 12 月中旬，路易九世病入膏肓，奄奄一息。这位三十岁的法兰西国王面色苍白、形销骨立，逐渐耗光了生命力。他患有痢疾，这是一种严重的疾病，让人十分痛苦，即便最强壮的军人染上它也会很快死亡。路易九世在一次征讨英格兰时染疾，受病痛折磨断断续续已有两年。这次发病特别严重，似乎要夺走他的生命。他的母亲卡斯蒂利亚的布朗什来到蓬图瓦兹，守候在儿子床边，用王室礼拜堂里最神圣的圣物触碰他的指尖。根据朝廷的法令，整个法兰西王国都在为他的痊愈祈祷，但这也没用。看来国王熬不到圣诞节，到那时他不到一岁的儿子（也叫路易）将会继承王位。

时间流逝，国王的病越来越重。两位贵妇待在床边，在一动不动的御体前守夜。在她们的注视下，路易九世似乎停止了呼吸。最终的时刻似乎到了，其中一位贵妇伸手去拉国王的被子，准备用它盖上国王的眼睛。

但他真的死了吗？站在床边另一侧的贵妇觉得他还有气。他说不出话来，失去了知觉，似乎没有在呼吸。但她坚持说国王的灵魂仍然在他体内，所以阻止同伴用被子盖上国王的脸。两个女人开始争执。这时路易九世睁开了眼睛，然后张开嘴，请她们拿一个十字军的十字架来。[8]

路易九世于 1226 年获得加冕，成为法兰西国王，当时年仅十二岁。他在统治的大部分时间都在对法兰西的那些在 12 世纪曾臣服于英格兰的地区施加王权，改革法律，并为自己打造一种光辉的帝王形象。他的威严气派在中世纪鲜有匹敌。路易九世的外貌引人注目，他长着瘦削而笔直的鼻梁和高高的颧骨。他小心地确保他的威仪在任何时候都能得到展示，不管穿着色彩艳丽的宫廷华服，还是作为十字军战士穿上用廉价松鼠皮毛装饰的朴素的深色丝绸服装。他是伟大的营造者、收藏家和艺术赞助人，他最辉煌的成就是巴黎的圣礼拜教堂。这是一个高耸入云的哥特式建筑杰作，拥有工艺精巧的石雕装饰和彩色玻璃窗。1244 年，圣礼拜教堂快要竣工了。建造它是为了存放耶稣受难时所戴的荆冠，该荆冠是 1238 年从君士坦丁堡的拉丁皇帝那里买来的。[9]路易九世还拥有真十字架的一个碎片、耶稣受难时喝醋用的神圣海绒和罗马士兵刺穿基督肋旁所用长枪的铁制枪头。但仅凭建筑、光辉排场和收藏圣物还不足以让他成为伟大的基督教君主。路易九世奇迹般恢复了健康，这让他坚信，自己作为成年君主的使命是追随祖父腓力二世·奥古斯都和曾祖父路易七世的脚步。他要离开法兰西，领导一次去圣地的十字军东征。

圣殿骑士团在巴黎的分团与法兰西王室有紧密的联系，国王从死亡边缘的神奇痊愈将会直接地、深远地影响骑士团。他们的首要任务是帮助国王筹集去东方冒险所需的经费。四十年里，法兰西国王把朝廷的财政职能外包给圣殿骑士团，所以国库不在巴黎的西堤岛，而在它南面大约一英里处的奢华的巴黎圣殿建筑群。自路易七世将那片土地授予骑士团以来，巴黎圣殿得到大规模翻修，配得上接待到访的外国君主。1265 年英格兰国王亨利三世访问巴黎时就住在巴黎圣殿。[10]路易九世决定参加十字军东征的时候，巴黎圣殿的财务官是吉勒修士，他奉命接收法兰西教会收来的沉重的十字军东征税，税率从通常动产的二十分之一翻了一倍。①

圣殿骑士团还负责保证法兰西国王抵达圣地时有现金可供支配。[11]路易九世下令在马赛以西不远处专门建造了新港口艾格莫尔特，并命令建造船只，从而将他的军队从该港口运往东方。他向圣殿骑士团的法兰西分团长雷诺·德·维希耶求助，

---

①　动产的概念对中世纪欧洲的税收很重要，这也是个很直白的概念。动产指的是任何可以从一个地方搬到一个地方的财产，包括食品、家具和纺织品，但不包括建筑或土地。——作者注

此人在战争物资的供给经验丰富，因为他曾担任圣殿骑士团在阿卡基地的分团长。1246年，雷诺与修道院院长安德烈·波林（医院骑士团在法兰西的最高级成员）一同去了热那亚和马赛，在那里为法兰西王军租赁船只，并直接向国王负责。[12]路易九世终于启航，于1248年9月中旬在塞浦路斯的利马索尔登陆。最早迎接他的东方权贵包括圣殿骑士团大团长纪尧姆·德·索纳克。他是十字军的老将，前不久来到阿卡，接管骑士团，但他的大部分生涯是在阿基坦度过的，该地区在过去的大部分时间里由英格兰统治，但尊法兰西王室为最高宗主。

塞浦路斯成为路易九世十字军东征的前进基地。这里的补给站堆满了储备的粮食、葡萄酒和武器装备。他在那里登陆不久之后就确定了此次新十字军东征的目标：仍然是达米埃塔，即第五次十字军东征残酷的两栖作战、取得短暂胜利与最终悲惨撤退的地方。这样的先例似乎不值得效仿，但隔了四分之一个世纪的时间，新一代十字军领袖已经崛起，路易九世也无比自信。这一切都压倒了历史的教训。此时的埃及苏丹似乎很脆弱。虽然在拉福尔比取得了辉煌胜利，他在1246年与盟友花剌子模决裂，次年将其逐出耶路撒冷城。他的亲戚继续耍阴谋诡计敌对他，他在开罗的权力受到蠢蠢欲动的埃米尔们的威胁。为了对付这些桀骜不驯的权贵，苏丹培植了一支庞大的私人军队，由军纪严明但越来越难以控制的奴隶士兵组成，即所谓马穆鲁克。然而，雪上加霜的是，萨利赫此时身患重病，肺结核严重损害了他的体力，也削弱了他对权力的掌握。

路易九世及其军队于1249年5月13日（星期六）乘坐1800艘舰船驶往埃及，"目力所及的海面都被帆布覆盖，风帆之多难以计数"。[13]圣殿骑士团的相当强大的部队与法军舰队一同前往达米埃塔，大团长纪尧姆·德·索纳克和雷诺·德·维希耶（被任命为军务官）亲自带队。此次渡海并不顺利。法兰西贵族兼编年史家让·德·茹安维尔写了一本路易九世传记，目的是使其威名更加显赫。茹安维尔描述了南下前往埃及海岸途中的恶劣天气，国王舰队将近三分之一的船被暴风吹得偏离航向。路易九世不以为意，求战心切。不过他攻打达米埃塔的计划不是什么秘密，所以十字军的船于 1249 年 6 月 5 日靠岸时，茹安维尔及其伙伴看到岸上萨利赫的大军正在吹奏号角和喇叭。苏丹亲临前线，从头到脚穿着锃亮的、如日光一般耀眼的黄金甲胄。[14]

十字军毫不畏惧。他们的原计划是发动大规模的抢滩登陆作战，于是开始执行。国王及其士兵对岸上的嘈杂喧嚣不予理睬，从吃水较浅的船只纵身跃出，把嘶鸣的战马拉进海水，在齐胸深的海水里徒步走向敌人。老将布里耶纳伯爵戈蒂埃（在拉福尔比被俘后被赎回）乘坐的桨帆船上画着引人注目的金底红十字。图斯库鲁姆主教、枢机主教厄德·德·沙托鲁照例手持真十字架的碎片。法兰西旗帜，即所谓的金焰旗（Oriflamme），被插在沙地上。圣殿骑士登陆后簇拥着他们自己的黑白大旗，也是威风凛凛，令人生畏。

海滩的激战持续了好几个钟头。十字军秩序井然地冲到沙滩上，杀死了约 500 名穆斯林，包括 4 名埃米尔。[15]路易九世可不是来闹着玩儿的。苏丹的野战指挥官法赫尔·丁选择谨慎行事，不想正面对抗，于是命令后撤，让法兰西国王自由地完成登陆。更令人震惊的是，法赫尔·丁还命令从达米埃塔撤军。第五次十字军东征期间，穆斯林坚守该城一年多；而在 1249 年，穆斯林一天之内就放弃了它，将城市拱手让给基督徒，临走前大肆纵火破坏，然后逃往尼罗河上游去保卫开罗。在十字军眼中，这简直是天意。但穆斯林的撤退在军事上不无道理。双方都铭记历史教训。路易九世面对的挑战很简单：他敢不敢率军沿尼罗河逆流而上。

他斟酌这个问题的时候，萨利赫的军队在曼苏拉集结，也就是尼罗河的达米埃塔支流与塔尼斯支流分叉的地方，也是第五次十字军东征期间枢机主教佩拉吉乌斯和布里耶纳的约翰遭遇惨败的伤心之地。与此同时，仍在尼罗河下游的穆斯林部队不断袭击在达米埃塔及其周边扎营的拉丁军队。苏丹宣布，任何人只要献上一个基督徒的首级，就可以获得 10 拜占特的赏金。十字军营地就这样被骚扰了好几个月，但这对战局没有决定性影响。夏天过去了，尼罗河涨水，路易九世一直待在达米埃塔，把清真寺改为基督教堂，拒绝上敌人的钩。

11 月，僵局被打破。尼罗河洪水消退，天气也不再像夏季那样酷热难当。如果路易九世要落实征服埃及的计划，现在就是良机。唯一的问题是进攻的目标是什么。他召开作战会议，商讨沿着海岸向西进攻亚历山大港，但这个计划在路易九世的弟弟阿图瓦伯爵罗贝尔（三十三岁，十分好战）的建议下被放弃。那么就只剩一个选择：冒险沿着尼罗河南下去进攻开罗。罗贝尔说："打蛇应当直接打七寸。"他赢得了大家的支持。[16]

11 月 23 日，萨利赫苏丹驾崩，此时基督徒可能已经做出了从达米埃塔出征的决定。苏丹的死讯被隐瞒了一段时间，这段时间长到足以让法赫尔·丁夺权并开始调兵遣将，让埃及军队回应路易九世计划中的进军。法赫尔·丁是精明强干的骁将，完全有理由自信能够抵挡住基督徒向开罗的进攻。他拥有一支强大的军队,包括已故苏丹的一千名精锐的马穆鲁克奴隶士兵,他们被称为巴赫里。和圣殿骑士团一样,巴赫里(字面意思是"河流的")的名字也源自他们最初的行动基地:开罗市中心尼罗河上的一个小岛。和圣殿骑士团一样,他们也是不屈不挠的武士,在战斗中蒙受多次严重损失之后仍然能恢复元气。他们即将昭示世人,这种顽强的精神让他们成为怎样的一支劲旅。

基督徒开始沿着尼罗河东岸缓缓南下,圣殿骑士团担任前锋。我们不知道此时的圣殿骑士对自己的任务有什么想法。纪尧姆·德·索纳克在此次战役初期试图与埃及人进行秘密和谈,结果遭到大家训斥。这个插曲表明圣殿骑士团比法兰西十字军更倾向于谨慎。纪尧姆写给圣殿骑士团英格兰分团高层的信里描写了达米埃塔的陷落,但只是简单地介绍了路易九世关于攻击埃及哪个部分的考虑,而没有对国王的计划做任何评价。[17]如果大团长心里有疑虑,也没有表达出来。然而,本性审慎的纪尧姆和好战的御弟阿图瓦伯爵之间的关系越来越紧张。随着军事行动的开展,他俩之间的冲突将会造成致命的后果。

12月,十字军沿着尼罗河缓缓南下,直到圣诞节才抵达曼苏拉城下,它就在塔尼斯河的对岸。第五次十字军东征期间,曼苏拉只是一个军营,但在之后的三十年里已经发展成城镇。现在它挡在十字军和通往开罗的道路之间。十字军必须占领或摧毁曼苏拉。

埃及军队的强大力量集结在河对岸,十字军的任务不轻松。塔尼斯河河畔爆发了一场持续到2月的鏖战,路易九世的工程师在建造浮桥;而法赫尔·丁的部下报之以大规模的投石机轰击，向基督徒的方向发射石块和希腊火，造成了严重的恐慌和破坏。让·德·茹安维尔敬畏地描写了穆斯林在夜间用燃烧武器轰击十字军的景象。"巨响如雷鸣，似乎一条巨型火龙飞过了天空，"他写道，"火光照亮黑夜，我们把自己的营地看得真真切切，仿佛是在白天。"[18]穆斯林每次发射希腊火的时候，路易九世就扑倒在地，号啕大哭，呼唤耶稣基督保护他的子民。他表现出了动人的虔诚，但十字军仍然没能渡河成功。

直到大斋节开始，十字军才找到抵达河对岸的办法。1250年2月，一个贝都因人来到基督徒营地，提议带他们去一个合适的地点，从那里可以骑马通过塔尼斯河。他索要500拜占特的丰厚酬金。他提议的行动其实很危险，因为身穿重甲的骑士在蹚水过河时特别脆弱（马穆鲁克受过专门训练，在渡河落水时能够迅速脱掉链甲，但这个动作不是轻易就能成功的）。不过，基督徒除了撤退没有更好的选择，而路易九世坚决不肯。于是在2月8日，忏悔星期二，路易九世选拔了军中最优秀的骑士（约占全部骑兵的三分之一），率领他们在黎明前来到贝都因人告知的渡河地点。

当时天色还很昏暗，蹚水过河并不容易，而且还要做好进攻敌营的准备，这都需要超高的骑术和莫大的勇气。路易九世让弟弟阿图瓦伯爵带领一队骑士过河。不过他不是第一个过河的，因为在他前方，圣殿骑士团的黑白大旗已经被高高举起。

前一年夏季埃及人预先知道路易九世将会抵达，而这一次他们也知道了他渡过塔尼斯河的计划。十字军战士过河之后，被一队约300人的穆斯林侦察骑兵发现了。这支穆斯林队伍的兵力足够强，如果当即发动进攻，就能严重扰乱基督徒的渡河行动。但他们没有进攻，而是眼睁睁看着十字军蹚水，然后掉转马头奔向曼苏拉。

　　埃及守军面对从水上杀来的基督徒骑士，再度作鸟兽散。路易九世的部下此刻最谨慎的选择是等待后续部队，集结兵力，然后进攻。不幸的是，当时的紧张气氛影响了阿图瓦伯爵的决策。他没有遵照原计划，而是下令立刻向曼苏拉城冲锋。他放弃了纪律和谨慎，派遣部下狂奔上去，攻击正在撤退的穆斯林侦察兵队伍。曼苏拉战役就这样骤然且过早地开始了。

　　纪尧姆·德·索纳克和圣殿骑士团的军务官雷诺·德·维希耶高声疾呼，反对轻举妄动。据让·德·茹安维尔的记载，伯爵不理睬他们的呼喊，而为伯爵牵马的富科·德·梅莱爵士要么耳聋，要么假装耳聋。阿图瓦伯爵已经发布命令，而富科爵士的工作就是把命令传达下去。圣殿骑士惊恐地看着"他不停地高呼'前进，前进！'"[19]，最后大家全都冲了出去。

　　据英格兰编年史家马修·巴黎说，阿图瓦伯爵之所以抢在大军主力的前头冲锋，纯粹是因为虚荣："他想独占胜利的功劳，不愿与其他人分享荣耀……因为他傲慢自负。"[20]巴黎是个有偏见的编年史家，但他的资料来源很好：从前线直接发给英格兰宫廷的快报。据巴黎说，在曼苏拉城外，纪尧姆·德·索纳克和阿图瓦伯爵罗贝尔花了不少时间来交换意见，圣殿骑士团大团长尽其所能地让伯爵恢复理智，而伯爵非常顽固，不肯听他的意见。巴黎说纪尧姆"谨慎而细心周到，精通军事，经验丰富"。在巴黎笔下，大团长做了一次长篇演说，礼貌地赞扬阿图瓦伯爵罗贝尔无与伦比的勇敢，但警示说，他们已经彻底丧失了出其不意的奇袭要素。纪尧姆说，如果他们不等国王和增援部队抵达就直接进攻曼苏拉，那就等于迎头"冲向毁灭与死亡"。[21]

根据巴黎的记述，罗贝尔对纪尧姆的恳求的回应是怒火冲天。罗贝尔咒骂圣殿骑士团"历史上一贯奸诈"，责怪各军事修会刻意破坏十字军的行动，从而让战争长期持续，从中渔利。他还宣称："所有异教徒的毁灭迫在眉睫，基督教信仰的最终胜利就在眼前，而这个圣殿骑士……通过他臆想的荒谬论点，企图破坏这一切。"[22] 罗贝尔最恶毒的指控是援引神圣罗马皇帝弗里德里希二世与圣殿骑士团的斗争来证明圣殿骑士团的虚伪。

这种激烈的言语冲突究竟在多大程度上是真实发生过的，又有多少出自马修·巴黎丰富的想象力，我们说不准。但能够确定的是罗贝尔赢得了这次辩论。巴黎和让·德·茹安维尔两人记述的一个共同点是，阿图瓦伯爵罗贝尔刺激圣殿骑士追随他发动了一次自杀式的攻击。尖刻的言辞让位于行动，阿图瓦伯爵的第二支骑兵开始冲锋。圣殿骑士相信，除了策马跟着冲锋之外，他们没有体面的选择。在马修·巴黎的版本里，纪尧姆·德·索纳克高呼："展开并升起我们的旗帜！让我们去战斗，让我们今天都试试战争的运气和死亡的机遇。"[23]

十字军向曼苏拉的进攻没有经过深思熟虑的筹划，执行得又十分仓促，所以不出预料，果然被杀得血流成河。十字军追击逃跑的穆斯林，狂奔到狭窄小巷，闯入了陷阱，很快就被大批敌人团团围住，不得不举手投降。让·德·茹安维尔参加了此役，亲眼见证了这场野蛮的残杀，看到一个人的鼻子几乎被完全砍掉，只剩下一点点皮肉连着，鼻子就这样悬挂在嘴巴上方；还有一个人的肩膀被伤后血如泉涌。此次巷战中基督徒损失了将近 600 名骑士，其中 280 人是圣殿骑士。纪尧姆·德·索纳克得以幸存，但失去了一只眼睛。对纪尧姆来说，唯一的安慰是阿图瓦伯爵丢了性命——他绝望地企图逃跑，策马过河，但从马鞍上跌落，被沉重的盔甲拖下去淹死了。他的尸体后来被冲刷到岸边，被搜寻战利品的人剥光。他的罩衣后来被当作战利品，用来激励苏丹的士兵勇敢战斗。[24]

国王在弟弟背后渡河，逃脱了最危险的地段，但他的部下在河流南岸安营扎寨之后，就不得不每天苦战来守住这个营地。一个又一个钟头流逝，十字军的死亡人数越来越多。战役结束后，纪尧姆·德·索纳克立刻帮助让·德·茹安维尔打退了一群企图从国王营地偷窃帐篷的穆斯林；三天后，他再次参加战斗。2月11日，星期五，法赫尔的部下进攻十字军营地，马穆鲁克发射了希腊火。纪尧姆·德·索纳克指挥的连队由从忏悔星期二的战斗中幸存的少数圣殿骑士组成，但他和部下都因为伤痛而衰弱，他们精疲力竭，并且装备很差，不足以应对周围血雨腥风的混战。

让·德·茹安维尔描绘了随后的血战。大团长用缴获的攻城武器部件搭建壁垒，保护他的部下。这些障碍物有帮助，但也是拖累。"撒拉森人用希腊火烧毁了这些壁垒，"茹安维尔写道，"他们看到敢于抵抗的人很少，于是没有等待壁垒全部烧毁，就开始猛烈攻击守卫壁垒的圣殿骑士。"在战线后方，茹安维尔看见"一英亩的土地遍布弩箭、飞镖、箭矢和其他武器，几乎看不见泥土"。纪尧姆大团长在2月8日失去了一只眼睛，现在又失去了另一只，后来因伤重不治身亡。[25]

十字军来到曼苏拉，在那里被击溃，这和三十年前的情形简直如出一辙。尽管路易九世坚守阵地一个多月，到4月初局势已很明朗，他的军队被全歼只是时间问题。新任苏丹突兰沙抵达开罗，继承父亲的位置。尽管突兰沙的宫廷受到不同马穆鲁克群体之间斗争的困扰，但他不肯与身陷绝境的基督徒议和。

曼苏拉周围的乡村饱受蹂躏，饿殍遍野，疫病肆虐。塔尼斯河里漂满肿胀的死尸，有的河段完全被死尸阻塞。尼罗河上到处是穆斯林的桨帆船，它们阻止十字军从达米埃塔获取补给，也不准十字军逃回那里。活人受到营养不良的折磨。坏血病患者的牙龈腐烂，理发师兼外科医生不得不割掉烂肉，患者才能够进食。路易九世的痢疾复发，病势严重，他不得不给自己的内裤割出一个洞。十字军唯一的选择是撤退。

4月5日（星期二）拂晓，十字军开始沿着尼罗河七零八落地北撤。他们绝望地放弃了如同人间地狱般的营地，匆匆爬进小船或者在烂泥里艰难前进。有能力逃跑的人回身望去，只见前一夜留下的篝火照亮了穆斯林士兵蜂拥进入营地的景象，他们杀死了所有病情太重、无力爬下病床逃跑的基督徒。

为数不多的幸存的圣殿骑士举起他们的黑白大旗，可怜兮兮地试图掩护路易九世的残兵败将撤回达米埃塔，但这只是徒劳。蹒跚前进的十字军被一船一船、一队一队地消灭，任何人都得不到怜悯，除非能证明自己作为俘虏有很高的价值。（让·德·茹安维尔乘坐的小船在尼罗河的一处泥滩搁浅，他跳下船，被俘时自称路易九世国王的亲戚，才被饶了一命。）在距离达米埃塔只有十几英里的地方，最后一批逃亡的十字军被消灭时，只有三名圣殿骑士还活着。

阿拉伯诗人贾迈勒·丁·伊本·叶海亚·伊本·马特鲁赫后来写了一首歌谣来庆祝胜利，并嘲讽十字军及其国王：

你们来到东方，吹嘘要征服这里，以为我们的战鼓声只是一阵风……你们的愚蠢把你们带到绝境,使你们插翅难飞……五万大军,或是死亡,或是负伤,或是被俘。[26]

噩耗传回基督教世界,人们无比沮丧。马修·巴黎写道:"法兰西人内心痛苦不堪,越来越消瘦憔悴,就连他们的国王也安慰不了他们。"[27]

法兰西国王路易九世安慰不了自己的臣民,因为和陪同他到埃及冒险的诸多法兰西精英贵族一样,他当了俘虏。他原本要消灭的那个人,如今成了他的主宰者。突兰沙要求十字军归还达米埃塔并缴纳80万金拜占特的赎金(约等于40万图尔里弗,相当于法兰西王室两年的财政收入)。这笔钱包括了目前还没有被割断喉管的数千名其他战俘的赎金。

1250年5月2日的谈判受到突兰沙遇刺身亡消息的震动。马穆鲁克集团发动了政变,挥舞弯刀攻击苏丹,将他困在一座燃烧的塔楼里,然后把他扔进尼罗河。最后他的尸体被捞上岸,心脏被挖出来。伊斯兰世界的领导层发生了大规模震荡,最后,巴赫里马穆鲁克集团控制了整个埃及,推翻了阿尤布王朝将近八十年的统治。对十字军来说更为紧迫的是,路易九世国王和他的另一个弟弟普瓦捷伯爵阿方斯仍然是俘虏。他们仍然需要交赎金。

5月6日,星期五,路易九世被送回他的营地,去清点第一笔赎金:40万拜占特(相当于20万图尔里弗)。阿方斯被作为人质扣留,十字军放弃达米埃塔时被迫留下的大量武器和物资也被当作抵押品。除非赎金按时缴纳,否则这些人质和抵押品都不能离开尼罗河三角洲。

国王的赎金是一笔巨款,从路易九世带到埃及的经费里清点出 20 万里弗就花了将近两天时间。5 月 8 日（星期日）晚上，掏空国王的金库也才只有 17 万里弗。赎金的缺口还有 3 万里弗。为了如何筹措剩余款项，大家争吵起来。

让·德·茹安维尔在国王身边，建议路易九世从幸存的少数圣殿骑士那里借 3 万里弗。幸存的衔级最高的圣殿骑士是骑士团的分团长艾蒂安·德·奥斯特里库尔和军务官雷诺·德·维希耶（路易九世的老盟友和帮手）。

圣殿骑士团最有能力满足这种紧迫的金钱需求。但茹安维尔发现，骑士们对自己的银行业规矩看得非常重。艾蒂安·德·奥斯特里库尔起初拒绝了法兰西人的请求，说骑士团的信誉取决于每一位存款人都信任骑士团，愿意把钱托付给他们。圣殿骑士团收到存款时宣誓只会将钱返还给存款人。即便在此刻，骑士团也不能违背自己的规矩。[28]

在举步维艰的情况下，艾蒂安·德·奥斯特里库尔尽其所能地维护圣殿骑士团的商业规矩。但他这么做于事无补。对路易九世来说幸运的是，雷诺·德·维希耶更足智多谋。他于 1246 年远征开始时代表国王在马赛租赁了好几艘船；陪同国王从塞浦路斯旅行到埃及；参加了恐怖的忏悔星期二血战。所以他也许更愿意帮助路易九世尽可能维持尊严，安全离开达米埃塔。[29]这位军务官提出，虽然圣殿骑士团的确不能将客户托付给他们的金钱用作他途，因为那样就会"违背我们的誓言，让我们成为发假誓的人"，但如果国王的部下强行抢走那些钱，圣殿骑士团就必须在国王一行返回阿卡之后索赔。

让·德·茹安维尔明白军务官的言外之意，问国王是否允许他登上圣殿骑士团的桨帆船，强行夺走 3 万里弗。国王点头同意。茹安维尔和雷诺一起去了圣殿骑士团的金库，自导自演

一出戏。茹安维尔在编年史中记述道:

> 我看到一个钱箱,他们不肯把钥匙交给我,于是我打
> 算以国王的名义用楔子撬开钱箱。但军务官看到我是认真
> 的,就下令把钥匙给我。我打开钱箱,拿走了需要的钱,
> 交给国王。国王看到我回来,非常高兴。于是,20 万里
> 弗凑齐了。[30]

路易九世现在可以自由地离开达米埃塔了。他能抵达这个
地方要感谢圣殿骑士团,现在能全身而退也要感谢他们。国王
和圣殿骑士团离开的时候应当都不会觉得很遗憾。

1250 年 5 月 13 日,路易九世抵达阿卡,垂头丧气,但没
有彻底认输。在尼罗河河畔,他失去了一个弟弟,输掉了一场
战役,丧失了一定程度的帝王尊严。他被俘时穿的斗篷(红
色羊毛织物,饰有貂皮,扣子是黄金的)被送到大马士革,
供一位阿尤布王朝的埃米尔在公开场合穿用。[31]但国王保住了
性命,而且他为耶路撒冷王国而战的渴望与六年前他从痢疾的
魔爪下死里逃生时的一样炽热。路易九世在阿卡待了将近四
年,努力让在达米埃塔被俘的十字军战士获得自由,并为应对
这一挑战而勤奋艰苦地主持耶路撒冷王国的政府。

弗里德里希二世于 1250 年 12 月 13 日死于痢疾,安葬在
巴勒莫大教堂精妙绝伦的红色石棺内。他统治的大部分时间都
在与教宗和在意大利的诸多敌人进行令人眼花缭乱的复杂斗
争,但他完成了第一次十字军东征之后任何人都做不到的事
业——为拉丁基督徒收复了耶路撒冷城。他一辈子持续地冒犯

教会，以致被绝罚四次之多。很多教士得出的结论是，他就是魔鬼的化身。弗里德里希二世的领土极为广袤，这意味着他的很多仇怨和战争拓展到了非常广大的地理范围，所以在西西里和意大利北部开始的派系冲突会波及塞浦路斯与圣地的拉丁国家。他还把自己的战争留给了儿子和继承人康拉德，后者继承了霍亨施陶芬皇朝敌对教会的战争，并且对东方拉丁国比其父亲更不感兴趣。康拉德于1250年成为德意志国王，1254年去世，从来没有去过圣地。他的儿子和继承人康拉丁也没有去过圣地，因为康拉丁于1268年被敌人——那不勒斯国王查理一世斩首，年仅十六岁。霍亨施陶芬皇朝就这样灭亡了。

所以，在1250年，耶路撒冷是一个脆弱的王国，国王身在远方。路易九世从达米埃塔抵达阿卡，受到大家欢迎。这位法兰西国王批准对圣地最重要的防御工事做一些急需的升级改造，并为西顿、阿卡、恺撒利亚和雅法沿海要塞的防御工事改良工程出资。他没能通过谈判收回耶路撒冷，但给元气大伤的十字军国家带来了坚定的领导和急需的资源。

路易九世驾临阿卡之后最先采取的举措之一就是支持选举雷诺·德·维希耶为圣殿骑士团大团长。雷诺居功至伟，参加过许多战役，并且骑士团在遭受拉福尔比和曼苏拉的双重打击之后力量骤减，所以即便有人想阻挠雷诺的晋升，也是不可能的事情。

此后国王与雷诺的关系始终很紧密。1251年，路易九世的第四子皮埃尔出生于圣殿骑士团的朝圣者城堡，这足以体现国王和大团长之间的深情厚谊。路易九世的妻子玛格丽特勇敢无畏，陪同他参加了整个十字军东征。在他率军沿着尼罗河逆流而上的悲剧进军时期，她留在达米埃塔，那期间还生了个男孩，叫让·特里斯坦。从吃苦耐劳的精神来看，她和丈夫一样是十字军战士。圣殿骑士团竟允许一个女人（不管是不是王后）在他们威望最高（并且按照规矩只允许男性进入）的城堡生产，表明了骑士团对国王的厚爱。这种做法不合骑士团的规矩，而雷诺甚至做了更加违规的事情：他担任小王子的教父。这直接违反了团规："禁止任何骑士团成员为婴儿洗礼，任何骑士团成员都不应当因为拒绝担任教父而感到羞耻，这种羞耻比罪孽更光荣。"[32]

雷诺·德·维希耶是非常务实的人，在纪律方面待人不是很严苛，他在路易九世麾下服务时的表现足以证明这一点。大团长有时会激怒国王，因为他追求骑士团的利益，这与国王的政策相抵触，但在西方十字军领袖和圣殿骑士团大团长的关系当中，很少有比他俩的关系更融洽的了。让·德·茹安维尔和国王一起待在"海外"，记载了法兰西王室与圣殿骑士团之间紧密合作的许多例证。这与弗里德里希二世和骑士团的关系相比肯定是很大的改善，因为当年骑士团与皇帝之间简直势如水火。

但路易九世不能无限期地留在圣地。他不在法兰西期间，王太后卡斯蒂利亚的布朗什担任摄政者，但她于1252年11月辞世，于是法兰西政治出现了一个缺口，只有国王本人才能填充。他听取了耶路撒冷王国诸侯的建议，之后哭了整整三天，于1254年4月离开阿卡，启航回家。路易九世的六年十字军东征深刻地改变了他的人生，他返回法兰西之后采纳了一种简朴、虔诚的生活方式，后来因此被封为圣徒。

当时没人知道，路易九世是最后一位伟大的十字军国王。他被视为未来所有法兰西君主的榜样，是千古流芳的基督教国王的光辉典范。他所统治的时期也是法兰西王室与圣殿骑士团关系的巅峰。路易九世离开圣地之后，圣地的防御由东方基督徒和各军事修会承担，他们从西方基督教世界的帝王那里得到的帮助很少。圣殿骑士团继续为权贵提供他们迫切需要的金融服务，但随着骑士团曾勇敢地为之奋战的圣地基督教国家逐渐衰败和缩水，其财富和声望也缓缓地衰微。这既是因为路易九世的离去，也是那个时代的特点。不管怎么说，法兰西国王于1254年离开圣地之后，那里的局面就大不相同了。观念的变化以及欧洲政治与东方帝国霸业的风云变幻，即将横扫地中海世界。

圣殿骑士团处于这些大变革的核心。十字军东征运动逐渐瓦解，骑士团不得不绝望地做最后抵抗，同时在西方却越来越招致猜疑。在13世纪最后几十年里，有两个死敌对圣殿骑士团虎视眈眈，欲置之死地而后快。第一个敌人是马穆鲁克王朝，它从尼罗河两岸崛起，扩张到黎凡特的穆斯林土地，企图完成就连萨拉丁也不曾完成的功业——彻底铲除东方的基督教势力。

第二个敌人是圣路易的孙子，法兰西国王腓力四世。

# 第四部

# 异端

## 1260—1314

"开端轰轰烈烈，结局凄凄惨惨。"

——中世纪谚语[1]

# 十七 "咽喉里的肿块"

马利克·查希尔·鲁克·丁·拜巴尔·班度克达里身材魁梧，皮肤黝黑，蓝眼睛炯炯有神，其中一只眼睛生有白翳，引人注目。他是个不怒而威、令人见之胆寒的人物。他和赞吉一样凶悍，和努尔丁一样精于算计，和萨拉丁一样极具领袖魅力。他的私人秘书伊本·阿卜杜勒·查希尔记述他"的英勇无畏世间罕有"[2]。他的臣民赞颂他为"征服之父"和"埃及雄狮"。后世简单地称他为拜巴尔。

1260—1277 年，拜巴尔统治着地中海东部复兴的逊尼派帝国。这个马穆鲁克国家从萨利赫死后阿尤布帝国的废墟上崛起，国家的核心是残酷无情、战斗力超强的战争机器。身为苏丹，拜巴尔可以调遣由 4 万训练有素的奴隶士兵组成的常备军、擅长从马背上发射烤过希腊火的箭矢的轻骑兵，以及调动最新式、最强大的攻城武器。拜巴尔主宰着这样一个武士阶层，所以能在叙利亚和埃及为自己和继承者打造出绝对的主宰地位。他的成功让他自己的臣民有时都感到震惊。"巴赫里派系的严酷以及与其他人打交道时的暴虐手段让人们震惊。"阿卜杜勒·查希尔写道。[3]他继续解释道，拜巴尔通过削减赋税、营建学校、招募饱学之士到自己身边（学者"吟诵颂诗，君主以精美华服馈赠他们"），来赢得埃及人民的好感。不过，拜巴尔成功的基础仍然是一种决不让步的暴力哲学。

拜巴尔于 1220 年前后出生于黑海北岸的草原，是钦察突厥人，大约十四岁被卖为奴隶，带到埃及接受武士的训练。他加入了精锐的巴赫里集团，这是主宰了苏丹萨利赫朝廷的马穆鲁克部队，曾在曼苏拉与路易九世的军队交战。几个月后，拜巴尔参加了刺杀萨利赫的儿子和继承人突兰沙的行动。因为此次背叛行为，拜巴尔被逐出埃及，辗转到了叙利亚，在好几位互相杀伐、争夺残山剩水的倒霉的阿尤布王朝埃米尔手下当雇佣兵。1259 年，他返回埃及，与另一位马穆鲁克忽秃斯联手。忽秃斯在开罗夺权，自立为苏丹。他属于与拜巴尔和巴赫里敌对的派系，但双方都需要和平，因为他们必须面对来自东方的更严重的威胁——蒙古人。

从 13 世纪初开始，整个世界听到蒙古人的威名都会战栗。故事是这样开始的：自幼丧父的军阀铁木真将东北亚草原的各个游牧部落联合起来，开始攻击他周围的各王朝。取得一连串胜利之后，铁木真开始采用成吉思汗的名号（大致意思是伟大的君主）。他和他的后代创建了历史上最庞大的陆地帝国，版图从东海一直延伸到波兰，千百万人民被囊括在一位君主的统治下。大汗的统治在很多方面是开明和宽容的，但是建立在全面战争原则基础上的。成吉思汗死后，他的子孙继续对外扩张。1259 年，他们将帝国分割成四个庞大的汗国：东方的元朝，包括中国和蒙古；中亚的察合台汗国，在河中地区①周边；西北方的金帐汗国，从西伯利亚延伸到东欧；伊儿汗国，从波斯向外扩张。蒙古可汗的共同点是他们基本的征服手段：

---

① 河中地区是中亚的一个地区，在锡尔河与阿姆河之间，大致相当于今天的乌兹别克斯坦、塔吉克斯坦、吉尔吉斯斯坦南部和哈萨克斯坦西南部。古伊朗人称该地区为"图兰"。河中地区的主要城市有撒马尔罕和布哈拉。

屠杀和彻底消灭敢于挑战他们的人；勒令所有敌人无条件屈服。蒙古武士是优秀的骑手，他们的军事工程师技艺娴熟，擅长攻城拔寨。但蒙古人最大的长处是善于在他们尚未涉足的敌境传播恐慌情绪，他们因故意摧残平民百姓、残酷镇压任何愚蠢到敢于抵抗的人，获得了无比残暴的名声。1244 年，耶路撒冷宗主教说蒙古人是"陌生民族"，"残害所有人，对基督徒和异教徒不加区分"。[4]

基督徒早就知道蒙古人即将进军圣地。1260 年，圣殿骑士团大团长托马·贝拉尔（于 1256 年雷诺·德·维希耶去世后接替他）从阿卡向英格兰和法兰西发去绝望的求援信，提示应警惕蒙古人的动向。他在给英格兰国王亨利三世和圣殿骑士团英格兰分团长阿玛迪斯修士的信中写道：

> 不计其数的鞑靼人潮水般地推进，已经占领并摧毁了圣地的大部分地区，几乎杀到阿卡……除非得到上帝强有力的支持，不然基督教世界也无力抵抗他们……除非你们尽快援助我们，不然世界很快将遭到恐怖的毁灭。[5]

类似的警报有很多，但得到的反馈各不相同。有些西方人积极地欢迎蒙古人，认为他们是救星，能把圣地从撒拉森人手中解救出来。基督徒民间的预言早就说会有一位伟大的国王从东方而来，恢复基督在世间的荣耀。很多欧洲人觉得蒙古人（被称为鞑靼人）符合这种预言。[1] 在 1249—1250 年的达米埃

---

① 13 世纪中叶的"祭司王约翰"传奇说，会有一位充满异国情调的聂斯脱利派君主投入反对撒拉森人的战争中。——作者注

塔战役之前，路易九世曾考虑寻求让异教徒可汗皈依基督教，然后与他们联手，迫使埃及和大马士革的苏丹屈服。这种设想并非完全异想天开：蒙古人对改换宗教的态度很开明，经常采纳他们征服的土地的宗教信仰。伊儿汗国正在从波斯向西方的圣地扩张，而伊儿汗国统治者旭烈兀的正妻就是聂斯脱利派基督徒。1262 年，他确实在考虑类似的盟约，还写信给法兰西国王，试探路易九世的态度。[6]旭烈兀在给路易九世的信中自称"奸诈的撒拉森民族的积极毁灭者，基督教的朋友和支持者，将对敌人无比凶残、对朋友忠心耿耿"。[7]这种梦幻联盟始终没能实现，但在某些西方君主的脑子里它仍然是一种充满诱惑力的可能性，但在阿尤布王朝及其继承者马穆鲁克王朝眼中则是毁灭的凶兆。

蒙古人为拜巴尔登上宝座提供了途径（尽管这不是蒙古人的本意），因为拜巴尔在 1260 年马穆鲁克军队与蒙古大军的大规模战役中发挥了重要作用（后来被夸大为核心作用）。13世纪 50 年代末，旭烈兀率军从波斯发起横冲直撞的远征。蒙古军队于 1258 年洗劫了巴格达，杀死了阿拔斯王朝的哈里发：把他卷在地毯里，然后纵马将他踏成肉泥。蒙古军队还摧毁了这座城市著名的图书馆：据说有太多的书卷被扔进底格里斯河，河水都被墨水染黑了。开罗和大马士革方面都认为，巴格达的陷落是极其严重的灾难，似乎对整个伊斯兰中东的生存构成了威胁。[8]两年后，蒙古军队渡过幼发拉底河，旭烈兀的大军在叙利亚北部恣意肆虐，占领阿勒颇，将其彻底摧毁。他们似乎战无不胜，无人可挡。尽管似乎大难临头、插翅难飞，拜巴尔和埃及苏丹忽秃斯仍然率领一支庞大的军队穿过巴勒斯坦，去阻挡蒙古人。他们的行动十万火急，耶路撒冷王国的拉丁人甚至允许他们自由通过基督徒的土地。而安条克亲王兼的黎波里伯爵博希蒙德六世选择了不同的政策，积极支持蒙古人，因为他相信这是两害相权取其轻。北方的另一位基督徒权贵即博希蒙德六世的岳父奇里乞亚国王海屯一世也加入了他的阵列。

1260 年 9 月 3 日，马穆鲁克军队在加利利的阿音札鲁特（歌利亚之泉）与蒙古人交战，赢得了一场几乎是奇迹般的胜利，挽救了穆斯林的叙利亚。埃及学者谢哈布·丁·努维利写道："蒙古人兵败如山倒，遭到杀戮或被俘。"[9] 令人生畏的蒙古将军怯的不花马革裹尸。此次令人难以置信的大捷让拜巴尔变得极度自信，并且他始终善于捕捉机会，在班师埃及途中冷酷无情地谋杀了忽秃斯。这是拜巴尔第二次参与谋杀一位苏丹，他决心让这样的事不能再有第三次。他自立为苏丹，在开罗而不是巴格达的废墟建立了新的阿拔斯哈里发国，扶植一个哈里发当他的傀儡，然后开启了好几项辉煌的建筑工程，并开始大规模地重整军备。

从这以后，拜巴尔同时追寻两个目标。他的第一个目标是将埃及和叙利亚的伊斯兰各民族团结起来，建成一个统一的马穆鲁克国家，培养一支兵多将广、训练有素、纪律严明的常备军，以防止蒙古人卷土重来。他的第二个目标就是消灭巴勒斯坦和叙利亚的拉丁基督徒。

消灭法兰克人既是宗教的义务，也是出于实际的需求。的确，经历了长达一个半世纪持续不断并且代价高昂的失败，西方人对十字军东征的胃口越来越小。十字军东征的热情被转向更靠近欧洲的异教徒。在西班牙南部针对穆瓦希德王朝的战争在继续，但欧洲宗教征服战争的目标还包括法兰西南部的清洁派异端分子、巴尔干半岛的异教徒，以及北欧的斯拉夫人、斯堪的纳维亚人、立窝尼亚人和波兰人。的确，东方的法兰克人越来越显得无足轻重。1260 年，耶路撒冷国王康拉丁（弗里德里希二世皇帝的孙子）年仅 8 岁，身在巴伐利亚，距离圣地超过 2000 英里（约 3200 公里）。他不在圣地，所以圣地几乎没有什么像样的政治领导，圣殿骑士团除外。医院骑士团和条顿骑士团也没有拿得出手的武力。三大骑士团驻守着几乎所有重要的防御前哨，控制着仍然处于拉丁人统治下已大幅缩水的土地的大部分。在阿卡和推罗，热那亚和威尼斯商人之间爆发激烈的竞争，他们分别得到医院骑士团和圣殿骑士团的支持。这轮冲突给法兰克世界带来新的创伤。[①] 但只要基督徒控制着雅法、恺撒利亚、阿卡和推罗这样的沿海城市，他们对拜巴尔来说就是潜在的威胁。只要某位新的十字军国王从西方抵达圣地、企图通过圣战来传播自己威名的可能性仍然存在，十字军与蒙古人结盟的噩梦就仍然让拜巴尔烦恼。[10]

拜巴尔在统治初期对法兰克人的态度相当克制，他虽然用军队威胁他们，但也表现出愿意与个别基督徒领主商议停战和做交易，以换取雅法等商贸港口的通行权。圣殿骑士团和医院骑士团的固执立场让拜巴尔与基督徒的妥协难以为继。两大骑士团互相之间固然势同水火，但都反对与拜巴尔议和，理由是那样的话骑士团就不得不释放大批穆斯林奴隶，而那些人是熟练的工匠和非常有用的俘虏。[11]1263 年，有迹象表明苏丹越来越顽固：他命令部下烧毁了拿撒勒的圣马利亚教堂。他还对圣

---

① 这就是所谓的圣萨巴斯战争。1256 年至 1270 年，阿卡及其周边的陆地与海域被这场战争蹂躏十四年之久。——作者注

殿骑士团采取直接行动，用坑道爆破的手段摧毁了朵克的一处设防磨坊，那是从阿卡向四面延伸的防御工事的一部分。

1265年2月，拜巴尔开始动真格了。他率军进入耶路撒冷王国，出其不意地攻打恺撒利亚，占领该城，并用五台新投石机摧毁了那里的要塞。恺撒利亚守军无力自卫，于3月5日从海路撤往安全的阿卡。拜巴尔派遣工兵将恺撒利亚的防御工事夷为平地，让基督徒在将来即便收复了该城也守不住。

路易九世在恺撒利亚用花岗岩建造的防御工事据说坚不可摧，但如今很快就落入敌手。看到这一情况，附近的海法守军举手投降，乘船离去。拜巴尔的下一个目标是朝圣者城堡。他虽还没有做好攻打这座圣殿骑士团要塞的准备，但摧毁了该地区的若干定居点，以示警告。随后他猛攻阿苏夫七周之久。耶路撒冷王国名义上的摄政者、塞浦路斯国王于格三世三心二意地试图为阿苏夫解围，但他对此没有热情，并且兵力不足，所以失败了。4月30日，阿苏夫陷落。就像恺撒利亚和海法一样，它也被摧毁了。

拜巴尔返回开罗，次年春夏重返基督徒领土。这一次他奔向的黎波里伯国，扫荡了一系列较小的城堡，恫吓居住在阿卡、推罗和西顿周边的农民。他派一支军队北上去攻击奇里乞亚国王海屯一世，狠狠地惩罚其在阿音札鲁特战役中支持蒙古人。海屯一世的许多城市被烧毁，4万人被俘。

此后拜巴尔将注意力转向圣殿骑士团的采法特城堡。1266年6月，在拜巴尔的一支部队北上去报复海屯一世国王的同时，拜巴尔亲自率军攻打圣殿骑士团的这座要塞。

采法特的规模和朝圣者城堡一样宏伟。用一位观察者的话说，采法特"难以接近，固若金汤"，塔楼高50米（165英尺），它的驻军包括 80 名圣殿骑士、50 名土科波雇佣兵和 300 名弩手。[12]采法特城堡始建于 1240 年，它的存在本身就讲述了保卫圣地的职责如何转移的故事。采法特位于基督徒的阿卡和穆斯林的大马士革的中间位置，控制着一片高度敏感但油水丰厚的边境地带，这里有许多基督教朝圣地点，如约瑟被哥哥们卖掉时所在的井、耶稣行五饼二鱼神迹的地点，以及好几位圣徒和抹大拉的马利亚的出生地。那里曾有一座较小的城堡，后被萨拉丁损坏，重建该城堡的计划最初是纳瓦拉国王香槟的特奥巴尔德在 1239 年十字军东征期间拟订的。特奥巴尔德虽然满口豪言壮语，但他承诺为城堡的重建工程提供的 7000 马克始终没有到账，圣殿骑士团不得不亲自完成此项工程。骑士团承担了长达二十年的建筑工程的巨额开支，还要自掏腰包在城堡驻军，防守这个前哨阵地，"因为它对整个基督徒的土地很有价值和必要……对异教徒构成很大的威胁"。[13]埃及编年史家伊本·富拉特给拜巴尔写了一本歌功颂德的传记，他回忆说，采法特是"叙利亚的咽喉里的肿块，是穆斯林的胸膛呼吸的障碍"。[14]

采法特地理位置绝佳，建造得又牢固，并且拥有"精锐的士兵、骑士和军士"。拜巴尔抵达后先送礼物给城堡守军，表示如果他们不做抵抗就献城投降，他会礼遇他们。6 月 21 日，守军从城堞顶端用投石机把他的礼物抛掷回来。拜巴尔感到受辱，以穆罕默德的名义起誓，他会杀光城内守军。随后，根据一位被称为"推罗的圣殿骑士"① 的编年史家的记载，

---

① "推罗的圣殿骑士"写的编年史是对骑士团在东方最后岁月的记述，史料价值很高，对骑士团持褒扬态度。不过作者本人并非骑士团正式成员，而是为骑士团服务的书记官。——作者注

"他准备好攻城武器，开始攻打城堡"。[15]他的部下挖掘地道，并用投石机和希腊火轰击城墙。

但到7月中旬时，攻城没有进展，苏丹倍感挫折，短期囚禁了好几十个埃米尔，罪名是他们没有努力攻城。随后军队精神百倍地加紧攻城，于7月20日攻克了采法特的瓮城（城堡外层的设防门楼），但即便在这次小胜的过程中，马穆鲁克军队也损失惨重。"苏丹担心自己如果继续强攻会面临更重大损失。""推罗的圣殿骑士"写道。拜巴尔下令停止进攻，开始酝酿别的计划。[16]

圣殿骑士团每一座城堡的驻军都不仅有圣殿骑士。在采法特，身穿白披风的骑士和黑衣的军士只占城堡驻军的一小部分，除他们外，还有大量仆人、雇佣兵弩手、叙利亚土科波轻骑兵，以及躲避拜巴尔的进军、从附近城镇乡村逃来的平民。城堡的人群成分复杂，苏丹决定利用他们内部潜在的分歧，采纳放之四海而皆准的策略，即瓦解敌人的士气而不是城墙。首先他确保将采法特与外界的增援或救援完全隔绝，然后指示传令官站到距离城堡建筑群听力可及的范围内，宣布他打算允许全体叙利亚人安全离开的命令。许多土科波和雇佣兵感恩戴德地接受了这个提议。苏丹希望在要塞内部播种分歧，他果然得逞了。很快就有很多人从城堡开小差。瓮城被马穆鲁克军队占领，城内的圣殿骑士"被大大削弱"，"一盘散沙"。[17]

城堡内，骑士们开会商议。斟酌一番之后，他们决定派一个名叫莱昂·卡扎里尔（被称为利奥修士）的军士去见拜巴尔，选他是因为此人懂拜巴尔的母语突厥语。利奥修士的使命是为法兰克基督徒索要与叙利亚人相同的安全通行权。苏丹礼貌地听取了这个请求，没有做明确的答复。后来他把利奥修士带到一边密谈，告诉这名军士：圣殿骑士团拒绝接受他的礼物是对他的莫大侮辱；他打算杀死每一名守军；利奥修士若不返回城堡并向其战友转达苏丹愿放他们通行的假信息，就会成为死得最惨的人。

利奥修士疲惫又恐惧，不愿意品尝拜巴尔别出心裁的残酷手段，于是赶紧回去，向圣殿骑士团的兄弟传达了苏丹的谎言。"他返回城堡，告诉大家，苏丹已经允许所有人安全离开。苏丹本人会当着他们的面宣誓。""推罗的圣殿骑士"写道。[18]利奥修士把所有兄弟送上了死路。

次日早晨，拜巴尔来到采法特城下，宣布如果圣殿骑士放下武器并交出城堡，他会把他们安全护送到阿卡，那里很快将会成为沿海地带对法兰克基督徒来说唯一的安全避难所。守军接受了交易，骑士及其附属人员收拾行囊，准备离开。

对圣殿骑士来说不幸的是，他们看到发誓的拜巴尔并非拜巴尔本人。苏丹选择了长得最像他的一名埃米尔，给这个人穿上帝王华服，让其去兜售虚假的交易。认识真苏丹的人会一眼看出差别，因为他亮闪闪的蓝眼睛里有白翳。但圣殿骑士站在高高的城堞上，实在看不清，所以上了当。

7月24日，战斗停止，采法特的大门敞开。守军倾巢而出，包括圣殿骑士和军士以及一千多在要塞躲避了将近两个月的人。他们在马穆鲁克士兵的护送下走向阿卡方向，但刚走了半英里就被拦住，被聚集到一座小山丘。圣殿骑士团曾将此地用作刑场。他们被逐个斩首。马穆鲁克士兵处决他们的理由是，好几名圣殿骑士从城堡带了武器出来，并且圣殿骑士还企图把乔装打扮成叙利亚基督徒的穆斯林带走。这些指控也许是真的，也许是莫须有。不管怎么说，圣殿骑士自以为得到的安全通行权本身就是假的。拜巴尔既足智多谋，也残酷无情。他杀死了采法特1500名俘虏中的绝大多数，只留下两人。他命令将死尸堆积成山，并在尸堆周围建造了一圈围墙，从而保存骨骼和骷髅头，以警示后人。

利奥修士被饶了性命，带到苏丹的营帐，得到一杯马奶。他随即叛教，成为穆斯林。另一名被随机选择的基督徒也获得饶恕，奉命去阿卡讲述故事，让其他基督徒感受一下自己未来的命运将会是什么体验。与恺撒利亚、阿苏夫和海法不同，采法特没有被摧毁。拜巴尔在这里派驻了穆斯林军队，将它变成马穆鲁克王朝在加利利的轴心。

失去采法特让圣殿骑士团无比震惊。在逐渐缩水的十字军国家，他们仍然驻守着许多城堡，但很少有能和采法特相提并论的坚固要塞，而拜巴尔用了区区不到两个月就拿下了它。基督徒实在很难感到乐观。医院骑士团怯懦地派遣使团觐见拜巴尔，哀求他放过他们最宝贵的两座城堡，即的黎波里伯国境内的马尔盖特和骑士堡。拜巴尔同意了为期十年的互不侵犯条约，但条件是医院骑士团将这两座城堡周边地区的赋税交给他。

采法特陷落不久之后，一位名叫里科·博诺梅尔的圣殿骑士写了一首诗，他悲痛地思索骑士团遭受的损失，直言不讳地表达了自己的情感。博诺梅尔咒骂教宗竟然允许宣誓参加十字军东征的西方基督徒去西西里与霍亨施陶芬皇朝厮杀，而不是要求这些十字军战士兑现诺言，去阿卡抵抗拜巴尔。然后他说，也许基督已经不再关心十字军了。

塞尔柱帝国统治下的安纳托利亚

亚美尼亚王国

**图例**

边界，约1260年

基督教王国，1263—1284

基督教王国，1285—1291

基督教王国，1291年之后

战场

亚历山大勒塔

安条克

尼科西亚

拉塔基亚

法马古斯塔

托尔图沙

安条

**塞浦路斯王国**

的黎波里

利马索尔

白

伯

贝鲁特

海

西顿

大马士

中

推罗

**耶路撒冷王**

阿卡

加利利海

地

海法

提比里亚

朝圣者城堡

阿音札鲁特（126

雅法

约

拉福尔比（1244）

旦

亚实基伦

河

耶路撒冷

达米埃塔

死海

亚历山大港

国

丹

**埃及**

克

苏

马

穆

鲁

✝ **蒙**

尼

罗

河

开罗

© 2017 Jeffrey L. Ward

埃德萨

摩苏尔

底格里斯河

幼发拉底河

蒙古人的伊儿汗国

巴格达

阿拉伯半岛

0 英里 100 200

0 千米 200

马穆鲁克王朝，约1260—1291年 ✚

他写道：

> 我满腔愤怒与哀恸，简直想自杀，或者放弃十字架，尽管我曾为了尊崇那个在十字架上受难的人而接受它。十字架和信仰都不能给我带来援助，也不能在那些罪孽深重的突厥人面前保护我！愿神诅咒他们！恰恰相反，从我们目睹的迹象来看，上帝想要支持突厥人，而损害我们……曾经警惕的上帝如今在酣睡。穆罕默德恣意妄为，并煽动拜巴尔也这么做。[19]

值得注意的是，博诺梅尔用来表达对马穆鲁克王朝的憎恨的言辞，很像穆斯林描述法兰克人的说法。"愿神诅咒他们！"这样的说法在数十年来不计其数的穆斯林诗人、编年史家、行政管理者和书记员的嘴边和笔下反复出现。实际上马穆鲁克和圣殿骑士团很像，并且他们越是精锐，就越遭对方的痛恨。两者都是精英武士群体，在近东都是异乡人。圣殿骑士是自愿加入骑士团的，受宗教使命的感召，大多数是从法兰西、西班牙和英格兰来到"海外"；马穆鲁克则是被强行从草原带到埃及的奴隶。圣殿骑士宣誓守贞，不能生儿育女；马穆鲁克可以有自己的孩子，但其身份不是世袭的，所以个人的福祉和生存的重要性远远比不上整个集体。马穆鲁克对自己的超群武艺非常自豪，尤其珍视骑术。正如圣殿骑士团团规的部分内容是军事手册，包含野战策略的基本要素，马穆鲁克也拥有关于"富露西亚"（furusiyya，指优秀的马穆鲁克骑兵应当掌握的技术、训练和生活方式）的大量文献。这两个团体都有复杂的入团仪式：马穆鲁克训练结业之后会得到作为礼物的礼服长裤，就像西方受尊重的武士会得到骑士腰带一样。[20]最后，这两个团体都非常重视个人的牺牲。他们使命的核心就是甘愿为了神和圣战而牺牲自己的生命。

二者的最大区别是，圣殿骑士团没有成为政权本身。马穆鲁克曾经是君主的卫兵，现在却掌控了从开罗到大马士革的政府机器，指挥自己的军事行动，制定自己的政策。开罗的阿拔斯王朝哈里发如今是马穆鲁克王朝苏丹的傀儡。军事精英已经完全控制了国家。

圣殿骑士团则要与医院骑士团和条顿骑士团分担保卫"海外"基督教拉丁国家越来越沉重的负担：驻守城堡，打仗，承受严重损失，运用它们在西方的庄园和机构来筹措军费。现在筹集钱款的任务越发困难。如今西方很少有人愿意支持一次新的十字军东征；霍亨施陶芬家族的耶路撒冷国王不在圣地，导致东方的贵族争斗不休；国土不断缩水，因而也就越来越难收缴赋税，国家越来越难以承担驻防城堡与城市的开销。拉丁国家的安全依赖军事修会，但从本质上讲军事修会仍然是国家的仆人，不仅受到越来越政治化的教廷的限制，也受到西方基督教世界高层政治的束缚。在一定范围内，军事修会能够并且确实在奉行自己的政策，缔结自己的联盟，不管这些政策和联盟是否会得到国王的首肯。但说到底，军事修会还是很脆弱，正如教宗克雷芒四世于1265年给托马·贝拉尔的信中指出的那样。当时骑士团军务官艾蒂安·德·希西的行为引发了争议，克雷芒四世借机向托马阐述了正常的秩序应当是什么样："如果教会不再保护你，哪怕只是很短时间……你也绝没有办法抵挡高级教士或帝王的攻击。"[21]圣殿骑士团富可敌国，独立自主并且高度自信，但它并不是真正自治的政权。在遥远的东北欧的波罗的海地区，条顿骑士团在霍亨施陶芬皇朝的庇护下，开始为自己开创一个从普鲁士延伸到爱沙尼亚的新国家。但圣殿骑士团没有自己的国家，也永远不会有。

1268 年，拜巴尔再次攻击如今已经大幅缩水的拉丁王国。春季，他率军从埃及出征，攻打雅法，于 3 月 17 日仅花了半天时间就拿下这座城市。苏丹进入耶路撒冷这座港口城市之后，首先没收了市民珍视的圣物——圣乔治的首级。他的进攻结束时，出现了司空见惯的景象：基督徒跳进港口的小船，拼命逃向北方更安全的港湾。仍然掌握在基督徒手里的港口已经所剩无几。雅法陷落之后，阿卡以南除了圣殿骑士团的沿海要塞朝圣者城堡之外就没有基督徒的土地了。

拜巴尔决定暂不攻击朝圣者城堡，而将注意力转向圣殿骑士团的另一座要塞：的黎波里伯国境内、推罗以东的博福尔城堡。它坐落在一座怪石嶙峋的山丘之上，有两层防御工事。圣殿骑士团于 1260 年接管了博福尔，增补了防御墙。在通常情况下，他们应当能轻松地守住城堡。但在 1268 年春，他们士气低落，兵力也远少于敌人。拜巴尔兵临城下的两周内，圣殿骑士团的驻军求和、投降，条件是让在博福尔躲避的附近村庄的妇孺自由、安全地前往推罗。拜巴尔同意了，后来他用自己的兵马驻防这座城堡，拆毁了圣殿骑士团新建的护墙，随后北上去安条克攻击曾愚蠢地与蒙古人结盟的博希蒙德六世。

到此时，苏丹只需经过一座基督徒城镇或城堡，那里的居民就会屁滚尿流地出来哀求饶命。听说博福尔陷落之后，圣殿骑士团在托尔图沙和白堡的驻军派使者去请求马穆鲁克军队不要消灭他们。拜巴尔同意了，条件是基督徒主动把沿海定居点和要塞贾柏莱（在安条克亲王国境内）交给他。负责与苏丹谈判的圣殿骑士是托尔图沙分团长马蒂厄·绍瓦热，他在之前的三年与苏丹维持了尽可能融洽的关系，尽管他的手段只有绥靖和妥协。绍瓦热交出了圣殿骑士团在贾柏莱的属地，与圣殿骑士团分享贾柏莱的医院骑士团也很快交出了剩余的部分。[22]

基督徒的抵抗正在瓦解。5 月初，拜巴尔已经抵达伟大的城市安条克，并开始攻城。这里的统治者博希蒙德六世正在的黎波里。没有他亲自坐镇，安条克的市民只想着挽救自己的生命。"市民几乎完全没有防御。""推罗的圣殿骑士"写道。即便如此，他们也没有得到宽恕。"城市陷落后，城内超过 1.7 万人被杀；还有超过 10 万人被俘，这其中有教士有俗人，还包括妇孺。"[23]这些数字有点被夸大了，但那种怪诞的恐怖感十分真切。马穆鲁克锁上了安条克的大门，然后在大街小巷横冲直撞，恣意砍杀，将俘虏卖为奴隶，并且掳掠了大量战利品，花了整整两天才将其清点完毕。城堡内点燃的大火席卷了周边建筑。东方基督教世界最伟大的城市之一，也是 1098 年第一座被第一批十字军攻陷的叙利亚城市，就这样成了一潭死水。

拜巴尔攻打安条克的时候，博希蒙德六世正在的黎波里，所以他在远方失去了自己一个头衔。没了安条克城，安条克亲王国就不存在了，控制该地区的那些城堡也迅速失去了价值。其中好几座城堡由圣殿骑士团驻守，但他们别无选择，只能撤退。自 12 世纪 30 年代以来，骑士团一直守卫着将小亚细亚与叙利亚西北部连接起来的阿玛努斯山隘道。现在，隔了一个多世纪，他们静悄悄地放弃了阵地，几乎一声不吭地离开了拉罗什德鲁塞尔城堡和加斯通（巴格拉斯）城堡。伊马德丁令人难忘的诗句描述加斯通城堡"雄踞于耸入云霄的峰顶……云山雾罩，与云团难解难分，从日月而下悬挂在空中……垂涎它的人没办法得到它；举目仰望它的人无法长时间凝视"。[24]而拜巴尔未经一战就拿下了加斯通。一位名叫金斯·德·贝兰的骑士将城堡钥匙交给了拜巴尔。其他骑士正在吃饭的时候，金斯·德·贝兰竟然自作主张骑马出来与苏丹议和。

再往后就没有希望了。骑士们匆忙撤离加斯通，没有销毁自己的全部装备，这严重违反了团规，后来加斯通城堡长官在阿卡因此遭到惩罚。大团长托马·贝拉尔与高级军官商议，对擅离岗位的逃兵施加一年零一天的惩罚，在这期间他们不能穿僧衣，只能和狗一起在地上吃饭。这些案例被记录在案，圣殿骑士团的正式团规因此被修改了至少一次，因为他们受到的惩罚被认为过于宽大了。[25]

到 1268 年时，拜巴尔已经消灭了安条克亲王国和耶路撒冷王国在巴勒斯坦的领地。现在除了海上一段距离之外的基督教塞浦路斯王国之外，圣地只剩下的黎波里伯国。东方的拉丁人濒临灭亡。若是不能从西方得到增援，他们承受不住马穆鲁克军队的再一次攻击。然而，西方各国君主的心里对十字军东征几乎没有任何热情。法兰西诗人吕特伯夫写了一部作品，批评他的同胞对耶路撒冷见死不救。这部《圣地之悲歌》哭诉如今没有能和第一次十字军东征的英雄好汉媲美的人了。"他们任凭贝都因人占有圣地。因为我们的失败，圣地被从我们手中夺走。"他写道，"鞑靼人要来了……要摧毁一切。没人守护它……世界末日即将降临。"[26]

两支西方队伍的抵达，让耶路撒冷王国的寿命稍微延长了一些。路易九世曾承诺要卷土重来，但没能兑现。他选择攻击北非的突尼斯，于 1270 年在那里最终死于痢疾。第一支抵达"海外"的队伍的领导者是阿拉贡国王海梅一世的两个私生子。他们于 1269 年 10 月在阿卡登陆，希望配合蒙古人对拜巴尔的攻击，但他们首次尝试与马穆鲁克军队交战就被全歼。第二支队伍的领导者是爱德华王子，即英格兰国王亨利三世的长子和继承人。他于 1271 年登陆，在各军事修会陪同下向耶路撒冷方向发动了几次袭击，但次年就离开了。他只打赢了几场小规模战斗。爱德华在圣地唯一有长期影响力的成就是谈成了为期十年的和约，旨在暂时保住阿卡和硕果仅存的几座沿海堡垒，等待更大规模的十字军到达或者东方的拉丁人恢复元气、独立守土。但这两种前景都不可能实现。在这一系列波动期间，拜巴尔继续开疆拓土，于 1270 年 4 月占领了医院骑士团庞大的骑士堡，于 1271 年 6 月攻克了条顿骑士团引以为豪的孟福尔要塞。

爱德华王子谈成的和约在 1272 年 4 月，也就是孟福尔陷落的十一个月之后获得正式批准，拜巴尔对法兰克领土的一轮轮无情攻势终于停止。苏丹在这之后又活了五年，于 1277 年 6 月 1 日离奇地死去——可能是被毒死的。他的统治改变了整个圣地的面貌，对全体法兰克人造成了沉重打击。圣殿骑士团在他统治时期受伤最深，损失了大量人员和几座最好的城堡，而且骑士团不屈不挠的声望也大大折损。他们和医院骑士团与条顿骑士团一样束手无策，无力抵挡马穆鲁克王朝的猛攻。失败越来越多地产生了令人不愉快的后果，因为人们开始为"海外"的衰颓和灭亡寻找理由。

1273 年，托马·贝拉尔去世，圣殿骑士团的西西里分团长纪尧姆·德·博热被选举为新任大团长。纪尧姆暂缓前往东方上任，先参加了教宗格列高利十世召开的大型宗教会议，即第二次里昂会议。会议讨论了西方对拜巴尔征服行动的可能回应。此次会议的时间是1274年夏季，会后纪尧姆就可以自由前往阿卡，并在那里报告了自己对圣地的最初印象。1275年10月2日，他写信给爱德华（此时已经继承王位，成为英格兰国王爱德华一世）。

纪尧姆写道：

> 我发现这片土地及其居民无比悲痛，几乎任何东西都安慰不了他们。我还发现圣殿骑士团的状态比历史上任何时间都更虚弱和脆弱：缺乏粮草，开销太大，几乎没有收入……所有骑士的财产……都被强大的苏丹掳走了。从西方来的经费又不足以维持我们的生计。为了保卫圣地和加强剩余的城堡，我们的开支太大。

> 我担心，这一切会让我们无力履行职责，不得不凄凉地放弃圣地。为了阻止这样的失败，我恳求陛下提供适当的援助，将来灾难降临的时候不至于怪罪到我们头上。[27]

大团长纪尧姆·德·博热自己当时并不知道，他写给英格兰国王的不仅仅是求援信，还是对未来的预言。

# 十八 "这座城市必然陷落"

　　纪尧姆·德·博热听到撒拉森人的战鼓声，一跃而起，开始行动，甚至没时间把铠甲穿戴整齐。这位大团长此时正在圣殿骑士团位于蒙穆萨尔的基地，它是阿卡北部的一个大型郊区，虽与老城隔开，但仍然在阿卡的双层外围城墙之内。鼓声来自城市东侧的圣安东尼门附近，那个地段的城墙一般是由医院骑士团防守的。[1]鼓声既响又近，纪尧姆知道最糟糕的事情已经发生了。1291年5月18日，星期五，在六周零一天持续不断的狂轰滥炸之后，马穆鲁克军队终于强行攻入了阿卡。如果不能将他们迅速打退，就会爆发巷战，双方的兵力悬殊意味着基督徒死路一条。据估计，马穆鲁克军队拥兵数十万，兵力可能是阿卡守军的十倍。

　　守军已经在码头开始尝试疏散妇孺，不过海况恶劣，救援船只很难驶出港口。留在城内的人都不可能得到宽恕。攻城军队的统帅是马穆鲁克王朝的新任苏丹阿什拉夫·哈利勒，他于1290年登基。他在前不久写信给纪尧姆·德·博热，毫不谦虚地（不过也不算完全不准确地）这样介绍自己：

　　　　众苏丹之苏丹，万王之王，众主之主……强大者，可怖者，叛贼的克星，法兰克人、鞑靼人和亚美尼亚人的猎杀者，从罪大恶极之人手中夺取城堡的征服者，两海之王，两个圣地的监护人。[2]

阿什拉夫·哈利勒给自己军中的重型投石机取名为"凯旋"和"狂怒"。他对敌人绝不开恩，绝不心软。

纪尧姆·德·博热匆匆行动，尽可能多地召集有作战能力的男子。阿卡的圣殿骑士大多驻扎在老城区码头附近的要塞，但纪尧姆在蒙穆萨尔的时候身边只有十或十二名骑士，再加上他的私人卫队——两名骑士、一名军士、一名土科波雇佣兵、一名侍从和两名步兵。人很少，但他已经尽力了。这支小小的队伍纵马穿过蒙穆萨尔的街道，奔向圣安东尼门，沿途接上了医院骑士团大团长让·德·维里耶，他带领的队伍差不多也是这个规模和构成。[3]他们来到城门时，正好赶上马穆鲁克士兵冲过城墙的缺口，于是杀了过去。

"推罗的圣殿骑士"写道：

> 他们仿佛迎头撞上一堵石墙。敌人配备了希腊火，频频发射，射得极多，导致浓烟滚滚，人们互相之间几乎看不见。在浓烟中，弓箭手放出箭雨，我们的人员和战马都伤亡惨重。[4]

一名英格兰骑士侍从胯下的战马被打死，于是他改为徒步作战。一支燃烧的箭命中了他，点燃了他的罩衣，火苗烧焦了他的面庞，然后是全身，"他仿佛被丢进了一锅滚烫的沥青"。马穆鲁克士兵在盾牌组成的壁垒之后维持队形，用长矛、弓箭和燃烧武器攻击，缓缓推进。圣殿骑士和医院骑士奋战好几个钟头，向盾墙发动骑兵冲锋，但每次都被冰雹般的投射武器打退。到上午九点或十点钟，基督徒的士气开始低沉。马穆鲁克军队在盾墙后稳步缓慢推进，更多入侵者填充了他们背后出现的缺口。

纪尧姆·德·博热骑马作战，周围簇拥着他的部下。他用右手挥舞一支长枪。他举起左臂，可能是想发布再次冲击敌人战线的命令，但这时从城门方向投来的一支标枪击中了他的左腋窝，他的轻型铠甲在那个地方正好有个开口。"标枪的木柄插入他身体一个手掌的深度。""推罗的圣殿骑士"写道。他是纪尧姆的亲兵之一，目睹了这场激战。

纪尧姆没有从马鞍上跌落，但他知道自己负了致命伤。他调转马头，仿佛要离开战场。他的亲兵，包括高举黑白大旗的军士，出于习惯跟着他转身后退。一群参加此役的意大利十字军战士看到他离开，误以为圣殿骑士已经丧胆。"看在上帝的分上，大人，请不要走，否则城市马上就会陷落！"他们喊道。

纪尧姆懂得大范围恐慌会造成什么样的危险，于是尽可能高声地呼喊："诸位大人，我不行了，我要死了，你们看看我的伤！"他指了指仍然插在他腋下的标枪，但举起手臂这个动作就耗尽了他的力量。大团长丢下了长枪，脑袋倒向一侧，慢慢滑下马背。他的仆人赶紧过来，轻轻地扶他下马，将一面被抛弃的盾牌当作担架，把他抬到一座安全的房屋，扶他躺下，查看伤情。他们割断了他胸甲的带子，但无法卸去他肩膀处的护甲，于是把衣衫不整的大团长抱到毯子上，将他抬到海边，试图用船把他运走。在他们身后，苏丹的旗帜已经开始在阿卡城墙上空招展。

从海滩逃走是不可能了。惊涛骇浪把纪尧姆的伙伴驱赶回来，他们抬着沉默而一动不动的大团长来到城市西南角的圣殿骑士团建筑群，从一扇侧门进入，把他抬过一个马厩庭院，那里的马粪堆积如小山。进了主屋之后，纪尧姆大团长静静地躺着，说不出话来，度过了当天余下的时间。傍晚，他听见室外的喧嚣，比画手势让仆人告诉他发生了什么事情。"他们告诉他，大家正在战斗，""推罗的圣殿骑士"回忆道，"他命令他们离开他，让他一个人安静会儿。"

纪尧姆·德·博热于当晚去世。阿卡城陷落了。马穆鲁克军队从城墙的三处缺口潮涌般杀入，冲过大街小巷，恣意砍杀。"推罗的圣殿骑士"看见许多贵妇和修女逃向码头，有的是孕妇，有的怀里抱着婴儿。逃不掉的女人眼睁睁看着自己的孩子被抢走，而她们自己要么成为奴隶，要么被入侵者的马蹄践踏。婴儿被开膛破肚，踩成肉泥。惊涛拍岸的海滩上，基督徒仍在疏散，热那亚桨帆船将平民运往海上较远处的大船，准备撤往塞浦路斯。塞浦路斯国王于格三世①和一些西方权贵逃到了他的王国，耶路撒冷宗主教阿纳普的尼古拉试图登上一艘过于拥挤的船时落水溺死。一群圣殿骑士在资深的分团长特奥巴尔德·戈丹领导下逃到西顿，躲进那里的圣殿骑士团城堡。他们选举特奥巴尔德为骑士团的新任大团长。在救援船上找不到位置的人逃向城里最后一个安全地点，即圣殿骑士团要塞。这个希望之地位于沿海码头区，城堡塔楼顶端有金色的雄狮雕像，每个都有驴子那么大。

---

① 原文如此，有误。塞浦路斯国王于格三世已于 1284 年去世。参加 1291 年阿卡围城战的是他的儿子，塞浦路斯国王亨利二世，他同时也是最后一位获得加冕的耶路撒冷国王。

大团长死后，阿卡的圣殿骑士接受军务官皮埃尔·德·赛弗雷的指挥。他把尽可能多的平民带进圣殿骑士团建筑群，然后紧闭大门。几天后，阿什拉夫派使者去见圣殿骑士，提议护送非战斗人员出城。皮埃尔·德·赛弗雷同意了，但负责护送难民的穆斯林队伍进入要塞后，大家发现这支队伍是400名纪律涣散的骑兵，他们还没走出大门就开始攻击妇孺。[5]

这位军务官忍无可忍。他命令关闭要塞大门，将那400名穆斯林困在要塞内。庭院内爆发一场激战。这一次基督徒占了上风，将被困的穆斯林几乎全部斩杀，砍掉他们的首级。"推罗的圣殿骑士"写道："没有一个活着逃出去。"这不准确。阿什拉夫的一名部下后来写道，他战斗了一个钟头，然后和另外九人一起逃进了要塞面向大海的塔楼，然后从那里跳海。"有的死了，有的成了残废，有的人暂时逃过一劫。"他这样写道。[6]战斗很残酷，双方都铁石心肠，原因很简单：所有人都知道，这不仅仅是阿卡的最后抵抗，还是十字军国家的大结局。

战斗结束后，皮埃尔·德·赛弗雷收到了苏丹的另一条信息。苏丹说，他理解，他的400名部下是自己找死；他请求军务官出来与他谈判。皮埃尔一定觉得左右为难。如果他离开要塞，他自己和部下的生命就听凭苏丹处置了。但如果他不出去，就没有得到增援或营救的希望。所有能够离开阿卡的人都已经走了。留下的人只能依靠自己。皮埃尔此时还希望能够挽救要塞内平民的生命，于是带领一群圣殿骑士出城。但他们刚抵达敌营就被斩首。马穆鲁克工兵开始挖掘地道，准备摧毁要塞的塔楼。三天后，5月28日，星期一，塔楼坍塌，马穆鲁克军队蜂拥而入。

要塞陷落，阿卡彻底投降。

阿卡陷落的那一年，四十七岁的勃艮第骑士雅克·德·莫莱正在塞浦路斯的尼科西亚。和其他每一名躲过了阿卡的残杀、没有被蜂拥入城的马穆鲁克砍成碎片的圣殿骑士一样，他一定从惊恐万状的幸存者那里听说了阿卡围城战的恐怖结局。[7]

从阿卡逃出的绝大多数船将乘客送往塞浦路斯。没过多久，从黎凡特海岸最后的定居点逃出来的其他难民也抵达了那里。新任圣殿骑士团大团长特奥巴尔德·戈丹在当选之后，几乎立刻弃自己的岗位而去，赶往塞浦路斯，声称自己是去求援的。其他骑士也没有寄望于他是否能成功而苦等，他们于 7 月14 日离开西顿，任它自生自灭。

在阿卡以北，马穆鲁克军队骑马进入推罗时发现该城几乎空无一人。贝鲁特在大约同一时间投降。到 8 月初，基督徒的土地上只剩下圣殿骑士团的两座城堡，而它们不可能孤立无援地坚持多长时间。8 月 3 日，托尔图沙投降。十一天后，朝圣者城堡的守军也放弃了抵抗。"他们清楚地看到，自己再也无力守住城堡，""推罗的圣殿骑士"写道，"于是他们放弃了城堡，前往塞浦路斯岛。撒拉森人完成了对圣地的摧毁……一切都完了，基督徒在叙利亚几乎没有一寸的立足之地。"[8]

雅克·德·莫莱作为圣殿骑士的生涯已经有过一连串挫折和失意，所以他目睹圣地的沦陷，一定无比沮丧。雅克毕生是圣殿骑士团的仆人，1265 年二十出头的时候他就加入骑士团。法兰西的最高级别圣殿骑士艾默里·德·拉·罗什主持了他的庄严入团典礼，圣殿骑士团英格兰分团长也到场了。[9]骑士团招募人员的常规是将年轻而精力充沛的新人送往圣地，而将上了年纪、身体较弱的成员留在西方。雅克也经历了这样的筛选，于 13 世纪 70 年代末抵达东方。[10]

他抵达的时候，拜巴尔已经对拉丁国家施加了致命的打击，不过此时正值爱德华一世促成的十年停战期。雅克后来回忆说，他难以容忍这样的停战，于是"窃窃私语"地反对大团长，怨恨他竟然愿意遵守与教会之敌的和约。后来他才理解，"大团长别无选择"。[11]和当时的许多年轻军人一样，雅克加入圣殿骑士团是为了作战，不是为了枯坐着目睹基督徒的圣地被撕扯得四分五裂。但他只能这么眼睁睁地看着，因为关于发动新的十字军东征的讨论没有任何结果，而阿什拉夫继承拜巴尔的衣钵，继续攻击基督教国家。

1292 年，任期短暂的大团长特奥巴尔德·戈丹去世，雅克·德·莫莱的生涯发生了变化。[12]接替戈丹的候选人一定寥寥无几。四天之内，通过迅速、聪明（后来遭到很多批评）的宣传攻势，雅克成功战胜了竞争对手于格·德·佩罗，当选为大团长。后来有人说，雅克之所以成功是因为他自称无意竞选大团长，并提议让他担任不偏不倚的临时领袖来监督选举进程，然后却利用这个身份为自己争取大团长的位置。雅克懂得如何操控骑士团的程序和规程，但他也四面树敌。"推罗的圣殿骑士"（他的雇主纪尧姆·德·博热死后，他与骑士团的直接联系就不复存在了）说雅克贪得无厌，并且"吝啬到丧失理智"。[13]

关于选举就说这么多。在这个时刻接过大团长的位置，很难说是喜事。骑士团元气大伤，丧失了在圣地的诸多城堡，还被驱赶出圣地，而它当初创建的原因就是保卫圣地。但在混乱中，雅克·德·莫莱发现了机遇。他开始重组东方的圣殿骑士团，为他想象中有朝一日必然到来的十字军东征运动的复兴做准备。

在塞浦路斯当然无法煽动新的十字军东征。于是，当选不久之后，他踏上了去西方的漫漫路途，周游各国宫廷，希望激起人们对新的解放圣地使命的热情。

阿卡沦陷的噩耗于8月初传到巴黎。最早的消息来自医院骑士团大团长让·德·维里耶，他给一位在法兰西的同僚写了一封哀痛的短信，报告阿卡"不幸而凄惨的陷落"。[14]来自圣地的坏消息不算稀罕，但这次如同晴天霹雳。新任教宗尼古拉四世听到这个"非常残酷而令人痛苦"的消息后，命令基督教世界各地的教区召开会议，向罗马提交关于收复圣地的最佳建议。[15]在要求开会的书信中，教宗尼古拉四世还要求各教区提出清晰的行动方案、关于如何为新的十字军东征筹资的具体建议，以及对攻击目标的提议。他把会议引向了一个若干年前就开始流传的想法：将各军事修会合并，使之成为统一的机构，让其有能力收复耶路撒冷并永久防守。

将各军事修会合并的想法并不新鲜。早在1274年的第二次里昂会议（探讨如何抵抗拜巴尔）上就有人提出这个建议：将圣殿骑士团、医院骑士团、条顿骑士团和其他一些模仿它们的组织合并。西班牙国王不愿意放弃自己的地区性骑士团（如卡斯蒂利亚的卡拉特拉瓦骑士团和莱昂的阿尔坎塔拉骑士团），所以否决了这个提议。1292年，合并各骑士团的想法再次浮出水面。用教宗尼古拉四世的话说，这是因为"值得尊重的大人物"和"民众"都呼吁合并且改革骑士团。[16]

不管这是不是真的，圣殿骑士团和医院骑士团此时如履薄冰，很容易受到批评，因为圣地的灾难性失陷需要一个简单的解释。自 13 世纪 20 年代圣殿骑士团与神圣罗马帝国皇帝弗里德里希二世发生冲突以来，骑士团就始终是圣地政治的一个派系。在 1258—1272 年热那亚和威尼斯商人争夺阿卡贸易主宰权的激烈斗争中，圣殿骑士团站在威尼斯人一边，而医院骑士团力挺热那亚人。两个骑士团都参加了阿卡城周边和港口之外海域的武装冲突，导致数百人死亡，而此时十字军国家原本就缺乏人力。这场冲突的消息传播到各国，至少一位编年史家将"悲惨的不幸"归咎于"圣殿骑士团和医院骑士团之间的不睦"。[17]

圣殿骑士团还卷入了的黎波里伯国的一场激烈斗争。1275年，博希蒙德六世的儿子、十四岁的博希蒙德七世想要继承父亲的的黎波里伯爵头衔，遭到朱拜勒家族的抵制，而圣殿骑士团站在朱拜勒家族一边。为此，的黎波里、西顿和托尔图沙爆发了围城战和小规模野战。圣殿骑士团在的黎波里的基地被愤怒的的黎波里伯爵摧毁。即便在塞浦路斯（圣殿骑士团在利马索尔有军事总部，在尼科西亚还有一处基地），圣殿骑士团也让他们的东道主颇为烦恼。[18]1278 年，塞浦路斯国王于格三世和路易九世之弟安茹的查理为了争夺耶路撒冷王位爆发冲突。圣殿骑士团支持安茹的查理，于格三世对此极其不满，摧毁了圣殿骑士团在利马索尔的基地，并持续骚扰骑士团以示报复（以至于于格三世遭到教宗的训诫）。[19]

在阿卡阵亡的将士经常被赞颂为殉道者，而幸存者经常被谴责为懦夫。如此斥责骑士团的人包括那不勒斯的撒迪厄斯这样的编年史家。[20]这一切意味着，当雅克·德·莫莱准备回家的时候，西方世界对十字军东征仍保有相当强烈的意愿，现在圣殿骑士团却遭到了公开批评。

响应教宗尼古拉四世改革呼吁的人当中有方济各会修士拉蒙·柳利。在阿卡陷落之前三十年的大部分时间里，他从家乡马略卡岛漫游到遥远的地方，试图让异教徒皈依，同时在考虑如何改良基督徒处置近东的方式。因为他是游方布道者，所以他的思考集中于教育和传教是不足为奇的。他建议教宗建立四所世界级的学院，培训英勇无畏、懂两种语言的传教士，去教育犹太人、蒙古人、希腊人和阿拉伯人，让他们明白自己的信仰是多么邪恶，并说服他们按照罗马教廷认可的方式追随基督。

拉蒙喜欢指出，基督本人也主张两把剑的政策。在随后几十年里，拉蒙发展自己的思想，变得越来越咄咄逼人，最后他得出的结论是，"应当用宣讲和武器双管齐下，与异教徒斗争"。[21]拉蒙·柳利自己不是战士，但对如此组织十字军没有任何疑问。他写道：

> 教宗和枢机主教应当选拔和建立单一的贵族骑士团，该骑士团的首领应当既是大团长，也是武士国王……如果可能，应当将耶路撒冷王国交给他统治……这样的武士应当是一位王子，既是因为他得到的官职十分荣耀，也是为了让各［宗教］骑士团更加恭顺地服从他的骑士团……另外，教宗应当发布命令，将圣殿骑士团、医院骑士团和条顿骑士团合并，从而组建单一的骑士团……其他的骑士团，无一例外，不管他们是什么人、身在何方，都应当服从管理。

拉蒙对自己计划的效力没有任何疑问，他也愿意相信，上帝会同意他。"如果任何人反对，"他写道，"那么此人就是既不忠实，也不虔诚，应当考虑自己在末日审判之时会受到什么样的裁决。我主耶稣基督会说：'你们这些被诅咒的人，离开我，进入那为魔鬼及其使者所预备的永火里去。'"[22]

对雅克·德·莫莱来说幸运的是，他能够暂时回避几大骑士团合并的问题。1292 年 4 月，尼古拉四世去世，负责选举新教宗的枢机主教团分歧严重，争吵不休。他们花了将近两年时间才确定了一个荒唐的人选：七十九岁高龄的西西里隐士摩罗尼的彼得罗。他自己不愿意当教宗，但还是被强制加冕为教宗塞莱斯廷五世。（这是历史上最后一次在没有召开教宗选举秘密会议的情况下选举教宗，参加此次会议的选举人聚在一起，不做出决定就不能离开。）他在位的近四个月是一出不折不扣的闹剧。1294 年 12 月，塞莱斯廷五世辞职并逃走。[①] 雅克·德·莫莱在罗马目睹了这场风波，并在圣诞节前夕见证了咄咄逼人、颇有律师风度的意大利枢机主教贝内代托·卡埃塔尼当选为教宗，这位主教采用博尼法斯八世的头衔。

雅克到访罗马是他在东方重建圣殿骑士团力量计划的第一步。他后来说，博尼法斯八世对几大骑士团合并的想法有兴趣，但没有被说服。"教宗多次谈及此事，"雅克后来回忆道，"但在经过深思熟虑后，他更愿意放弃合并的计划。"[23]这也许

---

① 塞莱斯廷五世希望重新过回隐士的生活，但大家不允许他这么做，因为担心新教宗博尼法斯八世的敌人会打着塞莱斯廷五世的旗号作乱。塞莱斯廷五世被他的继任者囚禁，并且不能自己选择囚禁地点，最后于 1296 年去世。——作者注

是雅克直接游说的后果。1295 年上半年，他待在罗马。他的
访问在两方面有了切实的成果：圣殿骑士团避免了翻天覆地的
大规模重组；他还为圣殿骑士团在东西方的产业之间的商品交
换争取到有利的减税条件。6 月，教宗博尼法斯八世发布一道
诏书，赞扬圣殿骑士是"基督的无畏武士"，并恳求他们"持
续地注意保卫塞浦路斯王国"。为了达到这个目的，他会授予
骑士团"自由与豁免权"，与骑士团在圣地享有的权益相同。[24]

博尼法斯八世还命令英格兰国王爱德华一世允许运往塞浦
路斯的出口商品自由通过英格兰的港口，并允许在塞浦路斯的
圣殿骑士不向教会缴纳赋税，理由是骑士团的资源一定已经很
紧张了。[25]那不勒斯国王查理二世坚决主张将几个军事修会合
并从而收复耶路撒冷，后来还对耶路撒冷王位提出了主张。但
他没有过分坚持自己的意见，同意暂停向从那不勒斯王国境内
的圣殿骑士团庄园发往塞浦路斯的商品征税。

1295 年下半年，雅克·德·莫莱访问英格兰和法兰西。
他在这次旅行中必须审慎行事。坎特伯雷和兰斯的教会会议都
得出结论，各军事修会应当承担收复圣地的大部分开销。这是
在暗示，是军事修会自己丢失了圣地，现在必须自己想办法解
决。英格兰的另一次会议支持将几个军事修会合并，并将其全
部交给爱德华一世指挥。爱德华一世是当时执政的君主中唯一
曾亲身参与十字军东征的。[26]法兰西历来是圣殿骑士团招募和
获得支持的中心，但在这里雅克更加举步维艰，因为他必须同
时拉拢法兰西国王和国王在比利牛斯山脉另一侧的竞争对手阿
拉贡国王海梅二世。两国在该地区曾发生过纠葛：十年前，法
兰西国王入侵阿拉贡，并说服出生于法兰西的教宗马丁四世认
可他的战争是十字军东征。当时的阿拉贡国王（佩德罗三世）

召唤圣殿骑士团为他作战,请他们加入阿拉贡王军并部署桨帆船保卫他的海岸线,攻击法兰西航运。这是一个独特的情况:阿拉贡的圣殿骑士居然拿起武器对抗法兰西人和十字军。[27]

这年年底,雅克·德·莫莱准备好返回塞浦路斯了。他的旅行没有取得辉煌的成果:他没能煽动起十字军东征的狂热,也没有消除人们对军事修会的批评(军事修会在地中海东部再度参与热那亚和威尼斯之间的冲突,这也对骑士团的事业不利),但他遏制了废除骑士团的呼声,将反对者控制在怒气冲冲的教士范围内。圣殿骑士团就这样熬过了1291年的危机,重整旗鼓的过程已经开始。近十年之后,为收复叙利亚和巴勒斯坦的失地而进攻的信心又重新燃烧了起来。

14世纪初的头两年中,圣殿骑士团重新占领了圣地的部分地区,虽然战果颇微,但在一段时间里足以鼓励他们考虑更多的作战。在雅克·德·莫莱领导下,他们缓缓地扩张自己的海军,从威尼斯订购新的桨帆船,为新的战争做准备,因为新的战争除了在尘土漫天的陆地进行,还会在海上展开。1300年7月20日,十六艘桨帆船组成的舰队运载着一支高级别的袭击队伍,从塞浦路斯的法马古斯塔启航,奔向敌人的海岸线。大团长亲自参加,还有塞浦路斯国王亨利二世、其弟推罗的阿马尔里克以及医院骑士团大团长纪尧姆·德·维里耶。这算不上大规模的十字军东征,但足以巡游海岸,袭击阿卡周边的定居点,给敌人造成严重损害。

有很好的理由相信基督徒即将时来运转。在东方数百英里的地方,伊儿汗国蒙古人的领袖合赞正忙着用阴谋诡计对付马穆鲁克王朝。蒙古人和塞浦路斯的基督徒之间有使者来回穿梭，双方承诺将互相帮助。1300 年夏季的袭击作战之后，双方构想了一个计划——联合对托尔图沙发动攻击，当时圣殿骑士团在托尔图沙的旧城堡还没有被拆毁。当年晚些时候，约300 名圣殿骑士和医院骑士加入塞浦路斯王军的一支队伍，乘船来到小岛鲁阿德，它距离托尔图沙只有几英里。他们登陆并占领鲁阿德岛，把它当作自己的前进基地，然后出发去占领大陆上的要塞，并打算与合赞令人生畏的军队会合。

不幸的是，蒙古人没有及时抵达。基督徒一路杀入托尔图沙，但守不住，一个月内就退回了鲁阿德岛，大部分人员随后撤回塞浦路斯。圣殿骑士团同意派遣约 120 名骑士、400 名军士和 500 名弓箭手驻防这座小岛，这一队伍由军务官巴泰尔米·德·昆西指挥。上帝审判的雷鸣声还没有在马穆鲁克王朝头顶上响起，但这至少是个开始。

1302 年，基督徒再次面临惨败。鲁阿德岛驻军与塞浦路斯之间隔着约 150 英里（约 240 公里）的地中海，这样漫长的补给线很容易被切断，也很容易受恶劣天气影响。1301 年秋季，一支马穆鲁克舰队抵达，其指挥官桑达穆尔原本来自基督教国家格鲁吉亚，后成为穆斯林。他率军攻打鲁阿德岛，围攻将近一年时间，直到 1302 年守军求和。残酷的消耗战让将近 1800 名守军只剩 280 人。双方达成协议，圣殿骑士团同意交出小岛，条件是让他们安全离开。他们如果是阿卡围城战的老兵，就会知道不能信任对方的承诺。"推罗的圣殿骑士"记载道："撒拉森人将所有叙利亚步兵斩首，因为他们的抵抗非常顽强……圣殿骑士则被可耻地押往巴比伦。"他们将在那里终身为奴。

圣殿骑士又一次上当，相信自己可以获得安全通行权，于是离开要塞，结果遭到背叛。在发动大规模远征之前，骑士团无力从塞浦路斯向外扩张很远距离。雅克·德·莫莱的大团长任期从一开始就是一场艰难的斗争。尽管经常有人说要发动新的十字军东征，却没有任何进展。现在他被困在塞浦路斯，既不能撤退，也无力前进。

　　1306 年，雅克收到了一位新教宗的传唤。起初这似乎给骑士团带来了希望。但后来的事实证明，这恰恰是黑暗开始笼罩圣殿骑士团的时刻。

# 十九 "在魔鬼的唆使下"

　　1305 年 11 月 15 日，似乎半个基督教世界的人都聚集到了里昂城。帝王、公爵、伯爵、枢机主教、修道院院长和大主教纷至沓来。全城挤满了达官贵人和市民，他们全都渴望目睹一辈子只能有一次的景观。身穿鲜艳主教袍服的大使从英格兰和阿拉贡赶来，送来价值数百镑的厚礼。法兰西国王和两个弟弟在大批扈从的陪伴下抵达。人们七嘴八舌，说什么语言的都有。所有人都聚集到恢宏的圣茹斯特教堂，等待见证波尔多大主教贝特朗·德·哥特被加冕为教宗克雷芒五世。

　　里昂的管辖权非常复杂，它部分属于神圣罗马皇帝，部分向法兰西国王效忠。到 1305 年，它已经决定性地转向法兰西。11 月 15 日这个寒冷的清晨，该城的两位主公当中谁更有理由欢庆，是毫无疑问的。一位出生于加斯科涅并在那里长大成人的教宗来到珠光宝气的法兰西贵族精英面前，在法兰西国王赞许的注视下受到加冕。这是了不得的大事，并明确地体现出贝特朗的教宗任期有着多么浓郁的高卢特色。教宗在霍亨施陶芬皇朝面前战战兢兢或者屈服于意大利贵族豪门利益的时代一去不复返了；现在，上帝对鸢尾花和圣德尼旗的国度最为恩宠。

　　1305 年 11 月，贝特朗约四十岁。如此年轻就攀登到如此崇高的位置，他显得经验不足，因为他在成为教宗之前连枢机主教都不是。但他肯定是手腕娴熟并且可塑性很强的政治家，曾在波尔多春风得意，没有遇到过大的挫折。这很了不起，因为加斯科涅曾被英格兰统治，但根据1259年的一份条约，它最终又向法兰西国王效忠。这种复杂关系造成了英法两国之间的许多争议，两国关系紧张，偶尔还爆发战争。身为波尔多大主教，贝特朗习惯于在多个强权互相抵触的意愿之间达成平衡，同时和所有人都维持友好关系。他性情温和可亲，这对他也有帮助。加斯科涅人在家乡之外的名声不好，大家对加斯科涅人的印象是贪得无厌、任人唯亲。贝特朗的行为就是对这种刻板印象的批驳。虽然受到一种令人痛苦的肠胃疾病的困扰，经常卧病在床、有气无力，但他讨人喜欢，能够褒扬大人物而不显得谄媚，并且颇有幽默感。[1]

但从大主教一跃登上圣彼得的宝座，仍然引人注目。枢机主教团为了选举新教宗吵得天翻地覆，花了整整十一个月才选出了贝特朗。之所以耽搁这么久，部分原因是大家普遍认为，法兰西枢机主教在试图选出一位愿意顺从法兰西国王的教宗。的确如此。选举结束很久之后，当初参加教宗选举秘密会议的一名亲法兰西的资深枢机主教承认，他觉得贝特朗是可以被塑造为腓力四世傀儡的人选。[2]贝特朗为自己选择的头衔也毋庸置疑地体现了他效忠何方。他选择的称号是克雷芒五世，这是在效仿克雷芒四世，而后者是腓力四世的祖父路易九世的好友和同盟者。[3]后来贝特朗的整个教宗任期都在阿尔卑斯山以北度过。他对罗马凶残的派系政治颇为畏惧，觉得自己要想发动新的十字军东征，最好还是密切关注法兰西国王。不足为奇的是，他在意大利的名声极差。佛罗伦萨银行家和编年史家乔万尼·维拉尼描述了意大利人眼中腓力四世和克雷芒五世的关系是什么样子："你下令，我服从，永远是这样。"[4]

在里昂举行的加冕典礼颇为隆重。蜡烛和香炉释放出浓烟，拉丁语的圣歌响彻教堂，德高望重的枢机主教纳波莱奥内·奥尔西尼主持仪式。他将渔人权戒（一枚图章戒指，上有圣彼得捕鱼的图案）献给新教宗，为他戴上镶嵌绿宝石和蓝宝石的白银冠冕，这象征着这位教宗作为基督在人间代表的地位。仪式结束后，达官贵人的队伍离开教堂，穿过里昂的街道，让信徒有机会瞻仰克雷芒五世。

游行队伍当中最尊贵的位置属于国王腓力四世，他身材魁梧，金发碧眼，腰杆笔直，有一种天生的帝王威仪，面颊红润，因为他经常打猎。帝王通常都爱好狩猎，但他对狩猎的酷爱简直是一种痴迷。腓力四世相貌英俊，所以得到"美男子"（le Bel）的绰号。"推罗的圣殿骑士"说腓力四世比其他大多数男人都高一掌，腰臀宽阔，两腿很长，坐在马背上的时候双脚几乎触地。腓力四世的御医说他"英俊而虔诚"。[5] 腓力四世性情冷酷，拒人于千里之外，拥有一种让人难以接近的威严。他也有意识地培养这种威严，让臣民认识到他的王权的神圣性。

当时的里昂不算大城市，也没有举行加冕礼的经验。游行队伍在前往主教宫殿的途中经过街道，围观群众，争先恐后地来看新教宗、法兰西国王和簇拥在他们周围的权贵。拦住围观者的一段旧城墙在人群的挤压下不堪承受，倒向了教宗游行队伍，压死了很多旁观者。

克雷芒五世身穿全套教宗华服，缓缓骑行。城墙倒塌时，他从马背上跌落。他的冠冕飞了出去，重重地砸到地上，以至于若干珠宝脱落了，包括一颗很大的红宝石，它滚进瓦砾堆，自此消失。[6] 为教宗牵马的两位王公，法国国王的弟弟瓦卢瓦的查理和六十六岁的布列塔尼公爵约翰，都摔倒在地。查理身负重伤，而最靠近坍塌城墙的布列塔尼公爵在几天后因伤重不治身亡。克雷芒五世的一个兄弟也受了伤。国王只受了一些轻伤，教宗队伍赶紧心惊胆战地走到主教宫殿。九天后又发生一起骚乱，教宗的加斯科涅支持者在城里与一些怨恨新教宗的意大利人斗殴。

很多人觉得这些风波是不祥之兆。新教宗和腓力四世国王与瓦卢瓦的查理一起在里昂待到圣诞节。教宗希望借助自己新官上任的声势发动一次新的十字军东征。克雷芒五世努力游说，尽量利用腓力四世和查理与其敌人（佛兰德和英格兰）的冲突暂时停歇，促使他们将注意力转向东方。教宗发现腓力四世和查理总的来讲愿意聆听，他们唯一的分歧是攻击目标。十字军到底是攻击君士坦丁堡（那里的拉丁皇帝于 1261 年被废黜），还是帮助防守基督教王国小亚美尼亚①（它正受到马穆鲁克王朝从南面发起的威胁）？最后他们没有达成一致。腓力四世在 1305 年 12 月 29 日向克雷芒五世承诺，他会参加并领导一次新的十字军东征。

但他的条件之一是，他有权决定何时何地正式宣誓参加十字军东征。另一个条件是，必须对各军事修会做大范围改革。

---

① 奇里乞亚亚美尼亚王国，也称小亚美尼亚或新亚美尼亚。中世纪中期，塞尔柱人占领了亚美尼亚，部分亚美尼亚人逃亡到奇里乞亚（今土耳其东南部沿海地区）建立了新的亚美尼亚国家。奇里乞亚亚美尼亚王国是欧洲十字军的重要盟友，自视为基督教在东方的堡垒，一度试图与蒙古人联手对付穆斯林敌人（主要是马穆鲁克王朝）。通过与欧洲十字军的交流，亚美尼亚吸收了很多西方元素，包括服饰、法语头衔、若干法语词和西欧式的封建制度。13—14 世纪，各十字军国家逐渐崩溃，蒙古人伊斯兰化使奇里乞亚亚美尼亚失去盟友。在内部宗教冲突和马穆鲁克王朝的不断进攻下，王国最终于 1375 年灭亡。

国王后来说，他曾告诉教宗，他听说圣殿骑士团的机构里存在一些不合规矩的现象。旧的改革方案被重新提起：圣殿骑士团和医院骑士团应当合并，成为统一的上帝的军队。而新骑士团的领导者将是一位法兰西王室宗亲。[7]

1306 年夏末，教宗写给医院骑士团大团长富尔克·德·维拉雷和雅克·德·莫莱的信被送到了塞浦路斯。[8]信是 6 月 6 日从波尔多发出的，其中的指示一定让两位大团长既激动又担忧。教宗说他正在筹划新的十字军东征，从而"消灭奸诈的异教徒"并收复圣地。为了这个目的，两位大团长应当在万圣节（11 月 1 日）或节日两周后抵达位于普瓦捷的教宗宫廷。他们应当准备两份报告：收复圣地的最佳计划；对两个骑士团合并之提议的回应。

雅克·德·莫莱在塞浦路斯没闲着。在 1300—1302 年针对托尔图沙和鲁阿德岛的注定会失败的袭击中，他损失了很多将士，但后来他对自己直接指挥的圣殿骑士做了更广泛的人事调整。对身在东方的圣殿骑士团大团长来说，定期吸纳新兵是常规工作，但如今人员流转率未免太高了。塞浦路斯岛上的 118 名圣殿骑士和军士（来自法兰西、英格兰、德意志、阿拉贡、葡萄牙、意大利、塞浦路斯、罗马尼亚和亚美尼亚）当中，绝大多数人很年轻，几乎全都是不久前刚刚加入的。骑士团将近 80% 的成员是在 1291 年阿卡陷落之后宣誓加入的。[9]

阿卡和朝圣者城堡陷落之时，圣殿骑士团挽救了自己的财宝和宝贵的档案，因而拥有足够的现金。显赫的贵族伊贝林的居伊及其亲人于 1302 年 5 月被海盗绑架后，是骑士团出了 4 万拜占特赎金。但金钱总是多多益善，圣殿骑士团在西方的分团长去拜见大团长时，大团长喋喋不休地提醒他们记住自己的职责：他们应当将自己本地收入的三分之一送往东方。

除了战争还有其他很多事务。圣殿骑士团从西方进口商品和军用物资，包括马匹等役畜、用来制作袍服的布料、熏肉和奶酪。他们拥有自己的船只，如"猎隼"号，这是一艘桨帆船，参加了1291年阿卡的疏散行动。他们用自己的船只运载货物、巡视塞浦路斯周边海域，并封锁海路，拦截企图与埃及马穆鲁克王朝做生意的船只。骑士团还向意大利的贸易企业出租船只，供其运输棉花、香料和糖到马赛和巴塞罗那等地。[10]最后还有骑士团最古老的使命：帮助朝圣者。尽管去东方朝圣已经变得十分危险，而且受到了教廷的禁止（目的是让马穆鲁克王朝无法向朝圣者收税），但还是有很多基督徒渴望参观圣地。不断有朝圣者来到塞浦路斯。骑士团需要欢迎和保护他们，并把他们送走。有的朝圣者是来参观塞浦路斯岛上的使徒巴拿巴①之墓的，但对待很多想要渡海去耶路撒冷的勇士时，骑士团不得不劝阻。

雅克·德·莫莱于百忙之中收到教宗的信时一定感到激动。租赁船只和欢迎新兵当然是好事，但这不是圣殿骑士团存在的目的。克雷芒五世的召唤明确表示，西方终于有了足够的政治意志去发动新的十字军东征。他要求大团长提供书面计划，说明这很可能是一场雄心勃勃的大规模远征。

当然，克雷芒五世的邀请也有令人不快之处。如果要发动新的十字军东征，代价也许就是让两个骑士团合并。所以，雅

---

① 巴拿巴是《新约》中记载的一个早期基督徒，曾与圣保罗一起向非犹太人传播基督教。

克·德·莫莱在以大团长的身份第二次访问西方时，开始写两封信：一封是挽救圣地的计划，一封是挽救圣殿骑士团的计划。

"以上帝之名，阿门，"他的第一封信这样开始道，"以下是圣殿骑士团大团长关于圣地事务的建议。圣父，您问我怎样才是最佳的行动方案，是大规模还是小规模的远征。"[11]他继续提出了非常直率的观点：要想对撒拉森人造成严重伤害，唯一的办法是部署一支强大的军队。"一次规模浩大而全面的远征，去消灭异教徒，收复血染的基督土地"，军队应有"1.2万到1.5万武装骑兵和5000步兵……上述武装骑兵中应当有2000人是弩手"，还应有大量的运输船运载和支持这些部队。全军应当从塞浦路斯出发并在那里休整，然后奔向攻击目标。不过，他拒绝在信中说明目标是什么，"因为这会给撒拉森人提供预警"。

雅克认为行动的关键在于压倒性的兵力优势。他说：

> 如果您想听听关于兵力的建议，我可以重复一下拜巴尔多次说过的话。他是穆斯林当中最著名、最强大，在军事方面也最睿智的人。他说，他愿意用自己的军队去面对3万鞑靼人，但如果敌人的兵力比这强，他就会撤退。

> 类似地，他说，如果1.5万法兰克骑士与他对阵，他愿意出战，但如果敌人的数量比这多，他就会选择撤退。

在信中，大团长还故作谦虚。"对于远征军应当在何处集结，我不能提建议，因为这是君主考虑的事情。"雅克显然明白，这封信必须同时吸引克雷芒五世和腓力四世，他还小心地暗示自己懂得这一点。"如果您和法兰西国王陛下满意,我会秘密地奉上更多有价值的信息,我相信你们一定会听取我的建议,因为我会明确指出哪些地方是合适的进攻目标,哪些地方不是。"他敦促克雷芒五世不必等他抵达普瓦捷,而是先行开始准备工作,并请求为冬季作战装配一支配有十艘桨帆船的舰队,由劳里亚的罗热龙指挥。此人是意大利海军名将、西西里战争的英雄劳里亚的鲁杰罗的儿子。该舰队的任务是执行对埃及的贸易禁运。为了加强禁运,教廷还应当禁止热那亚人和威尼斯人与穆斯林做军械生意。雅克在信的末尾礼貌而满怀希冀地写道:"我恳求全能的上帝赐您恩典,让您决定在这些事务当中如何处置最好,并保佑您在有生之年收复圣地,那是我主耶稣基督出生的地方,也是他为了人类的救赎而献出生命的地方。"

把雅克·德·莫莱的书信和富尔克·德·维拉雷的书信做一个比较,就会发现他们之间存在一个重大分歧。圣殿骑士团大团长主张发动单一的、大规模的登陆作战,就像达米埃塔十字军东征,并寄希望于压倒性的兵力优势。而医院骑士团大团长提议分两步进行:先是"特殊作战",让一支精锐部队乘坐桨帆船,花一年时间向圣地沿海发动闪电式袭击,削弱敌人的防御,同时从海上封锁敌人;然后是"大规模作战",即正面入侵。[12]这大致体现了当时的十字军东征领袖在思维上的分歧。两种方案各有优点。雅克·德·莫莱的方案不是那么复杂,但需要更多的先期投入和开销。而如果雅克的第二封信不能产生预期的效果,那么上述两种方案的差别就一点都不重要了。

圣殿骑士团大团长积极地为自己的骑士团辩护。他首先指出,将两个骑士团合并的想法经历过多次研究,也多次被驳回，现在不值得旧事重提。他说，有三任教宗曾考虑合并两个骑士团，但他们都认识到了错误，教宗博尼法斯八世宣布对此事"永不再议"。[13]

的确如此，但雅克知道这还不算完全解决此事。五年前，拉蒙·柳利访问了塞浦路斯。这位著名的布道者和改革理论家现在甚至比当年更加执着于合并两个骑士团。煽动性极强的法兰西小册子作者皮埃尔·迪布瓦也这么想。他与法兰西宫廷有密切的联系，并且追随拉蒙·柳利，写了一本题为《收复圣地》的小册子。迪布瓦坚持说，早就应当把各个军事修会统一起来。

> 在最危急的时刻，这些骑士团却互相对立……如果希望它们对圣地有任何益处，就有必要将它们联合成单一的骑士团，统一它们的外观、衔级、和财产。[14]

把这种想法定性为老皇历并寄希望于克雷芒五世会主动放弃，还远远不够。于是大团长逐条分析了支持和反对合并的诸多观点。

他说，首先，两个骑士团并列的现状很好。两个军事修会各立门户，产生了"积极效果"，而大动干戈地折腾，本身就是坏事，"因为变革往往会，甚至一定会产生严重的危险"。这种推论未免过于大胆，毕竟，丧失了整个圣地怎么会是"积极效果"呢。雅克·德·莫莱继续阐述。他说，要求已经宣誓遵守某个骑士团规矩的人现在突然转而对另一个骑士团效忠并采纳新身份，是不体面的事情。然后，他开始阐述自己的主旨：圣殿骑士团和医院骑士团之所以成功，就是因为它们互相竞争。把它们融为一体会造成争议，甚至可能引发暴力冲突，"因为在魔鬼的唆使下，它们之间可能发生争吵，比如'我们比你们更为劳苦功高，行善更多'……如果这样的谣言在他们当中传播，就很可能会带来严重的丑闻"。其次，若是试图将两套平行的机构、等级和财产网络合并，会让参与其中的人摸不着头脑。也很难把两个骑士团各自的慈善职能合并起来，这样做的结果可能是穷人和需要帮助的人得不到往常的援助。

雅克写道，圣殿骑士团和医院骑士团之间的竞争不只是反对将其成员放到同一面旗帜下的理由，也是两个骑士团取得成功的原因。竞争让双方都更优秀。

> 如果圣殿骑士团向"海外"输送了大批人员、马匹和其他牲口，医院骑士团会不甘落后，做得同样多，甚至更多……如果一个修会拥有优秀的、凭借高超武艺和善行而闻名的骑士，那么另一个修会也会竭尽全力地努力获得更杰出的骑士……如果两个骑士团合并，我相信他们就不会这样努力了。

最后，雅克开始强词夺理，紧抓救命稻草。他说圣殿骑士团和医院骑士团素来分别担任十字军东征的王军的前锋与后卫，如果只剩下一个骑士团就不会有那样的局面了，并且再也不能保证给"上帝的朝圣者，无论身份高低"提供高标准的服务。

最后一点实在是含糊其词，太具倾向性，但雅克·德·莫莱还是借此引向他备忘录的最后一部分。他尽可能轻描淡写地承认，合并会有一些好处。他写道，如今人们不再像过去那样尊重修道生活了，也许单一的骑士团能够改变这种情况。把两个骑士团拥有和维护的房屋与城堡的数量砍掉一些，在经济上也有道理："合并能节约大笔金钱。"除此之外，他在信里只是恭敬地请求教宗像过去那样放弃合并的想法，并表示他面见教宗时会谈更多。就这样，1306 年 10 月，大团长收拾行装，准备踏上西去的漫漫长路。他留下艾莫·德·瓦瑟莱担任他的副手。此人是征战三十年的老将，1300 年之后担任军务官。雅克·德·莫莱随后动身前往克雷芒五世的宫廷和腓力四世的王国，希望回来的时候骑士团的未来能得到保障，下一次十字军东征的计划也能明晰一些。

但他再也看不到塞浦路斯了。

渡海的行程很慢，圣殿骑士团大团长错过了与教宗约定见面的日子，迟到了好几周，但这关系不大。克雷芒五世在秋季因为严重的肠胃疾病而卧床不起，新年之前都无法见客。所以，雅克能够在抵达法兰西之后以比较轻松的速度前进。他可能是通过马赛港进入法兰西的，因为圣殿骑士团在马赛拥有强大的海军基地与负责管理塞浦路斯和西方之间航运的机构。他的最终目的地是普瓦捷的教宗宫廷。普瓦捷是一座雅致的法兰西城镇，在克兰河河畔，有一座辉煌的宫殿，包括为阿基坦的埃莉诺建造的庞大接待大厅，称为"失落脚步大厅"。他前往那里的途中有充足时间熟悉法兰西王国的国情。

腓力四世的王朝，即卡佩王朝，统治法兰西已经四个多世纪了。13 世纪，卡佩王朝大幅扩张了王室在国内直接控制的范围，直接管辖诺曼底、安茹、布列塔尼和图卢兹。这些地方在过去曾由几乎完全独立于法兰西国王的权贵统治，或者被外国君主主宰。卡佩王朝的直接领地最初仅仅是巴黎周边的一小块土地，后来它主宰了王国西海岸的绝大部分，并向南方的比利牛斯山脉和东方的罗讷河拓展自己的势力范围。

卡佩王朝自称是查理曼的直系后裔。他们的悠久历史和近期的快速扩张让连续好几代国王对自己的神圣性坚信不疑。1297 年,腓力四世为自己光荣的祖父路易九世争取到圣徒地位。腓力四世崇拜路易九世,也自认为是一位至高无上的基督教国王,拥有一个真正独一无二的王国。他热切希望所有人都认可这一点。

腓力四世的虔诚显得过于浮夸,他的一些臣民难免会窃笑。但他们很快发现,嘲笑国王的下场不妙。1301 年,帕米耶主教贝尔纳·赛塞说腓力四世是无用的猫头鹰,"最漂亮的鸟儿,但毫无价值……我们的法兰西国王就是这样,除了盯着别人看,什么都不会"。这种评价既不明智,也不准确,导致这位主教被送上法庭,其罪名包括巫术、渎神、通奸、异端和叛逆。腓力四世生性冷酷,对文化没有多少好奇心,但他是个精于算计的狂热分子,执着于那种自私自利的虔诚,不忌惮以最大的恶意揣测别人,毫无顾忌地消灭任何敢于阻挠他的人。

腓力四世"正义凛然"的怒火最臭名昭著的例子,是他在 1296—1301 年恶毒地针对教宗博尼法斯八世,且他这样的攻击完全出于私人恩怨。起因是腓力四世试图将法兰西教会征收的赋税占为己有,用于军务,但后来迅速演化成争夺绝对权威的恶性斗争。(关于赛塞主教被捕的激烈争吵是这场鏖战的一个阶段。)博尼法斯八世企图用一连串敕令来压制腓力四世,最后发布了一份题为《一个神圣的教会》(*Unam Sanctam*)[1] 的诏

---

[1] 出自该诏书的最前面几个词:"在神圣的大公教会和使徒教会。"——作者注

书，咄咄逼人地宣扬教会在精神层面的至高无上地位，并提出，所有人包括国王，都应当服从罗马教廷。该诏书不容置疑地表示："每个人要想得到救赎，都必须臣服于罗马教宗。"[15]

国王的回应既简单又粗暴。1303 年 9 月，腓力四世信任的大臣纪尧姆·德·诺加雷率领数千雇佣兵来到罗马附近的阿纳尼，将博尼法斯八世包围在那里的教宗府邸，并猛冲进去，粗暴地对待教宗。据传说，纪尧姆·德·诺加雷扇了博尼法斯八世一耳光。不管这是不是真的，教宗被扣押了好几天，他的府邸遭到洗劫。他大受震动，回到罗马不到一个月后就死于热病，死前陷入癫狂。[①] 博尼法斯八世的继任者本笃十一世在任仅九个月就去世了，法兰西人得逞，选举了克雷芒五世。

在腓力四世统治时期受他迫害的群体不止教士。国王与博尼法斯八世最初发生冲突是因为国王急需金钱，而这是因为法兰西持续与邻国交战。腓力四世于 1285 年登基（他当时十七岁）时，继续使法兰西与阿拉贡爆发了激烈而毫无意义的战争。从技术上讲，法兰西人在这场战争中享有十字军的地位，但实际上这是南方边境的领土冲突，只不过被亲法兰西的教宗授予了十字军东征的地位而已。最后法兰西输掉了这场战争，在这个过程中负债累累。

与阿拉贡的战争结束后，13 世纪 90 年代末，又爆发了一系列针对英格兰年迈的武士国王爱德华一世的军事行动，消耗了法兰西的元气。冲突的起因是爱德华一世身为加斯科涅领主，却拒绝向法兰西国王臣服。1305 年，英法签订和约，腓

---

① 有一个传说是，博尼法斯八世死前啃掉了自己的双手。1605 年博尼法斯八世的遗体被开棺查验，上述传说终于被破除。——作者注

力四世的女儿许配给爱德华一世的儿子。但在英法冲突的末期，法兰西又与佛兰德发生了一系列大规模交战。此外，腓力四世的妻子纳瓦拉的让娜（两人结婚已有二十年）于 1305 年 3 月去世。迷信又多疑的腓力四世认为她是被特鲁瓦主教吉夏尔的巫术害死的，随即将吉夏尔驱逐出境。[16]

雅克于 1306 年抵达法兰西时，法兰西最大的问题不是腓力四世丧妻，也不是外国君主的威胁，而是财政问题。法兰西王国遭遇了大规模的货币危机，正在痛苦挣扎。针对英格兰和佛兰德的军事行动开销极大，政府为了应对国库压力，使用了一些风险很大的金融手段，其中最危险的就是操纵货币。路易九世曾大规模地改革货币，于 1266 年发行了一种几乎是纯银的新货币，称为"图尔格罗"（gros tournois）。1 个图尔格罗价值 12 个德尼尔（deniers，法兰西常用的货币）。格罗的官方价值起初是稳定的，因而作为货币被认为是可靠的。但在 1295 年，腓力四世及其大臣为了满足国王战争政策的需求，开始让格罗贬值。[17]为了征集资金来维持国库，1 个格罗的价值被规定为 15 个德尼尔，而且每个格罗银币的含银量也下降了。八年后的 1303 年，1 个格罗被规定为相当于 26.25 个德尼尔。到 1306 年，1 个格罗相当于 41.5 个德尼尔。为了保护国内流通的越来越少的白银，政府还禁止臣民将货币拿到国境之外。这种灾难性的政策毁掉了法兰西货币，导致迅速而破坏力极强的通货膨胀，让货币的真实价值变为原来的 1/4。

1306 年夏季，腓力四世的大臣试图逆转之前的货币贬值政策，让大笔货币退出流通。政府宣传说要重返圣路易的"优质货币"，但快速的通货紧缩政策甚至比通货膨胀更不得人心，因为这意味着人们必须将自己的钱币送到王室铸币厂，换取数额少得多的金钱。同时，债务和粮价仍然用旧的"劣质"货币来衡量，并且"劣质"货币仍在流通。

生活成本一下子翻倍，12 月 30 日巴黎发生严重的暴乱，再加上天气恶劣和洪水肆虐，国王不得不躲到圣殿，因为他觉得这里比他在西堤岛的王宫更安全。

腓力四世财政政策的第一个牺牲品是法兰西的犹太人。西方的犹太人在历史上得到基督教君主的保护，被允许从事放债行业，因为理论上天主教教徒不可以放债。很多世俗统治者对犹太人征收沉重的一次性赋税，并通过威胁来敲诈勒索，将犹太人当成很有价值的收入来源。13 世纪末意大利银行业的崛起使犹太人对王室财政的重要性大幅下降，而此时欧洲各地涌现了恶毒的反犹主义，所以迫害犹太人成为一种方便的民粹主义工具。公共戏剧大肆嘲弄犹太人。他们遭到暴徒攻击，成为各种荒谬神话的主题。很多神话把犹太人描绘成谋杀儿童的凶手和性犯罪的怪物。腓力四世相信并且鼓励一种常见的偏见，认为法兰西犹太人会偷窃圣餐饼，然后用水、火和刀子攻击它，仿佛这样的做法是再次钉死基督，因为人们相信基督存在于圣餐饼中。[18]

在财政投机主义和赤裸裸的偏见驱使下，帝王和贵族开始驱逐犹太人，霸占或者拍卖他们的财产。腓力二世·奥古斯都于 1182 年命令犹太人离开巴黎周边的王室领地。1240 年，犹太人被逐出布列塔尼。1289 年，腓力四世的亲戚安茹的查理二世将犹太人逐出自己的领地。爱德华一世也因为连年征战而手头拮据，所以在 1288 年和 1290 年颁布法令，将犹太人逐出加斯科涅和英格兰，并将犹太人的大宗财富、地产、商店和房屋攫为己有，大发横财。

腓力四世的王家铸币厂急需白银，于是他在 1306 年 6 月
21 日发布命令，要求他的官员在一个月零一天之后开展协调
有力的行动去搜捕犹太人。7 月 22 日，约 10 万名[①]犹太男女
和儿童被逮捕和监禁，他们的财产被扣押清点。他们被勒令于
一个月内离开法兰西，违者将被处决。对犹太人的迫害不仅发
生在国王直接统辖的领地。在法兰西的有些地区，犹太人理论
上受到其他领主的管辖，但也发生了迫害。"每一个犹太人都
必须离开我的土地，不得携带任何财产；或者让他选择新的
神，我们成为一个民族。"这是一位犹太作家笔下腓力四世发
布的御旨。成群结队的难民饥肠辘辘、灰心丧气，拖着沉重的
步子走向比利牛斯山脉、尼德兰和神圣罗马帝国。

驱逐犹太人的行动在纪尧姆·德·诺加雷的严密监督下进
行，在雅克·德·莫莱抵达法兰西的几周前完成。大团长一定
听过此事。这项政策本身与圣殿骑士团无关，与他前来商谈的
政策也没有直接关系。但它产生的后果将会影响圣殿骑士团。
犹太人被成功地驱逐，但并没有像预期那样给国王带来大量急
需的可恢复货币价值的白银。所以腓力四世的政府简直走投无
路，不得不寻找别的富裕群体来盘剥。

圣殿骑士团在这方面颇为显眼。他们在阿拉贡、英格兰和
塞浦路斯的金库拥有数百公斤的白银，巴黎圣殿的地下金库也
有大量白银。[19]1306 年，巴黎圣殿在财务官让·德·图尔的领

---

① 法兰西有很多犹太人，据 Jordan, W. C., *The French Monarchy and the Jews:
From Philip Augustus to the Last Capetians* (Philadelphia: 1989) pp. 203 – 204
的估计，人数在 4 万到 14 万。之所以这么多，是因为其他地方的犹太人
被驱逐之后逃到了法兰西。欧洲很多地方的犹太难民到法兰西王室领地
寻求庇护。——作者注

导下仍然在为国王提供核心的会计服务。让·德·图尔向王室贷款，让王室有能力做一些常规支付。这些服务让圣殿骑士团显得很有价值，但也让它很脆弱。

腓力四世在这年夏天的情绪特别狂热，也比以往更坚决地要彰显自己身为"最虔诚的基督徒国王"的特殊地位。驱逐犹太人对他来说很有利，也体现了国王对一切假宗教信仰的强烈憎恨。他的"优质货币"金融政策也是为了让大家觉得他是祖父圣路易的真正继承人。为了强调这种联系，腓力四世还重新布置了圣德尼修道院的王室陵墓，把自己的长眠之地安排在祖父附近。

1307 年 5 月，腓力四世正在普瓦捷的教宗宫廷，骚扰心不甘情不愿的克雷芒五世，让他审判已经去世的教宗博尼法斯八世。罪名很荒唐，包括异端、鸡奸、巫术和谋杀。[1] 抹黑博尼法斯八世有双重功效：让腓力四世对这位教宗出一口恶气，并宣扬得到上帝佑助的法兰西王权的神圣性。

克雷芒五世深感不安，试图与国王做笔交易：如果国王撤销对博尼法斯八世教宗的控诉，他可以正式宽恕所有参与阿纳尼事件的人（以纪尧姆·德·诺加雷为首）。交易没谈成，腓力四世于 5 月 15 日离开。不久之后，雅克·德·莫莱来到教宗宫廷。纪尧姆·德·诺加雷和腓力四世的另一位重臣纪尧姆·德·普莱西昂可能在教廷待的时间比较久，见到了圣殿骑士团大团长。当时教廷的气氛一定很紧张。众所周知，法兰西

---

[1] 博尼法斯八世三年前去逝，但这并不重要。教宗死后被审判的事情此前发生过至少一次。897 年，已故教宗福慕的遗体被挖出，他被控告犯有伪证罪。法庭宣判他有罪，教廷档案因而删除了与他有关的资料。——作者注

国王和教宗一起提出了合并圣殿骑士团与医院骑士团的计划。在教廷的一位阿拉贡大使写信给他的主公，说："根据持续不断的传闻，教宗必须处置合并骑士团的事情，而且他打算合并。"[20]

雅克在普瓦捷第一次与纪尧姆·德·诺加雷见面的时候，这位大臣已经开始编纂关于圣殿骑士团的档案。他悄悄地访问了一些被开除或者不愉快地离开圣殿骑士团的心怀不满的前成员。该档案的目的暂不明确，但顶多是整理黑材料，存放起来，准备将来攻击圣殿骑士团及其主公，也就是教宗。不管编纂档案的最初目的是什么，它的内容肯定已经非常骇人听闻了。

纪尧姆·德·诺加雷档案的第一个供稿人是来自郎格多克地区贝济耶的浪荡市民埃斯基厄·德·弗洛瓦朗。1305年前后，他曾与一名开小差的圣殿骑士一同坐牢。埃斯基厄说，他们在狱中时，这位狱友透露了骑士团的不道德行为，尤其是新骑士和军士入团时举行的仪式。

埃斯基厄把这些下流故事告诉狱卒，并在获释后尝试将故事卖给出价最高的人。他先去找阿拉贡国王海梅二世，获得拜见国王的忏悔神父的机会，表示愿意讲出故事；如果事实证明他说得对的话，他的开价是1000里弗年金和3000里弗现金。海梅二世对他不予理睬，但埃斯基厄并不灰心。他带着故事去找法兰西国王。抵达宫廷后，他被带到纪尧姆·德·诺加雷面前。纪尧姆觉得有必要追踪和记录可能对骑士团不利的飞短流长，因为正逢敏感时期。纪尧姆派人向埃斯基厄发问，记录他的故事，并搜集新证据。他还在圣殿骑士团的法兰西分团安插卧底。就这样，法兰西朝廷开始积累关于圣殿骑士团的指控和传闻。雅克·德·莫莱抵达普瓦捷的教廷时，法兰西朝廷对骑士团的监视已经开展了两年。纪尧姆还没有做好准备把搜集到的证据派上用场。但他有能力这么做，也必然会这么做。

1307 年初夏，雅克从普瓦捷北上，前往巴黎。6 月 24 日，骑士团在巴黎召开大会，高级官员齐聚一堂。他们讨论的最重要的议题肯定是被合并的威胁。大团长经常和于格·德·佩罗在一起，此人担任过骑士团的多个高级职务，包括法兰西分团长、普罗旺斯代理分团长以及英格兰和法兰西的监察官（一种高级的具有监督性质的职务）。于格·德·佩罗在腓力四世与博尼法斯八世冲突期间坚决支持国王，并且在于格的领导下，巴黎圣殿一直在帮助朝廷做很多财务方面的工作，与卢浮宫的王室会计紧密合作，并在让·德·图尔的领导下代表王室发放军饷和王室薪水。雅克知道了这些一定很放心。

雅克于 7 月底返回教廷，8 月 4 日从普瓦捷出发，去访问昂古莱姆的蒙戈格耶。在这里，他写了几封信，涉及选举阿拉贡和加泰罗尼亚分团长的事情，其中一封信是写给海梅二世国王的。9 月 8 日，雅克返回普瓦捷，仍然把注意力集中于阿拉贡分团长的选举上。现在西蒙·德·兰达当选为阿拉贡分团长。[21]随后几天里，雅克对西蒙的就职做了事无巨细的管理：口述了好几封长信，敦促西蒙履行对上帝、骑士团和大团长的职责，告诉其如何处置前任分团长的遗产和仆人。他还写了一封信给阿拉贡王后布朗什，推荐这位"深谋远虑、值得信赖"的新分团长。[22]

以上都是常规工作。但雅克在处置政务的时候越来越感觉好像哪里不太对。后来有人说，他这年夏天拜访腓力四世宫廷的时候①当着国王和好几位大臣的面"解释了骑士团的若干法规"。

关于圣殿骑士团行事不端的第一批故事是通过埃斯基厄·德·弗洛瓦朗传到法兰西宫廷的，主要涉及入团仪式。骑士团会向新人宣讲他们繁重的职责和骑士的艰苦生活，询问他们是否愿意献身于东方严酷的骑士生活，并承诺他们将会得到"骑士团的面包、水和朴素服装，但会经历许多痛苦和折磨"。[23]随后新人会得到白色或黑色披风，然后接受骑士团神父的祷告。随后，主持入团仪式的人（通常是骑士团的高级官员）会"扶他起来，亲吻他的嘴，神父通常也会亲吻新人"。[24]

互相亲吻是封建关系的正常部分，也是表达基督教祝福的常见方式。如果国王及其大臣对这种做法感到震惊，那么他们在第一次与雅克会面的时候并没有表达出来。他们也没有询问大团长关于骑士团成员之间性接触的问题，尽管团规明确提到了这些。团规的好几个条款谴责鸡奸是"肮脏、恶臭的罪孽"。圣殿骑士团悔罪的案例研究讲述了三名骑士的故事，他们之间发生性关系，被人发现，后来被判处在朝圣者城堡终身监禁。[25]

---

① "推罗的圣殿骑士"所写的编年史里提到一个奇特而可疑的故事，说国王与圣殿骑士团冲突的根源是圣殿骑士团财务官让·德·图尔借给国王一大笔贷款，据说此事没有得到雅克·德·莫莱的批准。根据这种说法，雅克·德·莫莱罢免了财务官。国王要求将他官复原职，雅克拒绝了，还把国王通过教宗发的信扔进火里。很少有历史学家相信这个故事，它似乎是敌视雅克但又没有准确信息来源的人胡编乱造的，与"推罗的圣殿骑士"对 1291 年阿卡陷落的准确记述形成了对比，因为"推罗的圣殿骑士"是该战役的目击者。Crawford, P. (ed.), The 'Templar of Tyre', Part III of the Deeds of the Cypriots (Aldershot: 2003), pp. 179 - 180. ——作者注

　　国王没有对亲吻提出质疑，却质疑了骑士团另一种貌似无辜的习俗——不合规矩的告解。雅克承认，作为大团长，他偶尔会听取骑士的告解；他们不愿意向神父讲述自己的罪孽，因为那样的话即便是很小的不合规矩的行为也会遭到严酷惩罚。雅克解释道，他经常聆听骑士的告解，并私下里给他们赦罪。他并非领有圣职的神父，所以其实并没有权力这么做。[26]

　　他在何种情况下主动讲出这一点，又为什么这么做，我们说不准。最合理的解释是，他上了当。他承认了骑士团接受新人时亲吻他们的历史悠久的习俗，也许想通过捍卫圣殿骑士团严肃的纪律来让亲吻这一行为显得不是那么严重。毕竟他在备忘录里吹嘘过骑士团极其严明的纪律，并以此为由反对两个骑士团合并。现在，他也许希望向国王展示骑士团对越轨成员的惩罚有多么严酷，于是讲了一桩完全是谦虚自贬的逸事，以此来说明圣殿骑士团的惩罚多么严酷，以至于有时他怜悯兄弟们，亲自给他们赦罪。雅克·德·莫莱也许想供认一个小错，从而烘托骑士团的美德。如果他真是这么打算的，那么就是对听众的严重误判。因为在审视圣殿骑士团时，腓力四世及其大臣并不希望被说服，而是在寻找骑士团作恶的证据。

　　与腓力四世的会议未能消除关于圣殿骑士团行为不端的传闻。8月底，这样的传闻已经令人忧心忡忡，于是雅克·德·莫莱认为自己必须采取行动。他向教宗求助。8月24日，克雷芒五世写信给法兰西国王，解释说圣殿骑士团大团长亲自来见他，请求调查"陛下听到的那些诽谤"。克雷芒五世还说，雅克恳求他"调查骑士团遭到不公和被诬陷的事情。如果证明他们有罪，他们会忏悔；如果他们无罪，请停止对他们的指控"。[27]教宗同意，的确有人说了"很多奇怪的、闻所未闻的事情"。所以，克雷芒五世将亲自检查圣殿骑士团的团规。他将于9月1日至10月15日接受肠胃疾病的治疗，等治疗结束后，他将开启正式调查，一劳永逸地解决问题。圣殿骑士团似乎有可能得到公平的申辩机会，也许只需要做一些小范围的、自愿的改革。

教宗休了病假，纪尧姆·德·诺加雷和法兰西朝廷抓住这个机会。9月14日，在蓬图瓦兹附近圣马利亚王室修道院撰写的密封书信被分发给政府官员。他们将在收到此信的一个月后对圣殿骑士团成员采取协调有力的行动，就像驱逐犹太人那样高效。

八天后，国王的私人忏悔神父巴黎的纪尧姆将另一套书信发送出去。巴黎的纪尧姆是一位精力充沛的多明我会修士，曾任教廷在法兰西的主要宗教法官。他的官方身份是教会的仆人，是铲除异端和根除越轨思想的总负责人。他的最高领导人是克雷芒五世，但他身在法兰西宫廷，能够直接接触腓力四世，所以他又是国王的爪牙。9月22日，他写信给全国各地的宗教法官，告诉他们准备好对圣殿骑士团采取行动。这些书信都严格保密。9月30日，一名骑士团成员叛逃，但三天后，仍然有一些新人被纳入骑士团，所以骑士团显然没有疑心。

10月初，雅克·德·莫莱来到巴黎，与腓力四世一同参加了国王的弟媳卡特琳娜的葬礼，她是名义上的君士坦丁堡皇后。圣殿骑士团大团长是护柩者之一，这似乎说明他并没有失去国王的恩宠。

葬礼第二天黎明，法兰西全境的地方行政长官都开始行动。在国内从诺曼底到图卢兹的每一家圣殿骑士团机构，身穿王室制服的官吏手持盖着御玺的文书，来到骑士团门前，要求里面的人投降。骑士团成员被勒令离开自己的房舍，接受王室的羁押。针对他们的指控极其严重和骇人听闻，令人难以置信。

"圣殿骑士团成员是披着羊皮的狼，是穿着宗教修会僧衣的奸佞之徒。他们丑恶地侮辱我们的宗教信仰，又一次杀害了我主耶稣基督。"王室的书信如此写道。地方行政长官奉命"将其逮捕，押送到异端裁判所；你们应当没收他们的动产和不动产……等待我们在此事上的进一步指示"。[28]

大搜捕就这样开始了。骑士团成员很少抵抗，只有少数人试图逃跑。素来以作战英勇闻名的所罗门圣殿的贫苦骑士团成员，如今在秋季黎明的阳光下，温顺地被成群结队地押走，去面对噩运。

这一天是 1307 年 10 月 13 日，星期五。

# 二十  "异端的邪恶"

前不久，有件事情传到我耳边，让我无比震惊和憎恶。很多值得信赖的人保证这是千真万确的事情，是痛苦的事情，值得哀悯，想一想就令人心惊胆战，听起来令人生畏。这是丑恶的罪行，是可憎的邪恶，是恐怖的恶行，是令人鄙夷的耻辱，可谓丧尽天良。我考虑了它的严重性，清楚地看到性质如此恶劣、如此严重的罪行是对神圣尊严的犯罪，是对正统信仰和整个基督教的偏离，是人类的耻辱，是邪恶的典范，是普遍的丑闻。这让我越发悲痛。[1]

这封信是以国王的名义写的，愤怒地谴责了圣殿骑士团的可鄙罪行。这样的书信被送给地方行政长官，他们都是骑士阶层的人，有能力以国王的名义缉捕罪犯。信里写到了骑士团成员的黑暗事迹和新人入团的怪诞仪式。启发这些指控的，是圣殿骑士团每位新成员得到的平安之吻，但在纪尧姆·德·诺加雷领导下的王室宣传机器夸大与歪曲之后，这就变成了腐化堕落的纵欲狂欢，足以让每一位虔诚的基督徒震惊。

根据"非常可靠的人"的说法，新人进入骑士团时要三次否认基督，向基督圣像吐唾沫，脱去衣服，赤身露体地站在接见他们的骑士面前。资深骑士庆祝新人加入，亲吻他们，

"先亲背部脊柱的下半部分，然后是肚脐眼，最后亲嘴。这是骑士团的渎神仪式，令全人类蒙羞"。这样进入骑士团之后，新人要遵守誓言，与兄弟们性交，"这就是为什么上帝的怒火会降临这些魔鬼之子的头顶上"。鸡奸、异端、攻击耶稣基督圣像和黑魔法：这是目前为止任何得罪了法兰西国王腓力四世的人遭受的常见指控。信中还提到圣殿骑士"向偶像献祭"，这一点后来随着调查的深入，会显得非常重要。政府听说，骑士团成员用自己僧衣上的绳索触碰"一尊偶像，从而'祝福'该绳索。该偶像形似人头，蓄有大胡须。他们在骑士团的省级会议上亲吻它，对它顶礼膜拜"。

尽管书信中满是表达震惊和愤慨的冗词，授权逮捕骑士团成员的文字的绝大部分仍然是夸夸其谈和腓力四世吹嘘自己多么神圣和正义的言辞（国王自称"上帝将我安置在帝王威严的瞭望塔上，从而捍卫教会信仰的自由"）。国王声称，他的调查越是"深入和完整"，"发现的丑恶罪行就越是令人发指，仿佛我们推倒了一堵墙"。但对于更多的丑恶罪行究竟是什么，他始终语焉不详。所以，尽管国王表达了朝廷的意图，即审判法兰西境内的每一位圣殿骑士，并宣称他的忏悔神父巴黎的纪尧姆是"异端邪恶的裁判法官"，会亲自领导调查，并保证在确定真相之前冻结圣殿骑士团的财产。但只要细读逮捕文书就会发现，这只是对圣殿骑士团独特的入团仪式歇斯底里式的歪曲，以及无端辱骂和哗众取宠的道听途说。

9月22日发出的第二封信更能说明问题，它给负责捕人的地方行政长官做了具体指示。[2]根据御旨，他们应当扣押、清点和守卫骑士团的财产，并为葡萄园和农田的工作继续进行做了安排。与此同时，他们应当将骑士团成员单独囚禁，应当

"认真查明真相，若有必要可以用刑"。

1307年10—11月，遵照纪尧姆·德·诺加雷和巴黎的纪尧姆的命令，数百名骑士团成员遭到逮捕和审讯，雅克·德·莫莱只是其中之一。国王的鹰犬讯问了塞浦路斯分团长兰博·德·卡隆、骑士团在法兰西的监察官于格·德·佩罗、诺曼底分团长若弗鲁瓦·德·沙尔内和让·德·图尔（受王室信赖的财务顾问和巴黎圣殿的财务官）。除了这些高级官员之外，大多数被捕的人都是温顺的中年人。在法兰西的大多数圣殿骑士团成员都不是军人，他们是农业管理者、牧羊人、养猪人、木匠或葡萄酒商人。[3] 骑士只有极少数，因为到14世纪初有些分团已经完全由军士组成，在香槟、皮卡第、奥弗涅、普瓦图和利穆赞都是这样。[4] 受到讯问的骑士团成员中有40%年纪超过五十岁。三分之一是骑士团的资深成员，在这个所谓的鸡奸与亵渎神明的罪恶渊薮毫无怨言地服务了二十多年。[5]

不管怎么说，御旨要求对犯人用刑，我们没有理由相信这道命令没有得到执行。当时的刑讯手段并不新颖，但都是久经考验的有效招数：剥夺饮食、剥夺睡眠、单独囚禁、没完没了的讯问、镣铐、拉伸肢体的刑罚、烧脚板，还有吊刑，即将犯人的双臂往后拉，直到他被吊起来、双肩脱臼。圣殿骑士蓬萨尔·德·吉西后来描述自己的胳膊被捆缚在背后，捆得非常紧，以至于他的指甲底下渗出了血；他被关在一个极小的洞穴里，往任何方向都只能走一步。他说与这种体验相比，斩首、火刑或者用滚水泼，都算是很舒适了。[6]

自12世纪60年代罗马天主教会第一次对异端产生恐惧以来，铲除异端就成为西欧的教会领导人和虔诚的世俗统治者最执着的事情之一。13 世纪初，教宗英诺森三世批准了所谓的"阿尔比派十字军东征"，这是对法兰西南部不服从教会的所谓"清洁派"基督徒的大规模镇压。从 13 世纪 30 年代开始，异端裁判所成为羽翼丰满的机构，由教会组织，但与世俗当局合作，因为世俗政府有权对拒绝改过自新的异端分子施加肉刑。异端裁判所的目标是将异端分子挽回到教会的正途上来，并阻止他们影响其他人。实际上，相对于官方信条有任何偏离的人，或者行为举止有任何与正统相悖之处的人，都可能被谴责为异端分子，遭到镇压。[7]供认异端罪行并愿意改过自新的人会得到赦罪并重新被教会接受。拒绝认罪的人往往遭到毒刑拷打，直到回心转意。教宗英诺森四世在 1252 年的教廷裁决中明确批准对异端分子动刑。一度悔罪但又复归异端的人被认为是最恶劣的罪人。异端裁判所可以将他们交给世俗当局，处以死刑，形式往往是火刑。教廷的异端裁判所主要聘用托钵布道的修会（如多明我会和方济各会）成员为宗教法官。这样的人往往既对教会正统教义有扎实的把握，又对肉体的痛苦感兴趣，有的还喜欢施暴。1307 年，宗教法官知道自己在做什么，也知道自己需要寻找什么。

宗教法官的任务是迫使犯人招认与腓力四世书信中的命令相匹配的罪行。这无须费心和讲究方式，只要致力于证实已经"钦定"的罪名：找出证据，证明骑士团内部亵渎神明的罪行十分严重和普遍。要证明的最关键罪名是异端罪，因为教会致力于铲除这种罪行，但负责惩罚的是世俗当局。如果能证明圣殿骑士团犯有严重的异端罪，国王就能从教宗手中接管解散骑士团和调用其资源的权利。

雅克·德·莫莱在骑士团成员遭到搜捕的那一夜待在巴

黎，他参加君士坦丁堡皇后的葬礼是不久前的事情。十一天后，也就是 1307 年 10 月 24 日，他仍然在巴黎，在巴黎圣殿向宗教法官认罪。参加此次审判（为期两周）的骑士团成员有 138 人，他是其中之一。这位圣殿骑士团大团长被带到巴黎的纪尧姆及其幕僚（公证人和见证人）面前，手按《福音书》作证说，他说的是"完整、全面的真相，事关他自己和其他人的信仰问题"。[8]

雅克说，他在圣殿骑士团已经度过四十二年，当初是在博讷（位于第戎和里昂之间）的圣殿骑士团机构，由安贝尔·德·佩罗修士①和另外几位骑士团成员（大多数人的姓名他已经不记得了）接纳入团。根据宗教法官的报告，雅克随后说：

> 他多次宣誓遵守骑士团的团规，然后他们给他穿上披风。安贝尔·德·佩罗让人把一支带有耶稣受难像的青铜十字架拿到他面前，让他否认基督。他违心地服从了。然后安贝尔·德·佩罗命令他往耶稣像吐唾沫，但他吐到了地面上。法官问他吐了多少次，他发誓说只吐了一次，他记得清清楚楚。

大团长否认曾与骑士团成员发生肉体关系，但说其他成员的入团仪式与上述类似，作为大团长他也下令这样安排入团仪式。

大约在同一时期受审的其他高级圣殿骑士给出的回答差不多。他们的答复高度相似，从宗教法官的档案看来，这些犯人

---

① 他是于格·德·佩罗的叔父。

可能是中了圈套。审讯者可能做了帮他们挽回颜面的承诺，诱骗他们承认了若干具体的罪行。诺曼底分团长若弗鲁瓦·德·沙尔内讲述自己否认过耶稣一次，但不记得自己有没有往耶稣像吐唾沫，因为那是"三十七八年前的事情了"，并且当时很匆忙。他承认自己曾"亲吻接纳他的官员的肚脐"，有一次还在会议上听别人说，对于骑士团成员来说，与其"在女人身上泄欲"，不如互相发生关系。他承认自己曾以相同方式接纳了一名新成员，然后说"他入团的仪式是邪恶、渎神和违背天主教信仰的"。[9]

骑士团在法兰西的监察官于格·德·佩罗于 11 月 9 日受审。宗教法官对他关注的程度超过了对雅克·德·莫莱的。大团长职业生涯的大部分时间是在东方度过，而于格是为骑士团服务了四十四年的老将，大部分时间在西方。他曾担任骑士团在英格兰、法兰西和普罗旺斯的最高级别官员，还是法兰西政治的显赫人物，曾与国王很亲密，在国王与教宗博尼法斯八世的冲突中支持国王。于格·德·佩罗的认罪最有价值，因为他的供词可以被理解为代表了圣殿骑士团在法兰西全境的活动。国王的宗教法官对于格的供词最为重视。

于格首先描述了自己在 1263 年加入骑士团的情形。他告诉审讯者，他当时否认了基督一次，但拒绝服从向十字架吐唾沫的命令，并且只亲吻了接纳他的官员的嘴，这只是常规的平安之吻。他随后说，他在接受别人入团时会把新人带到"某个隐秘的地方"，强迫他们执行完整的仪式：亲吻他的脊柱和肚脐，否认基督三次，然后往十字架上吐唾沫。显然，于格之所以这样认罪，是因为法官承诺，如果他认罪并表示后悔，就可以被宽恕。除了描述那些变态的入团仪式之外，他还说道：

"尽管他命令他们这么做，他自己心里并不情愿。"他承认自己曾允许某些骑士团成员与其他兄弟解决"自然的需求"，但随后也补充说这不是他真心同意的。他坚持说自己之所以这么做，"仅仅因为这是骑士团法规所要求的"。[10]

到目前为止，于格提供的都是模范认罪词：他自称主持了国王书信中描述的那种堕落行为，把骑士团的法兰西分团描写成鸡奸和渎神的罪恶温床。但于格在认罪的半途似乎迷失了方向。首先，他模棱两可。法官问，骑士团的其他高级成员是否执行过他那样的入团仪式，他说"他不知道，因为骑士团会议上的事情绝对不可以泄露给不在场的人"。然后，法官问"他是否认为，骑士团的所有成员都是以上述形式入团的"，他回答他"觉得不是这样的"。

宗教法官对这很不满。多明我会修士尼古拉·德·恩讷扎代表巴黎的纪尧姆，命令听证会暂时休会。于格被带走。之后，显然有人用了什么手段，让他改变了主意。听证会继续进行的时候，于格就改了说法，说"与之前说的相反，他相信所有骑士团成员都是以上述方式入团的。他要纠正自己之前的错误说法"。他还对之前提到的另一件事情（偶像崇拜的问题）补充了一些细节。雅克·德·莫莱和若弗鲁瓦·德·沙尔内没有提及偶像崇拜的问题。到了这个关头，于格已经基本上什么都愿意说了。他描述在蒙彼利埃有"一个脑袋形状的偶像，它有四只脚，两只长在脸下面，两只在后面"，他"用嘴唇而不是心去参拜它，假装膜拜它"。这个所谓"偶像"听起来像是一个圣物盒。当时的圣物盒镶嵌珠宝，往往做成人形，用以存放圣徒的遗骸，供人礼拜，这是非常正统的天主教风俗。但这并不重要。于格满足了宗教法官，并在宣誓自己

"没有因为受威胁、害怕受刑讯或监禁……而撒谎，也没有忽略任何事实"之后，被带走了。

审讯从 1307 年秋季一直持续到次年，同时在巴黎圣殿和法兰西多个地点举行听证会。审讯有统一的模式。圣殿骑士团成员被囚禁在条件恶劣的牢房，披枷带锁，只能得到面包和水。他们不时遭到拷打。刑讯是镇压异端的一种可被接受的做法，所以宗教法官根本懒得遮遮掩掩，在与朝廷的通信中坦率地提到拷问一事。1307 年 9 月，朝廷给负责捕人官员的指示在刑讯的问题上很明确。

> 应将犯人分别单独囚禁，严加看管，先对其进行调查。然后传唤调查专员，并仔细地查明真相，如有必要可以对犯人用刑（par gehine, se mestier est）。

同一份指示还写道：

> 在调查专员面前，应告诉犯人，国王与教宗已经从骑士团的多名非常值得信赖的证人那里得知了骑士团成员入团以及平时犯下的错误与鸡奸罪行。应向犯人保证，如果他们如实招供并重返神圣教会的信仰，他们可以得到宽恕；否则他们将被处死。[11]

有少数犯人试图抵抗审讯者对自己施加的压力，比如六十岁的兰博·德·卡隆。身为塞浦路斯分团长，他显然相信自己比法兰西那些上了年纪的会计和农场主更坚忍不拔。[12]兰博在巴黎比于格·德·佩罗晚一天受讯。起初他拒绝承认有任何不

圣殿骑士团在十字军东征中的军费来自他们位于全欧洲各地的庄园网络。他们的部分地产至今尚在，包括图中所示的埃塞克斯郡克莱辛的宏伟谷仓，它建在英格兰女王玛蒂尔达 1137 年赠给骑士团的土地上。

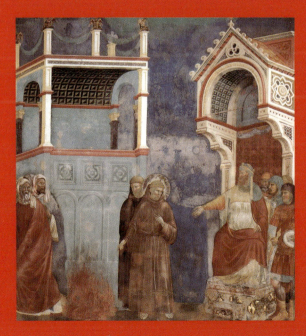

第五次十字军东征期间，圣殿骑士团与苏丹卡米勒对战。在这幅壁画中，卡米勒正与阿西西的方济各会面。方济各是个清贫的布道者，他企图说服卡米勒皈依基督教。

虽然遭到圣殿骑士团的斥责，神圣罗马皇帝弗里德里希二世·霍亨施陶芬运用自己与阿尤布王朝苏丹卡米勒的友好关系，让基督徒朝圣者在1229年之后能够再度访问耶路撒冷。

在阿卡码头下方，圣殿骑士团建造了规模庞大的地道，这些地道将他们的要塞与城市的主要港口和海关连通起来。1994年，这些地道被发现，现已向公众开放。

雷诺·德·维希耶，拥有显赫地位的法兰西圣殿骑士，后来成为大团长。他出资组织船只运送路易九世国王去埃及。1249年，路易九世入侵达米埃塔。他被俘后，圣殿骑士团紧急贷款，以筹措赎金。

从13世纪60年代起，耶路撒冷的十字军王国遭到埃及马穆鲁克王朝军队和蒙古人的持续攻击。基督徒试图与波斯伊儿汗国的统治者旭烈兀结盟。但蒙古人是不可靠的盟友，1300年十字军企图入侵托尔图沙时就意识到了这一点。

虽然基督徒在 1229 年短暂收复了耶路撒冷，但在 1244 年被花剌子模突厥人的军队逐出。这是马修·巴黎撰写的编年史页边上的图画，形象地描绘了上述战斗。此时的圣殿骑士团无力挽救耶路撒冷。

这是 14 世纪在埃及或叙利亚制作的一个铜盆的细节图，表现的是一位高级别的马穆鲁克武士（中），有人认为他正是伟大的苏丹拜巴尔。拜巴尔打垮了圣地的十字军国家，占领了位于采法特的圣殿骑士团要塞，还将全部守军斩首。

14 世纪法兰西的这份抄本描绘的美男子腓力四世及其儿女。腓力四世对自己的帝王威严和作为基督徒的优越感非常看重，而且还长期缺钱。他消灭了法兰西境内的圣殿骑士团，表现出一副虔诚的宗教改革家的样子，并将骑士团的大部分财富攫为己有。

波尔多大主教贝特朗·德·哥特于 1305 年成为教宗克雷芒五世。他始终没有在罗马居住，被讥笑为法兰西国王的傀儡。1307 年，他无力保护圣殿骑士团，放任法兰西朝廷对骑士团的迫害愈演愈烈，最终导致 1311 年维埃纳会议上骑士团被彻底解散。

圣殿骑士团在巴黎的宅邸是一座城市要塞,特色鲜明的塔楼高耸于巴黎的天际线之上。骑士团被解散之后,这座要塞得以保存,在法国大革命期间被用作监狱,王室成员就被羁押于此。这幅画大约创作于那个时期,从画中可见塔楼已经半壁倾颓。它于 1808 年被拆毁。

克莱尔沃的伯纳德认为,圣殿骑士应全心全意于自己的事业,不从事轻浮的娱乐活动,比如狩猎、掷骰子和下棋。而骑士团的团规比这宽松,允许骑士团兄弟用木制赌具赌博。图中两名西班牙圣殿骑士在下棋。(执黑子的一方似乎被将军了。)

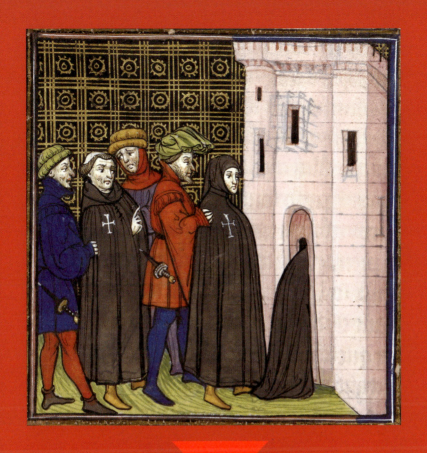

1307 年 10 月 13 日（星期五）黎明，法兰西境内的圣殿骑士遭到围捕。腓力四世的朝廷精心策划和执行了此次搜捕行动，并认为这样的做法正当合理。这是圣殿骑士团末日的开端。

此图描绘的是 1314 年圣殿骑士在巴黎被处以火刑的场面，这直接导致腓力四世于同年狩猎时丧命。据说骑士团大团长雅克·德·莫莱死前呼吁上帝为他复仇。

端行为，说自己曾宣誓守贫、守贞和服从，"他从来不知道，也从来没有听说接收新人的时候或者平日发生过任何邪恶或不体面的事情"。在他的简洁证词中，他当着尼古拉·德·恩讷扎修士的面给出了令审讯者十分不满的声明。但当天晚些时候，他就认罪了。[13]显然宗教法官懂得某些刑讯手段，能让久经沙场的十字军战士也屈服。所以其他人更没有能耐抵抗，纷纷认罪。从十几岁的少年到干瘪的老头，从级别最高的官员到最低贱的劳工，圣殿骑士团成员被带到身穿黑衣的审讯者面前，一个接一个地招供了：秘密仪式中的不合法亲吻、向十字架吐唾沫、否认基督、同性恋行为和崇拜偶像。他们把折磨他们的审讯者想听的东西几乎全都说了出来。[14]

如此迅速地搜捕圣殿骑士团成员并诱使他们认罪，是法兰西人策略的一个关键要素。但搜捕圣殿骑士团成员比搜捕犹太人困难多了。圣殿骑士团是与十字军东征运动联系紧密的修会，而且在法兰西全国的基督徒社会里扎根很深，所以朝廷较难操控民意。政府必须快速行动，必须把事情做得赤裸裸，必须抢在对方进行有组织地抵抗之前给圣殿骑士团定罪，让它无法翻案。

雅克·德·莫莱认罪之后，1307 年 10 月 25—26 日，大团长和其他一些高级成员被迫在朝廷特意邀请来的听众（巴黎大学的学者和学生）面前再次认罪。这样的听众的意见受人尊重，因为他们擅长文墨，并且在外国有人脉，国王可以利用这群人把有利于自己的版本传播出去，并让民众接受。这群听众是有教养的人，雅克·德·莫莱及其高级同僚原本有机会做最后一轮抵抗。不幸的是，到了这个阶段，圣殿骑士团大团长已经丧失了斗志。他决定，唯一的出路是尽可能配合国王的要求。他向学者重复了自己的供词，并描述法兰西国王为目光如炬的"光明使者"。然后他默许朝廷以他的名义发信给其他圣殿骑士，敦促他们效仿他，坦白从宽。换句话说，他放弃了捍卫骑士团声誉的责任，希望这样能让癫狂的迫害者满意，也许那样他们就会厌倦，将注意力转向别的受害者。

雅克若是有一点儿政治头脑，就会明白，并不是每一位统治者都像腓力四世那样希望毁掉圣殿骑士团的清誉。法兰西国王除了拉拢巴黎知识分子，还写信给阿拉贡国王海梅二世和英格兰新任国王爱德华二世（他的父亲，那位年迈的武士国王爱德华一世于1307年夏季驾崩），解释自己的发现，并敦促他们也搜捕各自境内的圣殿骑士团成员。阿拉贡国王和爱德华二世都感到莫名其妙。海梅二世的一位通信伙伴从世俗角度对法兰西国王的行为给出了自己的理解。此人从热那亚写信给阿拉贡国王，解释说："教宗和法兰西国王这么做，是因为贪图圣殿骑士团的财富，还因为他们想把医院骑士团和圣殿骑士团合并……国王更是想让自己的儿子之一成为合并后的新骑士团的统治者。"[15]

教宗对腓力四世的严厉措施感到愤怒。克雷芒五世身体状况很差，正在接受治疗，但他不能对腓力四世攻击圣殿骑士团和损害教宗权威的行为置之不理。教宗是法兰西王室的盟友，这是一回事；但让人觉得教宗被国王牵着鼻子走，就是另一回事了。雅克·德·莫莱认罪三天后，克雷芒五世从普瓦捷给国王写了一封礼貌但愤慨的信。他先是小心谨慎地赞扬了卡佩王朝君主无与伦比的圣洁，说他们"如同闪耀的明星"；但随后向腓力四世指出，卡佩王朝君主圣洁的原因是他们的"智慧与服从"，尤其是因为他们明白，在"有可能伤害神职人员或教会人士的事情里，他们会……让教会法庭处置一切事务"。[16]

教宗想，也许腓力四世一时忽略了这一点。"你伸手处置了圣殿骑士团的人员和财产，甚至囚禁他们，仿佛我也卷入其中。"克雷芒五世明确表示自己知道圣殿骑士团成员遭到了刑讯："你给那些原本就因为被囚禁而痛苦的人增添了更多痛苦。"

他告诉腓力四世，他很失望，因为"在你的一生中，我比任何一位罗马主教都对你更友好"。他曾告诉腓力四世，他打算调查圣殿骑士团；而腓力四世完全不理睬他，直接逮捕了"上述人员，扣押其财产，而这些人和他们的财产都在我和罗马教会的直接管辖之下"。教宗现在希望控制所有圣殿骑士团犯人及其财产，并亲自领导调查。"我热切地希望，彻底清扫教会的这座花园……不留下这种感染的任何踪迹……如果感染当真存在的话。"

教宗虽然病魔缠身，虽然因为住在法兰西而不是罗马损失了一定的权威，但他不愿意当法兰西国王的哈巴狗，而法兰西国王决心摧毁教会的武装力量，仅仅因为国王想这么做。

1307 年 11 月 22 日，克雷芒五世颁布了题为《牧者的卓越》（*Pastoralis praeeminentiae*）的诏书，将它发给西方所有主要的基督教君主，包括英格兰国王爱德华二世、阿拉贡国王海梅二世和卡斯蒂利亚、葡萄牙、意大利与塞浦路斯的统治者。该诏书称，教会的权威高于王权。对熟悉历代教宗与法兰西国王关系的人来说，这是老生常谈的主题，但它出自克雷芒五世之口，就显得有特殊意义了。他不愿意也不能允许卡佩王朝消灭圣殿骑士团。《牧者的卓越》表达了他这一意图。

克雷芒五世的问题在于，他失去了先手的优势。对圣殿骑士团不利的证据太多，尽管看似令人难以置信，但他也没办法一口气推翻全部证词。热衷于狩猎的法兰西国王绝不会放弃追击。博尼法斯八世死了四年之后还受到腓力四世的纠缠，这足以警告克雷芒五世不要直接攻击腓力四世。

教宗选择了别的策略。他主张将圣殿骑士团的案件交给教廷监督，但要把案件扩大到整个基督教世界。所有收到诏书的统治者都受邀参照法兰西国王的做法，开始搜捕自己境内的骑士团成员。克雷芒五世重复了骑士团的所谓罪行，但小心地表示，他暂不做最终裁决，相信那些指控有可能是假的；如果真是假的，就要做相应的处置。[17]克雷芒五世大笔一挥，把自己安置到针对圣殿骑士团调查的核心位置。但代价是，他把自己与腓力四世的政策捆绑在了一起，现在必须在各地（从都柏林到法马古斯塔）调查圣殿骑士团，直到此事得到解决。

法兰西国王及其大臣感到挫折，但他们应当不会惊讶。他们公开、迅速地镇压圣殿骑士团，因为他们知道消灭骑士团的窗口期很短。克雷芒五世的干预意味着他们现在丧失了对调查的总体控制权。不过骑士团受到的压力仍然很强：1308 年 1 月 7 日，英格兰的每一名圣殿骑士团成员都被逮捕；1 月 10 日，王室官员还逮捕了苏格兰、爱尔兰和威尔士境内的圣殿骑士团成员。三天后，那不勒斯国王查理二世执行了教宗的命令。[18]案件一下子迅速扩大，在短期内解决的希望破灭了。

新年后不到两个月的时间里，教宗突然停止了法兰西境内针对圣殿骑士团的调查。1307 年 12 月，一些枢机主教获准接触被囚禁在巴黎的最高级别圣殿骑士团成员。面对这些比较友好的调查者，骑士团领导人开始翻供。圣诞节前后，雅克·德·莫莱撤回了他的认罪书。他这么做的风险很大，可能被认定为复归异端的分子，但他的举动让目前为止每一位圣殿骑士团成员的供词都显得可疑了。1308 年 2 月，教宗对法兰西当局搜集的证据的可靠性和价值表示担忧。尽管他之前的命令（逮捕法兰西境外的圣殿骑士成员）仍然在执行，但他命令宗教法官停止审讯。指控还在，犯人仍然在押，但现在骑士团得到了喘息之机，也许还有机会抵抗。

腓力四世开始焦躁不安，他的大臣改换了策略。国王不能重新开启针对圣殿骑士团的起诉，但他肯定可以尝试将全体法兰西人团结到自己这一边。他从巴黎大学着手，那里的学者曾有幸在调查早期聆听了圣殿骑士团成员的认罪。1308 年 2 月，朝廷向大学的顶尖学者提出一系列问题，涉及国王是否有权在他自己的王国镇压异端。腓力四世及其大臣希望，对他们有利的法律意见能够迫使教宗重新开启听证会。

国王向学者的咨询没有大获全胜，只收到了带有歉意的呜咽。学者们如坐针毡，最后在 3 月 25 日给国王发去了卑躬屈膝的建议，解释说他"为了信仰的热忱"固然值得赞扬，但他也许做得有些过分。"如果对于圣殿骑士团有疑问，"学者提出，"应当由教会来裁决，因为正是教会创建了这个宗教修会。"他们还说，从骑士团没收的财产应当用于它们原定的用途，即拯救圣地。[19]

这不合国王的心意，但他没有罢手。5 月 5—15 日，他在图尔召集全国的等级会议，即各城镇和乡村的代表会议，请他们为国王提供建议。实际上，代表不得不聆听他和大臣癫狂地怒斥圣殿骑士团。等级会议支持了国王的立场，即圣殿骑士是邪恶、腐败的异端分子，理应被处死。得到众人的阿谀奉承，腓力四世心情大好，动身去教廷，亲自会见克雷芒五世。国王带去一大群人，包括他的几个儿子、他的弟弟瓦卢瓦的查理、多位主教、贵族和能够从图尔带去的尽可能多的达官贵人。这个庞大的代表团于5月底来到普瓦捷。

法兰西人笑容可掬地来到普瓦捷，但很快就明确提出了自己的要求。在与教宗克雷芒五世及其谋士的一系列会议中，王室大臣和支持者发表了冗长的演讲，越来越歇斯底里地谴责圣殿骑士团。言辞最激烈的人是纪尧姆·德·普莱西昂，他是律师，曾和纪尧姆·德·诺加雷一起在1303年攻击博尼法斯八世。根据一封发给阿拉贡国王的信，纪尧姆·德·普莱西昂于5月30日站在凳子上向教宗和听众宣讲大家耳熟能详的主题，即腓力四世作为君主的内在神圣性：

> 全能的上帝在此事中选择法兰西国王为他的代表。国王在法兰西王国的世俗事务中是上帝的代表，再也找不到比他更合适的人了，因为他是最虔诚的基督教君主，也是最富裕和最强大的。因此，所有的诽谤者都应当闭嘴。

纪尧姆说，国王这么做的动机不是贪婪，不是渴求圣殿骑士团的财富，而是出于一位非常高尚的基督徒的目标，即洗净他国内的教会。如果国王坐在现场的兄弟或儿子是圣殿骑士，他也会照样制裁他们。他从教宗那里想得到的，仅仅是请教宗谴责骑士团，从而让国王能够继续开展审判和惩罚其成员的工作。[20]

纪尧姆·德·普莱西昂是一位老练的律师和高明的演说家

（也是纪尧姆·德·诺加雷的优秀传声筒，而教宗不欢迎后者）。但他的对手决心已下。克雷芒五世说了一些抚慰的话，赞扬了国王的圣洁，否认自己怀疑国王镇压圣殿骑士团是出于贪欲。但除此之外，教宗不肯让步。6 月 14 日，纪尧姆·德·普莱西昂又试了一次，这次更加咄咄逼人。在演说末尾，他对克雷芒五世本人发出了一系列几乎赤裸裸的威胁。纪尧姆·德·普莱西昂说，如果教宗继续搪塞，那么国王可能会独自行动；腓力四世完全有权镇压自己国内的异端分子，而教宗如果继续阻挠国王，就等于是在帮助异端分子。这有一点威胁要废黜教宗的意思。但教宗仍然不动摇。他主张，只有他一个人有权审判圣殿骑士团，他不会理睬任何威胁。他似乎岿然不动，不过他其实正在逐渐动摇。

1308 年 5 月 6 日，教宗诏书《牧者的卓越》终于抵达了塞浦路斯岛。由于冬季地中海的风浪太大，交通变慢，诏书近 6 个月才被送到。在这期间，关于法兰西圣殿骑士之遭遇的消息已经传到了岛上。闪电式逮捕、虚假供词和关于怪诞仪式的指控，足以表明骑士团命悬一线。他们的代理领导人、军务官艾莫·德·瓦瑟莱已经开始做应对的准备。财宝和其他贵重物资被从内陆的尼科西亚运到南海岸的利马索尔，圣殿骑士团的桨帆船还开始偷偷将成员从岛上运走。5 月 12 日，也就是教宗诏书送抵的六天后，可能有三分之一的人已经撤离，这时塞浦路斯政府下令逮捕岛上的所有骑士团成员并没收其财产。

发布命令的人是阿马尔里克·德·吕西尼昂，塞浦路斯国王亨利二世的弟弟。阿马尔里克于 1306 年领导了反对国王的叛乱，后来在圣殿骑士团的帮助下自立为塞浦路斯终身摄政王。理论上阿马尔里克应当是骑士团的盟友，但他此时很难保护骑士团，因为大团长自己都已经供认了渎神大罪，（在法兰西的）所有成员已经被捕。

在法兰西，圣殿骑士团成员像绵羊一样驯顺地被地方行政长官抓走，没有抵抗。而阿马尔里克要面对的人不是这样的。首先，塞浦路斯岛上的圣殿骑士是武装人员，拥有船只，是岛上最精锐的军人，有能力坚守城堡。简而言之，除非他们自己投降，政府很难拿他们怎么样。阿马尔里克没有动用暴力，而是礼貌地请求他们投降。谈判持续了好几天，其间军务官艾莫·德·瓦瑟莱提议大家撤到一座庄园，在那里等待法兰西的案件处理结果。最后大家同意发表有限的集体声明，与阿马尔里克合作。5 月 27 日，星期二，118 名骑士团成员来到尼科西亚，公开发表讲话，声称自己是清白的。他们概述了自己在东方的优异服务，列举了他们与马穆鲁克军队的若干著名战役，表达了他们对基督教事业的绝对忠诚。然后，他们前往位于利马索尔的基地。

如果他们以为事情就这样告一段落，就大错特错了。次日夜间，阿马尔里克召集他自己的主要骑士和教士开会，宣读了关于圣殿骑士团审判进展的各种各样的文件，并命令自己的军队集结，准备俘虏圣殿骑士，将他们缉拿归案。6 月 1 日，圣殿骑士团成员在利马索尔遭到伏击，被俘和羁押候审。他们必须经历漫长而凄凉的等待，因为差不多两年后，塞浦路斯的审判才开始。

在普瓦捷，6 月底，腓力四世的大臣在谈判中改变了自己的腔调。他们看到直截了当的威胁和骚扰对克雷芒五世没有用，于是决定精心安排一些被告到教宗面前，请教宗自己来得出结论。这是很聪明的策略。克雷芒五世此时既不能推进审判，也不能后退；既不能撤销逮捕骑士团成员的命令，也不能开始正式审判，因为那样的话大家会说他是法兰西国王的傀儡。6 月 29 日，第一批受过精心挑选的七十二名圣殿骑士团成员被带到教廷，在随后的四天里再次重申自己的罪行，希望能借此迅速获得赦罪。很多人的供词比他们的第一次认罪更加耸人听闻：有些证词似乎经过刻意的夸大和扭曲，目的就是让教宗产生恐惧感。犯人补充了一些间接细节：有人说自己在入团时曾遭到粗暴对待，或者被人拿着剑威胁；有人详细描述了他们崇拜的所谓偶像。骑士团成员艾蒂安·德·特鲁瓦（从一开始就是纪尧姆·德·诺加雷的线人）说自己被强迫去崇拜一个代表于格·德·帕英的镶嵌有宝石的头像。[21]

　　到 7 月 2 日时，克雷芒五世要么已经看到了足够使他相信圣殿骑士团确实有罪的证据，要么认为自己可以满足法兰西朝廷的要求，而不至于显得自己是俯首帖耳的傀儡（后者更有可能）。在他面前认罪的圣殿骑士团成员得到他本人的赦罪。然后他将注意力转向整个骑士团。8 月 12 日，他颁布了题为《宽恕》（*Faciens misericordiam*）的诏书，开展两套并行的调查：首先是一系列在各教区举行的听证会，由主教、大教堂教士和多明我会或方济各会修士组成的委员会负责调查个别的圣殿骑士；然后是中央的教廷委员会，负责检视圣殿骑士团的组织机构本身。在法兰西，调查将在桑斯省举行（其实也就意味着在巴黎举行，因为它是该地区最大的城市），另外还在英格兰、塞浦路斯、阿拉贡，以及有圣殿骑士活动的每一个国家举行听证会。每次听证会将调查骑士团团规的 127 个条款，判断骑士团整体的可信度和纯洁性，看有没有办法挽救它。这项工作结束后，将在里昂附近的维埃纳（距离法兰西和神圣罗马帝国的边境不远）召开教会的大会，预定日期是 1310 年 10月 1 日。在大会上，将根据之前收集的所有证据对骑士团的未来做出最终裁决。

教宗准备离开普瓦捷，前往阿尔卑斯山。他的目标是尽可能远离巴黎、腓力四世、纪尧姆·德·诺加雷等所有那些让他在担任教宗的头三十个月就如此不愉快的人。他去不了罗马，因为腓力四世已经明确表示，他和克雷芒五世共存的条件是教宗必须继续住在法兰西。于是他选择去阿维尼翁，它位于法兰西国王领土的边缘，但距离罗马足够近，可以和那里方便地联络。8 月初，普瓦捷的教廷开始解散，准备于 12 月初到阿维尼翁的新家集合。"阿维尼翁教廷"就这样建立了，在随后的将近七十年里教宗一直以这里为基地。他们愤恨地将这段时期称为"巴比伦之囚"。

# 二十一  "上帝会为我们的死复仇"

　　教宗前往阿维尼翁，开始了某种意义上的囚徒生涯。而圣殿骑士团的大团长雅克·德·莫莱、骑士团在法兰西的监察官于格·德·佩罗、塞浦路斯分团长兰博·德·卡隆、诺曼底分团长若弗鲁瓦·德·沙尔内和普瓦图与阿基坦分团长若弗鲁瓦·德·戈纳维尔在忍受另一种更真切的囚徒生活：他们被囚禁在希农城堡。这是一座拥有圆形塔楼的大型石质要塞，位于维埃纳河的一个河弯，在普瓦捷以北约 62 英里（约 100 公里）处。这些囚徒都受过沉重打击。据说雅克·德·莫莱向一位枢机主教展示了自己上半身的伤疤，那是宗教法官第一次强迫他招供时刑讯的结果。对于这样高规格的犯人，法兰西朝廷不敢掉以轻心。1308 年 2 月，圣殿骑士团的著名会计师、伦巴底分团长奥利弗·德·佩纳从软禁的地点逃走，这让他的狱卒颇为窘迫。法兰西朝廷不能允许再有人逃跑。

　　尽管普瓦捷距离希农很近，圣殿骑士团的高级领导人没有一个被带到普瓦捷，在教宗面前悔罪。官方的理由是这些犯人不适合旅行，这有可能是真的，不过那些被带到教宗克雷芒五世面前的骑士团成员都是经过精挑细选的，目的是让教宗相信他们有罪。如果骑士团的高官见到了教宗，就有可能扰乱这种精心安排的表演。

8月14日，也就是教宗离开普瓦捷的前一天，由多位枢机主教和王室大臣组成的代表团奉命前往希农。代表团成员包括法兰西籍枢机主教贝伦加尔·弗雷多尔和艾蒂安·德·苏西，以及意大利籍枢机主教兰多尔福·布兰卡乔。他们于17日来到希农城堡大门前。本章开头提到的五名高级圣殿骑士逐个陈述了自己的故事，公证人忙着记录新的供词。后来这些供词被誊写到一张大羊皮纸上，这张羊皮纸被送到克雷芒五世那里，存放到教廷档案馆。①

第一个被讯问的是坚韧的塞浦路斯分团长兰博·德·卡隆。他承认自己加入骑士团时曾否认基督一次，但除此之外不知道任何不端行为。他知道的骑士团历史上的唯一一起鸡奸案件牵扯了东方的三名骑士团成员，他们被抓了现行，后被判处在朝圣者城堡终身监禁。此案非常罕见和丑恶，所以团规里专门有提及，将其视为极端越轨行为的例子。

招供完之后，兰博跪在三位枢机主教面前，恳求宽恕，并得到赦罪。他的罪孽得到原谅，他重新得到"信徒的团契②和教会的圣礼"。

他的四位同僚经历了同样的过程。诺曼底分团长若弗鲁瓦·德·沙尔内曾以骑士团袍服官的身份在塞浦路斯服役。他承认在自己入团时摒弃过十字架，并亲吻了接受他的官员的嘴，还"透过衣服亲吻他的胸膛，以示尊重"。这是他第一次

---

① 这就是"希农羊皮纸"，在梵蒂冈档案馆失踪了很多年，2001年被芭芭拉·弗拉雷博士发现。2007年制作了800份复制品，有的在私人手中，有的存放在世界各地的公共图书馆。*Processus contra Templarios*（Vatican City：2007）。——作者注

② "团契"为基督教术语，这里指基督徒之间的亲密关系或聚会、交流等。

认罪时没有提供的新信息。他恳求宽恕，并如愿以偿。若弗鲁瓦·德·戈纳维尔曾作为雅克·德·莫莱大团长的使者在塞浦路斯和教廷之间频繁往返。他说自己拒绝否认基督，但为了避免给接受他的人添麻烦，承诺会假装否认基督。于格·德·佩罗承认曾讥笑耶稣受难像，但说这是在他受到威胁之后。他说自己曾强迫其他人亲吻他的后背和肚皮，并原谅别人的鸡奸行为，认为那样比与女人发生性关系要好，但他坚持说自己从来没有过同性性行为。他还重复了先前关于蒙彼利埃的怪异头像的说法。若弗鲁瓦·德·戈纳维尔和于格·德·佩罗都得到了宽恕，重新回到了教会的怀抱。

8月20日，终于轮到雅克·德·莫莱了。前一年12月他曾翻供，但现在又改了主意，希望获得教宗的赦罪。他承认的唯一罪行是否认基督，但这就足以让审讯者满意。公证人为了千秋后世记载道，大团长"当着我们的面谴责了上述的和其他的异端罪行"，和他的同僚一样得到仁慈的赦罪。当天晚些时候，审讯者用每个犯人的母语高声宣读供词给他听，犯人承认供词是真实的。五名犯人得到赦罪后仍然被监禁，因为教廷对于骑士团作为一个机构腐败的调查将于当年晚些时候在巴黎开始，到时候还需要听审他们的证词。但他们个人的认罪过程已经结束了。三位枢机主教收拾行装，离开希农，相信自己已经挽救了他们的兄弟。

教宗开展的大规模调查现在开始缓慢地运作。在法兰西和信仰天主教的世界各地，主教们开始设立委员会来调查圣殿骑士团在他们教区的行为，目的是让他们认罪，然后就可以宽恕他们，让他们赎罪。

在法兰西，异端裁判的职责从国王转移到教宗手中，但在押候审的骑士团成员的生活条件没有得到改善，因为负责地区性调查的大多数主教与王室有密切联系。拒不认罪的圣殿骑士团成员要面临长期监禁，他们没有暖和的衣服，只能得到少得可怜的面包和水，披枷戴锁，反复受审，遭到凶残的威胁，最终遭到拷打。有些骑士团成员因为遭受残酷的虐待而发疯或死亡，有的因为长达数月的单独囚禁和殴打而变得稀里糊涂，根本无法回答任何讯问。[1]能讲话的人受到一连串讯问，这样做是为了把尽可能多的罪名安到他们头上。每位骑士团成员要承认或否认八十七或八十八种罪名。认罪供词里的要点被记录在案，但官僚机构施加恐怖的手段除外。

程式化的、令人麻木的问题被不断重复：你在入团时是否曾否认基督，以及是不是整个骑士团都会否认基督，以及后来有没有重复否认过？有没有人教导你耶稣不是真神，而是假先知？你们有没有向十字架吐唾沫？你们有没有践踏十字架？你们是不是经常这样做？你们有没有向十字架撒尿？你们有没有践踏十字架并且向十字架撒尿？在复活节有没有这么做？你们有没有否认教会的圣礼？你们有没有向大团长告解，而不是向有圣职的神父告解？你们有没有以不恰当的方式亲吻骑士团的兄弟？若有，亲吻了什么部位，后背、肚子、阳具？有没有人告诉你们可以和骑士团的兄弟发生性关系？你们有没有做过此类事？你们插入对方，还是被对方插入？有没有人告诉你们这不是罪孽？你们有没有崇拜偶像？偶像是不是有三张脸？你们如何崇拜它？你们有没有称它为"神"？你们有没有称它为"救世主"？你们的兄弟有没有这样做过？是不是大多数兄弟都这么做过？有没有人告诉你们，这个偶像会拯救你们，让你们富有，让土壤肥沃，让树木开花？

诸如此类。[2]最终，大多数圣殿骑士都认罪了，他们被肉体的折磨和残酷的审讯无情地打败了。不过有的人坚持了好几个月才屈服。维埃纳会议的预定时间为 1310 年 10 月，后来被推迟到 1311 年 10 月。拖延对审讯者有利，他们充分利用了这段时间。被关押在冰冷的牢房、忍饥挨饿一年多之后，大多数圣殿骑士团成员要么屈服，要么死去。在某个地区，1307 年被捕的骑士团成员有三分之一在五年内死亡。[3]

1310 年春季，从爱尔兰到塞浦路斯，调查者搜集了证据，讯问了圣殿骑士团成员和骑士团之外的证人。在大多数地方，调查显示，由腓力四世的大臣炮制、由教宗传播的指控是毫无根据的，其中大部分是臆想。但在法兰西，即骑士团的心脏地带，几乎每一场凶残审讯的结果都表明，骑士团是一个邪恶的、腐败的组织。从 1309 年复活节起，法兰西王室便开始将没收的圣殿骑士团地产租赁出去，从中渔利，因为王室认为这些地产永远不会被归还给骑士团。王室的举动不仅抢在个别的调查之前，还抢在对骑士团作为一个机构的整体调查之前。王室的做法是显而易见的贪赃枉法。

圣殿骑士团的中央领导层处于很糟糕的状态，无力抵抗。雅克·德·莫莱在希农得到赦罪，但他长期被关押，遭受各种折磨，元气大伤。他在巴黎和希农遭受残酷的审讯之后，被带回法兰西都城，来到教廷委员会面前。该委员会的目的是听取关于骑士团机构的证词。

1309 年 11 月 26 日（星期三）和 28 日（星期五），这位憔悴不堪的圣殿骑士团大团长被带到历史悠久的圣热纳维耶芙修道院，面对主要由法兰西籍主教与枢机主教组成的调查委员会。委员会主席是纳博讷大主教吉勒·艾瑟兰，他是法兰西御前会议的成员。雅克的答复稀里糊涂、前言不搭后语。起初他说自己既不睿智也不博学，无力保卫骑士团，只能说他感到"非常惊讶"，因为教会居然想要消灭圣殿骑士团，而教会曾经在三十二年里威胁要废黜霍亨施陶芬皇朝的弗里德里希二世，却始终没做到。[4]委员会向他宣读了他之前的认罪书，他恼怒起来，画了十字，说："愿上帝用撒拉森人和鞑靼人惩治罪人的手段来惩治本案中的罪人，因为撒拉森人和鞑靼人会将罪人的脑袋砍掉，或者将他们的身体砍成两截。"这时，在室外旁听的纪尧姆·德·普莱西昂走了进来，拥抱大团长，告诉他"小心些，不要毫无必要地贬低自己，不要毁了自己"。大团长请求给他一点时间考虑自己刚才说的话。于是他的做证被推迟到这一周晚些时候。

28 日（星期五），雅克再次来到委员会面前，此时他的精神状态并无好转，很难回答问题。委员会问，他是否愿意为骑士团辩护。他说自己是"一贫如洗的骑士，不懂拉丁文"。但他知道，教宗有一封信，信中保留了处置他本人的权力。审讯者告诉他，巴黎委员会的目的不是审查他本人的行为，而是调查作为一个机构的骑士团。雅克说他只有三件事情可说：骑士团拥有的教堂比竞争对手更好；骑士团比竞争对手更多地施舍穷人；"他不知道有其他的骑士团……比圣殿骑士团更愿意拿自己的生命冒险，去保卫基督教信仰，抵抗它的敌人"。然后他又一次开始胡言乱语，大谈圣地的战争，激动地讲起路易九世的弟弟阿图瓦伯爵罗贝尔在达米埃塔率领圣殿骑士奔向死亡的故事，尽管这故事与当前的案件并不相干。

这一次，大团长讲话的时候，纪尧姆·德·诺加雷走进房间。纪尧姆·德·普莱西昂很慈祥，而诺加雷阴险歹毒，令人不快。他听到大团长讲历史故事，就说自己读过圣德尼王家修道院的编年史，其中说圣殿骑士团曾背叛基督教事业，向萨拉丁宣誓效忠，但苏丹鄙视他们，认为他们之所以输掉 1187 年的哈丁战役，是因为"他们犯有鸡奸罪"。[5]

作为关于史实的辩论，这当然没有什么价值。它唯一能说明的是雅克·德·莫莱已经是个脑子糊涂的老人，他几乎没有任何能力从毁灭的边缘挽救自己的骑士团。虽然委员会成员是主教，但国王的大臣在幕后操纵。1310 年 3 月 2 日，雅克·德·莫莱第三次被传唤来做证。现在他连逸闻都讲不出来了，只是请求把他送到教宗那里接受裁决。

在大团长胡言乱语地做证的同时，圣殿骑士团的普通成员开始产生抵抗的斗志。在法兰西全境，成百上千的骑士团成员来到巴黎，向委员会提交证据。他们被安顿在全城的多个地点，从巴黎圣殿到主教府邸的安全房间，并被强制实施宵禁。但有些人得到有限的行动自由，还可以与其他人交流。骑士团的兄弟开始团结起来，组织有效的、积极的反抗。2 月，五百多名骑士团成员来到圣热纳维耶芙修道院，主动要求做证并赞扬骑士团。他们的部分证词得到委员会的聆听，但很快，抵达都城的骑士团兄弟就太多了，必须要有某种形式的官方代表才行。

3 月底，数百名圣殿骑士团成员在修道院举行露天会议，愤怒地宣称他们遭到的指控是莫须有的诬陷。调查委员会请求他们选择代表，为所有兄弟辩护。最后选中了四个人：两名神父和两名骑士。他们是神父博洛尼亚的彼得罗，四十四岁，曾担任骑士团派驻教廷的使者；神父普罗万的雷金纳德，奥尔良分团长；骑士纪尧姆·德·尚博内和骑士贝特朗·德·萨尔蒂格，他俩都是长期为骑士团效力的老兵。四名代表在一连串活动中抱怨被关押的骑士团成员遭受虐待，质疑审判的合法性，并指责国王的大臣干涉纯属于教会的事务。

4 月 7 日，博洛尼亚的彼得罗带领代表团来到听证会现场，呈交了圣殿骑士团的自我辩护。他的辩词凌厉而勇敢，驳斥了国王及其爪牙自 1307 年 10 月 13 日（星期五）以来的每一桩恶行。

他说，调查委员会目前搜集到的每一条证据都不能采信，因为认罪的圣殿骑士成员"是在强迫之下发言的，或遭到恫吓或被贿赂，或被劝说，或是出于恐惧"。他要求，从今往后，俗人不得出席圣殿骑士的审讯（他虽然没提纪尧姆·德·诺加雷和纪尧姆·德·普莱西昂的名字，但大家都知道指的是他俩），"骑士团成员有理由害怕的人也不得出席……因为所有兄弟都会因此而胆战心惊，那么有些人会撒谎是不足为奇的"。彼得罗说，除了法兰西之外，没有一个国家的圣殿骑士团兄弟"撒谎或者曾经撒谎"。试图讲出真相的人"在狱中遭受百般折磨，包括毒刑拷打、惩罚、吃苦头、侮辱、灾祸以及忍受恶劣的生活条件，只有他们的良心让他们继续坚持"。[6]

彼得罗随后重述了圣殿骑士团建立的故事：他们是源自"骑士精神和真正的兄弟之爱的骑士团……没有任何污秽、龌龊或罪孽。骑士团素来严格遵守修道的纪律，为了我们的救赎遵守团规"。骑士团的入团仪式不是变态行为，也不是与性有关的渎神：

进入骑士团的人都必须承诺四件事情，即服从、守贞、守贫和将自己的全部力量用于为圣地服务……新人得到的欢迎是纯洁的平安之吻，然后新人穿上带有十字架的僧衣，十字架紧贴他的胸膛……并学习遵守团规和从罗马教会与圣父那里传下来的古老风俗习惯。

针对骑士团的指控是"完全子虚乌有的，也是下流可耻的……虚假的谎言"。让他们撒谎的人的"动机是狂热的贪婪和嫉妒"。发出指控的人是"骗子和腐蚀他人的恶棍"，而骑士团兄弟之所以证实这些指控，仅仅因为他们"遭到死亡威胁，做了完全违背自己良心的认罪"。

彼得罗宣布调查委员会是非法的，并抱怨说他的骑士兄弟受到恫吓，因为自己的性命而恐惧，所以不敢撤回虚假的认罪，因为审讯者每天都告诉他们，如果他们翻供，他们就是复归异端的分子，将会被处以火刑，无比痛苦地死去。"他们说，如果他们翻供，必然会被活活烧死。"彼得罗在讲话开始时承诺，圣殿骑士团计划参加维埃纳会议（预定于1310年10月举行，克雷芒五世将对此案做出最终裁决），在教宗面前为自己辩护。如果他们能见到教宗，考虑到其他国家对骑士团的调查没有什么结果，他们有很好的机会给自己洗脱罪名。

大批圣殿骑士团成员来到巴黎，还在委员会面前做了强有力的辩护，这两件事情都让腓力四世不悦。更让他烦恼的是，教宗克雷芒五世在4月1日决定将维埃纳会议推迟到1311年10月，原因是需要更多时间搜集完整的证据。对圣殿骑士团的审判从黎明时分的闪电式搜捕开始，而拖了这么多年之后，他们磨难的结束之日遥遥无期。现在需要决定性的干预。

政府开始挑选哪些人可以在巴黎做证。软弱的证人被带到委员会面前，重复对骑士团的常见诬陷，尽其所能地夸大骑士团的荒诞罪行：以前说骑士团成员猥亵地亲吻对方的肚脐，现在变成了亲吻肛门。国王还从巴黎大学获取了第二批法律意见，证实他有权清洗自己国内的教会。[7]然后，他转而采用屡试不爽的策略——恐吓。

就在教廷委员会处置圣殿骑士团成员的积极自辩时，很多前来做证的骑士团兄弟仍然在接受调查，罪名是异端和渎神。国王考虑到这一点，将注意力转向涉及巴黎城的教会调查。巴黎城在桑斯教区内，调查由大主教菲利普·德·马里尼负责，他是腓力四世最亲密谋臣之一的兄弟。

5月的第二周，大主教马里尼突然对五十四名圣殿骑士团成员做了最终裁决。这些人原本是大主教主持的地区性调查的对象，但目前在巴黎支持圣殿骑士团的辩护。大主教的目的是指出这些人在大主教调查期间和教廷委员会调查期间给出的证词不一致，从而证明这些人是复归异端的分子。

纳博讷大主教吉勒·艾瑟兰是教廷调查委员会的主席，他出于对菲利普·德·马里尼的憎恶，立刻离开了自己主持的听证会。他的委员会在没有他参与的情况下继续运作，但在1310年5月12日（星期二），他们被一名信使打断。信使告诉他们，曾向他们做证的五十四名来自桑斯教区的圣殿骑士团成员确实是复归异端的分子，应当立即被处以火刑。尽管博洛尼亚的彼得罗及其同僚匆忙对此并提出法律上的反对意见，但现在国王的意志践踏了正当的法律程序。桑斯教区的圣殿骑士团成员全部被国王的官员逮捕，捆到大车上，穿过巴黎的大街小巷，来到郊外。那里已经准备好了数十根火刑柱和相应的柴堆。五十四人全部被活活烧死。

狂怒的国王一举粉碎了圣殿骑士团的抵抗。普罗万的雷金纳德来自桑斯教区。他虽不是 5 月 12 日被处以火刑的五十四人之一，但国王的意思是他如果继续抵抗，下场将会一样。

博洛尼亚的彼得罗愤恨地向调查委员会抱怨证人遭到威吓，但现在国王让大家清楚地看到，真正的威吓是什么样的。彼得罗一下子失踪了。有人告诉委员会，彼得罗从他夜间关押的牢房逃跑了，他从此音信全无。遭到这样的恶毒打击之后，圣殿骑士团的法律辩护团队瓦解了，普通成员的抵抗也被粉碎。几周之内，不仅再也没有志愿者站出来为骑士团辩护，而且有源源不断的人来重复大家已经耳熟能详的罪状。这件凄惨的事情最初就是这样开始的。听证会又继续进行了好几个月，调查委员会继续寻找证据来证明骑士团的整个体制就是异端。之前搜集的证据只不过是一些吓破胆的人为了逃避火刑而胡乱捏造的不可思议的幻想故事，但认罪的分量很快变得越来越重。1311 年 7 月 5 日，调查委员们被召唤到蓬图瓦兹觐见腓力四世。他让他们停止工作，因为掌握的材料已经足够了。相关文书被转交给克雷芒五世，供他在 10 月的维埃纳会议上斟酌。

在法兰西之外，对圣殿骑士团的迫害情况各不相同，取决于当地统治者的个性以及他当前在关注什么。最明显的例子是英格兰，爱德华二世于 1307 年 7 月，也就是骑士团成员在法兰西遭到大规模逮捕的仅仅三个月前登基。他对骑士团遭到指控的第一反应是嘲笑。这与他的性格相符：他偶尔目光敏锐，但在政治上往往表现得很愚蠢。爱德华二世继位时二十三岁，与腓力四世的女儿伊莎贝拉订了婚。爱德华二世也许应当谨慎行事，但他收到圣殿骑士被逮捕的消息后立刻写信给阿拉贡、纳瓦拉、卡斯蒂利亚、葡萄牙和那不勒斯的君主，告诉他们那些指控荒诞不经，大家不要相信。他很不情愿地遵从了《牧者的卓越》的指示。1308 年 1 月，144 名英格兰圣殿骑士团成员（其中仅有 15 人是骑士）被捕，但国王指示负责抓人的郡长不要将骑士团成员关在"条件恶劣凶险"的监狱。[8]骑士团的英格兰分团长威廉·德·拉·莫尔在坎特伯雷得到舒适的房间、一笔零花钱和好几个仆人，他还可以自由地在城里活动。同一个月的晚些时候，爱德华二世来到法兰西，迎娶腓力四世的女儿，但他回国后也没有积极遵从岳父的意愿，去大力迫害骑士团。

最终让爱德华二世改变对圣殿骑士团的态度的，是他肤浅的自私自利。尽管他于 1308 年 1 月在布洛涅娶了法兰西公主伊莎贝拉，但对她并无好感。他更感兴趣的是一位名叫皮尔斯·加韦斯顿的发小。在英格兰上层人士的眼里，国王和加韦斯顿是一对非常令人厌恶的伙伴。5 月，英格兰的一群主教和贵族联手，强迫国王将他的这个宠臣放逐到爱尔兰，如果此人胆敢回国，将遭到绝罚。从此以后，爱德华二世心中的头等大事就是把加韦斯顿弄回国。所以他一下子就需要克雷芒五世的支持了，因为教宗有权解除加韦斯顿可能遭到的绝罚。于是爱德华二世改变了自己对圣殿骑士团的政策。11 月，他命令重新逮捕之前被允许有一定自由的英格兰圣殿骑士团成员。他的决定让他称心遂愿了。1309 年春，加韦斯顿的绝罚被撤销，他于 6 月回国，这令爱德华二世的贵族大为不满。9 月，爱德华二世允许两位教廷的宗教法官进入他的国度，开始调查圣殿骑士团的不端行为。

　　到目前为止，圣殿骑士团在英格兰没有遭到像在法兰西那样的粗暴对待，这部分是因为异端裁判的理念对英格兰来说很陌生。英格兰的司法体制建立在陪审团的基础上，而不是用刑讯让嫌疑人供认罪行。在当时，英格兰较少采用刑讯。因此，当有人建议对圣殿骑士用刑时，大多数情况下都未被采用。在伦敦、林肯和约克分别设立了一个调查中心，几乎每一位来到教廷代表面前的骑士团成员都否认了每一项针对他们的指控。从大多数骑士团成员口中了解到的最严重的错误是，他们错误地相信，当一位骑士团成员因为违反团规而被鞭笞时，大团长的宽恕是一种神圣的赦罪，而不仅仅是骑士团内部宣布此案已经了结的程序。这种误解是不值一提的小事。

　　在英格兰，针对圣殿骑士团的法律程序一直进行到 1311 年夏季。在这期间，法兰西的宗教法官写信表达了自己的挫折感，并询问是否可以执行特殊的引渡：将所有英格兰犯人押送到法兰西的蓬蒂厄伯爵领地（由英王爱德华二世控制，但最终效忠于法王腓力四世），在那里进行正儿八经的审讯。最终，这些努力都无济于事。有两名逃犯被抓获，并试图通过承认"入团时曾否认基督"来换取自由，这引起了轰动，但最终不了了之。调查结束了，英格兰的大部分骑士团成员被送到各修道院，有些因轻微的罪孽以自我惩罚的方式赎罪，有的被其他宗教修会接收。只有两名最高级的嫌疑人面临严重惩罚，但这更多的是因为他们的地位，而不是因为他们的所谓罪行。英格兰分团长威廉·德·拉·莫尔被押送到伦敦塔，1312 年死去，死之前仍在等待教宗赦罪。奥弗涅分团长安贝尔·布朗克于 1307 年从法兰西渡过英吉利海峡，成功地逃到英格兰，后来被囚禁。他可能在 1314 年之后死于狱中。他俩都没有承认任何罪行。爱德华二世控制圣殿骑士团的土地十多年时间，将其地产的收入（杰弗里·菲茨斯蒂芬分团长曾细心地将其登记在册）纳入王室金库，直到 1324 年这些地产被医院骑士团接管。圣殿骑士团在英格兰的死亡是静悄悄发生的，并不引人注目。

圣殿骑士团在其他国家的遭遇不尽相同，取决于当地的具体情况。在爱尔兰，宗教法官不太积极，仅仅做了敷衍了事的讯问，并于 1312 年给骑士团成员发放养老金让他们退隐，甚至没有要求他们转投别的修会。相比于法兰西或英格兰的骑士，伊比利亚半岛的圣殿骑士更多的是作为作战力量，这正是他们被逮捕的一个重要因素。和爱德华二世一样，海梅二世国王不相信骑士团有罪，起初他也不肯镇压骑士团。在法兰西朝廷逮捕骑士团成员之前的五年里，海梅二世甚至帮助骑士团扩张他们在巴伦西亚王国（海梅二世的另一块领地）的地产。[9]但骑士团在阿拉贡的军事力量很快成为他们遭到毁灭的原因之一。在法兰西开始逮捕骑士团成员之后，阿拉贡的圣殿骑士开始准备自卫，他们储备物资，将自己的财富兑换成黄金以方便运输，并加固手中为数众多的城堡。海梅二世原本对骑士团没有敌意，但他不能接受骑士团控制若干要塞、与朝廷分庭抗礼的局面。1308 年，他逮捕了当地的分团长，开始攻打圣殿骑士团的要塞。一位骑士团成员愤怒地控诉海梅二世忘恩负义，讲述圣殿骑士多少次为了服务阿拉贡王国而献出自己的生命。海梅二世对此置之不理。随后双方发生了一场小规模内战，王军攻打圣殿骑士团在米拉韦特、蒙宗、阿斯科的要塞和其他几处原本为了针对摩尔人而建造的要塞。国王花了好几个月的时间才用饥饿的方式迫使最后一群抵抗者屈服。位于蒙宗（海梅二世的祖父在那里，在圣殿骑士团的监护下长大成人）的庞大要塞和查拉梅拉要塞一直到 1309 年 7 月才放弃抵抗。

很多骑士团成员被俘，有的遭到拷打，不过和英格兰的情形一样，阿拉贡的骑士团成员即便遭到刑讯也不招供任何严重罪行。在阿拉贡，没有一位圣殿骑士团成员认罪。1312 年，阿拉贡朝廷放弃了针对骑士团的诉讼，因为始终没有得到一份认罪书。[10]骑士团成员被释放，领取养老金，作为教士到修道院里生活，他们的财产被国王、医院骑士团和一个新的军事修会瓜分。这个新的军事修会以巴伦西亚的蒙特萨为基地，效仿卡拉特拉瓦骑士团。圣殿骑士团在阿拉贡很快就成了回忆。

在卡斯蒂利亚－莱昂，圣殿骑士团受到调查，于 1310 年被判无罪。在马略卡岛没有任何严重的丑闻被揭发。在意大利诸邦，政府对镇压圣殿骑士团没什么兴趣。有些骑士团成员承认了一些不谨慎的行为，比如在十字架上行走，或者鸡奸和偶像崇拜，但这些并没有造成很大的震动。在意大利西北部的一些地区，调查者禁止刑讯，并积极地证明骑士团的清白。[11]在西西里，政府大体上对迫害骑士团没有兴趣，尽管抓了一些人，也审判了他们，但调查结果没什么要紧的，并且似乎只有少量骑士团成员被卷入，也没有人被判处死刑。[12]

同样，在德意志，统治者对骑士团成员开展了一些有限的调查，但对迫害他们没有热情。在基督教世界越是往东北方向走，圣殿骑士团成员就越罕见。德意志诸邦的条顿骑士团成员比圣殿骑士团成员多得多。不过在德意志，针对圣殿骑士团的迫害引发了一件新奇的事情，涉及米伦①的一处女修院。自

---

① 在今天奥地利的南部。

1272 年以来，该女修院的产权和管理权属于圣殿骑士团，是沃尔姆斯主教帮助谈成了这种安排。他也许是受了条顿骑士团的影响，因为条顿骑士团在远离前线的地方接受女性成为正式成员。圣殿骑士团成员遭到搜捕时，米伦的修女被强迫转入医院骑士团，不过她们对此十分不满，抱怨颇多。[13]

塞浦路斯和阿拉贡的情形一样，圣殿骑士团在当地除了是所谓的宗教异端，还是真正的军事力量。自 1307 年夏初，塞浦路斯的圣殿骑士团成员被囚禁在岛上的不同地点。过了将近三年，听证会才在 1310 年 5 月 5 日启动。[14]原先被逮捕的 118 名圣殿骑士团成员中，此时只有 76 人还活着并能回答讯问。他们中一半以上的人是骑士，这个比例比西方高很多，那里只有十分之一的人属于骑士阶层。塞浦路斯的圣殿骑士团成员全都坚决否认自己犯有清单上的任何罪行。他们只说在欢迎新成员的时候会有平安之吻，但这是完全正当的。他们证实，根据圣殿骑士团的常规，会议都是秘密进行的，不向外人开放。

为了扩大调查范围，审讯者还听取了 56 名不属于圣殿骑士团的证人的证词，包括岛上一些地位显赫的人物：王室总管伊贝林的菲利普、贝鲁特的名义领主鲁彭·德·孟福尔、贝鲁特主教和两名修道院院长。这些人有的是亨利二世的党羽，有的是他的兄弟阿马尔里克（废除了亨利二世国王，将其流放到亚美尼亚）的支持者。但他们全都宣誓认可圣殿骑士团成员的正直品格。很多人说，他们曾看见圣殿骑士团成员领圣餐，并慷慨地赈济穷人，施舍"面包和肉，有时也会给钱，每周都会这么做"。[15]为圣殿骑士团的品行做证的人给了他们高度评价，证词当中流露出对骑士团强烈的自豪与好感，因为不管骑士团有什么错误，都因其身处对抗伊斯兰教战争的最前线而备受尊重。证人之一、利马索尔财务官和帕福斯的教士诺里斯的约翰叙述道，塞浦路斯人常说的一句话是："不管你是对是错，我都会用圣殿骑士团的方式捍卫你。"[16]

维埃纳会议于 1311 年 10 月召开，于 1312 年 3 月 22 日公布了最终的裁决结果。基督教世界各地的许多高级教士前来参会，包括四位宗主教、二十位枢机主教以及数十位大主教和主教。他们当中的很多人对圣殿骑士团遭到的指控感到怀疑，要求听取骑士团自己的辩护。这个要求不算不合情理。令他们愤慨的是，法兰西国王就在附近。他在距离维埃纳仅 18 英里（约 30 公里）的里昂部署了一支军队，还写信给教宗，要求镇压和解散圣殿骑士团，并创建一个新的骑士团，从而继续对异教徒作战。国王的意思很清楚：克雷芒五世必须做出决定。他要么落得与博尼法斯八世相同的下场，要么接受事实。而自从 1305 年他戴上教宗冠冕以来，一个事实就一直压迫着他：他是法兰西的教宗，最终不得不听命于法兰西国王。

题为《高处的声音》（Vox in excelso）的教宗诏书概括了对圣殿骑士团的决定。克雷芒五世引用《旧约》中的词句，从头开始概述圣殿骑士团的案件。他描述教会多么尊重圣殿骑士团，但"他们悖逆我主耶稣基督……他们堕落了，犯下了不虔诚的叛教罪、可憎的偶像崇拜罪、致命的鸡奸罪等多种异端罪"。教宗奉承腓力四世为"我们亲爱的信仰基督的儿子"，他"丝毫不打算将圣殿骑士团的任何财产占为己有……他内心充满对正统信仰的热忱，追随他的祖先的光荣脚步"。诏书重复了骑士团的一大串罪名和渎神罪行，并概括道，"大团长、分团长和骑士团的其他成员以及骑士团本身都卷入了这些以及其他罪行"，宗教法官搜集整理的诸多认罪书足以证明这一点。克雷芒五世特别提到雅克·德·莫莱、于格·德·佩罗、兰博·德·卡隆及其同僚在希农的悔罪，并说他们已经得到赦罪。然后他宣布了自己的最终决定：

> 这些认罪书让骑士团显得十分可疑……丑闻和怀疑让神圣教会、高级教士、帝王和其他统治者以及所有天主教徒都憎恶它。我们相信，从今往后很可能不再有善良的人愿意加入圣殿骑士团，所以它对神圣教会来说已经完全无用，也无法继续从事在圣地的事业。

在维埃纳，圣殿骑士团没有得到为自己辩解的机会。有匪夷所思的传闻说有 2000 名骑士团成员在城郊等待，希望闯入会议厅，但根本没有这样的事情。在决定骑士团命运的会议上，骑士团成员几近隐形，没有得到任何辩护。在《高处的声音》一文中，教宗巧妙地绕过这种赤裸裸的不公，说如果他推迟裁决从而让圣殿骑士团有机会为自己辩护，就会浪费很多时间，导致骑士团的财产荒废，失去对十字军东征的价值。耽搁下去不会有好结果。

> 于是，我以沉重的心情……经过神圣会议的批准，发布神圣不可侵犯的、永久有效的法令，镇压和解散圣殿骑士团，消灭它的制度、风俗和名称。我严格禁止任何人在今后加入圣殿骑士团，或接受或穿戴其僧衣，或以圣殿骑士团成员的风格行事。违者一律被绝罚。[17]

随着书记员大笔一挥，盖上教宗的印章，存在了 192 年的圣殿骑士团就被废止了。它唯一的小小胜利（如果能算是胜利的话）是它的财产没有被交给腓力四世，而是由教宗保留，"供我本人和教廷支配"。诏书也没有涉及将各个军事修会合并的事情。1312 年 5 月，教廷决定将圣殿骑士团的财产转移给医院骑士团，从而支持他们在东方的使命。这对医院骑士团来说不完全是喜讯。理论上他们获得了横亘 2000 英里（约3200 公里）土地上的广袤地产，但为了真正拿到这些地产，他们花了十多年才解决法律上的纠纷。

在伊比利亚半岛，圣殿骑士团的土地被世俗统治者、医院骑士团和以阿拉贡的蒙特萨为基地的新军事修会瓜分。圣殿骑士团在巴黎金库里的白银很可能流入国王的铸币厂，但腓力四世始终无法攫取骑士团在法兰西的全部土地，也未能让自己或他的儿子们成为掌管统一的军事修会的十字军国王。他的胜利完全在他个人的层面：他认为圣殿骑士团是一个充满秘密、异端、龌龊、通奸、渎神、纵欲等邪恶事物的组织，而他终于战胜了圣殿骑士团。

圣殿骑士团的财产被瓜分之后，数百名犯人需要被重新安置。拒不认罪的人被终身监禁，但很多人选择认罪，也得到了宽恕。这些人被安排到其他的宗教机构生活，阿维尼翁的教廷为他们发放养老金。总的来讲，他们的新生活和之前在圣殿骑士团的生活差别不大。在圣殿骑士团曾执行军事任务的地区，他们有时能换个新身份继续做自己的工作。1319 年，葡萄牙创建了一个新的骑士团：基督骑士团。它吸收了圣殿骑士团的财产，有时让曾经的圣殿骑士团成员换上新制服，允许他们继续驻守曾属于圣殿骑士团的城堡并参加针对摩尔人的圣战。

少量流落他乡的圣殿骑士团成员完全没有受到骑士团解散的影响。德意志编年史家鲁道夫·冯·苏德海姆于1340年在巴勒斯坦邂逅了两位老人，他们自称是1291年阿卡陷落后落入马穆鲁克手中的圣殿骑士团成员。[18]

此时的伊斯兰世界并没有觉得圣殿骑士团的解散是值得庆祝的喜事，尽管当年萨拉丁若是在哈丁战役之后就能把圣殿骑士全部杀掉、一网打尽，伊斯兰世界定会普天同庆。圣地已经几十年没有出现过圣殿骑士团的影子了，实际上他们早就被排除在圣地之外。

圣殿骑士团虽然享有崇高的军事声誉，最后却几乎没有做出任何抵抗，任人宰割。但对骑士团的某些成员，不能简单地给他们换上新僧衣然后遗忘他们。1310年，雅克·德·莫莱、于格·德·佩罗、若弗鲁瓦·德·沙尔内和若弗鲁瓦·德·戈纳维尔被从希农转移到吉索尔（塞纳河以北的一座巨大城堡，在巴黎和鲁昂之间）。兰博·德·卡隆似乎死在了希农狱中。雅克最后一次来到调查委员会面前时可怜兮兮地恳求教宗开恩。他自始至终采用认罪乞怜的策略，但最后没有落得好下场。骑士团被解散之后，他也没有好结局。

1313年12月，克雷芒五世将注意力转向大团长及其三名幸存的同僚。他们希望面见克雷芒五世并向他求救，但克雷芒五世显然已经不愿意见圣殿骑士团的人了。他任命几位枢机主教组成一个委员会，去调查这四名骑士。阿尔诺·诺韦利、阿尔诺·德·欧什和尼古拉·德·福雷奥维尔负责最后一轮听取证据并做出裁决。

1314年3月18日，巴黎圣母院外搭起了一个高台，围观群众聚集到这里。曾经指挥世界上最著名军事修会的四名老人将在这里接受最后的宣判。人群中有桑斯大主教菲利普·德·马里尼,他的调查把五十四名圣殿骑士团成员送上了死路。三位戴着宽檐帽的枢机主教检视了这四名被告,宣布了对他们的判决。

圣德尼修道院的僧人纪尧姆·德·南日撰写的编年史续篇记载道,他目睹了雅克·德·莫莱及其同僚在当天受审的情形。他们受到简短的讯问,四人全都认可了之前的认罪。他们的罪孽得到宗教上的宽恕,但他们赎罪的方式非常严酷,具有惩戒性。"他们被判处终身监禁。"这位编年史家如此写道。[19]

雅克·德·莫莱已经入狱六年半,这个判决让他无法接受。在教廷委员会的一次调查中,他回忆了自己年轻时的经历。当时他被派到圣地与撒拉森人作战,与当时的大团长纪尧姆·德·博热发生了矛盾,因为大团长唯一的愿望是和平。雅克·德·莫莱当时感到很受挫,而且这种挫折感一直在他心中。雅克的整个人生是一连串的失意,最后在审判中因被迫供认犯下丑恶罪行而获得的罪名,令他自己蒙羞,危及他的灵魂,并摧毁了他为之奉献终身的骑士团。现在审讯者告诉他,他的余生将在囹圄中度过,作为一个做伪证的失败者了却残生。

令眼前的观众震惊的是,他决定直抒胸臆。在一名枢机主教向群众宣讲的时候,雅克打断了他的话,开始为自己的清白辩护。若弗鲁瓦·德·沙尔内加入他,控诉他俩遭受的不公和折磨。他们怒斥枢机主教和桑斯大主教,"毫无敬意地开始翻供"。[20]

在雅克和若弗鲁瓦·德·沙尔内背后,于格·德·佩罗和若弗鲁瓦·德·戈纳维尔保持沉默。每个人都明白正在发生什么。如果沉默，就是接受终身监禁的刑罚；如果发言抗议，就会被视为复归异端的分子，被处以火刑。围观者目瞪口呆。原本精心策划的表演出现了出其不意、令人不快的转折。雅克·德·莫莱继续高声为自己辩护，这时一名站在他旁边的军士走上前来，"扇了大团长一个耳光，于是他不再说话，被拖着头发拉进一座礼拜堂"。[21]

审讯者不再遵守法庭的正当程序。若弗鲁瓦·德·沙尔内被和雅克·德·莫莱一起拖走。法庭打算将他俩暂时关押，"于次日更充分地考虑如何处置他们"。但巴黎圣母院发生的事情在全城不胫而走，几小时之后腓力四世就知道了。他的耐心耗尽了。"他与自己的谋臣商量，"编年史家写道，"没有和教士交流，就做了审慎的决定，那就是将那这两名圣殿骑士处以火刑。"[22]

3月18日傍晚，圣殿骑士团大团长和诺曼底分团长被押上一艘小船，来到塞纳河上的小岛亚维奥，此地距离御花园不远。那里有两堆已经开始冒烟的柴禾在等着他们。

"推罗的圣殿骑士"从一名当时在巴黎并且目睹岛上发生的事情的商人那里获得了目击者的记述。"大团长恳求允许他祈祷，然后向上帝祈祷，"他写道，"随后被捆缚到火刑柱上。"[23]

另一位法兰西编年史家用韵文记载了这两名圣殿骑士的最后时刻。在平静的气氛里，雅克·德·莫莱脱去衣服，只剩内衣，没有战栗，也没有表现出畏惧。他被捆到火刑柱上时请求允许他祈祷。他补充道："上帝知道谁错了，谁是罪人。很快，那些诬陷我们的人会大祸临头。上帝会为我们的死亡复仇。"然后他说自己已经做好准备，慷慨赴死。烈火

熊熊，木柴噼啪作响，雅克·德·莫莱很快与世长辞。"他
死得多么平静，"这位诗人写道，"众人都感到惊异。"[24]圣殿
的贫苦骑士团的最后一任大团长留给世界的，只剩下他死前
发出的诅咒。

于格·德·佩罗和若弗鲁瓦·德·戈纳维尔在巴黎这些惊
涛骇浪的大事件多年之后死于狱中。若弗鲁瓦·德·沙尔内也
在 3 月 18 日被处以火刑，他和雅克·德·莫莱的骨灰可能作
为圣物被人保留，也可能被丢弃了。圣殿骑士团大团长的遗言
说上帝会为他的死亡复仇，我们不确定他这话的本意，但它似
乎发生了作用。毁灭圣殿骑士团的两大元凶，法兰西国王腓力
四世和教宗克雷芒五世，都在不到一年的时间里死去。克雷芒
五世的身体状况一直不太好，他于当年 4 月死于慢性肠胃疾
病，而年仅四十六岁的腓力四世于 1314 年一次狩猎时突然中
风死亡，被安葬在圣德尼修道院，长眠在他的前任圣徒路易九
世身旁。

他们从圣殿骑士团的毁灭当中得到什么好处了吗？1306
年的时候圣殿骑士团和医院骑士团可能确实急需改革和合并。
阿卡陷落之后，两个骑士团就失去了存在的意义。发动新的十
字军东征的雄心壮志让两个骑士团又维持了二十年，他们和其
他很多人一样，拒绝接受一个事实：蒙古人的到来和马穆鲁克
王朝的征服战争之后，东方的形势已经发生了剧烈变化。从这
个角度来看，尽管克雷芒五世的手段很笨拙，并且毫无必要地
产生了许多破坏，但他对基督教世界的资源的重新调配起到了
促进作用。除此之外，他的行为没有什么值得赞扬的。但丁·
阿利吉耶里于 1320 年写完《神曲》，把克雷芒五世放到地狱，

他头朝下被悬挂在烈火之上炙烤。但丁说克雷芒五世是"来自西方的不守法纪的牧人",用金钱买了自己的位置,并且受到法兰西国王的"温和"对待。[25]

腓力四世在位期间多次证明了自己的冷酷、残忍和任性。任何个人或群体,只要(在腓力四世眼中)对国王的威严或他作为"最虔诚的国王"的自我构建的形象哪怕有微不足道的冒犯,就会遭到他的恶毒攻击。这个喜欢说教的偏执迫害狂在死前不久将矛头指向自己的亲人。有传闻说他的两个儿媳在一座名为奈斯勒塔的河畔瞭望塔内与两名诺曼骑士通奸,他大受刺激,将这两对男女以及他的第三个儿媳(据说是通奸的知情人)全都逮捕。这两名骑士遭到拷打、审讯,被残忍地公开处决;三个儿媳被终身监禁。①

奈斯勒塔丑闻给腓力四世造成了很大痛苦。他处置此案的手段与迫害教宗博尼法斯八世、法兰西犹太人和圣殿骑士团的手段几乎完全一致。一方面,王室需要新的收入来源;另一方

---

① "奈斯勒塔事件"是腓力四世在位期间的著名丑闻,发生在1314年。国王的三个儿媳被指控犯有通奸罪,这起丑闻对卡佩王朝末期产生了极大影响。

腓力四世有三个儿子,他们是路易(后来的国王路易十世)、腓力(后来的国王腓力五世)和查理(后来的国王查理四世)。路易娶了玛格丽特(勃艮第公爵的女儿),两人感情冷淡,据说路易更喜欢打网球而不是与妻子相处。腓力娶了琼(勃艮第伯爵奥托四世的长女),这对夫妻关系不错。查理娶了布朗什(奥托四世的另一个女儿)。1313年,腓力四世的女儿伊莎贝拉及其丈夫英王爱德华二世访法期间,伊莎贝拉向她的三个哥哥和嫂子分别赠送了刺绣荷包。当年晚些时候,在伦敦的一次宴会上,伊莎贝拉发现自己赠给嫂子的荷包被两名诺曼骑士戈蒂埃和腓力·德·奥耐带在身上。伊莎贝拉据此判断,嫂子和这两人有奸情,于是告诉了父亲。腓力四世对这两名骑士加以监视,断定布朗什和玛格丽特与这两人在巴黎的奈斯勒塔中通奸已有一段时间。起初琼被认为没有与任何骑士通奸,但对两个嫂子的丑事知情;后来被断定她也有通奸行为。

面，国王希望对自己王国的新增部分施加王权；并且他有一种超乎寻常的能力，总是认为与他打交道的人有最丑恶的伤风败俗行为。即便参照当时的标准，他也是个特别凶残的假正经的人。圣殿骑士团只是他的诸多受害者群体之一。

1307 年 10 月 13 日至 1314 年 3 月 18 日，圣殿骑士团被全面而彻底地制伏。他们的地产被没收；他们的财富被掠夺；他们的声誉被践踏；他们的成员遭受囚禁、刑讯、杀戮、驱逐和羞辱。在迫害过程中幸存的人后来或是死于牢狱，或是被连根拔起、送到新的宗教机构，或是被分配到新的军事修会，不过最后一种情况很罕见。虽然有很多丰富多彩的神话说圣殿骑士团转入地下，秘密生存了下来，但到 14 世纪 30 年代，骑士团实际上已经不复存在。圣殿骑士团的主要档案（这是他们在东方仅次于金库的最重要的财产）被保存在塞浦路斯，由医院骑士团接收，但后来丢失了——很可能是在 16 世纪塞浦路斯被奥斯曼人征服时丢失的。所以，说到底，圣殿骑士的肉身被曾经对组建骑士团贡献良多的法兰西王室消灭了，他们的记忆则被伊斯兰敌人吞噬，而骑士团之所以建立就是为了抵抗这个敌人。"他们是法兰克人当中最强悍的战士。"对处于盛期的骑士团很熟悉的摩苏尔编年史家伊本·艾西尔如此写道。最终，骑士团再也无力战斗了。

圣殿骑士团在十字军东征中发挥了重要作用，而十字军东征没有因为圣殿骑士团的消亡而停止。圣战思维在欧洲基督徒脑子里，根深蒂固。即便实际上他们再也不能组建像 1096—1250 年远征耶路撒冷、大马士革和达米埃塔那样的十字军，收复圣地的梦想一直存在。罗马教宗也愿意取悦世俗统治者，给他们的边境战争和针对欧洲边缘的"异教徒"的战争赋予十字军东征的地位。

在西班牙，收复失地运动在 14 世纪和 15 世纪继续开展，在这期间，穆斯林的格拉纳达埃米尔国仍有相当强的实力。它理论上是卡斯蒂利亚王国的附庸，实际上是一个自豪的独立的伊斯兰国家。在卡斯蒂利亚虚弱的时期，或者在它与邻国阿拉贡和葡萄牙交战的时期，格拉纳达往往乘虚而入，发动进攻。所以，卡拉特拉瓦骑士团与圣地亚哥骑士团这两个军事修会一直在驻防城堡，守卫基督徒与穆斯林边境地带的山区隘道。1469 年，阿拉贡国王斐迪南二世和卡斯蒂利亚女王伊莎贝拉结婚，这两个强大的王国联合起来组成统一战线，共同对付纳斯尔王朝的统治者穆罕默德十二世。格拉纳达埃米尔国最终被消灭。两位"天主教君主"逐渐蚕食格拉纳达埃米尔国。1492 年 1 月，穆罕默德十二世被逐出自己的都城格拉纳达的阿兰布拉宫①，再也没能回去。

在西班牙之外，关于在圣地重新为基督徒获得一个立足点的计划不胜枚举，但很少能得到真正地执行，大多是满脑子幻想、对东方缺乏经验、一辈子从来没有见过一个马穆鲁克的人头脑发热拟定的方案。1318 年，腓力四世的儿子和继承人腓力五世设想由自己的堂弟克莱蒙伯爵路易领导一次去"海外"的远征，并任命其为"总司令、领袖和总督，负责统领我派

---

① "阿兰布拉"的意思是"红色城堡"或"红宫"，阿兰布拉宫位于西班牙南部的格拉纳达，是古代清真寺、宫殿和城堡建筑群。宫殿为原格拉纳达摩尔人国王所建，现在则是一座穆斯林建筑与文化博物馆。该宫殿是伊斯兰教世俗建筑与园林建造技艺完美结合的建筑名作，是阿拉伯式宫殿庭院建筑的优秀代表，1984 年被选入联合国教科文组织世界文化遗产名录。

遣的全部武士，通过陆路或海路去援助圣地"。[26]几年后，威尼斯地理学家托尔切洛的马里诺·萨努多向教宗约翰二十二世呈送了一本厚重的大书，其中附有叙利亚和埃及沿海的详细地图与航海图，这些图展示了他的复杂设想：大规模封锁，海上入侵，从陆路进军尼罗河三角洲，参与方包括热那亚、威尼斯、克里特岛、罗德岛、塞浦路斯和亚美尼亚；仅仅在军事行动的第一阶段维持海上封锁就需要 5000 名骑士。[27]不消说，这样的十字军东征始终不曾实现。

随着中世纪的时光流逝，十字军东征精神找到了新目标。14 世纪 30 年代和 40 年代，威尼斯、塞浦路斯和医院骑士团组成海上联盟，袭击突厥人在地中海的各港口。1362—1369 年，塞浦路斯国王皮埃尔一世组织一些人去欧洲招兵买马，组建十字军，并用船将其运送到东方，洗劫甚至短期占领了一些穆斯林居住的城镇，如土耳其海岸的安塔利亚和科里库斯，尼罗河三角洲的亚历山大港和罗塞塔，以及马穆鲁克王朝的西顿、贝鲁特、的黎波里、托尔图沙和拉塔基亚。1378 年，西方教会分裂，阿维尼翁和罗马分别选出了教宗，双方都拉拢一些君主和贵族对另一方开展军事行动，并称其为十字军东征。1420—1431 年，在波希米亚开展的针对捷克人军事领袖扬·胡斯的军事行动获得了十字军东征的地位。

东北欧是基督教圣战的另一个如火如荼的战区，这里的大部分工作由条顿骑士团承担。1309 年，他们在马利亚堡建立了自己的正式总部。他们拥有一个广袤的、差不多可以算是自治的普鲁士国家，领土从波兰北部延伸数百英里进入立窝尼亚。他们表面上的目的是协助向异教徒传教，而他们的官方史官和骑士马尔堡的维甘德的编年史记载了很多远征的故事，这些远征是迷你版的十字军东征，针对的是土著敌人。1344 年的一段有代表性的文字记载了当时的大团长鲁道夫·科尼希与荷兰伯爵威廉①结盟，"进入立陶宛，在两天内蹂躏这片土地，给敌人造成严重破坏，起因是这片土地很肥沃。但由于冰雪消融造成洪水泛滥，他不得不撤退"。[28]14 世纪东北欧的大部分故事都与此类似。没过多久，条顿骑士团开始走下坡路。他们的传教和征服实在是过于成功了，再也没有异教徒敌人。他们开始与基督徒邻居争吵。普鲁士后来发展成现代欧洲最强大的国家之一，不过那时它早就不在条顿骑士团手中了。到 16 世纪初，条顿骑士团仅在神圣罗马帝国拥有若干零星土地。1809 年，拿破仑正式解散了作为军事修会的条顿骑士团。今天的条顿骑士团只是一个很小的天主教修会，它的神父与修女为生活在多个国家的德意志人服务。条顿骑士团几乎退回了 1191 年第一次阿卡围城战时的起点。

医院骑士团获得了圣殿骑士团的财产（尽管要经过复杂的法律程序才能真正拿到），生存了下去。对他们的成功过渡来说非常关键的是，他们征服了罗德岛，这是多德卡尼斯群岛最南端的大岛，与君士坦丁堡、塞浦路斯、贝鲁特和亚历山大港都有海路联络。医院骑士团在一座设防的港口城镇统治该岛，并获得了附近一些小岛，如科斯岛和莱罗斯岛。医院骑士团在罗德岛待了两个多世纪，参与爱琴海的繁忙贸易，偶尔与

---

① 埃诺伯爵"勇敢的"威廉二世（1307—1345），作为荷兰伯爵的头衔是威廉四世。他是英王爱德华三世的姻亲，所以在百年战争中与英格兰结盟。他三次去普鲁士参加十字军东征，还去过圣地。为了给这些远征筹资，他授予荷兰诸城市许多特权，所以荷兰城市有了很大发展。他没有子嗣，把领地传给自己的长姐及其丈夫路德维希四世皇帝。

意大利冒险家一起袭击突厥人的港口，如小亚细亚西岸的士麦那。但到 15 世纪，罗德岛本身已经成为令人垂涎的果实。医院骑士团不得不保卫罗德岛，打退外敌的海上入侵，先是 15 世纪 40 年代马穆鲁克军队的入侵，然后是一个新的伊斯兰超级大国——奥斯曼帝国。和之前的很多帝国一样，奥斯曼帝国从黑海以南的突厥部族的土地崛起，后来消灭了马穆鲁克王朝，最终征服了君士坦丁堡、小亚细亚、希腊、塞尔维亚、马其顿、波斯尼亚、匈牙利（的一部分）、叙利亚、巴勒斯坦和埃及。1522 年，奥斯曼苏丹苏莱曼大帝的强大舰队（据说有超过 400 艘舰船，运载 10 万人）猛攻罗德岛，迫使医院骑士团屈服并撤离。

医院骑士团的确厉害，没有因此沦亡。1530 年，西班牙国王和神圣罗马皇帝查理五世将马耳他岛赠送给他们作为新基地。1798—1799 年，拿破仑将医院骑士团从马耳他逐出。医院骑士团今天仍然存在：耶路撒冷、罗德岛和马耳他圣约翰主权军事医院骑士团（或简称马耳他骑士团）是一个总部设在罗马的天主教修会，得到国际法承认的主权实体，有自己的国歌、国旗、护照和军队。医院骑士团的其他版本在很多国家继续存在，包括芬兰、法国、德国、匈牙利、荷兰、瑞典和瑞士。英国的医院骑士团运动在 19 世纪得到重组；1888 年，维多利亚女王向耶路撒冷圣约翰骑士团授予王室特许状。在现今的英国它是个基督教修会，主要由新教徒组成，服从英国王室。有功人士受邀加入，宣誓支持骑士团执行的慈善事业。它的下属机构包括志愿提供急救服务的圣约翰救护机构。

1530 年，荷兰学者伊拉斯谟写了一部拉丁文著作，名为

《关于对土耳其人作战的问题》（*Consultatio de bello Turcis infirendo*）。他写作的时候，苏莱曼大帝的军队占据着巴尔干半岛、匈牙利、保加利亚和罗马尼亚的大片土地。这之前的一年，奥斯曼军队攻打了维也纳，一个新的伊斯兰帝国似乎在不可阻挡地向西扩张。

伊拉斯谟是开明的人文主义思想家。当时的局势给他带来好几个难题。他鄙视民粹主义的偏见，发出了这样的警示：

> 无知群众只要听到有人提起土耳其人，就会立刻怒火中烧、凶狠嗜血，把土耳其人说成猪狗和基督教之名的敌人……他们不考虑战争是否正当，也不考虑拿起武器是否有利，因为那样可能会激怒敌人，让他更加凶残。[29]

他也注意到宗教改革早期的暴力冲突，这些冲突反映出"基督徒对基督徒做的事情"往往比穆斯林对基督徒犯下的最可怕的罪行更为残酷。

但伊拉斯谟绝不是和平主义者。他也鄙视那些"认为基督徒完全无权发动战争的人……这种观念太荒唐，不值得辩驳……我的建议是，战争只能是别的手段都失败之后的最后一计"。他写道，奥斯曼人对基督教世界当然是威胁。他还详尽思考了战争在哲学层面的正当性，过去几个世纪里十字军东征的腐败，以及他的终极信念，那就是伊斯兰世界和西方之间取得和平的最佳途径是让异教徒皈依耶稣基督的信仰。

在其著作的中间部分，伊拉斯谟几乎是不经意地提到已经不复存在的基督教武士理想，在当时困难重重和局势混乱的时代特别需要这样的基督教武士。这是终极的十字军战士，16

世纪的人达不到那样的境界，只能幻想与他们媲美。他说他们是"圣伯纳德描述过的那些军人，尽管不知道应当说他们是僧人还是骑士。他们道德高尚又英勇无畏"。[30]

圣殿骑士团早就消失了。但只要十字军东征还在继续，他们就在人们的想象中占据一个位置。

# 尾声：圣杯

1200—1210年，德意志作家埃申巴赫的沃尔夫拉姆创作了浪漫诗歌《帕西法尔》。这首诗有数万行，是以亚瑟王传奇为背景。当时亚瑟王的故事在全欧洲已经风行数十年。贵族受众很喜欢这些关于爱情、骑士风度、使命、背叛、魔法与战斗的故事。沃尔夫拉姆的恩主是图林根方伯[①]赫尔曼。沃尔夫拉姆的作品后来拥有很多读者，影响深远。这首长诗的中世纪手稿有超过八十份留存至今。

在《帕西法尔》里，年轻的主人公帕西法尔来到亚瑟王的宫廷，立刻卷入了与"红骑士"的战斗，后来杀死了"红骑士"。帕西法尔开始远行，为学习如何成为更优秀的骑士踏上了寻找圣杯的征途。这既是寻找一块神秘莫测、赋予生命力的宝石的使命，也是获得上帝启迪的精神旅途。圣杯起初被存放在一座魔法城堡里，由一个叫"渔王"的人守卫。他因为没有保持贞洁而遭到神罚，腿上的伤口不断给他带来痛苦。帕西法尔见到了"渔王"，然后因为其他的冒险暂时偏离正轨。最终，在与一位骑士（后来证明就是他的兄弟）战斗之后，帕西法尔得知自己成了注定要守护圣杯的新国王。故事就这样结束了。

沃尔夫拉姆的《帕西法尔》的大部分情节都不是原创的。

---

① 方伯（Landgraf）为德意志的一个贵族头衔，比伯爵（Graf）高，大致与公爵（Herzog）平级。

更早期的作家，如蒙茅斯的杰弗里和克雷蒂安·德·特鲁瓦，已经确定了亚瑟王世界的形态，并提供了许多情节。沃尔夫拉姆实际上是升级和扩写了人物的冒险历程，并根据他的读者（以及听众，因为很多人是在领主的厅堂里听别人高声朗诵的）的兴趣增添了一些特殊的内容。他增添的元素之一是一个叫作"圣殿会"的军事修会，帮助"渔王"守卫存放圣杯的"圣殿"。修会中这些守贞的武士与圣殿骑士并非完全相同：他们的象征符号是斑鸠，而不是十字军的十字架，而且他们似乎没有成熟的团规。但是，他们与圣殿骑士的相似之处引人注目，并且这个故事经久不衰。圣殿骑士团第一次从十字军组织变成了神秘圣杯的守护者。①

在圣殿骑士团存世的时代，他们就已经被写到虚构作品里，这并不奇怪。到 13 世纪的第一个十年时，圣殿骑士团已经闻名遐迩。尽管它在沃尔夫拉姆生活的德意志影响力不大，任何对圣地有一丁点儿兴趣的人肯定都听说过圣殿骑士团的事迹：圣殿骑士团曾与萨拉丁作战，参加狮心王理查一世的十字军东征，驻守圣地的数十座城堡，卷入收复失地运动，在欧洲的大多数朝廷都有影响力，在基督教世界各地都有地产，并且有着强大的敌人。骑士团成为文学主题，不算很大的跳跃。

从某种意义上讲，圣殿骑士团始终存在于真实和想象这两个层面。从一开始，圣殿骑士团的理念就显得超凡脱俗。克莱尔沃的伯纳德在 12 世纪 30 年代创作《新骑士颂》赞扬第一代圣殿骑士的时候，并不是在描写于格·德·帕英及其伙伴的

---

① 常有人认为圣杯是最后晚餐用过的真实存在的物品，但实际上它是从中世纪晚期亚瑟王传奇中虚构出来的事物，比如克雷蒂安·德·特鲁瓦 12世纪 80 年代创作的《圣杯的故事》之后的那些传奇故事。——作者注

真实情况。伯纳德通过华丽的辞藻、理想化的骑士品格和根据《圣经》字面意思对圣地的理解，将圣殿骑士团的现实与他梦想中的修会（挥剑作战但生活方式像熙笃会）融合起来。

在圣殿骑士团毁灭之前描写他们的编年史家也有自己的目的。在穆斯林那边，有人仰慕圣殿骑士团的军事技能，将骑士团成员描写成该死的法兰克人当中腐化程度最低的一群人。乌萨马·伊本·蒙基德将骑士团成员描写为思想开明、精于世故和充满骑士风度的人，说他们允许他用耶路撒冷的属于骑士团的教堂做每天的礼拜。但不到十年后，当萨拉丁下令处死在哈丁俘虏的所有圣殿骑士和医院骑士时，伊马德丁说他们是"两个不洁的骑士团，他们的行为没有价值，从不放弃对穆斯林的敌意，作为奴隶都无用。他们是最恶劣的异教徒"。伊本·蒙基德讲述上面的故事，目的是推崇荣誉与骑士风度，斥责战争的肮脏；而伊马德丁的目的是将萨拉丁塑造为战胜伊斯兰之敌的伟大苏丹。在这两个例子里，圣殿骑士团仅仅是不同作者为了表达自己的观点而运用的工具。

12世纪和13世纪的基督徒作家对圣殿骑士团的立场也有很大分歧。有的作家像克莱尔沃的伯纳德一样对骑士团推崇备至，而有的则像推罗的纪尧姆一样对其持批评态度。推罗的纪尧姆对阿马尔里克国王及其家人统治下的耶路撒冷王国的记述影响力巨大，他对圣殿骑士团的故事也有清晰的塑造。纪尧姆认为圣殿骑士团的成立源于一种合法且高尚的理念，但是他们被财富腐蚀了。于是他精心选择材料，过分强调骑士团早期的清贫，从而突出它后来的不端行为，比如1153年向亚实基伦的灾难性突击，或者二十年后谋杀阿萨辛派使者的恶行。

《狮心王理查东征记》的作者可能是一名圣殿骑士，他笔下的骑士团满是殉道者，他还进一步美化一些不屈不挠的英雄的故事，比如在克莱松泉阵亡的雅克·德·马耶的传奇。在文学作品中，雅克·德·马耶被描绘成神迹创造者，这种人物形象司空见惯，不过很鼓舞人心。而"推罗的圣殿骑士"（我们几乎可以确定他不是圣殿骑士）的立场则比较中立。他对纪尧姆·德·博热非常有好感，把其在阿卡陷落时的壮烈牺牲描写得非常有史诗感，但把雅克·德·莫莱描绘成傲慢的傻瓜，对其 1307 年在巴黎惨死的描写不带感情，甚至还有一点儿轻蔑。

在圣殿骑士团被腓力四世镇压的很久以前，他们就已经被作家和讲故事的人采纳为文学形象，有时是正面形象，有时是反面角色。这些故事有的比较写实，有的则匪夷所思。13 世纪圣殿骑士团建造的克雷萨克教堂中一幅湿壁画描绘了圣殿骑士团的漫画形象，被留存至今：画中的骑士团成员被描绘得非常勇武和富有英雄气概，与穆斯林军队交锋。马修·巴黎的《大编年史》大约同一时期写成，里面有一幅素描，描绘的是两位骑士团兄弟骑着马，跟随他们著名的黑白大旗前进，这幅素描给人的感觉更为安宁。《康布雷的拉乌尔》① 这样的作品里也有圣殿骑士团的身影；约 1275 年由多人合作完成的宫廷爱情主题梦幻长诗《玫瑰传奇》里也出现了圣殿骑士团；13 世纪末的罗曼司《南赛的松纳》② 里，爱尔兰的一位圣殿骑士撮合了

---

① 《康布雷的拉乌尔》是 12—13 世纪的一部法兰西"武功歌"（一种史诗），讲述残暴的康布雷伯爵拉乌尔与韦尔芒杜瓦家族之间的长期战争。

② 《南赛的松纳》是出自 13 世纪晚期的法兰西冒险罗曼司，长 2 万多行。主人公松纳获得了亚利马太的约瑟（根据《福音书》的记载，耶稣在十字架上被钉死后，亚利马太的约瑟提供了自己的坟墓给耶稣安葬用，后来约瑟成为亚瑟王传奇的重要人物）的神剑，因而百战百胜，后在外国，参加了针对穆斯林的圣战。

一位挪威武士和一位害相思病的女王。圣殿骑士扮演非常规角色的情况比较罕见，比如在《帕西法尔》和《南赛的松纳》里。圣殿骑士一般被描绘成相当正派而拘谨的武士，或者圣殿骑士团是故事中英雄或恶人的归宿，他们可以到圣地加入骑士团，从而退出原来的故事情节。

即便在他们自己的时代，对虚构作品的作家来说，圣殿骑士团也比医院骑士团和条顿骑士团有意思得多。圣殿骑士团的这两个竞争对手无论是作为军事组织还是教会机构，寿命都更长，但对民众想象力的影响却远远比不上它。无论在中世纪还是今天，对关于条顿骑士团或立窝尼亚宝剑骑士团的史诗（更不必说好莱坞电影）感兴趣的人很少。只有圣殿骑士团真正从现实进入了神话领域，在民众想象中牢牢占据了自己的位置。

公平地讲，圣殿骑士团与其他几个主要的国际军事修会确有不同。从一开始，圣殿骑士就是接受了宗教使命的骑士，而不是扩充准军事组织的医院的仆人。这是圣殿骑士团的一大独特之处，赋予他们一种对中世纪罗曼司来说非常有价值的特色。他们符合真正骑士的原型：凶暴却贞洁，坚忍不拔却内心纯洁，残酷无情却十分虔诚。他们就是亚瑟王传奇里所有骑士想要努力达到的理想境界。

但这只是故事的一部分。圣殿骑士团的传奇之所以历久弥新，一个主要原因是他们毁灭的方式。雅克·德·莫莱死于火刑的半个世纪之后，佛罗伦萨诗人和讲故事的奇才乔万尼·薄伽丘创作了一本名为《论名人的命运》的书，它收录诸多伟人的个人经历，宗旨是展现命运无常。这种题材在中世纪很常见，喻指人生起起伏伏，风水轮流转，胜利之后说不定就是绝望，惨败之后说不定就是荣耀。薄伽丘这本简略传记的主题人物从薛西斯一世和亚历山大大帝到亚瑟王都有。这本书非常成功，风行全欧洲，在当时比《十日谈》的名气大得多。

《论名人的命运》取得轰动之后，法兰西作家洛朗·德·普雷米耶尔费和英格兰人约翰·利德盖特都模仿、扩写和翻译过它，润色并增加了更多教诲世人的例子。1409年献给贝里公爵的一个配有精美插图的法文版本，里面包含一张雅克·德·莫莱和三名同僚在心满意足的腓力四世面前被活活烧死的图片，尽管这张图片是否与历史相符值得怀疑。[1]书里还对雅克·德·莫莱做了详细描述。在这个版本里，他的死亡和骑士团的覆灭是上帝惩奸除恶的结果：骑士团的财富越是增多，地位越是提升，它的虔诚程度就越是降低，直到其成员为自己的罪孽遭到最终惩罚。这是对故事的加工和评说，但颇有诗意，在一定程度上也是比较公正的记述。这是一段很有吸引力的简单叙述：决定圣殿骑士团集体命运的，是推罗的纪尧姆在他们身上看到的道德缺陷——贪婪和骄傲。

在大众的思想意识里，从此以后，圣殿骑士团的故事就倾向于这种轨迹。从薄伽丘到沃尔特·司各特爵士（他在1820年的小说《艾凡赫》中创造了凶暴、好色而贪权的反面角色圣殿骑士布赖恩·布瓦吉贝尔爵士），再到雷德利·斯科特（他执导并于2005年上映的电影《天国王朝》中的热拉尔·德·雷德福尔是凶残的恶棍），一代又一代作家在圣殿骑士团的理想与现实之间的鸿沟里找到了丰富的材料。在近期的《刺客信条》电子游戏和系列电影中，圣殿骑士团也是卑劣、粗俗的反角，是一个更优雅、更高尚的时空旅行刺客组织的敌人。独眼戈蒂埃·德·梅尼勒的精神仍然在延续。

在过去的两百年里，圣殿骑士团也为想法古怪的人、阴谋论者和幻想家提供了丰富的素材。有一个关于圣殿骑士团的架空历史的兴旺产业，它建立在很多这样的错误观念之上：骑士团富可敌国、十分强大，不可能被如此轻松地消灭和解散。很多架空历史的故事非常光怪陆离。是否有一小群圣殿骑士逃脱了法兰西对他们的迫害？他们是不是带着大宗财宝从拉罗歇尔逃走了？如果真的是这样，他们带走的财宝是否包括都灵裹尸布①或约柜？圣殿骑士团有没有在别的地方建立自己的秘密组织？他们是否还存在，并隐秘地操控世界？

只要上网搜索，只要有想象力，就能发现很多这样的揣测和阴谋论。有一种理论是，圣殿骑士团是真实存在的圣杯（也许是一个真的杯子，也许是对某种古老真理的比喻）的守护者，他们从清洁派（13 世纪初法兰西南部的异端群体，后遭迫害和消灭）那里继承了守护真理的职责，这才是他们被镇压的真实原因。

1982 年首次出版的流行野史《圣血与圣杯》提出并将这种理论发扬光大：圣殿骑士团与一个叫作郇山隐修会的组织有联系，该组织的使命是保卫耶稣基督与抹大拉的马利亚的后裔，他们是一个秘密的国王家系。丹·布朗于 2003 年出版的畅销书《达·芬奇密码》后来被拍成电影，也大获成功，戏说了与《圣血与圣杯》大致差不多的理论。小说非常畅销，

---

① 传说中耶稣受难后曾包裹他遗体的裹尸布，是一块印有男人面容及全身正反两面痕迹的亚麻布，约长 4.4 米、宽 1.1 米，被保存在意大利都灵主教座堂。这究竟是不是耶稣的遗物，当然有极大争议。持怀疑态度的人认为它只不过是中世纪时期伪造的"艺术作品"，甚至推测是达·芬奇照相实验的作品，并指明其上的头像即为达·芬奇。梵蒂冈对于这块殓布是否真正包裹过耶稣的遗体，持非常慎重的立场。

但它让读者自己决定作者的推测是否有事实根据，很多读者对此持肯定态度。翁贝托·埃科于 1988 年出版的小说《傅科摆》也让很多读者对其中的情节信以为真。故事中，三位作家发明了一种办法，把整个世界的全部历史整合到一个庞大的、被称为"计划"的阴谋论当中。其中有圣殿骑士团的秘密组织企图向当初毁灭他们的法兰西国王复仇。这部小说非常有后现代色彩，显然带有讽刺意味，并且嘲讽了那些认为圣殿骑士团企图主宰世界的人。但埃科的小说给圣殿骑士团增添了很多神秘色彩。假如其中有 10% 是真实的呢？

遗憾的是，没有一点儿是真实的。虽然经常有人把所谓的证据和历史记载中的空白之处串起来，为与圣殿骑士团有关的伪史提供所谓"根据"，但我们必须强调的是，关于圣殿骑士团在迫害中幸存的几乎每一种理论都源自虚构作品，或根本就是无中生有。在军事修会当中，圣殿骑士团的例子很独特，不过世界历史上类似的阴谋论不胜枚举。有一种理论是圣殿骑士团躲到了新斯科舍的橡树岛，骑士团的失落宝藏据说就在那里。圣殿骑士团的故事还与莎士比亚作品的真实作者，玛丽·安托瓦内特的珠宝的下落，所谓的由弗朗西斯·培根爵士领导的神秘组织"玫瑰十字会"的隐藏档案等故事纠缠在一起。不消说，历史上从来没有发现过所谓的圣殿骑士团宝藏。

比阴谋论更有意思的是圣殿骑士团"复兴"的现象。共济会在英格兰和法兰西建立之后，这一尝试就真正开始了。18世纪初的共济会是致力于互相帮助，喜欢使用秘密符号、仪式和握手方式的秘密社团，它有意识地努力强调自己的古老根源。苏格兰、法兰西和德意志的一些显赫的共济会成员刻意将他们的运动与历史上的圣殿骑士团联系起来，自称与 12 世纪生活在"所罗门圣殿"的十字军战士有联系，并暗示贵族精神、智慧和隐秘的宗教知识的传承与延续性。这种延续性即便是假的，也特别有魅力。

今天还有很多人是共济会成员，也有很多人属于真正的贵族骑士团，包括医院骑士团的各种化身，比如马耳他骑士团，上文已经记述了它与历史上的圣殿骑士团的间接联系。还有人自称属于复兴的圣殿骑士团。有的所谓复兴的圣殿骑士团是通过社交媒体认识的基督教人权活动家组成的和平网络，但有的组织就不那么令人愉快了，他们将历史上圣殿骑士团在圣地的使命与当今世界基督教与伊斯兰教在欧美的冲突等同起来。2011年，在奥斯陆和于特岛，挪威的法西斯主义者和恐怖分子安德斯·贝林·布雷维克用炸弹和枪杀害七十七人，打伤三百多人。他自称是一个复兴的圣殿骑士团组织的成员。该组织由九人在伦敦组建，但后来在全世界范围发展壮大，有数十名"骑士"和很多世俗追随者。

布雷维克自称与圣殿骑士团有联系，这说明骑士团在今天的遗产并不总是正面的。2014年4月2日，《纽约时报》报道了墨西哥毒品大亨恩里克·普兰卡特的死亡。他死前躲在墨西哥克雷塔罗州的一栋出租屋内。[2]普兰卡特在大街上走路时被海军陆战队员击毙。他的死讯在墨西哥和美国宣布之后让很多人感到满意，因为他是一个臭名昭著的叫作"圣殿骑士团"（Los Caballeros Templarios）的贩毒集团的最高级成员之一。

"圣殿骑士团"犯罪集团于2011年3月在墨西哥西部的米却肯州建立。其成员犯下了与毒品相关的累累罪行，包括谋杀、贩毒和敲诈勒索，但他们企图为自己的活动赋予高尚的宗旨，将一种严酷的基督教狂热与左翼民粹政治结合起来。巴勃罗·埃斯科瓦尔声名狼藉的麦德林集团在 20 世纪 80 年代成功地塑造了这种策略。"圣殿骑士团"犯罪集团以历史上的圣殿骑士团为蓝本。该贩毒集团建立不久之后就制定了 22 页的团规，效仿的就是中世纪的圣殿骑士团团规。团规第一句话是："我们的主要使命是保护米却肯州的居民和神圣领土……"团规规定：入团的过程应由一个委员会负责监督；成员必须宣誓绝对服从，否则将被处死；所有成员都有职责去对抗邪恶，包括物质主义、不公、暴政以及"道德价值观崩塌和如今人类社会常见的破坏性元素"。"圣殿骑士团应当是绅士风度的模范"，团规这样写道，并告诫其成员应避免"凶残行为、令人不快的酗酒、不道德、怯懦、撒谎和心怀恶念"，禁止"为了金钱而绑票"和服用毒品"或任何改变人心智的药品"。这些条款貌似在重建 12 世纪修会的严格戒律，但有一条规定"若要使用致命武力，需要得到批准"，并且反复提醒大家，犯错和不尊重组织与其他成员所受到的惩罚将是即刻处决。

也许有一天，"圣殿骑士团"犯罪集团会被对其不抱同情心的政府强行解散，也许其成员也会破口大骂地死去。如果真是这样，就是很恰当的历史重演。但不管这些人的命运如何，他们绝不是最后一群向 1119 年于格·德·帕英在耶路撒冷建立的那个组织致敬的人。圣殿骑士团的传奇还会延续一段时间，将来的人们还会从中获得启迪、娱乐，还会对它兴致盎然。

这也许就是他们的真正遗产。

# 附录一　主要人物

**阿迪德**：埃及法蒂玛王朝的末代哈里发，他与基督教耶路撒冷王国达成和约，圣殿骑士团是谈判的中间人。阿迪德于1171年驾崩，此后萨拉丁统治下的埃及改为效忠于巴格达的阿拔斯王朝哈里发。

**阿迪勒**：萨拉丁的兄弟和最终继承者，1200—1218年统治埃及和叙利亚。有时被称为萨法丁。

**阿夫达尔**：萨拉丁的儿子和将领。他在克莱松泉战役中指挥军队，在父亲死后短暂统治大马士革。

**阿什拉夫·哈利勒**：马穆鲁克王朝的苏丹，完成了对十字军国家的征服，1291年成功攻占阿卡。

**卡米勒**：埃及苏丹，阿迪勒的儿子。1218—1238年在位，打退了第五次十字军东征，但后来于1229年与霍亨施陶芬皇朝的弗里德里希二世签订条约，将耶路撒冷交给基督徒。

**萨利赫**：阿尤布王朝的苏丹，1240—1249年在位，在路易九世攻打达米埃塔的十字军东征期间驾崩。在位期间，他扶植了巴赫里马穆鲁克的势力，最终他们当中出现了拜巴尔。

**阿方索一世**，阿拉贡国王：也称"战士"。他是基督教收复失地运动（在西班牙针对穆斯林的战争）的英雄，1134年驾崩，将自己王国的三分之一赠给圣殿骑士团。

**阿马尔里克**，耶路撒冷国王：鲍德温三世的弟弟，1163—

1174 年在位。试图通过入侵埃及来保障基督徒在耶路撒冷以南的利益。他与圣殿骑士团的关系很差，因为他们阻挠和破坏他的政策。

**鲍德温二世，耶路撒冷国王**：十字军的耶路撒冷国王，1118—1131 年在位。他将圣殿山上阿克萨清真寺的建筑群赠给圣殿骑士团。

**鲍德温三世，耶路撒冷国王**：1143—1163 年在位。他与伊马德丁·赞吉和努尔丁对抗，得到第二次东征的十字军的援助。

**鲍德温四世，耶路撒冷国王**：幼年登基，患有麻风病，1174—1185 年在位，经历了一系列挫折，拉丁诸邦遭到萨拉丁攻击。

**拜巴尔**：残酷无情但才华横溢的马穆鲁克王朝苏丹，在1260—1277 年占领了十字军的许多领地，并于 1263 年屠杀了采法特城堡的圣殿骑士团驻军。

**贝尔纳，安条克宗主教**：安条克的第一任拉丁宗主教，第一次十字军东征之后于 1100 年就任。他既是教士也是武士，组织了 1119 年抵抗加齐的城防作战。

**克莱尔沃的伯纳德**（圣伯纳德）：影响力很强的修道院院长、作家和教会改革家，在克莱尔沃创办一家熙笃会修道院，对圣殿骑士团最初的规章制度影响极大。他于 1153 年去世。

**贝尔纳·德·德拉默莱**：圣殿骑士团的第四任大团长，1153 年向亚实基伦城内发起自杀式攻击并战死。

**贝特朗·德·布朗克福尔**：圣殿骑士团的第六任大团长，1156—1169 年在任。他是对抗努尔丁的老将，当过两年战俘，在 1168 年因埃及政策与阿马尔里克国王发生冲突。

**克雷芒五世，教宗**：原为加斯科涅大主教贝特朗·德·哥特，1305 年在里昂获得加冕，成为教宗。在法兰西治理教会，建立阿维尼翁教廷。无力抵抗法兰西王室对雅克·德·莫莱和圣殿骑士团的攻击。他于 1314 年去世。

**康拉德三世，德意志国王**：康拉德三世是第二次十字军东征期间德意志十字军的领导者，后与圣殿骑士团一起待在耶路撒冷，并领导了 1148 年向大马士革的进攻（最终失败）。

**爱德华一世，英格兰国王**：1272 年到访阿卡，与拜巴尔谈成了为期十年的和约。他当时被称为爱德华王子，返回英格兰之后继承王位，一直统治到 1307 年。

**爱德华二世，英格兰国王**：爱德华一世的儿子，法兰西国王腓力四世的女婿。他镇压了英格兰境内的圣殿骑士团，换取教会的支持。1307—1327 年在位。

**阿基坦的埃莉诺**：路易七世之妻，与他一起参加去往圣地的第二次十字军东征。

**埃弗拉尔·德·巴尔**：圣殿骑士团大团长，1149—1152 年在任。他是法兰西国王路易七世的重要盟友，帮助为第二次十字军东征筹资，最终辞职并成为熙笃会僧人。

**阿西西的方济各（圣方济各）**：意大利传教士和布道者，建立小兄弟会（方济各会）。他在第五次十字军东征期间访问埃及，尝试劝说苏丹卡米勒皈依基督教。

**弗里德里希二世·霍亨施陶芬**：神圣罗马皇帝、西西里国王和德意志国王，1225—1228 年拥有耶路撒冷王位。他聪明绝顶，见多识广，但十分好斗。他在漫长的一生中多次与教廷争吵，四次被绝罚。1228—1229 年访问圣地时与圣殿骑士团发生冲突，但与卡米勒达成协议，将耶路撒冷收归十字军统治。他于 1250 年驾崩。

**富尔克一世**，耶路撒冷国王：原为安茹伯爵富尔克五世，在于格·德·帕英和其他人劝说下离开自己在法兰西的领地，成为耶路撒冷国王，1131—1143 年与妻子梅利桑德共同统治。他是圣殿骑士团的一位早期恩主。

**若弗鲁瓦·德·沙尔内**：圣殿骑士团的诺曼底分团长和雅克·德·莫莱的朋友，1314 年作为拒不服从教会的异端分子被处以火刑。

**杰弗里·菲茨斯蒂芬**：圣殿骑士团的英格兰分团长，1185 年编纂了骑士团在英格兰全部财产的详细清单。

**热拉尔·德·雷德福尔**：圣殿骑士团的第十任大团长。热衷于政治，鲁莽而咄咄逼人。他在克莱松泉战役、哈丁战役和 1189 年阿卡围城战中领导圣殿骑士团，三次遭遇惨败。他最终在阿卡被俘虏并被处死。

**居伊·德·吕西尼昂**：颇有争议地被选为耶路撒冷女王西比拉的丈夫。1187 年率领基督教军队参加哈丁战役，惨败，后被俘。1192 年在选举中失去耶路撒冷王位，但作为补偿得到了塞浦路斯，并在 1192—1194 年统治该地区。

**霍诺里乌斯三世，教宗**：英诺森三世的继任者，完成了第五次十字军东征的筹划。他将军事修会（包括圣殿骑士团）作为渠道，把从虔诚基督徒那里募集的资金输送到对抗伊斯兰世界的战争前线。

**于格·德·佩罗**：圣殿骑士团在西方的高级官员，曾任骑士团的英格兰和法兰西分团长。他是被羁押在希农城堡、后来得到赦罪的骑士团高级领导人之一。

**于格·德·帕英**：圣殿骑士团的创始人和首任大团长。他出生于香槟的特鲁瓦附近，于 1136 年去世。

　　**旭烈兀**：位于波斯的伊儿汗国的蒙古统治者，1256—1265年在位。他与基督徒君主，包括法兰西国王路易九世通信，寻求合作，共同对抗拜巴尔和马穆鲁克王朝。

　　**伊本·艾西尔**：穆斯林编年史家，1160 年生于摩苏尔。他在编年史中详细记载了法兰克人与穆斯林之间的关系，于1233 年去世。

　　**加齐**：叙利亚北部阿尔图格王朝的统治者，1119 年在"血地之战"中大败基督徒军队。此事推动了圣殿骑士团的建立。

　　**伊马德丁·赞吉**：阿勒颇的突厥人总督，1127—1146 年扩张自己的势力范围，征服了十字军城镇埃德萨，激发了第二次十字军东征。

　　**英诺森二世，教宗**：1130—1143 年在任，他授予圣殿骑士团诏书《各样美善的恩赐》，正式认可骑士团，允许他们保留在战争中获得的全部战利品。

　　**英诺森三世，教宗**：中世纪教会的重要人物，1198—1216年在任。他发动了第四次十字军东征，但十字军洗劫了君士坦丁堡。他还筹划了第五次十字军东征，但未能亲眼见到它启动就去世了。

　　**海梅一世，阿拉贡国王**：1213 年他还是幼年时就继承了阿拉贡王位，在蒙宗城堡由圣殿骑士团抚养长大。他是收复失地运动的英雄，在圣殿骑士团协助下征服了马略卡岛和巴伦西亚。他于 1276 年驾崩。

　　**海梅二世，阿拉贡国王**：1291—1327 年在位，解散了阿拉贡境内的圣殿骑士团。

雅克·德·马耶：圣殿骑士，1187 年在克莱松泉战役中阵亡。传说他的遗体能行神迹。关于他的英勇牺牲有很多故事流传。

雅克·德·莫莱：圣殿骑士团的末代大团长，1292 年当选。他抵制将圣殿骑士团与医院骑士团合并的呼吁。1307 年开始遭到法兰西国王腓力四世和教宗克雷芒五世的迫害，遭到监禁和刑讯，1314 年在巴黎被处以火刑。

布里耶纳的约翰：1210—1225 年的耶路撒冷统治者，权力来自他的妻子玛丽亚和女儿伊莎贝拉二世。他的女儿嫁给弗里德里希二世·霍亨施陶芬之后，他丧失了耶路撒冷的统治权，但获得君士坦丁堡的拉丁皇帝的位置。他于 1237 年驾崩。

路易七世，法兰西国王：1137—1180 年在位。在第二次十字军东征期间领导法兰西十字军。他是圣殿骑士团早期的重要恩主。

路易九世，法兰西国王：腓力二世·奥古斯都的孙子，1226—1270 年在位。他领导了两次十字军东征：1248 年攻打达米埃塔；攻击突尼斯，以失败告终。他因虔诚和雄心勃勃的宗教建筑工程而闻名，1270 年驾崩，1297 年被封圣。

马修·巴黎：13 世纪出身圣奥尔本斯的僧人，他的编年史颇为生动，其中的一些关于圣殿骑士团的信息，是从英格兰国王亨利三世宫廷的文献中搜集来的。

梅利桑德，耶路撒冷女王：耶路撒冷国王鲍德温二世的女儿，1131—1143 年与丈夫富尔克共同统治，后来与儿子鲍德温三世共同统治，直到他于 1153 年成年。

纳斯尔丁：埃及维齐尔阿拔斯的儿子，1154 年谋杀了法蒂玛王朝哈里发之后逃离开罗。被加沙的圣殿骑士俘虏。

**努尔丁**：伊马德丁·赞吉的儿子，阿勒颇的统治者，1146—1174 年扩张地盘，统治了叙利亚的大部分。他笃信宗教，推罗的纪尧姆描述他为"基督教之名与信仰的强大迫害者"。

**山中老人**：阿萨辛派（以迈斯亚夫周边山区为基地）的神秘领袖，真名是拉希德丁·锡南。他尝试与耶路撒冷的基督教王国结盟，但遭到圣殿骑士团的阻挠。

**帕德博恩的奥利弗**：德意志教士，最终成为枢机主教。他在第五次十字军东征期间来到达米埃塔，帮助十字军设计攻城器械，并详细记载了此次战役。他卒于 1227 年。

**佩拉吉乌斯**：阿尔巴诺主教，1219 年第五次十字军东征期间的教宗特使。十字军的灾难性决定（拒绝与卡米勒议和，沿着尼罗河前进并攻击曼苏拉）有他一部分责任。

**皮埃尔·德·蒙泰居**：1219—1231 年任圣殿骑士团大团长，他是弗里德里希二世·霍亨施陶芬的死敌。

**腓力二世·奥古斯都，法兰西国王**：路易七世之子，1180—1223 年统治法兰西。他是第三次十字军东征期间法兰西十字军的领袖，与狮心王理查一世发生争吵，在 1191 年阿卡陷落后离开圣地。

**腓力四世，法兰西国王**：路易九世的孙子，1295 年成为法兰西国王。他虔诚、冷酷而好斗，攻击教宗博尼法斯八世，迫害法兰西犹太人，下令大规模逮捕和审判法兰西的圣殿骑士。他于 1314 年驾崩。

**兰博·德·卡隆**：圣殿骑士团的塞浦路斯分团长，1307 年在法兰西被捕，与雅克·德·莫莱和其他人一起被囚禁在希农。

**雷诺·德·维希耶**：圣殿骑士团大团长，与法兰西国王路易九世紧密合作，帮助他组织他的第一次十字军东征，并在路易九世战败后帮助筹集他的赎金。他在1250—1256年领导骑士团。

**狮心王理查一世**：1189—1199年为英格兰国王。1191年率领强大的十字军为阿卡解围，收复被萨拉丁占领的若干基督徒领地，但在返回英格兰途中被俘，1192—1194年被囚禁在德意志。

**罗贝尔·德·萨布雷**：圣殿骑士团的第十一任大团长，理查一世的亲密支持者。英格兰的十字军国王之所以任命他为大团长，是为了加强自己与骑士团的关系。

**西伍尔夫**：基督徒朝圣者，可能是英格兰人，约在1101—1103年（也就是第一次十字军东征之后）去耶路撒冷朝圣。

**萨拉丁**：库尔德人，1175—1193年为埃及和叙利亚的苏丹，开创了阿尤布王朝。他在1187年打赢了哈丁战役，当年稍晚时将耶路撒冷收复为伊斯兰领地。

**沙瓦尔**：埃及法蒂玛王朝的维齐尔，为哈里发阿迪德服务，在1169年的政变期间遇害。

**谢尔库赫**：库尔德将领，在埃及为努尔丁服务。他是耶路撒冷国王阿马尔里克的对手，还是萨拉丁的叔父。1169年他去世后，萨拉丁控制了埃及。

**西比拉，耶路撒冷女王**：阿马尔里克的女儿，她与居伊·德·吕西尼昂的婚姻给耶路撒冷基督徒贵族造成了灾难性的分裂。她从1186年统治直到1190年她去世。

**特里克斯**：1187—1189年担任圣殿骑士团的分团长，逃出哈丁战场，帮助重建骑士团。

**纪尧姆·德·博热**：圣殿骑士团的第二十一任大团长，1291 年阿卡围城战期间撤离城市时死亡。

**纪尧姆·德·沙特尔**：1210—1219 年担任圣殿骑士团大团长，第五次十字军东征期间死于埃及。

**纪尧姆·德·诺加雷**：法兰西国王腓力四世的主要谋臣，1307 年之后攻击法兰西圣殿骑士团的主谋之一。

**巴黎的纪尧姆**：多明我会修士和法兰西国王腓力四世的私人忏悔神父，1307—1308 年领导了针对圣殿骑士团异端罪行的审判。

**纪尧姆·德·普莱西昂**：为法兰西王室服务的律师，主张消灭圣殿骑士团，并主持了对骑士团所谓不端行为的司法调查。

**推罗的纪尧姆**：编年史家，学者和好几位国王的朋友。他的《大海彼岸的历史往事》是关于 12 世纪耶路撒冷王国最重要的编年史之一。他的天性让他对圣殿骑士团持怀疑态度。

# 附录二 历代教宗在任年份，
# 1099—1334

**不包括对立教宗**

帕斯卡二世　1099—1118

格拉修二世　1118—1119

卡利克斯特二世　1119—1124

霍诺里乌斯二世　1124—1130

英诺森二世　1130—1143

塞莱斯廷二世　1143—1144

卢西乌斯二世　1144—1145

尤金三世　1145—1153

阿纳斯塔修斯四世　1153—1154

阿德里安四世　1154—1159

亚历山大三世　1159—1181

卢西乌斯三世　1181—1185

乌尔班三世　1185—1187

格列高利八世　1187

克雷芒三世　1187—1191

塞莱斯廷三世　1191—1198

英诺森三世　1198—1216

霍诺里乌斯三世　1216—1227

格列高利九世　1227—1241

塞莱斯廷四世　1241

英诺森四世　1243—1254

亚历山大四世　1254—1261

乌尔班四世　1261—1264

克雷芒四世　1265—1268

格列高利十世　1271—1276

英诺森五世　1276

阿德里安五世　1276

约翰二十一世　1276—1277

尼古拉三世　1277—1280

马丁四世　1281—1285

霍诺里乌斯四世　1285—1287

尼古拉四世　1288—1292

塞莱斯廷五世　1294

博尼法斯八世　1294—1303

本笃十一世　1303—1304

克雷芒五世　1305—1314

约翰二十二世　1316—1334

# 附录三　耶路撒冷国王与女王在位年份

布永的戈弗雷*　1099—1100

鲍德温一世　1100—1118

鲍德温二世　1118—1131

富尔克与梅利桑德　1131—1143

鲍德温三世与梅利桑德　1143—1153

鲍德温三世　1143—1163

阿马尔里克　1163—1174

鲍德温四世　1174—1183

鲍德温四世与鲍德温五世　1183—1185

鲍德温五世　1185—1186

西比拉与居伊·德·吕西尼昂　1186—1190

居伊·德·吕西尼昂　1190—1192

伊莎贝拉一世与蒙费拉的康拉德　1192

伊莎贝拉一世与香槟的亨利　1192—1197

伊莎贝拉一世与艾默里　1197—1205

玛丽亚　1205—1210

玛丽亚与布里耶纳的约翰　1210—1212

伊莎贝拉二世与布里耶纳的约翰　1212—1225

伊莎贝拉二世与弗里德里希二世·霍亨施陶芬　1225—1228

康拉德二世[†]　1228—1254

康拉德三世（也叫康拉丁）　1254—1268

于格一世　1268—1284

约翰二世　1284—1285

亨利二世[‡]　1285—1324

\* 从未加冕；采用"圣墓守护者"的头衔。

† 1243 年之前由弗里德里希二世·霍亨施陶芬行使王权，后来由其他人摄政。

‡ 1291 年起仅仅是名义上的耶路撒冷国王。

# 附录四 圣殿骑士团历任
## 大团长在任年份

于格·德·帕英　1119—1136

罗贝尔·德·克拉翁*　1136—1149

埃弗拉尔·德·巴尔　1149—1152

贝尔纳·德·德拉默莱　1153

安德烈·德·蒙巴尔　1153—1156

贝特朗·德·布朗克福尔　1156—1169

纳布卢斯的菲利普　1169—1171

奥多·德·圣阿芒　1171—1179

阿尔诺·德·托罗哈　1180—1184

热拉尔·德·雷德福尔　1185—1189

罗贝尔·德·萨布雷　1191—1193

吉尔贝尔·埃拉尔　1194—1200

菲利普·德·普莱西　1201—1209

纪尧姆·德·沙特尔　1210—1219

皮埃尔·德·蒙泰居　1219—1231

阿尔芒·德·佩里戈尔　1232—1244

里夏尔·德·比尔　1245—1247

纪尧姆·德·索纳克　1247—1250

雷诺·德·维希耶　1250—1256

托马·贝拉尔　1256—1273

纪尧姆·德·博热　1273—1291

特奥巴尔德·戈丹　1291—1292

雅克·德·莫莱　1292—1314[†]

＊ 或称罗贝尔·勃艮第奥。

[†] 死亡年份。1311 年维埃纳会议正式解散了圣殿骑士团。

# 注　释

## 序　章

1. Nicholson，H.，*The Knights Templar：A New History*（Stroud：2001）1.
2. 一个很好的概括，见 Barber，M.，*The New Knighthood：A History of the Order of the Temple*（Cambridge：1994）315 – 318。

## 第一部　朝圣者

### 一　"盛满蝎子的金盆"

1. Brownlow（trans.），*Saewulf（1102, 1103AD）*（London：1892）7. 西伍尔夫朝圣回忆录的另一个英文译本，可参见 Wilkinson，J. et al（eds.），*Jerusalem Pilgrimage 1099 – 1185*（London：1988）94 – 116。
2. Ibid. 7.
3. Ibid. 31 and 'Introduction' vi.
4. Ibid. 31.
5. Ezekiel 5：5.
6. Wilkinson et al，*Jerusalem Pilgrimage 1099 – 1185* 101.
7. Ibid. 102.
8. 这是根据俄罗斯朝圣者"修道院院长丹尼尔"的记述，他在西伍尔夫到访的几年后来到耶路撒冷，写下了详细记录。*Jerusalem Pilgrimage 1099 – 1185* 128.
9. 《古兰经》17：1. "赞美真主，超绝万物，他在一夜之间，使他的仆人，从禁寺［麦加］行到远寺［耶路撒冷］。我在远寺的四周降福，以便我昭示他我的一部分迹象。真主确是全聪的，确是全明的。"
10. 大马士革学者阿里·伊本·塔希尔·苏拉米在他的《圣战之书》中用的就是这种说法。See Hillenbrand，C.，*The Crusades：Islamic*

Perspectives (Edinburgh: 1999) 71. Extracts from the *Kitab al-Jihad* can be found in French translation in Sivan, E., 'La genèse de la contre-Croisade: un traité damasquin du début du XIIe siècle', *Journal asiatique*, 254 (1966) and in English at http://www. arts. cornell. edu/ prh3/447/texts/Sulami. html.

11. Richards, D. S. (ed.), *The Chronicle of Ibn al-Athir for the Crusading Period from al-Kamil fi'l Ta'rikh* I (Aldershot: 2006) 22.

12. According to Fulcher of Chartres. Peters, E. (ed.), *The First Crusade: The Chronicle of Fulcher of Chartres and Other Source Materials* (Philadelphia: 1971) 77.

13. 布永的戈弗雷和其他人写给教宗的信, 1099 年 9 月, reprinted in Peters (ed.), *Chronicle of Fulcher of Chartres and Other Source Materials* 234; Hillenbrand, *The Crusades: Islamic Perspectives*; Jirkimish, the Seljuq lord of Mosul, quoted in Cobb, P. M., *The Race For Paradise: An Islamic History of the Crusades* (Oxford: 2014) 107。

14. Wilkinson et al, *Jerusalem Pilgrimage 1099 – 1185* 104.

15. Ibid. 105.

16. Ibid. 100. 人称"修道院院长丹尼尔"的旅行者也同意, 说从雅法去耶路撒冷的道路"艰险难行, 令人生畏"。Ibid. 126.

17. Ibid. 100 – 101.

18. Ibid. 109.

19. Ibid. 110.

20. Ibid. 112.

21. Ibid. 110.

22. Ibid. 109.

23. Ibid. 112 – 113.

24. Ryan, F. R. (trans.) and Fink, H. S. (ed.), *Fulcher of Chartres: A History of the Expedition to Jerusalem 1095 – 1127* (Knoxville: 1969) 149.

25. Wilkinson et al, *Jerusalem Pilgrimage 1099 – 1185* 126, 134, 156, 162 – 163.

26. Ibn al-Khayyat, *Diwan*, Mardam Bek, H. (Damascus: 1958), quoted in

Hillenbrand, *The Crusades*: *Islamic Perspectives* 70 – 71.

27. Ali ibn Tahir Al-Sulami, *Kitab al-Jihad*, f. 189 b, translated into English by Christie, N. , http：//www. arts. cornell. edu/prh3/447/texts/Sulami. html.

28. Collins, B. （trans. ） and Alta'I, M. H. （rev. ）, *Al-Muqaddasi*：*The Best Divisions For the Knowledge of the Regions* （Reading：2001） 141.

## 二　"保卫耶路撒冷"

1. 关于这一日期的提出和讨论，见 Luttrel, A. , 'The Earliest Templars' in Balard, M. （ed. ）, *Autour de la première croisade* （Paris：1995） 195 – 196；see also Barber, M. , *The New Knighthood*：*A History ofthe Order of the Temple* （Cambridge：1994） 8 – 9。

2. 关于圣殿骑士团起源的逸闻与证据，有四个史料来源：推罗的纪尧姆（12 世纪 80 年代初写作）、叙利亚的迈克尔（12 世纪 90 年代）、沃尔特·马普（1181 年至 1193 年）和艾尔努尔/财务官贝尔纳的史书（1232）。有意思的是，其中最晚的史料很可能最接近历史真相，有一位学者认为它使用了 1129 年之前的资料，见 Luttrel, 'The Earliest Templars' 194。然而，上述史料没有一份来自骑士团建立的时代，并且推罗的纪尧姆很可能夸大了骑士团出身的低微，从而强调他们后来的贪欲和财富。这都是纪尧姆敌视的东西。

3. Ryan and Fink, *Fulcher of Chartres*：*A History of the Expedition to Jerusalem 1095 – 1127* 208, 210, 218, 220 – 221.

4. Ibid. 150.

5. Edgington, S. B. , Albert of Aachen, *Historia Ierosolimitana*：*History of the Journey to Jerusalem* （Oxford：2007） 881. 亚琛的阿尔伯特并非耶路撒冷王国事件的目击者，而是收集整理了德意志十字军老兵的口述资料，写成了篇幅较长且非常详尽的记述。

6. Edgington, S. B. and Asbridge, T. S. （ed. and trans. ）, *Walter the Chancellor's* ' *The Antiochene Wars* '：*a translation and commentary* （Aldershot：2006） 88；Asbridge, T. , *The Crusades*：*The War for the Holy Land* （London：2010） 164 – 167.

7. Gabrieli, F. （ed. ） and Costello, E. J. （trans. ） *Arab Historians of the Crusades* （London：1969） 37 – 38.

8. Edgington and Asbridge, *Walter the Chancellor's 'The Antiochene Wars'* 132 – 135.

9. Ryan and Fink, *Fulcher of Chartres: A History of the Expedition to Jerusalem 1095 – 1127* 227.

10. 关于这一点，以及瓦朗斯的贝尔纳的品格与生涯，见 Edgington and Asbridge, *Walter the Chancellor's 'The Antiochene Wars'* 34 – 42。

11. Edgington and Asbridge, *Walter the Chancellor's 'The Antiochene Wars'* 138.

12. Ibid. 139.

13. Ibid. 140.

14. 关于基督教的圣战思想，有大量文献存世，简单的概述可见 Smith, K. A. , *War and the Making of Medieval Monastic Culture* (Woodbridge: 2011) esp. 71 – 111。

15. Matthew 26: 52.

16. Ephesians 6: 14 – 17.

17. Sneddon, J. , 'Warrior Bishops in the Middle Ages' *Medieval Warfare* 3 (2013) 7.

18. Dennis, G. T. , 'Defenders of the Christian People: Holy War in Byzantium' in Laiou, A. E. (ed.), *The Crusades from the Perspective of Byzantium and the Muslim World* (Washington, DC: 2001) 31 – 33. See for example Sewter, E. R. A. (trans.) and Frankopan, P. (rev.), *Anna Komnene: The Alexiad* (London: 2009) 39, 279.

19. 沙特尔主教伊夫在 1114 年这样描述香槟伯爵于格。Migne, J. P. (ed.), *Patrologia Latina: Patrologus Cursus Completus. Series Latina* (Paris: 1844 – 1864) CLXII, 251 – 253. See for context Nicholson, *The Knights Templar* 22.

20. 同时代人对纳布卢斯的描述，作者是一个来自耶路撒冷的阿拉伯穆斯林，see Collins and Alta'I, *Al-Muqaddasi: The Best Divisions For the Knowledge of the Regions* (Reading: 2001) 146。

21. These are printed in Latin in Kedar, B. Z. , 'On the Origins of the Earliest Laws of Frankish Jerusalem: The Canons of the Council of Nablus, 1120', Speculum, 74 (1999). 关于纳布卢斯会议的政治背景，见 Mayer,

H. E. , 'The Concordat of Nablus', Journal of Ecclesiastical History 33 (1982) 531 – 543。

22. 关于圣殿骑士团起源的四种主要叙述，包括这段对叙利亚的迈克尔编年史的概述，见 Barber, M. and Bate, K. (eds. and trans. ), *The Templars: Selected Sources* (Manchester: 2002) 25 – 31。

23. According to Michael the Syrian. Barber and Bate, *The Templars: Selected Sources* 27.

24. According to Ernoul/Bernard the Treasurer in 1232. Barber and Bate, *The Templars: Selected Sources* 30.

25. 推罗的纪尧姆给出的数字是 9，叙利亚的迈克尔说是 30。

26. Forey, A. , 'The Emergence of the Military Order in the Twelfth Century' in *Journal of Ecclesiastical History 36* (1985) 175 – 195.

27. de Mas Latrie, L. (ed. ), *Chronique d'Ernoul et de Bernard le Trésorier* (Paris: 1871) 7 – 9.

28. d'Albon, Marquis (ed. ), *Cartulaire général de l'Ordre du Temple, 1119? – 1150. Recueil des chartes et des bulles relatives à l' Ordre du Temple* (Paris: 1913) 99.

29. I Kings 6 – 8.

30. Collins and Alta'I, *Al-Muqaddasi: The Best Divisions For the Knowledge of the Regions* 143. 圆顶清真寺是倭马亚王朝的哈里发阿卜杜勒·马利克建造的，691 年完工。它包含了登霄石，据说就是第一圣殿的至圣所的原址。

31. Le Strange, G. (ed. and trans. ), *Diary of a Journey through Syria and Palestine. By Nâsir-i-Khusrau, in 1047 A. D.* (London: 1888) I, 30.

32. Richards, D. G. , *Chronicle of Ibn al-Athir I*, 21.

33. Barber and Bate, *The Templars: Selected Sources* 31.

34. Ibid. 26.

35. Luttrel, 'The Earliest Templars' 198, 202.

36. James, M. R. (ed. and trans. ), Brooke, C. N. L. and Mynors, R. A. B. (rev. ), *Walter Map: De Nugis Curialium, Courtier's Trifles* (Oxford: 1983) 54 – 55.

37. Barber and Bate, *The Templars: Selected Sources* 26.

38. Ryan and Fink, *Fulcher of Chartres*: *A History of the Expedition to Jerusalem 1095 – 1127* 118.

39. 所谓的《地理学著作》，写于 1128 年至 1137 年。Wilkinson et al, *Jerusalem Pilgrimage 1099 – 1185* 200。

## 三 "新的骑士"

1. 对伯纳德生平的概述，见 Evans, G. R., *Bernard of Clairvaux*（Oxford/ New York：2000）5 – 21。

2. Matarasso, P., *The Cistercian World*: *Monastic Writing of the Twelfth Century*（London：1993）287 – 292.

3. 这段文字的作者尊者彼得是一位本笃会修道院院长，他和克莱尔沃的伯纳德一样，与君主和王公结交，并且深刻思考了 12 世纪修道生活性质的变化。This translation from Constable, G., *The Reformation of the Twelfth Century*（Cambridge：1996）45.

4. Ibid. 47.

5. The letter is printed in d'Albon, Marquis, *Cartulaire général de l'Ordre du Temple, 1119? – 1150* 1；关于这封信的时间和写信人，我遵循了 in Barber, *The New Knighthood* 337 n29 的研究成果。

6. d'Albon, Marquis, *Cartulaire général de l'Ordre du Temple, 1119? – 1150* 1.

7. Ibid. 鲍德温二世说他派去的两人的名字是安德烈和戈德玛尔。

8. James, B. S.（trans.）, *The Letters of St Bernard of Clairvaux*（London：1953）357.

9. Ibid. 175 – 176.

10. For dating see Barber, *The New Knighthood* 12.

11. Chibnall, M., *The Ecclesiastical History of Orderic Vitalis VI*（Oxford：1978）310 – 311.

12. Phillips, J., *Defenders of the Holy Land*: *Relations between the Latin East and the West, 1119 – 1187*（Oxford：1996）26. 勒芒的圣儒利安大教堂是富尔克的著名儿子若弗鲁瓦·金雀花的埋葬地。

13. Ibid. 23.

14. Babcock, E. A. and Krey, A. C., *A History of Deeds Done Beyond the Sea*: *By William, archbishop of Tyre* II（New York：1943）27.

15. Ibid. I 524.

16. 这五个人在 1129 年的特鲁瓦会议上被选定为于格的骑士团成员。
See Phillips, *Defenders of the Holy Land* 36.

17. Garmonsway, G. N. (trans. and ed.), *The Anglo-Saxon Chronicle*
(London: new edn 1972) 259.

18. 推罗的纪尧姆赞成此观点："在他的劝导下，成群结队的贵族"去东
方。Babcock and Krey, *A History of Deeds Done Beyond the Sea* II 40.

19. On this perspective see Phillips, J., 'Hugh of Payns and the 1129
Damascus Crusade' in Barber, M. (ed.), *The Military Orders I:
Fighting for the Faith and Caring for the Sick* (Aldershot: 1994) 141 –
217.

20. Gibb, H. A. R., *The Damascus Chronicle of the Crusades: Extracted and
Translated from the Chronicle of Ibn Al-Qalanisi* (1st edn London: 1932;
repr. New York: 2000) 195.

21. Peixoto, M. J., 'Templar Communities in Medieval Champagne: Local
Perspectives on a Global Organization' (PhD thesis, NewYork University:
2013) 137.

22. James, *The Letters of St Bernard of Clairvaux* 65.

23. 与该地区没有直接联系的教士只有教宗特使马蒂厄、博韦主教、奥
尔良主教和拉翁主教。Peixoto, 'Templar Communities' 140. 布卢瓦
伯爵特奥巴尔德就是上文讲到的于格伯爵的侄子和继承人。

24. Upton-Ward, J. M. (trans. and ed.), *The Rule of The Templars: The
French Text of the Rule of the Order of the Knights Templar* (Woodbridge:
1992) 19.

25. Ibid. 19 – 38.

26. Ibid. 24; on previous dress see Babcock and Krey, *A History of Deeds
Done Beyond the Sea* I 524 – 527.

27. Translated in Barber and Bate, *The Templars: Selected Sources* 54 – 59.

28. Greenia, M. C. (trans.) and Barber, M. W. (intro.), *Bernard of
Clairvaux: In Praise of the New Knighthood* (Cistercian Publications,
Collegeville MN: 2000) 31.

29. Ibid. 33.

30. Ibid. 37 – 38, 46.

31. Ibid. 40.

32. Evans, *Bernard of Clairvaux* 30.

33. Greenia and Barber, *Bernard of Clairvaux: In Praise of the New Knighthood* 53.

34. Ibid. 55.

35. Ibid. 31.

# 四 "各样美善的恩赐"

1. 对"战士"阿方索一世拥有的圣物的描述,见 *Cronica Adefonsi*,其英文译文参见 Lipskey, G. E. ( ed. and trans. ), *The Chronicle of Alfonso the Emperor: A Translation of the Chronica Adefonsi Imperatoris, with Study and Notes* (Evanston: 1972),网页链接为 http://libro. uca. edu/lipskey/chronicle. htm。阿方索一世拥有的真十字架碎片是他从萨阿贡附近的圣法昆都斯与圣普利米提乌斯修道院偷来的。

2. See O'Banion, P. J., 'What has Iberia to do with Jerusalem? Crusade and the Spanish Route to the Holy Land in the Twelfth Century' in *Journal of Medieval History* 34 (2008) 383 – 384.

3. Ibid. 387.

4. Lipskey, *The Chronicle of Alfonso the Emperor* 81.

5. Richards, *Chronicle of Ibn al-Athir*, 323.

6. Chibnall, *The Ecclesiastical History of Orderic Vitalis VI* 411.

7. Lipskey, *The Chronicle of Alfonso the Emperor* 1, 81 – 82.

8. Richards, *Chronicle of Ibn al-Athir* I, 323.

9. Lipskey, *The Chronicle of Alfonso the Emperor* 82.

10. Richards, *Chronicle of Ibn al-Athir* I, 323.

11. Alfonso's will is printed in d'Albon, Marquis, *Cartulaire général de l'Ordre du Temple, 1119? – 1150* 30. It can be found in English translation in Barber and Bate, *The Templars: Selected Sources* 161 – 163.

12. Babcock and Krey, *A History of Deeds Done Beyond the Sea* II, 40 – 41.

13. Garmonsway, *The Anglo-Saxon Chronicle* 259.

14. Babcock and Krey, *A History of Deeds Done Beyond the Sea* II, 103 – 105.

15. Ibid. 104.

16. See Burgtorf, J. , *The Central Convent of Hospitallers and Templars*: *History*, *Organization and Personnel* ( *1099/1120 – 1310* ) ( Leiden/ Boston: 2008 ) 644 – 645.

17. An English translation of *Omne Datum Optimum* can be found in Barber and Bate, *The Templars*: *Selected Sources* 59 – 64.

18. Elliott, J. K. , *The Apocryphal New Testament*: *A Collection of Apocryphal Christian Literature in an English Translation* ( Oxford: 1993 ) *passim*.

19. *Milites Templi* and *Militia Dei* are both translated into English in Barber and Bate, *The Templars*: *Selected Sources* 64 – 66.

20. Gérard, P. G. and Magnou-Nortier, E. ( eds. ) ' Le cartulaire des Templiers de Douzens ' in *Collection des documents inédits sur l'histoire de France* III ( Paris, 1965 ) , 50 – 51. Translation: Joserand, P. , ' The Templars in France: Between History, Heritage and Memory ' in *Mirabilia*: *Electronic Journal of Antiquity and Middle Ages*, 21 ( 2015 ) , 452.

21. Printed and translated in Barber and Bate, *The Templars*: *Selected Sources* 134 – 160.

22. Nicholson, H. , *The Knights Templar*: *A New History* ( Stroud: 2001 ) 132 – 134.

23. Barber, *The New Knighthood* 20.

24. Lees, B. A. , *Records of the Templars in England in the Twelfth Century*: *The Inquest of 1185 with Illustrative Charters and Documents* ( Oxford: 1935 ) xxxviii – xxxix.

25. Ibid. 1. Also see Brighton, S. , *In Search of the Knights Templar*: *A Guideto the Sites of Britain* ( London: 2006 ) 86 – 89.

26. See introduction to David, C. W. ( trans. ) and Phillips, J. ( intro. ) *The Conquest of Lisbon*: *De Expugnatione Lyxbonensi* ( 2nd edn, New York: 2001 ) xiv – xv.

27. Printed and translated in Barber and Bate, *The Templars*: *Selected Sources* 132.

28. Lourie, E. , ' The Confraternity of Belchite, the Ribat, and the Temple ' ,

*Viator. Medieval and Renaissance Studies* 13（1982），159 – 176.

29. Forey, A. , *The Military Orders: From the Twelfth to the Fourteenth Centuries*（Basingstoke: 1992）23 – 24; Forey A, *The Templars in the Corona de Aragón*（Oxford: 1973）20 – 25.

30. Printed and translated in Barber and Bate, *The Templars: Selected Sources* 95 – 97.

# 第二部　战士

## 五　"天堂与地狱的角斗"

1. Gibb, *The Damascus Chronicle of the Crusades* 267.

2. Ibid. 266; Babcock and Krey, *A History of Deeds Done Beyond the Sea* II, 142.

3. Richards, *Chronicle of Ibn al-Athir* I, 382 – 383; Cobb, P. M.（trans.）, *Usamaibn Munqidh: The Book of Contemplation: Islam and the Crusades*（London: 2008）202 – 203.

4. Hillenbrand, C. , 'Abominable Acts: The Career of Zengi' in Phillips, J. and Hoch, M.（eds.）*The Second Crusade: Scope and Consequences*（Manchester: 2001）120 – 125.

5. Babcock and Krey, *A History of Deeds Done Beyond the Sea* II, 85, 407.

6. Ibid. 141. On Edessa's varied Christian population, see Segal, J. B. , *Edessa: 'The Blessed City'*（Oxford: 1970）238 – 242.

7. Hillenbrand, *The Crusades: Islamic Perspectives* 531 – 532.

8. Segal, *Edessa* 243 – 244.

9. Babcock and Krey, *A History of Deeds Done Beyond the Sea* II, 143.

10. Gibb, *The Damascus Chronicle of the Crusades* 268.

11. Segal, *Edessa* 246.

12. Joserand, 'The Templars in France' 452.

13. d'Albon, Marquis, *Cartulaire général de l'Ordre du Temple, 1119? – 1150* 280.

14. On this occasion see Phillips, J. , *The Second Crusade: Extending the Frontiers of Christendom*（New Haven/London: 2007）122 – 123.

15. For an English translation of *Quantum Praedecessores* see Riley-Smith, L. and J. S. C. , *The Crusades: Idea and Reality 1095 – 1274* (London: 1981) 57 – 59.

16. 同时代人的估计从将近 100 万人到 5 万人不等（后一个数字较可信），包括战斗人员和非战斗的朝圣者。关于人数的讨论见 Phillips, *The Second Crusade* 168 – 169。

17. Babcock and Krey, *A History of Deeds Done Beyond the Sea* II, 171.

18. Berry, V. G. (trans. and ed. ), *Odo of Deuil: De Profectione Ludovici VII in Orientem* (New York: 1948) 58 – 59.

19. Ibid. 58 – 59; 87.

20. On this point, see France, J. , 'Logistics and the Second Crusade' in Pryor, J. H. ( ed. ), *Logistics of Warfare in the Age of the Crusades: Proceedings of a Workshop Held at the Centre for Medieval Studies, University of Sydney* (Aldershot: 2006) 82.

21. Berry, *Odo of Deuil* 66 – 67.

22. 关于卡德摩斯山惨剧的极其细致的描述，见 Berry, *Odo of Deuil* 102 – 123；另见 Phillips, *The Second Crusade* 199 – 201。

23. Babcock and Krey, *A History of Deeds Done Beyond the Sea* II, 177.

24. Gibb, *The Damascus Chronicle of the Crusades* 281.

25. Berry, *Odo of Deuil* 124 – 125.

26. Upton-Ward, *The Rule of The Templars* 29.

27. 关于突厥人的战术，见 Hillenbrand, *The Crusades: Islamic Perspectives* 512 – 15。推罗的纪尧姆对此有相同的记述：Babcock and Krey, *A History of Deeds Done Beyond the Sea* II, 171。

28. 对骑射手接受的训练、技巧和马术的总结，见 Hyland, A. , *The Medieval War Horse: From Byzantium to the Crusades* (London: 1994) 118 – 119。

29. Berry, *Odo of Deuil* 124 – 125.

30. A point made by Berry, *Odo of Deuil* 124 n6: 'The elementary nature of these commands makes the former disorder of the army very apparent. '

31. In French in Bédier, J. and Aubry, P. , *Les Chansons de croisade avec leurs mélodies* (Paris: 1909) 8 – 11.

32. Berry, *Odo of Deuil* 127.

33. Ibid.

## 六 “战争的磨坊”

1. 弗赖辛主教奥托说路易七世登陆的地点是圣西梅翁港，也就是今天土耳其的萨曼达厄。Mierow, C. C. (trans.) and Emery R, *The Deeds of Frederick Barbarossa by Otto of Freising and His Continuator*, *Rahewin* (New York: 2004) 101.

2. Barber, *The New Knighthood* 67 – 68.

3. Luchaire, A., *Études sur les actes de Louis VII* (Paris: 1885) 174.

4. de Mas Latrie, *Chronique d'Ernoul et de Bernard le Trésorier* 9.

5. 对圣殿骑士团进驻期间圣殿山建筑的研究，见 Boas, A. J., *Archaeology of the Military Orders: A Survey of the Urban Centres*, *Rural Settlements and Castles of the Military Orders in the Latin East* (*c. 1120 – 1291*) (Abingdon: 2006) 19 – 28。

6. Cobb, *Usama ibn Munqidh* 147；这段文字的一个略微详细的版本，见 Gabrieli and Costello, *Arab Historians of the Crusades* 79 – 80。

7. Mierow and Emery, *The Deeds of Frederick Barbarossa* 102.

8. Ibid. 102.

9. Collins and Alta'I, *Al-Muqaddasi: The Best Divisions For the Knowledge of the Regions* 133 – 136; Broadhurst, R. J. C. (trans.), *The Travels of Ibn Jubayr* (London: 1952) 272.

10. 伊本·艾西尔描述自己的父亲就在赞吉死亡的现场，说赞吉恳求让他死得痛快些。Richards, *Chronicle of Ibn al-Athir* I, 382.

11. Richards, *Chronicle of Ibn al-Athir* II, 222.

12. 关于十字军对大马士革进攻目标比较全面且采取理解态度的评估，见 Hoch, M., 'The Choices of Damascus as the Objective of the Second Crusade: A Re-evaluation' in Balard, M. (ed.), *Autour de la premiere croisade* (Paris: 1996) 359 – 369。

13. Babcock and Krey, *A History of Deeds Done Beyond the Sea* II, 186.

14. Mierow and Emery, *The Deeds of Frederick Barbarossa* 102.

15. Broadhurst, *The Travels of Ibn Jubayr* 271 – 272.

16. Babcock and Krey, *A History of Deeds Done Beyond the Sea* II, 188.

17. Gibb, *The Damascus Chronicle of the Crusades* 284.

18. Ibid. 285.

19. 对法兰克人攻打大马士革的策略的讨论，见 Phillips, *The Second Crusade* 221 – 227。

20. Babcock and Krey, *A History of Deeds Done Beyond the Sea* II, 192.

21. Ibid. 195.

# 七 "该死的塔楼"

1. 穆卡达西赞美加沙是"通往埃及的主干道上的大城镇……那里有一座美丽的清真寺"。Collins and Alta'I, *Al-Muqaddasi: The Best Divisions For the Knowledge of the Regions* 146.

2. Babcock and Krey, *A History of Deeds Done Beyond the Sea* II, 202.

3. 加齐卒于 1129/1130 年。编年史家伊本·艾西尔记载了他的诗歌的残章断简。Richards, *Chronicle of Ibn al-Athir* I, 285.

4. Burgtorf, *The Central Convent of Hospitallers and Templars* 481 – 482.

5. For Andrew's analogy with the ant, see Bernard of Clairvaux's reply to him in James, *The Letters of St Bernard of Clairvaux* 479.

6. This letter is printed in modern English translation in Barber, M. and Bate, K., *Letters from the East: Crusaders, Pilgrims and Settlers in the 12th – 13th Centuries* (Farnham: 2013) 47 – 48; the original French can be found in Bouquet, M. et al (eds.), *Recueil des historiens des Gaules et de la France* XV (Paris: 1878), 540 – 541.

7. Babcock and Krey, *A History of Deeds Done Beyond the Sea* II, 203.

8. Ibid. 219.

9. 关于贝特吉伯兰以及该地区的其他城堡，参见 Kennedy, H., *Crusader Castles* (Cambridge: 1994) 30 – 32, 以及 Smail, R. C., 'Crusaders' Castles of the Twelfth Century' in *The Cambridge Historical Journal* 10 (1952), 140。

10. 对亚实基伦攻城战唯一的详细记述是推罗的纪尧姆写的。Babcock and Krey, *A History of Deeds Done Beyond the Sea* II, 217 – 234.

11. James, *The Letters of St Bernard of Clairvaux* 519, 521.

12. Babcock and Krey, *A History of Deeds Done Beyond the Sea* II, 221.

13. Gibb, *The Damascus Chronicle of the Crusades* 315.

14. 亚实基伦城墙被突破、塔楼倒塌时，从他们的角度来看显然是这样。
    Gibb, *The Damascus Chronicle of the Crusades* 227.

15. Cobb, *Usama ibn Munqidh* 25.

16. Gibb, *The Damascus Chronicle of the Crusades* 227.

17. Babcock and Krey, *A History of Deeds Done Beyond the Sea* II, 227.

18. 关于这对耶路撒冷的世俗统治者的战略影响，见 Smail, R. C.,
    *Crusading Warfare 1097 – 1193* (2nd edn, Cambridge：1995) 103 – 104。

# 八 "权力与财富"

1. 关于纳斯尔丁从开罗逃亡和他之所以逃亡的原因，详细的目击者记述
   见 Cobb, *Usama ibn Munqidh* 26 – 36。另见 Richards, *Chronicle of Ibn al-Athir* II, 67 – 68。

2. This allegation is made by Richards, *Chronicle of Ibn al-Athir* II, 67.

3. Babcock and Krey, *A History of Deeds Done Beyond the Sea* II, 251.

4. Cobb, *Usama ibn Munqidh* 37 – 38. 乌萨马对这个马鞍十分感兴趣，因
   为它实际上是他的财产。

5. Richards, *Chronicle of Ibn al-Athir* II, 68.

6. James, Brooke and Mynors, *Walter Map：De Nugis Curialium, Courtier's Trifles* 62 – 67.

7. Babcock and Krey, *A History of Deeds Done Beyond the Sea* II, 253.

8. Upton-Ward, *The Rule of The Templars* 147 – 148.

9. Babcock and Krey, *A History of Deeds Done Beyond the Sea* II, 253.

10. Richards, *Chronicle of Ibn al-Athir* II, 69.

11. Babcock and Krey, *A History of Deeds Done Beyond the Sea* II, 253.

12. Delisle, L. (ed.), *Recueil des historiens des Gaules et de la France* XV
    (Paris：1808), 681 – 682.

13. Wilkinson et al, *Jerusalem Pilgrimage 1099 – 1185* 293 – 294.

14. Ibid. 303.

15. Boas, *Archaeology of the Military Orders* 106, 111, 112；Kennedy,
    *Crusader Castles* 31, 55.

16. Boas, *Archaeology of the Military Orders* 111 – 112.

17. Ibid. 188.

18. Wilkinson et al, *Jerusalem Pilgrimage 1099 – 1185* 310.

19. Ibid. 312.

20. Kennedy, *Crusader Castles* 56.

21. Ibid. 57.

## 九　"两片土地的困境"

1. Babcock and Krey, *A History of Deeds Done Beyond the Sea* II, 300.

2. Richards, *Chronicle of Ibn al-Athir* II, 172.

3. 推罗的纪尧姆记载道："鲍德温三世的死导致国内诸侯之间发生很多纠纷。君主更迭对诸侯造成的影响各不相同，险些造成严重的冲突，导致分裂的危险。" Babcock and Krey, *A History of Deeds Done Beyond the Sea* II, 295.

4. Barber and Bate, *Letters from the East* 53.

5. Babcock and Krey, *A History of Deeds Done Beyond the Sea* II, 300.

6. Gibb, *The Damascus Chronicle of the Crusades* 336 – 337.

7. Sewell, R. C. (ed. and trans.), *Gesta Stephani, Regis Anglorum et Ducis Normannorum* (London: 1846) 38.

8. Babcock and Krey, *A History of Deeds Done Beyond the Sea* II, 306.

9. Barber, M., *The Crusader States* (New Haven/London: 2012) 241.

10. Barber and Bate, *Letters from the East* 61.

11. Babcock and Krey, *A History of Deeds Done Beyond the Sea* II, 317.

12. Ibid. 312.

13. Ibid. 312.

14. Ibid. 330.

15. Nicholson, H. J., *The Chronicle of the Third Crusade*: The Itinerarium Peregrinorum et Gesta Regis Ricardi (Farnham: 1997) 28.

16. This quote and the description of the palace that follows, Babcock and Krey, *A History of Deeds Done Beyond the Sea* II, 319 – 321.

17. Babcock and Krey, *A History of Deeds Done Beyond the Sea* II, 351.

18. Richards, D. S. (trans.), *The Rare and Excellent History of Saladin*

（Farnham：2002）26.

19. Nicholson, *Chronicle of the Third Crusade* 23.

## 十 "烈火之泪"

1. Gabrieli and Costello, *Arab Historians of the Crusades* 146 - 147.

2. Richards, *Rare and Excellent History of Saladin* 45.

3. Ibid. 28.

4. Babcock and Krey, *A History of Deeds Done Beyond the Sea* II, 391.

5. Bird, J., Peters, E. and Powell, J. M. (eds.), *Crusade and Christendom：Annotated Documents in Translation from Innocent III to the Fall of Acre, 1187 - 1291* (Philadelphia：2013) 189.

6. Babcock and Krey, *A History of Deeds Done Beyond the Sea* II, 392.

7. Barber, *The New Knighthood* 103.

8. Babcock and Krey, *A History of Deeds Done Beyond the Sea* II, 392 - 393.

9. Ibid. 393.

10. Ibid. 394.

11. 关于耶路撒冷医院的实际地点，见 Pringle, D., 'The Layout of the Jerusalem Hospital in the Twelfth Century：Further Thoughts and Suggestions' in Upton-Ward, *The Rule of The Templars* 91 - 110。

12. Barber and Bate, *Letters from the East* 72.

13. See Kedar, B. Z., 'The *Tractatus de locis et statu sancte terre ierosolimitane*' in France, K. and Zajac, W. G. (eds.), *The Crusades and their Sources：Essays Presented to Bernard Hamilton* (Aldershot：1998).

14. Abu Shama, 'The Book of the Two Gardens' in *Recueil des historiens des croisades：Historiens orientaux Tome IV* (Paris：1898), 185.

15. Ibid. 185.

16. Richards, *Rare and Excellent History of Saladin* 54.

17. Abu Shama, 'The Book of the Two Gardens' 185.

18. Babcock and Krey, *A History of Deeds Done Beyond the Sea* II, 431.

19. Ibid. 431.

20. Richards, *Rare and Excellent History of Saladin* 54.

21. Barber and Bate, *Letters from the East* 73.

22. Richards, *Chronicle of Ibn al-Athir* II, 253.

23. Babcock and Krey, *A History of Deeds Done Beyond the Sea* II, 437.

24. Genesis 32：10 – 32.

25. Ellenblum, R., *Crusader Castles and Modern Histories* (Cambridge：2007) 264.

26. Ibid. 273；Abu Shama, 'The Book of the Two Gardens' 208.

27. Babcock and Krey, *A History of Deeds Done Beyond the Sea* II, 444.

28. Richards, *Chronicle of Ibn al-Athir* II, 264.

29. Ibid. 266.

30. Babcock and Krey, *A History of Deeds Done Beyond the Sea* II, 440.

31. Ibid. 443. 引用《约伯记》27：3 – 4："我的生命尚在我里面，神所赐呼吸之气，仍在我的鼻孔内。我的嘴决不说非义之言，我的舌也不说诡诈之语。"

32. Ibid. 443.

33. Imad al-Din, in *Recueil des historiens des croisades：Historiens orientaux Tome IV* (Paris：1898), 200.

34. Ibid. 194.

35. Richards, *Chronicle of Ibn al-Athir* II, 265.

36. Ibid. 265.

37. Imad al-Din 205；Richards, *Chronicle of Ibn al-Athir* II, 266.

38. Imad al-Din 205.

39. Ibid. 206 – 207.

40. 历史学家和考古学家罗尼·艾伦布鲁姆在 21 世纪初发掘了这个地点，发现"至少一名守军……仍在原地，就在城墙缺口对面"。Ellenblum, R., *Crusader Castles and Modern Histories*, (Cambridge：2007) 273.

41. Imad al-Din 203.

42. Richards, *Chronicle of Ibn al-Athir* II, 266.

43. Babcock and Krey, *A History of Deeds Done Beyond the Sea* II, 444.

## 十一　"大祸临头了，耶路撒冷！"

1. 第三次拉特兰会议文件的英译本见 http：//www. papalencyclicals. net/

Councils/ecum11. htm。

2. Phillips, *Defenders of the Holy Land* 246 – 247.

3. Burgtorf, *The Central Convent of Hospitallers and Templars* 279.

4. See for example Gargallo, Moya, A. et al ( eds. ), *Cartulario del Temple de Huesca* ( Zaragoza: 1985) 44, 58.

5. Burgtorf, *The Central Convent of Hospitallers and Templars* 543.

6. Babcock and Krey, *A History of Deeds Done Beyond the Sea* II, 455 – 456.

7. 苏丹在 1186 年之前只花了 11 个月的时间与法兰克军队作战，而花了将近 3 年的时间与其他穆斯林势力对抗。Asbridge, *The Crusades* 335.

8. Babcock and Krey, *A History of Deeds Done Beyond the Sea* II, 502.

9. Burgtorf, *The Central Convent of Hospitallers and Templars* 539 – 540. See also Barber, M. , 'The Reputation of Gerard of Ridefort' in Upton-Ward, J. , *The Military Orders: Volume 4, On Land and by Sea* ( Aldershot: 2008) 116 – 117.

10. Nicholson, *Chronicle of the Third Crusade* 79.

11. de Mas Latrie, *Chronique d'Ernoul et de Bernard le Trésorier* 161 – 162.

12. Jacoby, Z. , 'The Tomb of Baldwin V, King of Jerusalem ( 1185 – 1186), and the Workshop of the Temple Area', *Gesta* 18 ( 1979) 3 – 14 discusses the tomb, now lost except for fragments of carved stone.

13. Richards, *Rare and Excellent History of Saladin* 68.

14. 关于对雷德福尔在克莱松泉作法的解读，见 Tyerman, C. , *God's War: A New History of the Crusades* ( London: 2006) 367。

15. Letter to Frederick I of Germany, printed in Barber and Bate, *Letters from the East* 76 – 77.

16. Hoogeweg, H. , *Die Schriften des Kölner Domscholasters* ( Stuttgart: 1894) 142.

17. Barber and Bate, *Letters from the East* 76.

18. According to the continuator of William of Tyre. Edbury, P. W. , *The Conquest of Jerusalem and the Third Crusade* ( Farnham: 1998) 32.

19. Stevenson, J. , *Ralph of Coggeshall: Chronicon Anglicanum* ( London: 1875) 212.

20. Rules 659, 675, 676. Upton-Ward, *The Rule of The Templars* 170 – 171.

21. 见弗里德里希一世收到的信，Barber and Bate，*Letters from the East* 76。它总体上与科吉舍尔的拉尔夫对圣殿骑士团回应的描述吻合："不管生死，我们永远是基督之名的胜利者！" Stevenson，*Ralph of Coggeshall* 212.

22. Bernard was here invoking Romans 24：8. Greenia and Barber，*Bernard of Clairvaux：In Praise of the New Knighthood* 34. On Templar approaches to martyrdom，see Rother，J.，'Embracing Death，Celebrating Life：Reflections on the Concept of Martyrdom in the Order of the Knights Templar'，*Ordines Militares* 19（2014）.

23. 我们对乌尔斯在克莱松泉的命运不太确定，但他很可能死在那里。对相关群体传论学证据的概括见 Burgtorf，*The Central Convent of Hospitallers and Templars* 666。关于罗歇·德·穆兰的命运，推罗的纪尧姆著作的续写者说他被斩首了。Edbury，*The Conquest of Jerusalem* 32.

24. Richards，*Chronicle of Ibn al-Athir* II，319.

25. Stevenson，*Ralph of Coggeshall* 212.

26. Nicholson，*Chronicle of the Third Crusade* 25 – 26.

27. Ibid. 26.

28. 关于教宗对热拉尔这封信的概述，英译本见 Edbury，*The Conquest of Jerusalem* 33。

29. Stevenson，*Ralph of Coggeshall* 218.

30. de Mas Latrie，*Chronique d'Ernoul et de Bernard le Trésorier* 457.

31. Abu Shama，'The Book of the Two Gardens' 264.

32. Ibid. 263.

33. Nicholson，*Chronicle of the Third Crusade* 31.

34. Letter to Frederick I，Barber and Bate，*Letters from the East* 77；de Mas Latrie，*Chronique d'Ernoul et de Bernard le Trésorier* 460 – 461.

35. de Mas Latrie，*Chronique d'Ernoul et de Bernard le Trésorier* 461.

36. Melville，C. P. and Lyons，M. C.，'Saladin's Hattin Letter' in Kedar，B. Z.（ed.）*The Horns of Hattin*（Jerusalem：1992）210 – 211.

37. Richards，*Chronicle of Ibn al-Athir* II，321.

38. Nicholson，*Chronicle of the Third Crusade* 32.

39. Melville and Lyons, 'Saladin's Hattin Letter' 211.

40. The 'Eracles', this translation is given in Edbury, *The Conquest of Jerusalem* 159.

41. Barber and Bate, *Letters from the East* 82.

42. Ibid. 78.

43. Richards, *Chronicle of Ibn al-Athir* II, 322.

44. Melville and Lyons, 'Saladin's Hattin Letter' 211.

45. Richards, *Rare and Excellent History of Saladin* 74.

46. Richards, *Chronicle of Ibn al-Athir* II, 323.

47. Ibid. 323.

48. Melville and Lyons, 'Saladin's Hattin Letter' 211, 212.

49. Richards, *Rare and Excellent History of Saladin* 74.

50. Letter to the master of the Hospitallers in Italy, translated in Edbury, *The Conquest of Jerusalem* 161.

51. Richards, *Rare and Excellent History of Saladin* 75.

52. Richards, *Chronicle of Ibn al-Athir* II, 324.

53. Quoted by Abu Shama, 'The Book of the Two Gardens' 277.

54. Ibid. 278.

55. 推罗的纪尧姆的续写者叙述了这个故事：Edbury, *The Conquest of Jerusalem* 47。

56. Quoted by Abu Shama, 'The Book of the Two Gardens' 333.

57. Edbury, *The Conquest of Jerusalem* 64 – 65.

# 第三部 银行家

1. Gabrieli and Costello, *Arab Historians of the Crusades* 288.

## 十二 "追寻财富"

2. Burgtorf, *The Central Convent of Hospitallers and Templars* 81. Ailes (trans.), *The History of the Holy War: Ambroise's Estoire de la guerre sainte* (Woodbridge: 2003) 73.

3. Upton-Ward, *The Rule of The Templars* 169.

4. Broadhurst, *The Travels of Ibn Jubayr* 318. Ibn Jubayr is citing *Qur'an Ar-*

Rahman 55：24.

5. Theoderic in Wilkinson et al, *Jerusalem Pilgrimage 1099 – 1185* 310；另见 Ladislaus Mayr 于 1752 年绘制的圣殿骑士团房舍废墟的素描，收入 Boas, *Archaeology of the Military Orders* 30。

6. Upton-Ward, *The Rule of The Templars* 49.

7. Broadhurst, *The Travels of Ibn Jubayr* 317.

8. Boas, *Archaeology of the Military Orders* 29.

9. Imad al-Din 296.

10. Edbury, *The Conquest of Jerusalem* 80.

11. Nicholson, *Chronicle of the Third Crusade* 78.

12. 见当时的一首诗，收入 Prutz, H. , 'Ein Zeitgenössisches Gedicht über die Belagerung Accons' in *Forschungen zur Deutschen Geschichte* 21 (1881) 478。

13. For Geoffrey Morin's biographical summary, see Burgtorf, *The Central Convent of Hospitallers and Templars* 534 – 535.

14. Upton-Ward, *The Rule of The Templars* 59 – 60.

15. Richards, *Chronicle of Ibn al-Athir* II, 367；Richards, *Rare and Excellent History of Saladin* 102.

16. 这个解读可能看起来使以下两种记述统一了起来：Nicholson, *Chronicle of the Third Crusade* 79, and Richards, *Chronicle of Ibn al-Athir* II, 367。

17. Nicholson, *Chronicle of the Third Crusade* 78 – 79.

18. Ibid. 79.

19. Richards, *Chronicle of Ibn al-Athir* II, 368.

20. Nicholson, *Chronicle of the Third Crusade* 79.

21. Ibid. 80.

22. 这似乎能解释大船遇袭的日期（大多数史料说是 6 月 7 日）与萨拉丁接收到的情报（伊本·沙达德和《狮心王理查东征记》的作者认为是 6 月 11 日）之间的不吻合。Richards, *Rare and Excellent History of Saladin* 151；Nicholson, *Chronicle of the Third Crusade* 199. 伊本·沙达德说这次海战发生在 6 月 11 日，肯定错了。

23. Richards, *Rare and Excellent History of Saladin* 150.

24. Ibid. 145.

25. Ibid. 146.

26. Burgtorf, *The Central Convent of Hospitallers and Templars* 79 – 80.

27. Barber, *The New Knighthood* 119.

28. Burgtorf, *The Central Convent of Hospitallers and Templars* 523 – 527.

29. Richards, *Rare and Excellent History of Saladin* 158.

30. Nicholson, *Chronicle of the Third Crusade* 209.

31. Richards, *Rare and Excellent History of Saladin* 162.

32. Nicholson, *Chronicle of the Third Crusade* 237; cf. Asbridge, *The Crusades* 461.

33. Nicholson, *Chronicle of the Third Crusade* 245.

34. Ibid. 245.

35. 伊本·沙达德是阿苏夫战役的目击者和参与者，他对这场战役的描述不像《狮心王理查东征记》的作者那样言辞浮夸和标准化。Richards, *Rare and Excellent History of Saladin* 174 – 176.

36. Nicholson, *Chronicle of the Third Crusade* 258.

37. Richards, *Rare and Excellent History of Saladin* 178.

38. Ibid. 186 – 188.

39. Nicholson, *Chronicle of the Third Crusade* 278.

40. de Mas Latrie, *Chronique d'Ernoul et de Bernard le Trésorier* 296 – 297.

41. According to John of Joinville. Giles, J. A. (ed.), *Chronicles of the Crusades: Being Contemporary Narratives of the Crusade of Richard Coeur de Lion, by Richard of Devizes and Geoffrey de Vinsauf; and of the Crusade of Saint Louis, by Lord John de Joinville* (London/New York: 1892) 495.

42. 关于圣殿骑士团对塞浦路斯短暂控制的简洁概述，见 Hill, G. F., *A History of Cyprus II: The Frankish Period, 1192 – 1432* (Cambridge: 1948) 34 – 38；另一个更深入且较新的研究见 Edbury, P., 'The Templars in Cyprus' in Barber, *Fighting for the Faith* 189 – 195。

## 十三 "在各地都繁荣昌盛"

1. 这本书现存于英国国家档案馆，Kew, E. 164/16。其拉丁文文本已经被抄录下来，还附上了信息量很大的英文引言，见 Lees, *Records of the*

*Templars in England in the Twelfth Century* 139 – 141。

2. Holden, A. J. , Gregory, S. and Crouch, D. ( ed. and trans. ) , *History of William Marshal* ( London, 3 vols: 2002 – 6) II, 419 – 421.

3. Gervers, M. , ' *Pro defensione Terre Sancte*: the Development and Exploitation of the Hospitallers' Landed Estate in Essex ' in Barber, *Fighting for the Faith* 5.

4. Lees, *Records of the Templars in England in the Twelfth Century* 139 – 140.

5. The most up-to-date edition and translation of Magna Carta 1215 is online, at http: //magnacarta. cmp. uea. ac. uk/.

6. James, Brooke and Mynors, *Walter Map: De Nugis Curialium , Courtier's Trifles* 54 – 55.

7. Ibid. 60 – 61.

8. Borchardt, K. , ' The Military-Religious Orders in the Crusader West ' in Boas, A. J. ( ed. ) , *The Crusader World* ( London/New York: 2016) 111 – 128.

9. 理查一世确认了骑士团在加韦的权利，见 Lees, *Records of the Templars in England in the Twelfth Century* 142。

10. James, Brooke and Mynors, *Walter Map: De Nugis Curialium , Courtier's Trifles* 60 – 61.

11. 有关索尔兹伯里的约翰对骑士团态度的讨论，包括对他的作品 *Polycraticus* 的翻译，见 Barber, *The New Knighthood* 59 – 61。

12. Ibid. 61.

13. Bellomo, E. , *The Templar Order in North-West Italy ( 1142 – c. 1330 )* ( Boston/Leiden: 2008) 34 – 35. 教宗还用其他军事团体为他打理财务，其中包括医院骑士团和条顿骑士团。

14. De la Torre, I. , ' The London and Paris Temples: A Comparative Analysis of their Financial Services for the Kings during the Thirteenth Century ' in Upton-Ward, *The Military Orders: Volume 4* 122.

15. Barber, *The New Knighthood* 262 – 263.

16. Gargallo Moya, *Cartulario del Temple de Huesca* 85, 87, 94.

17. Smith, D. J. and Buffery, H. ( eds. ) , *The Book of Deeds of James I of Aragón: A Translation of the Medieval Catalan* Llibre dels Fets ( Farnham:

2003) 26 – 28.

18. Forey, *The Templars in the* Corona de Aragón 34 – 35.

19. Richards, *Rare and Excellent History of Saladin* 240 – 245.

20. See the papal bull *Post miserabile*, printed in English translation in Bird, Peters and Powell, *Crusade and Christendom* 28 – 37.

# 十四 “达米埃塔!”

1. 朝圣者城堡如今常被称为 “阿特里特”。现代人对其遗迹的研究细节, 见 Kennedy, *Crusader Castles* 124 – 127; Boas, *Archaeology of the Military Orders* 32 – 38。

2. Upton-Ward, *The Rule of The Templars* 155 – 156, 153 – 154, 148.

3. 这封信在传统上 (可能错误地) 被认为是阿卡主教雅克·德·维特里写的。见 Barber and Bate, *Letters from the East* 110。

4. 雅克·德·维特里说这些船是柯克船。See letter translated and printed in Barber and Bate, *Letters from the East* 112.

5. Conedera, S. Z., *Ecclesiastical Knights: The Military Orders in Castile, 1150 – 1330* (New York: 2015) 87.

6. O'Callaghan, J. F., *A History of Medieval Spain* (Ithaca/London: 1975) 243 – 249.

7. On the siege of Alcácer do Sal, see O'Callaghan, J. F., *Reconquest and Crusade in Medieval Spain* (Philadelphia: 2002) 78 – 80.

8. 这里的页码是根据最常见的版本, 即帕德博恩的奥利弗编年史的 1948 年英译本, 译者为 J. J. Gavigan。'The Capture of Damietta', to be found in Bird, Peters and Powell, *Crusade and Christendom* 158 – 225. This quote is ibid. 165 – 166.

9. Ibid. 187.

10. Ibid. 194.

11. Murray, A. V., 'The place of Egypt in the Military Strategy of the Crusades, 1099 – 1221' in Mylod, E. J., Perry, G., Smith, T. W. and Vandeburie, J. (eds.), *The Fifth Crusade in Context: The Crusading Movement in the Early Thirteenth Century* (London/New York: 2017) 13 – 131.

12. 关于霍诺里乌斯三世在十字军东征中的作用，尤其是他与英诺森三世的不同，见 Smith, T. W. , 'The Role of Pope Honorius III in the Fifth Crusade' in Mylod, Perry, Smith and Vandeburie, *The Fifth Crusade in Context* 15 – 26。

13. Letter quoted by Claverie, P. V. , ' "*Totius populi Christiani negotium*" The crusading conception of Pope Honorius III, 1216 – 1221' in Mylod, Perry, Smith and Vandeburie, *The Fifth Crusade in Context* 34.

14. Delisle, L (ed. ), *Recueil des historiens des Gaules et de la France* XIX (Paris: 1880), 640.

15. Letter from John of Brienne to Frederick II Hohenstaufen, printed in Mylod, Perry, Smith and Vandeburie, *The Fifth Crusade in Context* 43 – 45.

16. 多位编年史家，包括伊本·艾西尔都这样描述。他写道："若不是这座塔楼和这些铁链，任何人也无法将敌船阻挡在埃及之外。" Richards, *Chronicle of Ibn al-Athir* III, 176.

17. Bird, Peters and Powell, *Crusade and Christendom* 168 – 169.

18. Ibid. 168 – 169.

19. The provenance of the relic is given by James of Vitry: Barber and Bate, *Letters from the East* 112.

20. Ibid. 114.

21. Bird, Peters and Powell, *Crusade and Christendom* 173.

22. Ibid. 173.

23. Ibid. 175.

24. 关于条顿骑士团的历史，见 Arnold, U. , 'Eight Hundred Years of the Teutonic Order' in Barber, *Fighting for the Faith* 223 – 235。

25. Bird, Peters and Powell, *Crusade and Christendom* 182.

26. Matthew 10: 8 – 11.

27. Upton-Ward, *The Rule of The Templars* 40 – 41.

28. 这封信的译本见 Barber and Bate, *Letters from the East* 123。阿西西的方济各与卡米勒的会面为随后几个世纪的基督教艺术提供了素材，见 Tolan, J. V. , *Saint Francis and the Sultan: The Curious History of a Christian-Muslim Encounter* (Oxford: 2009)。

29. Bird, Peters and Powell, *Crusade and Christendom* 184.

30. Ibid. 185.

31. Ibid. 187.

32. Barber and Bate, *Letters from the East* 120.

33. Bird, Peters and Powell, *Crusade and Christendom* 200.

34. Powell, J. M. , *Anatomy of a Crusade, 1213 – 1221* (Philadelphia: 1986) 92 – 93.

35. The letter can be read transcribed in Rodenburg, C. (ed. ), *Monumenta Germaniae Historica*, *Epistolae* I (Berlin: 1883), 89 – 91, or in a more readily available English translation in Barber and Bate, *The Templars: Selected Sources* 203 – 207.

36. Letter from Honorius to the prelates of Sicily, dated 24 November, translated in Barber and Bate, *The Templars: Selected Sources* 230 – 232.

37. Barber, *The New Knighthood* 129.

38. 该信由英格兰编年史家文多弗的罗杰保存。Giles, J. A. (ed. and trans. ), *Roger of Wendover's Flowers of History* II (London: 1844), 433 – 435.

39. Ibid. 433 – 435.

40. Ibid. 436 – 439; also translated in Barber and Bate, *Letters from the East* 123 – 125.

41. Richards, *Chronicle of Ibn al-Athir* III, 180.

42. Barber and Bate, *Letters from the East* 124.

## 十五  "敌意与憎恨"

1. Giles, *Roger of Wendover's Flowers of History* II, 511; La Monte, J. R. and Hubert, M. J. (ed. and trans. ), *The Wars of Frederick II Against The Ibelins in Syria and Cyprus by Philip De Novare* (New York: 1936) 88.

2. Baird, J. L. , Baglivi, G. and Kane, J. R. (ed. and trans. ), *The Chronicle of Salimbene de Adam* (Binghamton: 1986).

3. Franke, D. P. , 'Crusade, Empire and the Process of War in Staufen Germany, 1180 – 1220' in Boas, *The Crusader World* 132.

4. de Mas Latrie, *Chronique d'Ernoul et de Bernard le Trésorier* 437.

5. Arnold, U. , 'Eight Hundred Years of the Teutonic Order' in Barber, *Fighting for the Faith* 225.

6. Giles, *Roger of Wendover's Flowers of History* II, 502.

7. Richards, *Chronicle of Ibn al-Athir* III, 285.

8. 关于弗里德里希二世更喜欢东方的享乐文化的记述, 见耶路撒冷宗主教洛桑的热罗尔德给教宗格列高利九世的书信, 英译本见 Barber and Bate, *Letters from the East* 127 – 133。

9. 关于这座城堡作为"骑士团城堡"的地位, 以及对此处提到的片段的记述, 见 de Mas Latrie, *Chronique d'Ernoul et de Bernard le Trésorier* 462。

10. de Mas Latrie, *Chronique d'Ernoul et de Bernard le Trésorier* 462.

11. Barber and Bate, *Letters from the East* 129.

12. Giles, *Roger of Wendover's Flowers of History* II, 522 – 524; more recently reprinted in Allen, S. J. and Amt, E. , *The Crusades: A Reader* (Toronto: 2010) 287 – 290.

13. Quoted in Van Cleve, T. C. , *The Emperor Frederick II of Hohenstaufen, Immutator Mundi* (Oxford: 1972) 220.

14. Richards, *Chronicle of Ibn al-Athir* III, 293.

15. Richards, *Chronicle of Ibn al-Athir* II, 334.

16. Barber and Bate, *Letters from the East* 129.

17. Huillard-Bréholles, J. L. A. , *Historia diplomatica Friderici Secundi* III (Paris: 1852) , 89.

18. Jackson, P. , 'The Crusades of 1239 – 1241 and Their Aftermath' in *Bulletin of the School of Oriental and African Studies*, *University of London* 50 (1987).

19. Barber and Bate, *Letters from the East* 126 – 127.

20. La Monte and Hubert, *The Wars of Frederick II* 89.

21. Huillard-Bréholles, J. L. A. , *Historia diplomatica Friderici Secundi* III (Paris: 1852) 135 – 40, and in English translation (quoted here) Peters, E. (ed. ), *Christian Society and the Crusades 1198 – 1229: Sources in Translation including the Capture of Damietta by Oliver of Paderborn* (Philadelphia: 1948) 165 – 170.

22. La Monte and Hubert, *The Wars of Frederick II* 91.

23. Peters, *Christian Society and the Crusades 1198 – 1229* 168.

24. Ibid. 169.

25. La Monte and Hubert, *The Wars of Frederick II* 91.

26. 关于对这一时期十字军抵达圣地的最新研究，见 Lower, M., *The Barons' Crusade: A Call to Arms and its Consequences* (Philadelphia: 2005)。

27. 信件由马修·巴黎保存; see Luard, H. R., *Matthaei Parisiensis, Monachi Sancti Albani Chronica Majora* IV (London: 1876), 288 – 291, or in English translation in Barber and Bate, *Letters from the East* 140 – 142。

28. Luard, *Matthaei Parisiensis, Monachi Sancti Albani Chronica majora* III, 535, also available in English translation in Giles, J. A. (trans.), *Matthew Paris's English History: From the Year 1235 to 1273* I (London: 1852), 168 – 169.

29. 关于这些情况详细且包含众多趣闻的资源见 Delisle, L., *Mémoire sur les opérations financieres des Templiers* (Paris: 1889), on which much of the below draws。See also Piquet, J., *Des banquiers au Moyen Âge: les Templiers. Étude de leurs opérations financieres* (Paris: 1939). For an easily accessible digest (in French) see http://www. templiers. net/leopold-delisle.

30. See Webster, P., 'The Military Orders at the Court of King John' in Edbury, P. W. (ed.), *The Military Orders: Volume 5, Politics and Power* (Farnham: 2012) 209 – 219.

## 十六 "展开并升起我们的旗帜！"

1. Lyons, U., Lyons, M. C. (trans.), Riley-Smith, J. S. C. (intro.), *Ayyubids, Mamlukes and Crusaders: Selections from Ta-ri-kh al-duwal wa'l-Mulu-k II* (Cambridge: 1971) 1 – 2.

2. Giles, *Matthew Paris's English History* I, 497 – 500.

3. Patriarch of Jerusalem, Barber and Bate, *Letters from the East* 140 – 142.

4. 关于人数的不同估计有：312 名被杀, in Morgan, M. R., *La continuation de Guillaume de Tyr (1184 – 1197)* (Paris: 1982) 564; 296

名被杀, according to Frederick of Hohenstaufen in Giles, *MatthewParis's English History* I, 491 – 492; 296 名被杀, according to the patriarch of Jerusalem, also preserved by Matthew Paris and recently printed in Barber and Bate, *Letters from the East* 140 – 142.

5. Patriarch of Jerusalem, Barber and Bate, *Letters from the East* 140 – 142.

6. Ibid. 140 – 142.

7. 弗里德里希二世·霍亨施陶芬给康沃尔伯爵理查的信, 英译本见 Giles, *Matthew Paris's English History* I, 491 – 492。

8. 对路易四世此次十字军东征最生动的记述（其中提到了这则逸事）, 见 John of Joinville's *Life of St Louis*。有多版不同的英文翻译, 我使用的是 Giles, *Chronicles of the Crusades*: *Contemporary Narratives*。

9. Le Goff, J., *Saint Louis* (Notre Dame: 2009) 94 – 101.

10. Barber, *The New Knighthood* 267.

11. Sayous, A., 'Les Mandats de Saint Louis sur son trésor et le mouvement international des capitaux pendant la Septième Croisade (1248 – 1254)' in *Revue Historique* 167 (1931), 255.

12. Burgtorf, *The Central Convent of Hospitallers and Templars* 126.

13. Giles, *Chronicles of the Crusades*: *Contemporary Narratives* 388.

14. Ibid. 389.

15. Letter of John Sarrasin, chamberlain of France from Damietta on 23 June, printed in Beer, J. M. A., 'The Letter of John Sarrasin, Crusader' in Sargent-Baur, B. N. (ed.), *Journeys Towards God*: *Pilgrimage and Crusade* (Kalamazoo: 1992) 136 – 145.

16. Giles, *Chronicles of the Crusades*: *Contemporary Narratives* 400.

17. For this letter (in Latin) see Luard, *Matthaei Parisiensis, monachi Sancti Albani Chronica majora* VI, 162.

18. Giles, *Chronicles of the Crusades*: *Contemporary Narratives* 407.

19. Ibid. 410.

20. Giles, *Matthew Paris's English History* II, 367.

21. Ibid. 368.

22. Ibid. 369.

23. Ibid. 369.

24. Giles, *Chronicles of the Crusades: Contemporary Narratives* 423.

25. Ibid. 425 – 426.

26. Recorded by Ibn Wasil in *The Dissipator of Anxieties Concerning the History of the Ayyubids*. A short excerpt, including the verse quoted here, can be found in Bird, Peters and Powell, *Crusade and Christendom* 361.

27. Giles, *Matthew Paris's English History* II, 374.

28. Giles, *Chronicles of the Crusades: Contemporary Narratives* 455.

29. For references attesting Reynald's career see Burgtorf, *The Central Convent of Hospitallers and Templars* 636 – 640.

30. Giles, *Chronicles of the Crusades: Contemporary Narratives* 455 – 456.

31. 该记述来源于阿布·沙玛，他亲眼见到一位埃米尔在大马士革穿了这件斗篷。Translation from Holt, P. M., *The Age of the Crusades: The Near East from the Eleventh Century to 1517* (London/New York: 1986) 83.

32. Upton-Ward, *The Rule of The Templars* 36.

# 第四部　异端

1. Chibnall, *The Ecclesiastical History of Orderic Vitalis* VI, 314 – 315. Cf *Gawain and the Green Knight*, line 499, 'The forme to the finishment foldez ful selden.'

## 十七　"咽喉里的肿块"

2. Sadeque, S. F., *Baybars I of Egypt* (Karachi: 1956) 92 – 94.

3. Quoted here by al-Zahir's fellow scholar Shihab Al-Din Al-Nuwayri. Muhanna, E. (ed. and trans.), *Shihab Al-Din Al-Nuwayri, The Ultimate Ambition in the Arts of Erudition* (New York: 2016) 253 – 254.

4. Giles, *Matthew Paris's English History* I, 523.

5. Preserved in the annals of Burton Abbey. Luard, H. R. (ed.), *Annales Monastici* (London: 1864) 491 – 495.

6. See Amitai-Preiss, R., 'Mamluk Perceptions of the Mongol – Frankish rapprochement' in *Mediterranean History Review* 7 (1992), 50 – 65.

7. Printed in Meyvaert, P., 'An Unknown Letter of Hulagu, Il-Khan of

Persia, to King Louis IX of France', in *Viator* 11 (1980), 252 – 259.

8. 关于这场灾难的规模的背景介绍，见 Jackson, P. , 'The Crisis in the Holy Land in 1260' in *English Historical Review* 95 (1980), 481 – 513。

9. Muhanna, *Shihab Al-Din Al-Nuwayri* 251.

10. On this point see Amitai, R. , 'The Early Mamluks and the end of the crusader presence in Syria (1250 – 1291)' in Boas, A. J. (ed.), *The Crusader World* 337.

11. See Thorau, P. and Holt, P. M. (trans.), *The Lion of Egypt: Sultan Baybars I and the Near East in the Thirteenth Century* (London/NewYork: 1992) 144.

12. 关于采法特的建造最有名的记述是拉丁文的，题为 *De Constructione Castri Saphet*, 现已有英文翻译，见 Kennedy, *Crusader Castles* 190 – 198。

13. *De Constructione Castri Saphet*, in Kennedy, *Crusader Castles* 197.

14. Lyons, Lyons and Riley-Smith, *Ayyubids, Mamlukes and Crusaders* 89.

15. Crawford, P. F. (ed), *The 'Templar of Tyre'*, Part III of the Deeds of the Cypriots (Aldershot: 2003) 50.

16. Ibid. 50.

17. Ibid. 50.

18. Ibid. 50, 不过学者们对这份记述有争议，因为它没有旁证。利奥修士可能上当了。See Thorau and Holt, *The Lion of Egypt* 170.

19. Barber and Bate, *The Templars: Selected Sources* 232 – 234.

20. Hillenbrand, *The Crusades: Islamic Perspectives* 437. See for comparison Bennett, M. , 'La Règle du Temple as a Military Manual, or How to Deliver a Cavalry Charge' in Upton-Ward, *The Rule of The Templars* 175 – 188.

21. The letter is in Jordan, E. (ed.), *Les Registres de Clément IV (1265 – 1268)* (Paris: 1893) 326 – 327. This translation is by Barber, M. , *The Trial of the Templars* (2nd edn, Cambridge: 2006) 17.

22. Burgtorf, *The Central Convent of Hospitallers and Templars* 593 – 594.

23. Crawford, *The 'Templar of Tyre'* 59.

24. This translation by Upton-Ward, J. , 'The Surrender of Gaston and the

Rule of the Templars', is in Barber, *Fighting for the Faith* 181.

25. See Upton-Ward, J., *The Catalan Rule of the Templars* ( Woodbridge: 2003) 81 –87.

26. Bird, Peters and Powell, *Crusade and Christendom* 361.

27. Giles, *Matthew Paris's English History* II, 389 –393.

# 十八　"这座城市必然陷落"

1. 阿卡和蒙穆萨尔的地图，见 Boas, *Archaeology of the Military Orders* 30。

2. "推罗的圣殿骑士"本人见过这封信，并将其从阿拉伯文翻译成法文给纪尧姆·德·博热看。Crawford, *The 'Templar of Tyre'* 104。"两海"指的是地中海和红海。"两圣地"指的是麦加和麦地那。

3. 很难复原各城门在阿卡城墙体系中的具体位置，但从"推罗的圣殿骑士"的目击者叙述来看，圣安东尼门应当是内墙的一部分，而内墙将阿卡的老城区与蒙穆萨尔连接起来；圣安东尼门应当不是环绕全城的双层城墙的一部分。

4. Crawford, *The 'Templar of Tyre'* 111.

5. Little, D. P. , 'The Fall of Akka in 1291: the Muslim version' in Sharon, M. ( ed. ), *Studies in Islamic History and Civilisation in Honour of Professor David Ayalon* ( Jerusalem: 1986) 175.

6. Ibid. 176.

7. 对雅克·德·莫莱生涯的基本概述，见 Barber, M. , 'James of Molay, the last Grand Master of the Order of the Temple' in *Studia Monastica* 14 (1972), 91 –124, 收录于 Barber, M. , *Crusaders and Heretics, Twelfth to Fourteenth Centuries* ( Farnham: 1995)。

8. Crawford, *The 'Templar of Tyre'* 119.

9. 根据雅克·德·莫莱 1307 年受审时的证词。See Lizerand, G. ( ed. ), *Dossier de l'affaire des Templiers* ( Paris: 1923) 35.

10. 关于在东方的圣殿骑士团成员的年龄，见 Forey, A. , 'Towards a Profile of the Templars in the Early Fourteenth Century' in Barber, *Fighting for the Faith* 196 –204 and esp. 198。

11. Lizerand, *Dossier de l'affaire des Templiers* 169 –171.

12. Burgtorf, *The Central Convent of Hospitallers and Templars* 665. Forey,

A. , 'Letters of the Last Two Templar Masters' in *Nottingham Medieval Studies*, 45 (2001), 155.

13. Crawford, *The 'Templar of Tyre'* 179.

14. Barber and Bate, *Letters from the East* 165.

15. Langlois, E. (ed.), *Registres de Nicholas IV: recueil des bulles de ce pape* II (Paris: 1891), 903. See also Schein, S. , *Fideles Crucis: The Papacy, The West and The Recovery of the Holy Land 1274 – 1314* (Oxford: 1991) 74 – 76.

16. Langlois, *Registres de Nicholas IV* 903.

17. Luard, H. R. (ed.), *Annales Monastici* III (London: 1866), 366.

18. On Limassol and Nicosia, see Burgtorf, *The Central Convent of Hospitallers and Templars* 133 – 136.

19. Potthast, A. (ed.), *Regesta Pontificum Romanorum* II (Berlin: 1875), 1791. 应当指出的是，训斥于格三世的教宗马丁四世是法兰西人，并且支持安茹的查理对耶路撒冷王位的主张，而反对于格三世的主张。

20. Nicholson, H. , *Templars, Hospitallers and Teutonic Knights: Images of the Military Orders, 1128 – 1291* (Leicester: 1993) 126.

21. Housley, N. , *Documents on the Later Crusades* (Basingstoke: 1996) 36.

22. Ibid. 37.

23. Lizerand, *Dossier de l'affaire des Templiers* 4 – 5.

24. Digard, G. et al (ed.), *Les registres de Boniface VIII: recueil des bulles de ce pape* (Paris: 1881) 169 – 170.

25. Barber, 'James of Molay, the last Grand Master' 94 – 95.

26. Schein, *Fideles Crucis* 135 – 138.

27. Forey, *The Templars in the* Corona de Aragón 137.

## 十九 "在魔鬼的唆使下"

1. Menache, S. , *Clement V* (Cambridge: 1998) 32 – 33.

2. Ibid. 18, quoting Napoleone Orsini in a letter of 1314.

3. Ibid. 17.

4. Ibid. 19.

5. Crawford, *The 'Templar of Tyre'* 164.

6. On Clement's coronation see Dollin Du Fresnel, M. , *Clément V* (*1264 – 1314*) *Le Pape gascon et les Templiers* (Bordeaux: 2009) 13 – 14.

7. Schein, *Fideles Crucis* 182, 197 – 198.

8. 这封信的现存抄本是写给富尔克·德·维拉雷的, 但写给雅克·德·莫莱的信应该也差不多。*Regestum Clementis Papae V* (Rome: 1885) 190 – 191.

9. Forey, A. , 'Towards a Profile of the Templars in the Early Fourteenth Century' in Barber, *Fighting for the Faith* 198.

10. Demurger, A. , *The Last Templar: The Tragedy of Jacques de Molay, Last Grand Master of the Temple* (London: 2004) 117 – 118.

11. The original letter is transcribed in Baluze, E. , and Mollat, G. (eds. ), *Vitae Paparum Avenionensium* III (Paris: Letouzey/Ané: 1921), 145 – 149. An English translation appears in Barber and Bate, *The Templars: Selected Sources* 105 – 109.

12. In English translation in Housley, *Documents on the Later Crusades* 40 – 47.

13. James of Molay's case for resisting the union of the orders is in Lizerand, *Dossier de l'affaire des Templiers* 2 – 15 and in English translation in Barber and Bate, *The Templars: Selected Sources* 234 – 238.

14. Brandt, W. I. (ed. and trans. ), Pierre Dubois, *The Recovery of the Holy Land* (New York: 1956) 81.

15. Bettenson, H. , *Documents of the Christian Church* 159 – 161.

16. Woodacre, E. , *Queens Regnant of Navarre: Succession, Politics and Partnership, 1274 – 1512* (New York: 2013) 37 – 38.

17. 让格罗贬值的动机是政治上的, 但因为严重匮乏铸币所需的白银而更加严重。Mechoulan, S. , 'The Expulsion of the Jews from France in 1306: A Modern Fiscal Analysis', *Journal of European Economic History* 33 (2006), 555 – 84; de la Torre, I. , 'The Monetary Fluctuations in Philip IV's kingdom of France and Their Relevance to the Arrests of the Templars' in Burgtorf, J. , Crawford, P. F. and Nicholson, H. (eds. ), *The Debate on the Trial of the Templars* (*1307 – 1314*) (Farnham: 2010) 57 – 68.

18. 关于 1306 年驱逐犹太人的背景，见 Jordan，W. C.，*The French Monarchy and the Jews: From Philip Augustus to the Last Capetians* (Philadelphia: 1989) 178 – 199。

19. de la Torre, I. , 'The Monetary Fluctuations' 66.

20. Translation in Demurger, *The Last Templar: The Tragedy of Jacques de Molay* 163.

21. Forey, 'Letters of the Last Two Templar Masters' 166 – 167.

22. Ibid. 170.

23. Upton-Ward, *The Rule of The Templars* 172.

24. Ibid. 172.

25. Ibid. 112, 148.

26. The letter of William of Plaisians containing this allegation is in Finke, H. , *Papsttum und Untergang des Templerordens* II (Berlin 1907), 143.

27. Demurger, *The Last Templar: The Tragedy of Jacques de Molay* 171.

28. Original text transcribed in Lizerand, *Dossier de l'affaire des Templiers* 16 – 25; English translation in Barber and Bate, *The Templars: Selected Sources* 244 – 247.

## 二十　"异端的邪恶"

1. Lizerand, *Dossier de L'affaire des Templiers* 16 – 25; English translation in Barber and Bate, *The Templars: Selected Sources* 244 – 247.

2. Lizerand, *Dossier de L'affaire des Templiers* 24 – 249; English translation in Barber and Bate, *The Templars: Selected Sources* 247 – 248.

3. Barber, *The Trial of the Templars* 69.

4. Schenk, J. , 'Aspects of Non-Noble Family Involvement in the Order of the Temple' in Upton-Ward, J. ( ed. ), *The Military Orders: Volume 4, On Land and by Sea* (Aldershot: 2008) 157.

5. Forey, A. , 'Towards a Profile of the Templars in the Early Fourteenth Century' in Barber, *Fighting for the Faith* 197 – 198.

6. 根据 1309 年的一份证词。Michelet, J. , *Procès des Templiers* I (Paris: 1841), 36 – 39; translated in Barber and Bate, *The Templars: Selected Sources* 289 – 292.

7. Moore, R. I. , *The War on Heresy: Faith and Power in Medieval Europe* (London: 2012) 6.

8. Transcribed in Michelet, *Procès des Templiers* II; translated in Barber and Bate, *The Templars: Selected Sources* 252 – 253.

9. Michelet, *Procès des Templiers* II, 295 – 296; translated in Barber and Bate, *The Templars: Selected Sources* 251 – 252.

10. Michelet, *Procès des Templiers* II, 361 – 363; translated in Barber and Bate, *The Templars: Selected Sources* 247 – 248.

11. See Lizerand, *Dossier de l'affaire des Templiers* 24 – 29; translated in Barber and Bate, *The Templars: Selected Sources* 251 – 252.

12. 关于他的传记中的关键点，见 Burgtorf, *The Central Convent of Hospitallers and Templars* 625 – 628。

13. Michelet, *Procès des Templiers* II, 374 – 375.

14. 关于 1307 年至 1309 年受审者的年龄和职业，见 Barber, *The Trial of the Templars* 73。

15. Finke, *Papsttum und Untergang des Templerordens* II, 51; this translation Barber, *The Trial of the Templars* 85.

16. English translation in Barber and Bate, *The Templars: Selected Sources* 249 – 250.

17. The text of the bull addressed to Edward II of England is in Rymer, T. , *Foedera, conventiones, litterae et cujuscunque generis acta publica inter reges Angliae* 1 (The Hague: 1744), pt 4, 99 – 100.

18. Schottmüller, K. , *Der Untergang des Templer-Ordens* (Berlin: 1887) 656.

19. Lizerand, *Dossier de l'affaire des Templiers* 62 – 71 and in English in Barber and Bate, *The Templars: Selected Sources* 260 – 263.

20. Verbatim report in a letter to the king of Aragon, Finke, *Papsttum und Untergang des Templerordens* II, 140 – 150 and translated in Barber and Bate, *The Templars: Selected Sources* 263 – 272.

21. Barber, *The Trial of the Templars*, drawing on Finke *Papsttum und Untergang des Templerordens* II, 334 – 337. Barber 提出，于格·德·帕英的头像其实是圣物盒，装着他的头像。不过考虑到艾蒂安·德·特鲁瓦供词的荒诞不经，没有必要想方设法为其做合理化的解释。

## 二十一 "上帝会为我们的死复仇"

1. Barber, *The Trial of the Templars* 135.

2. 大多数地方性调查的记录都已经佚失，但奥弗涅的克莱蒙保存了当地的相关档案。1309 年夏季，在一周之内有六十九名圣殿骑士在这里受审。See Sève, R. and Chagny-Sève, A. M. (eds.), *Le Proces des Templiers d'Auvergne (1309 – 1311)*: *edition de l'interrogatoire de juin 1309* (Paris: 1987).

3. Krämer, T., ‘Terror, Torture and the Truth: The Testimonies of the Templars Revisited’ in Burgtorf, Crawford and Nicholson, *The Debate on the Trial of the Templars* 83.

4. Michelet, *Procès des Templiers* I, 32 – 35; translated in Barber and Bate, *The Templars: Selected Sources* 286 – 289.

5. Michelet, *Procès des Templiers* I, 42 – 45; translated in Barber and Bate, *The Templars: Selected Sources* 292 – 295.

6. Michelet, *Procès des Templiers* I, 87 – 88; translated in Barber and Bate, *The Templars: Selected Sources* 296 – 301.

7. Barber, *The Trial of the Templars* 172.

8. Hamilton, J. S., ‘King Edward II of England and the Templars’ in Burgtorf, Crawford and Nicholson, *The Debate on the Trial of the Templars* 217.

9. Ramos, L., ‘The Extinction of the Order of the Temple in the Kingdom of Valencia and Early Montesa 1307 – 1330: A Case of Transition from Universalist to Territorialized Military Orders’ in Burgtorf, Crawford and Nicholson, *The Debate on the Trial of the Templars* 203 – 205.

10. Barber, *The Trial of the Templars* 229 – 237; also see Forey, *The Templars in the Corona de Aragón* 356 – 364.

11. Bellomo, E., ‘The Templar Order in North-Western Italy: A General Picture’ in Mallia-Milanes, V., *The Military Orders: Vol. 3*, History and Heritage (Aldershot: 2008) 105; Gilmour-Bryson A, ‘A Look Through The Keyhole: Templars in Italy from the Trial Testimony’ in ibid. 123 – 130.

12. Toomaspoeg, K. , ' The Templars and their Trial in Sicily ' Burgtorf, Crawford and Nicholson, *The Debate on the Trial of the Templars* 281.

13. Nicholson, H. , *The Knights Templar* ( Stroud: 2001 ) 130 – 131.

14. 关于年代和塞浦路斯是否举行了两次审判的争议, 见 Gilmour-Bryson A, *The Trial of the Templars in Cyprus: A Complete English Edition* ( Leiden: 1998 ) 24 – 30。

15. Gilmour-Bryson, *The Trial of the Templars in Cyprus* 428.

16. Gilmour-Bryson, *The Trial of the Templars in Cyprus* 407.

17. The bull is translated into English in Barber and Bate, *The Templars: Selected Sources* 309 – 318.

18. Barber, *The New Knighthood* 1.

19. ' adjudicati sunt muro et carceri perpetuo retrudendi ' ; Géraud, H. ( ed. ), *Chronique latine de Guillaume de Nangis de 1113 à 1300* ( Paris: 1843) 402.

20. Ibid. 403.

21. Crawford, *The ' Templar of Tyre '* 180.

22. Géraud, H. , *Chronique latine de Guillaume de Nangis* 403.

23. Crawford, *The ' Templar of Tyre '* 180.

24. ' Seingnors, dit il, sachiez, sans tère, Que tous celz qui nous sont contrère, Por nous en aront à souffrir, En ceste foy veil-je mourir ' ; Buchon, J. A. ( ed. ), *Chronique métrique de Godefroy de Paris* ( Paris: 1827) 220.

25. Dante *Inferno* XIX, 83 – 87.

26. Housley, *Documents on the Later Crusades* 51.

27. The full plan is now available in translation: Lock, P. ( ed. And trans. ), *Marino Sanudo Torsello: The Book of the Secrets of the Faithful of the Cross* ( Farnham: 2011 ).

28. Housley, *Documents on the Later Crusades* 55.

29. Ibid. 178.

30. Ibid. 180.

# 尾声：圣杯

1. The original is in the British Library in London, *BL Royal 14 E V* f. 492v.
2. Villegas, P. , 'Mexico: Police Kill a Gang Leader' in *The New York Times* (2 April 2014).

# 参考文献

## 原始资料

Ailes, Marianne, trans. *The History of the Holy War. Ambroise's Estoire de la Guerre Sainte.* Woodbridge: Boydell Press, 2003.

Babcock, E. A. and Krey, A. C., trans. *A History of Deeds Done Beyond the Sea: By William, Archbishop of Tyre.* Vols. 1 and 2. New York: Columbia University Press, 1943.

Baird, J. L., Baglivi, G. and Kane, J. R., ed. and trans. *The Chronicle of Salimbene de Adam.* Binghamton: Medieval and Renaissance Texts and Studies, 1986.

Barber, Malcolm and Bate, Keith, trans. *Letters from the East: Crusaders, Pilgrims and Settlers in the 12th–13th Centuries.* Farnham: Ashgate, 2013.

Barber, Malcolm and Bate, Keith, ed. and trans. *The Templars: Selected Sources.* Manchester: Manchester University Press, 2002.

Bédier, Joseph and Aubry, Pierre, ed. *Les Chansons de Croisade avec leurs mélodies.* Paris: H. Champion, 1909.

Berry, V. G., ed. and trans. *Odo of Deuil: De Profectione Ludovici VII in Orientem.* New York: W. W. Norton, 1948.

Bettenson, Henry, ed. *Documents of the Christian Church.* 2nd ed. Oxford: Oxford University Press, 1963.

Bird J., Peters, E. and Powell, J. M., ed. *Crusade and Christendom: Annotated Documents in Translation from Innocent III to the Fall of Acre, 1187–1291.* Philadelphia: University of Pennsylvania Press, 2013.

Brandt, W. I., ed. and trans. Pierre Dubois *The Recovery of the Holy Land.* New York: Columbia University Press, 1956.

Broadhurst, R. J. C., trans. *The Travels of Ibn Jubayr: Being the Chronicles of a Mediaeval Spanish Moor Concerning His Journey to the Egypt of Saladin, the Holy Cities of Arabia, Baghdad the City of the Caliphs, The Latin Kingdom of Jerusalem, and the Norman Kingdom of Sicily.* London: Jonathan Cape, 1952.

Brownlow, M. A., Rev. Canon, ed. and trans. *Saewulf, 1102, 1103 A.D.* London: Palestine Pilgrims' Text Society, 1892.

Carrière, Victor, ed. *Histoire et Cartulaire des Templiers de Provins, avec une introduction sur les débuts du Temple en France.* Paris: E. Champion, 1919.

Chibnall, Marjorie, ed. and trans. *The Ecclesiastical History of Orderic Vitalis.* Vols. 1–6. Oxford Medieval Texts. Oxford: Oxford University Press, 1969–1978.

—— *The* Historia Pontificalis *of John of Salisbury.* Oxford Medieval Texts. Oxford: Oxford University Press, 1986.

Cobb, Paul M., trans. *Usama ibn Munqidh: The Book of Contemplation: Islam and the Crusades.* London: Penguin, 2008.

*Collection des dcuments inédits sur l'histoire de France.* Book III. Paris: Imprimerie Royal, 1835.

Collins, Basil, ed. and Alta'I, M. H., rev. *Al-Muqaddasi: The Best Divisions for the Knowledge of the Regions* (Reading: 2001) 141. Reading: Garnet Publishing, 2001.

Crawford, Paul F., ed. *The 'Templar of Tyre'. Part III of the Deeds of the Cypriots.* Aldershot: Ashgate, 2003.

d'Albon, Marquis, ed. *Cartulaire général de l'Ordre du Temple, 1119?–1150. Recueil des chartes et des bulles relatives à l'Ordre du Temple.* Paris: H. Champion, 1913.

David, Charles Wendell, trans. and Phillips, Jonathan, ed. *The Conquest of Lisbon: De Expugnatione Lyxbonensi,* second edition, New York: Columbia University Press, 2001.

Delisle, Léopold, ed. *Recueils des historiens des Gaules et de la France.* Vol. 1–24. Paris: Imprimerie Nationale, 1878–1904.

Digard, Georges, Faucon, Maurice, Thomas, Antoine and Fawtier, Robert, ed. *Les Registres de Boniface VIII: recueil des bulles de ce pape.* Paris: E. Thorin, 1881.

Dostourian, A. E., trans. *Armenia and the Crusades: Tenth to Twelfth Centuries: The Chronicle of Matthew of Edessa.* Lanham, Maryland: National Association for Armenian Studies and Research, 1993.

Dubois, Pierre. *The Recovery of the Holy Land,* ed. and trans. W. I. Brandt. New York: Columbia University Press, 1956.

Edbury, Peter, ed. and trans. *The Conquest of Jerusalem and the Third Crusade: Sources in Translation.* Farnham: Ashgate, 1998.

Edgington, Susan B., ed. Albert of Aachen. *Historia Ierosolimitana: History of the Journey to Jerusalem.* Oxford: Clarendon Press, 2007.

Edgington, Susan B. and Asbridge, Thomas S., ed. and trans. *Walter the Chancellor's* The Antiochene Wars: A Translation and Commentary. Aldershot: Routledge, 2006.

Elliott, J. K., ed., and trans. *The Apocryphal New Testament: A Collection of Apocryphal Christian Literature in an English Translation*. Oxford: Oxford University Press, 1993.

Fink, Harold S., ed., Ryan, Frances R., trans. *Fulcher of Chartres: A History of the Expedition to Jerusalem 1095–1127*. Knoxville: University of Tennessee Press, 1969.

Finke, H., ed. *Papsttum und Untergang des Templerordens*. Vols. 1–2. Berlin: Munster, 1907.

Gabrieli, Francesco, ed. and Costello, E. J., trans. *Arab Historians of the Crusades*. London: Routledge, 1969.

Gargallo Moya, Antonio, Iranzo Muñío, Maria Teresa, and Sánchez Usón, Maria José, ed. *Cartulario del Temple de Huesca*. Zaragoza: Anubar, 1985.

Garmonsway, G. N., ed. and trans. *The Anglo-Saxon Chronicle*. London: J. M. Dent, 1972.

Gavigan, J. J., trans. *The Capture of Damietta by Oliver of Paderborn*. Philadelphia: University of Pennsylvania Press, 1948.

Géraud, H., ed. *Chronique latine de Guillaume de Nangis de 1113 à 1300*. Paris: Chez Jules Renouard, 1843.

Gibb, H. A. R. *The Damascus Chronicle of the Crusades: Extracted and Translated from the Chronicle of Ibn Al-Qalanisi*. London: Luzac, 1932; repr. New York: Dover, 2000.

Giles, J. A., ed. *Chronicles of the Crusades: Being Contemporary Narratives of the Crusade of Richard Coeur de Lion, by Richard of Devizes and Geoffrey de Vinsauf; and of the Crusade of Saint Louis, by Lord John de Joinville*. London/New York: Henry G. Bohn, 1892.

Giles, J. A. *Matthew Paris's English History: From the Year 1235 to 1273*. Vol. 1. London: H. G. Bohn, 1852.

Giles, J. A., ed. and trans. *Roger of Wendover's Flowers of History*. Vols. 1–2. London: H. G. Bohn, 1849.

Greenia, Conrad, trans. and Barber, Malcolm, introduction. *Bernard of Clairvaux: In Praise of the New Knighthood*. Revised edition. Collegeville, Minnesota: Cistercian Publications, 2000.

Hagenmeyer, Heinrich, ed. *Fulcher of Chartres: Historia Hierosolymitana 1095–1127*. Heidelberg: Carl Winters, 1913.

Hill, Rosalind, ed. *Gesta Francorum: The Deeds of the Franks and the Other Pilgrims to Jerusalem*. Oxford Medieval Texts. Oxford: Oxford University Press, 1979.

Holden, A. J., Gregory, S. and Crouch, D., ed. and trans. *History of William Marshal*. Vols. 1–3. Anglo-Norman Text Society, 2002–2006.

Hoogeweg, H., ed. *Die Schriften des kölner Domscholasters, späteren Bischofs von Paderborn und Kardinal-Bischofs von S. Sabina Oliverus.* Tübingen: Bibliothek des Litterarischen Vereins in Stuttgart 202, 1894.

Housley, N., ed. *Documents on the Later Crusades.* Basingstoke: Macmillan, 1996.

Huillard-Bréholles, Jean-Louis-Alphonse. *Historia Diplomatica Friderici Secundi.* Vol 3. Paris: Plon Brothers, 1852.

James, B. S., trans. *The Letters of St Bernard of Clairvaux.* London: Burns Oates, 1953.

James, M. R., ed. Brooke, C. N. L., trans. and Mynors, R. A. B. rev. *Walter Map: De Nugis Curialium, Courtiers' Trifles.* Oxford Medieval Texts. Oxford: Oxford University Press, 1983.

Jordan, E., ed. *Les Registres de Clément IV (1265–1268): recueil des bulles de ce pape.* Paris: Thorin & Fils, 1893.

La Monte, John L. and Hubert, Merton Jerome, ed. and trans. *The Wars of Frederick II Against the Ibelins in Syria and Cyprus by Philip De Novare.* New York: Columbia University Press, 1936.

Langlois, Ernest, ed. *Registres de Nicholas IV: recueil des bulles de ce pape.* Paris: E. Thorin, 1886–1891.

Le Strange, Guy, ed. and trans. *Diary of a Journey through Syria and Palestine. By Nâsir-i-Khusrau, in 1047 A.D.* London: Palestine Pilgrims' Text Society, 1893.

Lees, Beatrice A., ed. *Records of the Templars in England in the Twelfth Century: The Inquest of 1185 with Illustrative Charters and Documents.* Oxford: Published for the British Academy by Humphrey Milford, Oxford University Press, 1935.

Lipskey, Glenn Edward, trans. *The Chronicle of Alfonso the Emperor: A Translation of the Chronica Adefonsi Imperatoris, with Study and Notes.* Evanston: n.p., 1972.

Lizerand, G., ed. *Dossier de l'affaire des Templiers.* Paris: Champion, 1923.

Lock, Peter, ed. and trans. *Marino Sanudo Torsello: The Book of the Secrets of the Faithful of the Cross.* Farnham: Ashgate, 2011.

Luard, Henry Richards, ed. *Annales Monastici.* Vols. 1–5. London: Longman, Green, 1864–1869.

———— *Matthaei Parisiensis: Monachi Santi Albani, Chronica Majora.* Vols. 1–6. London: Longman, 1872–1883.

Luchaire, Achille. *Études sur les Actes de Louis VII.* Paris: A. Picard, 1885.

Lyons, Ursula and Lyons, M. C., ed., Riley-Smith, J. S. C., introduction. *Ayyubids, Mamlukes and Crusaders: Selections from the Tārīkh al-duwal wa'l-Mulūk.* Vols. 1–2. Cambridge: Heffer, 1971.

Mardam Bek, H., ed. Ibn al-Khayyat, *Diwan.* Damascus: n.p., 1958.

Mas Latrie, Louis, comte de, ed. *Chronique d'Ernoul et de Bernard le Trésorier.* Paris: Renouard, 1871.

Matarasso, Pauline M., trans. *The Cistercian World: Monastic Writings of the Twelfth Century.* London: Penguin, 1993.

Mierow, Charles Christopher, trans., and Emery, Richard. *The Deeds of Frederick Barbarossa by Otto of Freising and His Continuator, Rahewin.* New York: Columbia University Press, 2004.

Migne, Jacques Paul, ed. *Patrologia Latina: Patrologiae Cursus Completus. Series Latina.* Vols. 1–221. Paris: n.p., 1844–1864.

Morgan, M. R. *La Continuation de Guillaume de Tyr (1184–1197).* Paris: P. Geuthner, 1982.

Muhanna, E., ed. and trans. Shihab al-Din al-Nuwayri, *The Ultimate Ambition in the Arts of Erudition.* New York: Penguin, 2016.

Nicholson, Helen J. *The Chronicle of the Third Crusade: The* Itinerarium Peregrinorum et Gesta Regis Ricardi. Farnham: Ashgate, 1997.

O'Callaghan, Joseph F. *A History of Medieval Spain.* Ithaca, New York and London: Cornell University Press, 1975.

Peters, Edward, ed. *The First Crusade: The Chronicle of Fulcher of Chartres and Other Source Materials.* Philadelphia: University of Pennsylvania Press, 1971.

———— *Christian Society and the Crusades 1198–1229: Sources in Translation including the Capture of Damietta by Oliver of Paderborn.* Philadelphia: University of Pennsylvania Press, 1948.

Potthast, August, ed. *Regesta Pontificum Romanorum.* Vols. 1–2. Berlin: Rudolf de Decker, 1873–1875.

*Recueil des historiens des croisades.* Paris: Imprimerie Nationale, 1841–1906.

*Regestum Clementis Papae V.* Rome: Typographia Vaticana, 1885.

Richards, D. S., trans. *The Chronicle of Ibn al-Athir for the Crusading Period from al Kamil fi'l Ta'rikh.* Vols. 1–3. Aldershot: Routledge, 2006–2008.

———— *The Rare and Excellent History of Saladin by Baha al-Din Ibn Shaddad.* Farnham: Ashgate, 2002.

Rodenburg, C., ed. *Monumenta Germaniae Historica, Epistolae I.* Berlin: Weidemanns, 1883.

Roehricht, Reinhold, ed. *Regesta Regni Hierosolymitani, 1097–1291.* Oeniponti: Libraria Academica Wagneriana, 1893.

Rymer, Thomas. *Foedera, Conventiones, Litterae et Cujuscunque Generis Acta Publica inter Reges Angliae.* Vol. 1. The Hague: Joannem Neaulme, 1744.

Schottmüller K. *Der Untergang des Templer-Ordens.* Berlin: n.p., 1887.

Sepet, Marius Cyrille Alphonse. *John of Joinville: The Life of St. Louis, King of France.* New York: P. J. Kennedy, 1902.

Sève, Roger and Chagny-Sève, Anne-Marie, ed. *Le Procès des Templiers d'Auvergne (1309–1311): Edition de l'Interrogatoire de Juin 1309.* Paris: Editions du Comité des Travaux Historique et Scientifiques, 1987.

Sewell, Richard Clarke. *Gesta Stephani, Regis Anglorum et Ducis Normannorum.* London: Sumptibus Societatis, 1846.

Sewter, E. R. A., trans., Peter Frankopan, rev., Anna Komnene. *The Alexiad.* London: Penguin, 2009.

Smith, Damian J. and Buffery, Helena, ed. *The Book of Deeds of James I of Aragón: A Translation of the Medieval Catalan Llibre dels Fets.* Farnham: Ashgate, 2003.

Stevenson, Joseph, ed. *Ralph of Coggeshall: Chronicon Anglicanum.* London: Longman, 1875.

Tanner. Norman P., ed. and trans. *Decrees of the Ecumenical Councils.* Vols. 1–2. London: 1990.

Tyerman, Christopher. *Chronicles of the First Crusade.* London: Penguin, 2012.

Upton-Ward, Judith M., trans. *The Catalan Rule of the Templars.* Woodbridge: Boydell Press, 2003.

——— *The Rule of the Templars: The French Text of the Rule of the Order of the Knights Templar.* Woodbridge: Boydell Press, 1992.

Wilkinson, John, with Hill, Joyce, and Ryan, W. F., ed. *Jerusalem Pilgrimage, 1099–1185.* London: Hakluyt Society, 1988.

## 二手资料

Abel, P. F. *Géographie de la Palestine.* Paris: Gabalda, 1938.

Addison, Charles G. *History of the Knights Templar.* New York: AMS Press, 1978.

Allen, S. J. and Amt, Emilie. *The Crusades: A Reader.* Toronto: University of Toronto Press, 2010.

Asbridge, Thomas. *The Crusades: The War for the Holy Land.* London: Simon & Schuster, 2010.

Balard, M., ed. *Autour de la première croisade: actes du colloque de la 'Society for the Study of the Crusades and the Latin East'.* Clermont-Ferrand, France, 22–25 June 1995. Paris: Publications de la Sorbonne, 1996.

Barber, Malcolm. *Crusaders and Heretics: Twelfth to Fourteenth Centuries.* Farnham: Ashgate, 1995.

——— *The Crusader States.* New Haven and London: Yale University Press, 2012.

——— *The New Knighthood: A History of the Order of the Temple.* Cambridge: Cambridge University Press, 1994.

——— *The Trial of the Templars.* Cambridge: Cambridge University Press, 2nd edition 2006.

Barber, Malcolm, ed. *The Military Orders I: Fighting for the Faith and Caring for the Sick.* Aldershot: Variorum, 1994.

Bartlett, Robert. *England Under the Norman and Angevin Kings: 1075–1225.* Oxford: Oxford University Press, 2000.

Baudin, Arnaud, Brunel, Ghislain, and Dohrmann, Nicolas. *The Knights Templar: From the Days of Jerusalem to the Commanderies of Champagne.* Paris: n.p., 2012.

Bellomo, Elena. *The Templar Order in North-West Italy (1142–c. 1330).* Leiden and Boston: Brill, 2008.

Best, Nicholas. *The Knights Templar.* London: Weidenfeld & Nicolson, 1997.

Boas, Adrian J. *Archaeology of the Military Orders: A Survey of the Urban Centres, Rural Settlements and Castles of the Military Orders in the Latin East (c. 1120–1291).* Abingdon: Routledge, 2006.

Boas, Adrian J., ed. *The Crusader World.* Abingdon and New York: Routledge, 2016.

Bom, Myra Miranda. *Women in the Military Orders of the Crusades.* New York: Palgrave Macmillan, 2012.

Bouquet, M., et al., ed. *Recueil des historiens des Gaules et de la France.* Vol. XV. Paris: Victor Palme, 1878.

Brighton, Simon. *In Search of the Knights Templar: A Guide to the Sites of Britain.* London: Weidenfeld & Nicolson, 2006.

Buc, Philippe. *Holy War, Martyrdom, and Terror: Christianity, Violence and the West.* Philadelphia: University of Pennsylvania Press, 2015.

Bulst-Thiele, Marie Louise. *Sacrae Domus Militiae Templi Hierosolymitani Magistri: Untersuchungen zur Geschichte des Templerordens 1118/19–1314.* Gottingen: Vandenhoeck & Ruprecht, 1974.

Burgtorf, Jochen. *The Central Convent of Hospitallers and Templars:*

*History, Organization and Personnel (1099/1120–1310)*. Leiden and Boston: Brill, 2008.

Burgtorf, Jochen, Crawford, Paul F. and Nicholson, Helen J., ed. *The Debate on the Trial of the Templars (1307–1314)*. Farnham: Ashgate, 2010.

Buttigieg, Emanuel and Phillips, Simon, ed. *Islands and Military Orders, c. 1291–c. 1798*. Farnham: Ashgate, 2013.

Catlos, Brian A. *Muslims of Medieval Latin Christendom, c. 1050–1614*. Cambridge: Cambridge University Press, 2014.

Cobb, Paul M. *The Race for Paradise: An Islamic History of the Crusades*. Oxford: Oxford University Press, 2014.

Conedera, Sam Zeno. *Ecclesiastical Knights: The Military Orders in Castile, 1150–1330*. New York: Fordham University Press, 2015.

Constable, Giles. *The Reformation of the Twelfth Century*. Cambridge: Cambridge University Press, 1996.

Delisle, Léopold. *Mémoire sur les opérations financières des Templiers*. Paris: n.p., 1889.

Demurger, Alain. *The Last Templar: The Tragedy of Jacques de Molay, Last Grand Master of the Temple*. London: Profile Books, 2004.

Dollin du Fresnel, Monique. *Clément V (1264–1314): Le pape gascon et les Templiers*. Bordeaux: Editions Sud-Ouest, 2009.

Duby, Georges. *The Three Orders: Feudal Society Imagined*. Translated by Arthur Goldhammer. Chicago: University of Chicago Press, 1980.

Edbury, Peter W., ed. *The Military Orders, Volume 5: Politics and Power*. Farnham: Ashgate, 2012.

Ellenblum, Ronnie. *Crusader Castles and Modern Histories*. Cambridge: Cambridge University Press, 2007.

Evans, G. R. *Bernard of Clairvaux*. New York and Oxford: Oxford University Press, 2000.

Faith, Juliet. *The Knights Templar in Somerset*. Stroud: History Press, 2009.

Ferguson, Robert. *The Knights Templar and Scotland*. Stroud: History Press, 2010.

Forey, Alan. *Military Orders and Crusades*. Aldershot: Variorum, 1994.

——— *The Military Orders: From The Twelfth to the Fourteenth Centuries*. Basingstoke: Macmillan, 1992.

——— *The Templars in the* Corona de Aragón. Oxford: Oxford University Press, 1973.

France, John and Zajac, W. G. *The Crusades and Their Sources: Essays Presented to Bernard Hamilton*. Aldershot: Ashgate, 1998.

Frankopan, Peter. *The First Crusade: The Call from the East*. Cambridge: Belknap Press of Harvard University Press, 2012.

——— *The Silk Roads: A New History of the World*. London: Bloomsbury, 2015.

Gervers, Michael, ed. *The Second Crusade and the Cistercians*. New York: St. Martin's Press, 1992.

Gilmour-Bryson, Anne. *The Trial of the Templars in Cyprus: A Complete English Edition*. Leiden: Brill, 1998.

Glasse, Cyril. *The New Encyclopedia of Islam*. Fourth edition. London: Rowman & Littlefield, 2013.

Griffith-Jones, Robin. *The Knights Templar*. Stroud: History Press, 2014.

Grishin, A. A. *The Knights Templar Absolution: The Chinon Parchment and The History of the Poor Knights of Christ*. London: Knights Templar Vault, 2013.

Haag, Michael. *The Templars: History & Myth*. London: Profile Books, 2008.

Hill, George Francis. *A History of Cyprus, Volume II: The Frankish Period, 1192–1432*. Cambridge: Cambridge University Press, 1948.

Hillenbrand, Carole. *The Crusades: Islamic Perspectives*. Edinburgh: Edinburgh University Press, 1999.

Holloway, Diane. *The Knights Templar in Yorkshire*. Stroud: History Press, 2008.

Holt, P. M. *The Age of the Crusades: The Near East from the Eleventh Century to 1517*. London and New York: Longman, 1986.

Hopper, Vincent Foster. *Medieval Number Symbolism. Its Sources, Meaning and Influence on Thought and Expression*. New York: Columbia University Press, 1938.

Housley, N., ed. *Knighthoods of Christ: Essays on the History of the Crusades and the Knights Templar, Presented to Malcolm Barber*. Aldershot: Ashgate, 2007.

Howarth, Stephen. *Knights Templar*. New York: Marboro Books, 1982.

Hunyadi, Z. and Laszlovszky, J., ed. *The Crusades and the Military Orders: Expanding the Frontiers of Medieval Latin Christianity*. Budapest: Central European University Press, 2001.

Hyland, Ann. *The Medieval War Horse: From Byzantium to the Crusades*. London: Grange, 1994.

Irwin, R. *The Middle East in the Middle Ages: The Early Mamluk Sultanate, 1250–1382*. Carbondale: Southern Illinois University Press, 1986.

Jordan, William Chester. *The French Monarchy and the Jews: From*

*Philip Augustus to the Last Capetians*. Philadelphia: University of Pennsylvania Press, 1989.

—— *Louis IX and the Challenge of the Crusade*. Princeton: Princeton University Press, 1979.

Kedar, Benjamin Z. *The Franks in the Levant, 11th to 14th Centuries*. Aldershot: Variorum, 1993.

—— *The Horns of Hattin*. Jerusalem and London: Yad Izhak Ben-Zvi/Israel Exploration Society & Variorum, 1992.

Kennedy, Hugh. *Crusader Castles*. Cambridge: Cambridge University Press, 1994.

Khowaiter, Abdul-Aziz. *Baibars the First: His Endeavours and Achievements*. London: Green Mountain Press, 1978.

Labarge, Margaret Wade. *Saint Louis: The Life of Louis IX of France*. London: Eyre & Spottiswoode, 1968.

Laiou, Angeliki E., ed. *The Crusades from the Perspective of Byzantium and the Muslim World*. Washington, DC: Dumbarton Oaks, 2001.

Le Goff, Jacques. *Saint Louis*. Notre Dame: University of Notre Dame Press, 2009.

Lord, Evelyn. *The Knights Templar in Britain*. Abingdon: Routledge, 2004.

Lower, Michael. *The Barons' Crusade: A Call to Arms and its Consequences*. Philadelphia: University of Pennsylvania Press, 2005.

Mallia-Milanes, Victor, ed. *The Military Orders, Volume 3: History and Heritage*. Aldershot: Ashgate, 2008.

Mayer, L. A. *Saracenic Heraldry*. Oxford: Oxford University Press, 1933.

Menache, Sophia. *Clement V.* Cambridge: Cambridge University Press, 1998.

Moore, R. I. *The War on Heresy: Faith and Power in Medieval Europe*. London: Profile, 2012.

Mylod, E. J., Perry, Guy, Smith, Thomas W. and Vandeburie, Jan. *The Fifth Crusade in Context: The Crusading Movement in the Early Thirteenth Century*. London and New York: Routledge, 2017.

Nicholson, Helen. *Templars, Hospitallers, and Teutonic Knights: Images of the Military Orders, 1128–1291*. Leicester University Press, 1993.

—— *The Knights Templar: A New History*. Stroud: History Press, 2001.

—— *The Knights Templar on Trial: The Trial of the Templars in the British Isles, 1308–1311*. Stroud: History Press, 2009.

Nicholson, Helen, ed. *The Military Orders: Welfare and Warfare*. Farnham: Ashgate, 1998.

———— *On the Margins of Crusading: The Military Orders, the Papacy and the Christian World.* Farnham: Ashgate, 2011.

O'Callaghan, Joseph F. *Reconquest and Crusade in Medieval Spain.* Philadelphia: University of Pennsylvania Press, 2002.

Perry, Guy. *John of Brienne: King of Jerusalem, Emperor of Constantinople, c. 1175–1237.* Cambridge: Cambridge University Press, 2013.

Phillips, Jonathan. *Defenders of the Holy Land: Relations between the Latin East and the West, 1119–1187.* Oxford: Oxford University Press, 1996.

———— *The Second Crusade: Extending the Frontiers of Christendom.* New Haven and London: Yale University Press, 2007.

Phillips, Jonathan and Hoch, Martin, ed. *The Second Crusade: Scope and Consequences.* Manchester: Manchester University Press, 2001.

Piquet, Jules. *Des Banquiers au moyen âge: les Templiers. Étude de leurs opérations financières.* Paris: Hachette, 1939.

Powell, James M. *Anatomy of a Crusade, 1213–1221.* Philadelphia: University of Pennsylvania Press, 1986.

Pryor, John H., ed. *Logistics of Warfare in the Age of the Crusades: Proceedings of a Workshop Held at the Centre for Medieval Studies, University of Sydney.* Aldershot: Ashgate, 2006.

Read, Piers Paul. *The Templars.* London: Weidenfeld & Nicolson, 1999.

Reilly, Bernard F. *The Contest of Christian and Muslim Spain, 1031–1157.* Oxford: Blackwell, 1992.

Riley-Smith, Louise and Jonathan. *The Crusades: Idea and Reality, 1095–1274.* London: Edward Arnold, 1981.

Russell, Frederick H. *The Just War in the Middle Ages.* Cambridge: Cambridge University Press, 1975.

Sadeque, S. F. *Baybars I of Egypt.* Karachi: Oxford University Press, 1956.

Sargent-Baur, Barbara Nelson, ed. *Journeys Towards God: Pilgrimage and Crusade.* Kalamazoo: Medieval Institute Publications, Western Michigan University, 1992.

Schein, Sylvia. *Fideles Crucis: The Papacy, The West and the Recovery of the Holy Land, 1274–1314.* Oxford: Oxford University Press, 1991.

Schenk, Jochen. *Templar Families: Landowning Families and the Order of the Temple in France, c. 1120–1307.* Cambridge: Cambridge University Press, 2012.

Segal, J. B. *Edessa: 'The Blessed City'.* Oxford: Oxford University Press, 1970.

Sharon, M., ed. *Studies in Islamic History and Civilization in Honour of Professor David Ayalon.* Jerusalem: Cana, 1986.

Smail, R. C. *Crusading Warfare, 1097–1193.* Second edition. Cambridge: Cambridge University Press, 1995.

Smith, Katherine Allen. *War and the Making of Medieval Monastic Culture.* Woodbridge: Boydell Press, 2011.

Stalls, Clay. *Possessing the Land: Aragón's Expansion into Islam's Ebro Frontier under Alfonso the Battler, 1104–1134.* Leiden: Brill, 1995.

Thorau, Peter and Holt, P. M., trans. *The Lion of Egypt: Sultan Baybars I and the Near East in the Thirteenth Century.* London and New York: Longman, 1992.

Tobin, Stephen. *The Cistercians: Monks and Monasteries of Europe.* London: Herbert Press, 1995.

Tolan, John V. *Saint Francis and the Sultan: The Curious History of a Christian–Muslim Encounter.* Oxford: Oxford University Press, 2009.

Tyerman, Christopher. *God's War: A New History of the Crusades.* London: Penguin, 2006.

Upton-Ward, Judith M., ed. *The Military Orders: Volume 4, On Land and by Sea.* Aldershot: Ashgate, 2008.

Van Cleve, Thomas Curtis. *The Emperor Frederick II of Hohenstaufen, Immutator Mundi.* Oxford: Clarendon Press, 1972.

Woodacre, Elena. *Queens Regnant of Navarre: Succession, Politics and Partnership, 1274–1512.* New York: Palgrave Macmillan, 2013.

## 文章

Amitai-Preiss, Reuven. 'Mamluk Perceptions of the Mongol–Frankish Rapprochement'. *Mediterranean History Review* 7 (1992).

Barber, Malcolm. 'The Origins of the Order of the Temple'. *Studia Monastica* 12 (1970).

——— 'The Social Context of the Templars'. *Transactions of the Royal Historical Society*, fifth series, 34 (1984).

Brown, Elizabeth A. R. 'The Prince Is Father of the King: The Character and Childhood of Philip the Fair of France'. *Medieval Studies* 49, no. 1 (1987).

Brundage, James A. 'The Crusader's Wife Revisited'. *Studia Gratiana* 14 (1967).

Cassidy-Welch, Megan. '"O Damietta!": War, Memory and Crusade in

Thirteenth-Century Egypt'. *Journal of Medieval History* 40, no. 3 (2014).

Constable, Giles. 'The Second Crusade as Seen By Contemporaries'. *Traditio* 9 (1953).

Ferris, Eleanor. 'The Financial Relations of the Knights Templars to the English Crown'. *American Historical Review* 8 (1902).

Fletcher, R. A. 'Reconquest and Crusade in Spain *c.* 1050–1150'. *Transactions of the Royal Historical Society*, fifth series, 37 (1987).

Forey, Alan. 'The Emergence of the Military Order in the Twelfth Century'. *Journal of Ecclesiastical History* 36, no. 2 (1985).

—— 'The Failure of the Siege of Damascus in 1148'. *Journal of Medieval History* 10, no. 1 (1984).

—— 'Letters of the Last Two Templar Masters'. *Nottingham Medieval Studies* 45 (2001).

—— 'Were the Templars Guilty, Even if They Were Not Heretics or Apostates?' *Viator* 42, no. 2 (2011).

Frale, Barbara. 'The Chinon Chart: Papal Absolution to the Last Templar, Master Jacques de Molay'. *Journal of Medieval History* 30, no. 2 (2004).

Franceschi, Francesco, Bernabei, Robert, Malfertheiner, Peter, and Gasbarrini, Giovannia. 'The Diet of Templar Knights: Their Secret to Longevity?' *Digestive and Liver Disease* 46, no. 7 (2014).

Gilmour-Bryson, Anne. 'Sodomy and the Knights Templar'. *Journal of the History of Sexuality* 7, no. 2 (1996).

Hamilton, Bernard. 'Knowing the Enemy: Western Understanding of Islam at the Time of the Crusades'. *Journal of the Royal Asiatic Society of Great Britain and Ireland* 7, no. 3 (1997).

—— 'Our Lady of Saidnaiya: An Orthodox Shrine Revered by Muslims and Knights Templar at the Time of the Crusades'. *Studies in Church History* 36 (2000).

Harari, Yuval. 'The Military Role of the Frankish Turcopoles: A Reassessment'. *Mediterranean Historical Review* 12 (1997).

Jackson, Peter. 'The Crisis in the Holy Land in 1260'. *English Historical Review* 95 (1980).

—— 'The Crusades of 1239–41 and Their Aftermath'. *Bulletin of the School of Oriental and African Studies, University of London* 50, no. 1 (1987).

Jacoby, Zehava. 'The Tomb of Baldwin V, King of Jerusalem (1185–1186), and the Workshop of the Temple Area'. *Gesta* 18, no. 2 (1979).

Joserand, Philippe. 'The Templars in France: Between History,

Heritage, and Memory'. *Mirabilia: Electronic Journal of Antiquity and Middle Ages* 21 (2015).

Kedar, Benjamin Z. 'On the Origins of the Earliest Laws of Frankish Jerusalem: The Canons of the Council of Nablus, 1120'. *Speculum* 74 (1999).

Khamisy, Rabei G. 'The Templar Estates in the Territory of Acre'. *Ordines Militares* 18 (2013).

Lee, John S. 'Landowners and Landscapes: The Knights Templar and Their Successors at Temple Hirst, Yorkshire'. *Local Historian* 41 (2011).

Lotan, Shlomo. 'The Battle of La Forbie and Its Aftermath – Reexamination of the Military Orders' Involvement in the Latin Kingdom of Jerusalem in the Mid-Thirteenth Century'. *Ordines Militares* 12 (2012).

Lourie, Elena. 'The Confraternity of Belchite, the Ribat, and the Templars'. *Viator. Mediaeval and Renaissance Studies* 13 (1982).

——— 'The Will of Alfonso I, "El Batallador", King of Aragón and Navarre: A Reassessment'. *Speculum* 50, no. 3 (1975).

Mayer, Hans Eberhard. 'The Concordat of Nablus'. *Journal of Ecclesiastical History* 33, no. 4 (1982).

Mechoulan, Stéphane. 'The Expulsion of the Jews from France in 1306: A Modern Fiscal Analysis'. *Journal of European Economic History* 33, no. 3 (2006).

Meyvaert, Paul. 'An Unknown Letter of Hulagu, Il-Khan of Persia, to King Louis IX of France'. *Viator* 11 (1980).

Nicolle, David C. 'The Reality of Mamluk Warfare: Weapons, Armour and Tactics'. *Al-Masāq* 7 (1994).

O'Banion, Patrick J. 'What Has Iberia to Do with Jerusalem? Crusade and the Spanish Route to the Holy Land in the Twelfth Century'. *Journal of Medieval History* 34, no. 4 (2008).

Pringle, Denys. 'The Templars in Acre *c.* 1150–1291'. *Bulletin for the Council for British Research in the Levant* 2 (2007).

Prutz, Hans. *'Ein Zeitgenössisches Gedicht über die Belagerung Accons'. Forschungen zur Deutschen Geschichte* 21 (1881).

Pryor, John H. 'Two *Excitationes* for the Third Crusade: The Letters of Brother Thierry of the Temple'. *Mediterranean Historical Review* 25 (2010).

Rother, Joachim. 'Embracing Death, Celebrating Life: Reflections on the Concept of Martyrdom in the Order of the Knights Templar'. *Ordines Militares* 19 (2014).

Sayous, André-E. 'Les Mandats de Saint Louis sur son trésor et le mouve-
ment international des capitaux pendant la Septième Croisade
(1248–1254)'. Revue Historique 167 (1931).

Sivan, Emmanuel. 'La Genèse de la contre-croisade: un traité damas-
quin du début du XIIe siècle'. Journal asiatique 254 (1966).

Slavin, Philip. 'Landed Estates of the Knights Templar in England
and Wales and Their Management in the Early Fourteenth
Century'. Journal of Historical Geography 42 (2013).

Smail, R. C. 'Crusaders' Castles of the Twelfth Century'. The Cambridge
Historical Journal 10 (1952).

Smith, Thomas W. 'Between Two Kings: Pope Honorius III and the
Seizure of the Kingdom of Jerusalem by Frederick II in 1225'.
Journal of Medieval History 41 (2015).

Sneddon, Jonathan. 'Warrior Bishops in the Middle Ages'. Medieval
Warfare 3, no. 2 (2013).

Telfer, Alison. 'Locating the First Knights Templar Church'. London
Archaeologist 10, no. 1 (2002).

Tsurtsumia, Mamuka. 'Commemorations of Crusaders in Manuscripts
of the Monastery of the Holy Cross in Jerusalem'. Journal of
Medieval History 38 (2012).

Warren, F. M. 'The Battle of Fraga and Larchamp in Orderic Vitalis'.
Modern Philology 11 (1914).

## 未出版资料

Crawford, Paul. 'An Institution in Crisis: The Military Orders, 1291–
1310'. PhD diss., University of Wisconsin–Madison, 1998.

Peixoto, M. J. 'Templar Communities in Medieval Champagne: Local
Perspectives on a Global Organization'. PhD diss., New York
University, 2013.

# 译名对照表

Abbas 阿拔斯

Abd al-Zahir 阿卜杜勒·查希尔

Abdallah 阿卜杜勒

Abengenia（Yahya ibn-Ghaniya）阿
本吉尼亚（叶海亚·伊本·加
尼亚）

Abingdon Chronicle《阿宾顿编年
史》

Abu Ishaq al-Ghazzi 阿布·伊沙克·
加齐

Abu Shama 阿布·沙玛

Abu Ya'qub Yusef 阿布·雅各布·
优素福

Abu-Yahya 阿布·叶海亚

Acre 阿卡

Adalia 安塔利亚

Adrian Ⅳ, Pope 阿德里安四世，
教宗

Afonso Ⅰ Henriques, king of Portugal
阿方索一世·恩里克斯，葡萄
牙国王

Agnes of Courtenay 考特尼的阿格
尼丝

Ahmad（son of Taqi al-Din）艾哈迈
德（塔齐·丁的儿子）

Aimery of La Roche 艾默里·德·
拉·罗什

Aimery of Lusignan 艾默里·德·
吕西尼昂

Aimo of Oiselay 艾莫·德·瓦瑟莱

al-Adid, caliph 阿迪德，哈里发

al-Adil（Saphadin）阿迪勒（萨法
丁）

al-Afdal 阿夫达尔

al-Andalus（Muslim states in southern
Spain）安达卢西亚

al-Ashraf Khalil, sultan 阿什拉夫·
哈利勒，苏丹

al-Aziz Uthman 阿齐兹·奥斯曼

al-Din, Imad 伊马德丁

al-Fadil, al-Qadi 卡迪·法迪勒

al-Fa'iz 法伊兹

al-Kamil（Meledin）卡米勒（迈勒
丁）

al-Mulk, Husam 胡萨姆·穆尔克

al-Mansur, caliph 曼苏尔，哈里发

al-Mansurah 曼苏拉

al-Mu'azzam（Coradin）穆阿扎姆
（科拉丁）

al-Muqadassi 穆卡达西

al-Nasir 纳西尔

al-Salih Ayyub 萨利赫·阿尤布

al-Salih Isma'il 萨利赫·伊斯梅尔

al-Sulami, Ali ibn Tahir 阿里·伊
本·塔希尔·苏拉米

al-Zafir, caliph 扎菲尔，哈里发

al-Zahir Ghazi 查希尔·加齐

Alan Martel 艾伦·马泰尔

Alarcos, battle of 阿拉科斯战役

Albert of Aachen 亚琛的阿尔伯特

Albigensian Crusade 阿尔比派十字
军东征

Aleppo 阿勒颇

Alexander Ⅲ, Pope 亚历山大三世，
教宗

Alexandria 亚历山大港

Alexios Ⅰ Comnenus, Byzantine emperor
亚历克赛一世·科穆宁，拜占
庭皇帝

Alexios Ⅲ Angelos, Byzantine emperor
亚历克赛三世·安格洛斯，拜
占庭皇帝

Alfonso the Battler, king of Aragon
"战士"阿方索一世，阿拉贡国
王

Almohad empire 穆瓦希德王朝

Almoravid empire 穆拉比特王朝

Alphonse, count of Poitiers 阿方斯，
普瓦捷伯爵

Alvítiz, Pedro 佩德罗·阿尔维蒂
兹

Amadeus, Brother 阿玛迪斯修士

Amalric of Jerusalem, King 阿马尔
里克，耶路撒冷国王

Amalric of Lusignan 阿马尔里克·
德·吕西尼昂

Amalric of Tyre 推罗的阿马尔里克

Amanus mountains 阿玛努斯山

Ambrose, St 圣安波罗修

Amio of Ays 艾斯的阿米奥

Anacletus Ⅱ, antipope 对立教宗阿
纳克莱图斯二世

Andrew of Hungary, king 安德拉什
二世，匈牙利国王

Andrew of Montbard 安德烈·德·
蒙巴尔

Anglo-Saxon Chronicle《盎格鲁撒
克逊编年史》

Anna Komnene 安娜·科穆宁娜

Antioch 安条克

Aragon 阿拉贡

Archumbald, Hospitaller master 阿奇乌姆巴尔德，医院骑士团大团长

Armand of Périgord 阿尔芒·德·佩里戈尔

Armengaud of Asp 阿芒戈·德·阿斯普

Arnaud Novelli 阿尔诺·诺韦利

Arnaud of Auch 阿尔诺·德·欧什

Arnold of Torolla 阿尔诺·德·托罗哈

Arnulf, patriarch of Jerusalem 阿努尔夫，耶路撒冷宗主教

Arsuf, battle 阿苏夫战役

Artah, battle 阿尔塔赫战役

Arthurian legends 亚瑟王传奇

Artuqid dynasty 阿尔图格王朝

Ascalon 亚实基伦

Assassins 阿萨辛派

'Assassin's Creed', video game《刺客信条》，电子游戏

Augustinians, the 奥斯定修会

Augustine of Hippo, St 希波的圣奥古斯丁

Avignon papacy 阿维尼翁教廷

Aycelin, Gilles 吉勒·艾瑟兰

Ayyubid dynasty/sultans 阿尤布王朝/苏丹

Baldwin I, king of Jerusalem 鲍德温一世，耶路撒冷国王

Baldwin II, king of Jerusalem 鲍德温二世，耶路撒冷国王

Baldwin III, king of Jerusalem 鲍德温三世，耶路撒冷国王

Baldwin IV, king of Jerusalem 鲍德温四世，耶路撒冷国王

Baldwin V, king of Jerusalem 鲍德温五世，耶路撒冷国王

Baldwin Calderon 鲍德温·卡尔德隆

Balian of Ibelin 伊贝林的贝里昂

Banyas 巴尼亚斯

Barons' Crusade 诸侯的十字军东征

Bartholomew of Quincy 巴泰尔米·德·昆西

Baybars (Al-Malik al-Zahir Rukn al-Din Baybars al-Bunduqdari) 拜巴尔（全名为马利克·查希尔·鲁克·丁·拜巴尔·班度克达里）

Beaufort castle 博福尔城堡

Becket, Thomas 托马斯·贝克特

Bede, Venerable 尊者比德

Belchite, Confraternity 贝尔奇特兄

弟会

Benedict XI, Pope 本笃十一世

Benedictine order 本笃会

Bernard, count of Laon 拉昂伯爵贝
尔纳

Bernard of Clairvaux 克莱尔沃的伯
纳德

Bernard of Thiron, Saint 蒂龙的圣
伯纳德

Bernard of Tremelay 贝尔纳·德·
德拉默莱

Bernard of Valence 瓦朗斯的贝尔
纳

Bertrand of Blancfort 贝特朗·德·
布朗克福尔

Bertrand of Got see Clement V,
Pope 贝特朗·德·哥特, 教宗
克雷芒五世

Bertrand of Sartiges 贝特朗·德
·萨尔蒂格

Bertrand of Thessy 贝特朗·德·泰
西

Bethgibelin fortress 贝特吉伯兰要
塞

Bethlehem 伯利恒

Bilbays 比勒拜斯

Blanche of Castile 卡斯蒂利亚的布
朗什

Blanche, queen of Aragon 阿拉贡王
后布朗什

Blanchegarde castle 布朗什加德城
堡

Blois, county of 布卢瓦伯爵领地

Boccaccio, Giovanni 乔万尼·薄伽
丘

Bohemond III, prince of Antioch 安
条克亲王博希蒙德三世

Bohemond VI, prince of Antioch 安
条克亲王博希蒙德六世

Bohemond VII, prince of Antioch 安
条克亲王博希蒙德七世

Boniface VIII, Pope 博尼法斯八世,
教宗

Brancacci, Landolf 兰多尔福·布
兰卡乔

Breivik, Anders Behring 安德斯·
贝林·布雷维克

Brisebarre, Walter 戈蒂埃·布里兹
巴尔

Brown, Dan 丹·布朗

Burlus 布尔鲁斯

Byzantine empire 拜占庭帝国

Caballeros Templarios, Los (twenty-
first century Mexican cartel) "圣
殿骑士团" 犯罪集团

Cadmus, Mount 卡德摩斯山

Caesarea 恺撒利亚

Cairo see Egypt 开罗，埃及

Calatrava, Order 卡拉特拉瓦骑士团

Carthusian order 加尔都西会

Castel Blanc（Safita）白堡（萨菲泰）

Castile-León 卡斯蒂利亚－莱昂

Cathars 清洁派

Celestine Ⅱ, Pope 塞莱斯廷二世，教宗

Celestine Ⅴ, Pope 塞莱斯廷五世，教宗

Chahinchah 夏罕夏

Châlus-Chabrol castle 沙吕－沙布罗尔城堡

Champagne, county 香槟伯爵领地

Charlemagne 查理曼

Charles Ⅱ, king of Naples 查理二世，那不勒斯国王

Charles of Anjou 安茹的查理

Charles of Valois 瓦卢瓦的查理

Château Pèlerin 朝圣者城堡

Chinon castle 希农城堡

*Chronica Majora*（Matthew Paris）《大编年史》（马修·巴黎）

Cistercian order 熙笃会

Clairvaux Abbey 克莱尔沃修道院

Clement Ⅳ, Pope 教宗克雷芒四世

Clement Ⅴ, Pope 教宗克雷芒七世

Conrad Hohenstaufen 康拉德·霍亨施陶芬

Conrad Ⅲ, king of the Germans 康拉德三世，德意志国王

Conrad of Montferrat 蒙费拉的康拉德

Conradin Hohenstaufen 康拉丁·霍亨施陶芬

Constantinople 君士坦丁堡

Cressac 克雷萨克教堂

Cressing Temple, Essex 克莱辛圣殿，埃塞克斯郡

Cresson see Springs of Cresson 克莱松泉

Cyprus 塞浦路斯

*Da Vinci Code*《达芬奇密码》

Damascus 大马士革

Damietta 达米埃塔

Daniel the Abbot 修道院院长丹尼尔

Dante Alighieri 但丁·阿利吉耶里

*Divine Comedy*《神曲》

*De Casibus Vivorum Illustrium*（Boccaccio）《论名人的命运》

（薄伽丘）

*De Laude*（Bernard of Clairvaux）《新骑士颂》（克莱尔沃的伯纳德）

Dominicans 多明我会

Dubois, Peter 皮埃尔·迪布瓦

Eco, Umberto 翁贝托·艾柯

Edessa 埃德萨

Edward I, king of England 爱德华一世，英格兰国王

Edward II, king of England 爱德华二世，英格兰国王

Eleanor of Aquitaine 阿基坦的埃莉诺

Elinandus of Tiberias 提比里亚的艾里南多斯

Erasmus 伊拉斯谟

Ernoul 艾尔努尔

Eschenbach, Wolfram von 沃尔夫拉姆·冯·埃申巴赫

Escobar, Pablo 巴勃罗·埃斯科瓦尔

Esquin of Floyran 埃斯基厄·德·弗洛瓦朗

Eugene III, Pope 尤金三世，教宗

Everard of Barres 埃弗拉尔·德·巴尔

Everard of Breteuil 埃弗拉尔·德·布勒特伊

Ezekiel, Old Testament prophet 以西结，《旧约》中的先知

Fakhr al-Din 法赫尔·丁

Fatimid Caliphate 法蒂玛哈里发国

Ferdinand V, king of Aragon 阿拉贡国王斐迪南二世

Fitz Stephen, Geoffrey 杰弗里·菲茨斯蒂芬

*Foucault's Pendulum*（Eco）《傅科摆》

Fraga 弗拉加

Francis of Assisi 阿西西的方济各

Franciscans 方济各会

Frederick of Bogen 弗里德里希·冯·伯根

Frederick I Barbarossa 弗里德里希一世·巴巴罗萨

Frederick II Hohenstaufen 弗里德里希二世·霍亨施陶芬

Frédol, Bérengar 贝伦加尔·弗雷多尔

Freemasonry 共济会

Fulcher of Chartres 沙特尔的富歇

Fulk, count of Anjou and king of Jerusalem 富尔克，安茹伯爵，

耶路撒冷国王

Fulk of Villaret 富尔克·德·维拉
雷

Garin of Montaigu 加兰·德·蒙泰
居

Garnier of Nablus 加尼耶·德·纳
布卢斯

Gascony 加斯科涅

Gaveston, Piers 皮尔斯·加韦斯顿

Gaza 加沙

Genghis Khan 成吉思汗

Genoa 热那亚

Geoffrey of Charney 若弗鲁瓦·德·
沙尔内

Geoffrey Fulcher 若弗鲁瓦·富歇

Geoffrey of Gonneville 若弗鲁瓦·
德·戈纳维尔

Geoffrey of Lusignan 若弗鲁瓦·德·
吕西尼昂

Geoffrey of Monmouth 蒙茅斯的杰
弗里

Geoffrey Morin 若弗鲁瓦·莫兰

Gerald of Newcastle 纽卡斯尔的杰
拉尔德

Gerald of Soturririo 索图里奥的杰
拉尔德

Gerard of Ridefort 热拉尔·德·雷

德福尔

Gerard of Sidon 西顿的热拉尔

Gerold of Lausanne, patriarch of
Jerusalem 耶路撒冷宗主教洛桑
的热罗尔德

Ghazan 合赞

Gilbert of Lacey 吉尔伯特·德·莱
西

Gilbert of Ogerstan 奥格斯坦的吉尔
伯特

Gilbert the Templar 圣殿骑士吉尔
贝

Gilles of Aycelin, archbishop of
Narbonne 纳博讷大主教吉勒·
艾瑟兰

Gilles, Brother 吉勒修士

Gins of Belin 金斯·德·贝兰

Girbert Eral 吉尔贝尔·埃拉尔

Godechaux of Turout 蒂卢的戈德肖

Godfrey Martel "铁锤"若弗鲁瓦

Golden Horde 金帐汗国

Granada 格拉纳达

Grandmontines, the 格朗蒙会

Gregory IX, Pope 格列高利九世,
教宗

Gregory X, Pope 格列高利十世,
教宗

Guichard, bishop of Troyes 特鲁瓦

主教吉夏尔

Guy of Ibelin 伊贝林的居伊

Guy of Lusignan, king of Jerusalem
居伊·德·吕西尼昂，耶路撒
冷国王

Haifa 海法

Haimard, Brother 艾马尔修士

Hama 哈马

Hattin, battle of 哈丁战役

Hebron 希伯伦

Henry Ⅰ, king of England 亨利一
世，英格兰国王

Henry Ⅱ, king of Cyprus 亨利二
世，塞浦路斯国王

Henry Ⅱ, king of England 亨利二
世，英格兰国王

Henry Ⅲ, king of England 亨利三
世，英格兰国王

Henry Ⅵ, Holy Roman Emperor 亨
利六世，神圣罗马皇帝

Heraclius, patriarch of Jerusalem 耶
路撒冷宗主教希拉克略

Hermann of Salza, master of the
Teutonic Order 条顿骑士团大团
长赫尔曼·冯·萨尔察

Herod the Great 大希律王

Hethum, king of Cilicia 海屯一世,
奇里乞亚国王

Holy Blood and the Holy Grail, The
《圣血与圣杯》

Holy Sepulchre, Church of the 圣墓
教堂

Homs 霍姆斯

Honorius Ⅱ, Pope 霍诺里乌斯二
世教宗

Honorius Ⅲ, Pope 霍诺里乌斯三
世教宗

Hugh of Argentein 阿让唐的于格

Hugh of Caesarea 恺撒利亚的于格

Hugh, count of Champagne 香槟伯
爵于格

Hugh of Galilee 加利利的于格

Hugh of Ibelin 伊贝林的于格

Hugh Ⅲ, king of Cyprus 于格三世,
塞浦路斯国王

Hugh 'le Brun' of Lusignan "棕发
的" 于格·德·吕西尼昂

Hugh of Pairaud 于格·德·佩罗

Hugh of Payns 于格·德·帕英

Hugh of Rigaud 于格·德·里戈

Hugh of Saint-George 圣乔治的休

Hugh the Sinner 罪人于格

Hugo, archbishop of Edessa 埃德萨
大主教雨果

Hülagü 旭烈兀

Humbert of Pairaud 安贝尔·德·佩罗

Humphrey of Toron 托伦的翁弗鲁瓦

Hus, Jan 扬·胡斯

Ibelin castle 伊贝林城堡

Ibn al-Adim 伊本·阿迪姆

Ibn al-Athir 伊本·艾西尔

Ibn al-Furat 伊本·富拉特

Ibn al-Khayyat 伊本·哈亚特

Ibn Al-Qalanisi 伊本·开拉尼希

Ibn al-Zaki 伊本·扎基

Ibn Jubayr 伊本·朱拜尔

ibn Munqidh, Usama 乌萨马·伊本·蒙基德

ibn Nafadha, al-Nashw 纳什瓦·伊本·纳法达

Ibn Rawaha 伊本·拉瓦哈

ibn Ruzzik, Talai 塔拉伊·伊本·鲁齐克

Ibn Shaddad 伊本·沙达德

Ibn Wasil 伊本·瓦西尔

ibn-Ghaniya, Yahya (Abengenia) 叶海亚·伊本·加尼亚 (阿本吉尼亚)

Il-ghazi 加齐

Ilkhanate 伊儿汗国

Imad al-Din 伊马德丁

Imbert Blanke 安贝尔·布朗克

Inab, battle of 伊纳布战役

Innocent II, Pope 英诺森二世, 教宗

Innocent III, Pope (i. e. Lotario dei Conte di Segni) 英诺森三世, 教宗 (原名塞尼伯爵家族的罗塔里奥)

Innocent IV, Pope 英诺森四世, 教宗

Isaac Comnenus 伊萨克·科穆宁

Isaac of L'Etoile 伊萨克·德·雷图瓦勒

Isabella, queen of Castile 卡斯蒂利亚女王伊莎贝拉

Isabella II, queen of Jerusalem 伊莎贝拉二世, 耶路撒冷女王

Isabella of France 法兰西的伊莎贝拉

Issa el-Hakkari 伊萨·哈卡里

Itinerarium Peregrinorum《狮心王理查东征记》

Ivanhoe (Scott)《艾凡赫》 (司各特)

Jabala 贾柏莱

Jacob's Ford 雅各渡口

Jaffa 雅法

Jamal ad-Din ibn Yahya ibn Matruh 贾迈勒·丁·伊本·叶海亚·伊本·马特鲁赫

James Ⅰ, king of Aragon 海梅一世, 阿拉贡国王

James Ⅱ, king of Aragon 海梅二世, 阿拉贡国王

James of Avesnes 阿韦讷的雅克

James of Maillé 雅克·德·马耶

James of Molay 雅克·德·莫莱

James of Vitry 雅克·德·维特里

Jeanne of Navarre 纳瓦拉的让娜

Jerusalem 耶路撒冷

Joanna, sister of Richard the Lionheart 琼, 狮心王理查的妹妹

Jocelyn Ⅱ, Count 若斯兰二世伯爵

John, duke of Brittany 布列塔尼公爵约翰

John, king of England 约翰, 英格兰国王

John of Brienne, king of Jerusalem 布里耶纳的约翰, 耶路撒冷国王

John of Ibelin, lord of Beirut 伊贝林的约翰, 贝鲁特领主

John of Joinville 让·德·茹安维尔

John of Norris 诺里斯的约翰

John of Novill 诺维尔的约翰

John of Salisbury 索尔兹伯里的约翰

John of Tour 让·德·图尔

John of Villiers 让·德·维里耶

John ⅩⅫ, Pope 约翰二十二世, 教宗

Josias, archbishop of Tyre 推罗大主教约西亚斯

Khalil al-Hakkari 哈利勒·哈卡里

Khwarizmian Turks 花剌子模突厥人

Kingdom of Heaven《天国王朝》

Kitbugha 怯的不花, 蒙古将军

Knights of Malta 马耳他骑士团

König, Ludolf 鲁道夫·科尼希

La Boquée 拉博凯

La Fève (castle) 拉费弗 (城堡)

La Forbie, battle of 拉福尔比战役

Las Navas de Tolosa, battle of 拉斯纳瓦斯·德·托洛萨战役

Laurence of Premierfait 洛朗·德·普雷米耶尔费

Le Chastellet (Templar castle) 沙斯特莱 (圣殿骑士团城堡)

Leon Cazalier（Brother Leo）莱昂·卡扎里尔（利奥修士）

Leopold V of Austria 奥地利公爵利奥波德五世

Leopold VI of Austria 奥地利公爵利奥波德六世

Lisbon 里斯本

London 伦敦

Louis of Clermont 克莱蒙伯爵路易

Louis VII, king of France 路易七世，法兰西国王

Louis IX, king of France 路易九世，法兰西国王

Ludolph of Sudheim 鲁道夫·冯·苏德海姆

Lull, Ramon 拉蒙·柳利

Lydgate, John 约翰·利德盖特

Lyon 里昂

Magna Carta《大宪章》

Malikshah I, Sultan 马立克沙一世，苏丹

Mallorca 马略卡岛

Malta 马耳他岛

Mamluks 马穆鲁克王朝

Manuel I Comnenus, Byzantine emperor 曼努埃尔一世·科穆宁，拜占庭皇帝

Map, Walter 沃尔特·马普

Marseilles 马赛

Marshal, William 威廉·马歇尔

Martin IV, Pope 马丁四世，教宗

Matilda, countess of Boulogne 布洛涅伯爵夫人玛蒂尔达

Matilda, Empress 玛蒂尔达皇后

Matthew, bishop of Albano 阿尔巴诺主教马蒂厄

Matthew Sauvage 马蒂厄·绍瓦热

Melisende, queen of Jerusalem 梅利桑德，耶路撒冷女王

Michael the Syrian 叙利亚的迈克尔

Michel, Jean 让·米歇尔

Mongols 蒙古人

Monreal del Campo 蒙雷亚尔德尔坎波

Moors 摩尔人

Mont Gisard, battle 蒙吉萨战役

Monzón（Templar fortress）蒙宗（圣殿骑士团要塞）

Mosul 摩苏尔

Muhammad al-Nasir 穆罕默德·纳西尔

Muhammad XII, Nasrid ruler 穆罕默德十二世，纳斯尔王朝的统治者

Muzafar al-Din 穆扎法尔·丁

Nablus, Council of 纳布卢斯会议

Nebuchadnezzar Ⅱ, king of Babylon 巴比伦国王尼布甲尼撒二世

Napoleon Bonaparte 拿破仑·波拿巴

Nasr al-Din 纳斯尔丁

Nazareth 拿撒勒

Nicholas Ⅰ, Pope 尼古拉一世, 教宗

Nicholas Ⅳ, Pope 尼古拉四世, 教宗

Nicholas of Ennezat 尼古拉·德·恩讷扎

Nicholas of Fréauville 尼古拉·德·福雷奥维尔

Nicholas of Hanapes, patriarch of Jerusalem 阿纳普的尼古拉, 耶路撒冷宗主教

Nur al-Din 努尔丁

Odo of Châteauroux 厄德·德·沙托鲁

Odo of Deuil 德伊的厄德

Odo of Saint-Amand 奥多·德·圣阿芒

Old Man of the Mountain 山中老人

Oliver of Paderborn 帕德博恩的奥利弗

Oliver of Penne 奥利弗·德·佩纳

Order of St John of Jerusalem 耶路撒冷圣约翰骑士团

Order of St Lazarus 圣拉撒路骑士团

Orsini, Napoleone 纳波莱奥内·奥尔西尼

Otto, bishop of Freising 弗赖辛主教奥托

Ottoman Empire 奥斯曼帝国

Outremer (Holy Land) 海外 (圣地)

Paris, Matthew 马修·巴黎

Paris, University of 巴黎大学

*Perceval, the Story of the Grail* (Chrétien de Troyes) 《圣杯的故事》(克雷蒂安·德·特鲁瓦)

*Parzival* (von Eschenbach) 《帕西法尔》(冯·埃申巴赫)

Paschal Ⅱ, Pope 帕斯卡二世, 教宗

Payen of Montdidier 蒙迪迪耶的帕扬

Pelagius, bishop of Albano 阿尔巴诺主教佩拉吉乌斯

Peter Ⅰ, king of Cyprus 皮埃尔一世, 塞浦路斯国王

Peter Ⅱ, king of Aragon 佩德罗二世，阿拉贡国王

Peter Ⅲ, king of Aragon 佩德罗三世，阿拉贡国王

Peter of Bologna 博洛尼亚的彼得罗

Peter of Morrone 摩罗尼的彼得罗，西西里隐士

Peter of Montaigu 皮埃尔·德·蒙泰居

Peter of Sevrey 皮埃尔·德·赛弗雷

Philip Ⅱ, king of France (Philip Augustus) 腓力二世·奥古斯都，法兰西国王

Philip Ⅳ, king of France 腓力四世，法兰西国王

Philip Ⅴ, king of France 腓力五世，法兰西国王

Philip of Ibelin 伊贝林的菲利普

Philip of Marigny, Archbishop of Sens 菲利普·德·马里尼，桑斯大主教

Philip of Nablus 纳布卢斯的菲利普

Philip of Novara 诺瓦拉的菲利普

Philip of Plessis 菲利普·德·普莱西

Plancart, Enrique 恩里克·普兰卡特

Plantagenet, Geoffrey 若弗鲁瓦·金雀花

Ponsard of Gisy 蓬萨尔·德·吉西

Portugal 葡萄牙

Premonstratensians, the 普里蒙特瑞会

Prussia 普鲁士

Qutuz, sultan 忽秃斯，苏丹

Raimbaud of Caron 兰博·德·卡隆

Ralph of Coggeshall 科吉舍尔的拉尔夫

Ramon Berenguer Ⅳ 拉蒙-贝伦格尔四世

*Raoul de Cambrai* 《康布雷的拉乌尔》

Raymond, count of Tripoli 的黎波里伯爵雷蒙

Raymond of Antioch, Prince 安条克亲王雷蒙

Raymond of Fitero 菲特罗的雷蒙

Raymond Ⅲ, count of Tripoli 的黎波里伯爵雷蒙三世

Raymond of Puy 雷蒙·杜·皮伊

Reconquista 收复失地运动

Reginald of Provins 普罗万的雷金

纳德

Renier of Mareuil 雷尼耶·德·马勒伊

Reynald Bochart 雷诺·博沙尔

Reynald of Châtillon 沙蒂永的雷诺

Reynald of Sidon 西顿的雷诺

Reynald of Vichiers 雷诺·德·维希耶

Rhodes 罗德岛

Ricaut Bonomel 里科·博诺梅尔

Richard, earl of Cornwall 康沃尔伯爵理查

Richard of Hastings 黑斯廷斯的理查

Richard the Lionheart 狮心王理查一世

Robert Anglicanus 英格兰人罗伯特

Robert, count of Artois 阿图瓦伯爵罗贝尔

Robert of Craon（Robert Burgundio）罗贝尔·德·克拉翁（罗贝尔·勃艮第奥）

Robert Fraisnel 罗贝尔·弗里奈尔

Robert of Nantes, patriarch of Jerusalem 南特的罗贝尔，耶路撒冷宗主教

Robert of Sablé 罗贝尔·德·萨布雷

Roger the German 德意志人罗杰

Roger of Moulins 罗歇·德·穆兰

Rogeron of Lauria 劳里亚的罗热龙

*Roman de la Rose*《玫瑰传奇》

Roric of La Courtine 拉库尔坦的罗里克

Rosetta 罗塞塔

Ru'ad 鲁阿德岛

Rudolf Ⅰ, bishop of Würzburg 维尔茨堡主教鲁道夫一世

Rupen of Montfort 鲁彭·德·孟福尔

Rutebeuf 吕特伯夫

Saewulf 西伍尔夫

Safad, Templar castle 采法特，圣殿骑士团城堡

Saher of Mamedunc 马默当克的萨埃尔

Saint-Denis, Abbey of 圣德尼修道院

Saisset, Bernard, bishop of Pamiers 贝尔纳·赛塞，帕米耶主教

Saladin 萨拉丁

Salerno, Roger of 萨莱诺的罗杰

Sandamour 桑达穆尔

Santiago de Compostela 圣地亚哥·德·孔波斯特拉

Santiago, Order 圣地亚哥骑士团

Sarmada 萨尔马达

Satarém 圣塔伦

Scotland 苏格兰

Scott, Ridley 雷德利·斯科特

Scott, Sir Walter 沃尔特·司各特爵士

Seljuq empire 塞尔柱帝国

Sephoria（Saffuriya）塞佛瑞斯（西弗利亚）

Shawar, vizier 沙瓦尔

Shihab al-din Al-Nuwayri 谢哈布·丁·努维利

Shirkuh, Kurdish general 谢尔库赫，库尔德将领

Sibylla, queen of Jerusalem 西比拉，耶路撒冷女王

Sicily 西西里

Sigurd, king of Norway 西居尔，挪威国王

Simon of Lenda 西蒙·德·兰达

Solomon, Biblical king 所罗门

*Sone de Nansai*《南赛的松纳》

Spain 西班牙

Springs of Cresson, battle of the 克莱松泉战役

Stephen of Blois 布卢瓦的斯蒂芬

Stephen of Ostricourt 艾蒂安·德·奥斯特里库尔

Stephen of Sissy 艾蒂安·德·希西

Stephen of Suisy 艾蒂安·德·苏西

Stephen of Troyes 艾蒂安·德·特鲁瓦

Sugar, Abbot of Saint-Denis 叙热，圣德尼修道院院长

Suleiman the Magnificent 苏莱曼大帝

Swamp of Starlings 椋鸟沼泽

Sword Brothers of Livonia 立窝尼亚宝剑骑士团

Tabor, Mount 塔博尔山

Tanis 塔尼斯

Taqi al-Din 塔齐·丁

Tarunshah 突兰沙

Templar of Tyre 推罗的圣殿骑士

Terricus 特里克斯

Teutonic Order 条顿骑士团

Thaddeus of Naples 那不勒斯的撒迪厄斯

Theobald of Champagne 香槟的特奥巴尔德

Theobald, count of Champagne 香槟伯爵特奥巴尔德

Theobald Gaudin 特奥巴尔德·戈

丹

Theoderic, German pilgrim 狄奥多里克，德意志朝圣者

Theodoric Waleran 狄奥多里克·沃尔伦

Thierry, count of Flanders 佛兰德伯爵蒂埃里

Third Lateran Council 第三次拉特兰会议

Thomas Bérard 托马·贝拉尔

Tiberias 提比里亚

Tironensians, the 蒂龙会

Titus, Roman emperor 提图斯，罗马皇帝

Toghtekin 图格特金

Toron, Mount 托伦山

Torsello, Marino Sanudo 托尔切洛的马里诺·萨努多

Tortosa 托尔图沙

Transjordan 外约旦

Tripoli 的黎波里

Troyes, Chrétien de 克雷蒂安·德·特鲁瓦

Troyes, Council of 特鲁瓦会议

Turan 图兰

Turanshah 突兰沙

Tyre 推罗

Umayyads (Sunni caliphate) 倭马亚王朝（逊尼派的哈里发国）

Unur, Mu'in ad-Din 穆因纽丁·乌讷尔

Urban Ⅱ, Pope 乌尔班二世，教宗

Urs of Alneto 乌尔斯·德·阿尔奈托

Valencia 巴伦西亚

Venice 威尼斯

Victoria, Queen 维多利亚女王

Vienne, Council of 维埃纳会议

Villani, Giovanni 乔万尼·维拉尼

Wales 威尔士

Walter of Brienne, Count 布里耶纳伯爵戈蒂埃

Walter the Chancellor 书记长戈蒂埃

Walter of Mesnil 戈蒂埃·德·梅尼勒

Warmund of Picquigny 皮基尼的瓦尔蒙德

Wigand of Marburg 马尔堡的维甘德

William of Beaujeu 纪尧姆·德·博热

William, bishop of Tripoli 的黎波里

主教纪尧姆

William of Bures 比尔的纪尧姆

William of Chambonnet 纪尧姆·德·尚博内

William of Chartres 纪尧姆·德·沙特尔

William of Châteauneuf 纪尧姆·德·沙托纳夫

William, count of Nevers 讷韦尔伯爵纪尧姆

William of Montferrat 蒙费拉的威廉

William of Montredon 纪尧姆·德·蒙特尔东

William of la More 威廉·德·拉·莫尔

William of Nangis 纪尧姆·德·南日

William of Nogaret 纪尧姆·德·诺加雷

William of Paris 巴黎的纪尧姆

William of Plaisians 纪尧姆·德·普莱西昂

William of Sonnac 纪尧姆·德·索纳克

William of Tyre 推罗的纪尧姆

William of Villiers 纪尧姆·德·维里耶

Zengi, Imad al-Din 伊马德丁·赞吉

## 图书在版编目（CIP）数据

圣殿骑士团：崛起与陨落／（英）丹·琼斯
（Dan Jones）著；陆大鹏，刘晓晖译.－－北京：社会
科学文献出版社，2020.9（2022.10重印）
书名原文：The Templars：The Rise and Fall of
God's Holy Warriors
ISBN 978－7－5201－6065－0

Ⅰ.①圣⋯ Ⅱ.①丹⋯ ②陆⋯ ③刘⋯ Ⅲ.①欧洲－
中世纪史－通俗读物 Ⅳ.①K503.09

中国版本图书馆 CIP 数据核字（2020）第 015159 号

## 圣殿骑士团
—— 崛 起 与 陨 落

著　者／〔英〕丹·琼斯（Dan Jones）
译　者／陆大鹏　刘晓晖

出 版 人／王利民
组稿编辑／董风云
责任编辑／李　洋
文稿编辑／邢国庆　何　铮
责任印制／王京美

出　　版／社会科学文献出版社·甲骨文工作室（分社）（010）59366527
　　　　　地址：北京市北三环中路甲29号院华龙大厦　邮编：100029
　　　　　网址：www.ssap.com.cn
发　　行／社会科学文献出版社（010）59367028
印　　装／三河市东方印刷有限公司

规　　格／开　本：889mm×1194mm　1/32
　　　　　印　张：16.875　插　页：0.5　字　数：384千字
版　　次／2020年9月第1版　2022年10月第3次印刷
书　　号／ISBN 978－7－5201－6065－0
著作权合同
登 记 号／图字01－2017－8408号
定　　价／92.00元

读者服务电话：4008918866